DATAMINING

SAS Enterprise Miner 6.2를 이용한

데이터마이닝 입문

김병수 · 배화수 · 석경하 · 조대현 · 최국렬 지음

敎友社

최근 컴퓨터와 정보화 기술의 급속한 발전에 힘입어 방대한 양의 데이터를 모으고 정제하는 작업에 대한 시간과 비용이 획기적으로 줄어들었다. 이렇게 얻어진 큰 자료로부터 유익한 정보를 얻기 위한 방법에 대한 연구로부터 데이터마이닝 (data mining)이라는 학문이 탄생하게 되었다. 데이터마이닝은 금광에서 금을 채굴하듯이 컴퓨터의 도움과 데이터분석 모델링 그리고 통계적 학습 (statistical learning) 방법을 통하여 데이터로부터 유용한 정보를 찾아내는 구조화된 작업이라 할 수 있다. 최근에 많이 회자되고 있는 빅데이터 (big data) 분석도 데이터마이닝으로부터시작되는 것으로 알려져 있다.데이터마이닝에 대한 관심이 정보기술과 지식경영 관련자 뿐 만 아니라 다양한 분야로 확산됨에 따라 본 학과의 교수들은 수년간의 세미나와 강의노트를 기반으로 데이터마이닝 교육에 필요한 강의용 교재를 제작하게 되었다.

이 책은 한 학기 강의용으로 활용하면 적당할 것으로 생각하며 데이터마이닝의 기본적인 이론과 예제자료를 이용한 SAS Enterprise Miner 6.2 실습이 병행되게 구성하였다. 통계학을 전공하는 학생이거나 혹은 비전공 학생이라도 기본적인 통계학 지식을 갖춘 학생들이라면 고급통계학이나 컴퓨터언어에 관한 깊은 지식이 없더라도 본 교재의 내용을 학습하는데 큰 어려움은 없으리라 본다. 예제 데이터는 인터넷으로 접근 가능한 국외의 자료를 많이 활용하고 있는데 이를 통하여 데이터마이닝의 개념을 이해하고 사용법을 익혀 둔다면 국내외의 각 분야의 자료에도 쉽게 적용할 수 있으리라 믿는다. 사용된 자료는 교우사 홈페이지(www. kyowoo.co.kr) 자료실에서 내려 받을 수 있다.

이 책은 전체 8개의 장으로 구성되어 있고 1장에서 3장까지는 데이터마이닝과 SAS Enterprise Miner 6.2에 대한 소개 및 활용방법에 대해 다루고 4장에서 8장까지는 데이터마이닝의 모형화에 있어서 중요한 역할을 하는 연관성분석, 군집분석, 의사결정나무, 회귀모형 그리고 신경망에 대해 다루었다.

끝으로 이 책이 출판되도록 수고해 주신 교우사의 여러분께 감사드리고 원고 교정에 도움을 준 대학원생들에게도 고마움을 전한다.

2013년 2월

저자 일동

차 례

제1장 서론

제2장 SAS Enterprise Miner 6.2

제3장 SAS Enterprise Miner 6.2의 기본활용

제8장 신경망

제 1 장 서론

데이터마이닝의 기본개념을 알아보고 역할과 기법 그리고 적용되는 사례에 대해 알아보자.

1.1 데이터마이닝의 출현배경

현대사회에서는 정보기술의 지속적인 발전으로 많은 양의 자료를 모아 데이터베이스 시스템에 넣어두는 것이 가능하게 되었고, 축적되는 자료의 양은 해마다 끊임없이 증가하고 있다. 또한 인터넷과 전자상거래가 급속하게 보급되면서 소비자와 구매에 관련된 엄청난 양의 자료가 자동으로 컴퓨터에 축적되어 과거에는 상상할 수 없을 정도로 방대한 양의 자료를 우리 주변에서 쉽게 찾아볼 수 있게 되었다.

자료 수집 및 축적의 기술이 발달하지 않았던 예전에는 은행의 고객 거래에 대한 자료, 백화점이나 유통업체에서의 고객 거래에 대한 자료, 카드사의 고객 카드 사용 실적에 대한 자료, 병원의 환자 진료 및 입원에 대한 자료 등이 문서보관의 한계를 넘어 일정한 시간이 지나면 폐기할 수밖에 없었지만 이제는 시간과 공간의 제한을 받지 않고 자료를 축적하고 보관하는 것이 가능해지고 있다.

자료의 축적되는 속도가 빨라지고 또한 축적되는 자료의 양은 기하급수적으로 늘어나고 있지만 대용량의 자료로부터 정보를 창출할 수 있는 능력을 지닌 전문화된 인력은 부족하여 자료로부터 얻어져야 하는 정보의 양은 축적되어가는 자료의 양을 따라가지 못하고 있다. 정보화 사회로 일컬어지는 현대사회에서 자료로부터 얻어지는 유용한 정보는 기업이나 기관 등의 단체의 전략을 수립하고 이를 기반으로 수익을 창출하게 해 주는 원동력이 되는 중요한 역할을 하므로 정보 창출을 지원할 수 있는 전문적인 방법과 그에 대한 능력을 지닌 인력이 필요하게 되어 대용량 자료를 처리하고 분석하여 정보를 창출하고 활용하는 방법론에 대한 연구가 활발하게 행해지게 되었으며 데이터마이닝(Data Mining)은 이러한 필요를 충족시키기 위한 학문의 하나로 출현하여 지식경영을 원하는 현대 사회의 관심을 끌고 있다.

1.2 데이터마이닝의 정의

"Mine"이란 "채굴 및 채광하다"의 뜻에서 출발된 "채굴"의 의미이므로 데이터마이닝이란 Data와 Mining을 함께 쓴 것으로 방대한 양의 데이터를 채굴한다는 의미로 해석하면 될 것이다. 잡석을 제거하여 금·은 등을 채굴하는 과정처럼 데이터마이닝은 대용량의 데이터를 분석하여 그들 사이에 숨겨진 패턴이나 관계를 찾아내어 정보로 환원시키는 일련의 과정이라고 할 수 있다. 이러한 데이터마이닝이 활용될 수 있는 사회의 여러 분야에 대해 알아보기로 하자.

백화점에서는 고객의 동선을 고려하여 구매를 유도하도록 자료를 분석하여 물건을 진열하고 또, 고객의 구매 자료에 숨어있는 구매패턴을 분석하여 구매 가능한 물건을 예측하고 쿠폰을 발행해 고객의 관심을 유발하여 판매를 촉진할 수도 있다.

보험 회사에서는 고객이 다른 회사로 옮기는 것을 방지하거나 고객의 위험성에 따라 고객을 분류하고 그에 따라 보험료를 차등화하는 데 사용할 수 있다.

전자상거래를 위한 웹 서버인 경우에는 소비자가 방문한 웹 페이지, 구매한 물건 및 소비자의 특징을 보관하고 있기 때문에 이 데이터를 분석하면 사용자에게 맞는 웹 페이지를 동적으로 실시간에 생성해 줄 수 있다.

웹 엑세스의 다차원 웹 로그 분석을 이용한 경향 분석을 통해 웹에서 어떤 일이 일어나고 있는지에 대해서도 대략적인 정보를 제공해줄 수 있으며, 또한 모든 소비자에게 동일한 웹 페이지를 제공하는 것이 아니라 소비자의 관심에 따라 다른 웹 페이지를 동적으로 만들어 제공하는 개인화 서비스를 가능하게 할 수도 있다.

네트워크 분야에서는 네트워크에 이상이 생기기 전에 과거의 네트워크에 관련된 데이터를 이용해 앞으로 몇 시간 안에 네트워크에 생길지도 모르는 문제를 미리 예측해 낼 수도 있다.

데이터마이닝으로부터 얻어진 정보는 각 분야에서 지식으로 전환되어 그 분야에 적합한 용도로 사용될 수 있어야 하며 실제 분야에 적용한 후에는 그 결과를 분석하여 문제점을 찾고, 자료를 이용하여 이 문제점에 대한 정보를 재창출하는 피드백(feedback)의 과정을 포함하여 데이터마이닝의 과정으로 확장해서 해석할 수 있다.

데이터마이닝이란 대용량의 자료를 컴퓨터 중심기법으로 축적하고 잘 처리하여 다차원적 기법 및 경험적 방법을 이용하여 분석하고 이에 대한 평가를 거쳐서 일반화시키고 새로운 자료에 대하여 예측할 수 있는 정보로 창출하여 적용하고 결과를 분석하여 문제점을 보완하고 이를 이용하여 정보를 재창출하는 과정이라고 할 수 있다.

1.3 데이터마이닝의 과정

1.2절의 정의에서 기술했듯이 데이터마이닝은 유용한 정보 창출이 그 목적인만큼 효율적으로 적용되어야 하는데 그 과정은 대용량의 자료를 수집하는 과정(Data Collection), 탐색 및 변환을 통해 자료를 정제하는 과정(Data Cleansing), 정제된 자료를 적절한 기법을 이용하여 분석하는 모형화 과정(Modeling), 얻어진 모형에 대해 평가하는 과정(Assessment)을 거쳐 일반화시킨 정보를 얻어 활용하게 하고 이는 또 다른 분석에 대한 동기를 제공하는 피드백 과정(Feedback)으로 보다 유용한 정보를 얻기 위한 순환과정으로 나타낼 수 있는데 [그림 1-1]은 데이터마이닝의 전체 과정을 그림으로 보여주고 있다.

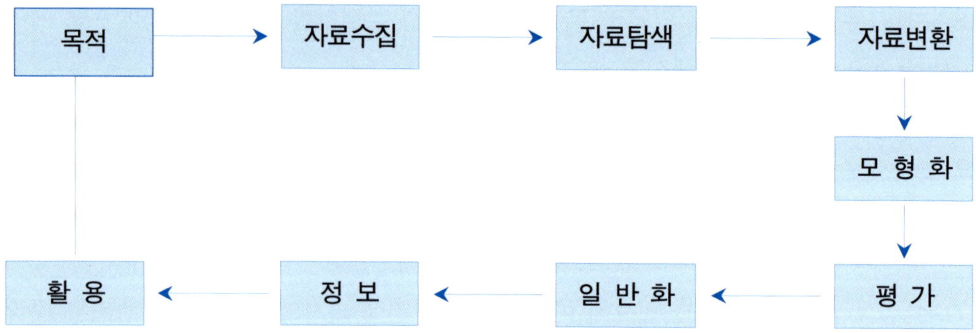

[그림 1-1] 데이터마이닝의 과정

1.4 데이터마이닝의 역할 및 기법

1.2절에 나열한 것처럼 데이터마이닝 기술이 적용되는 분야는 다양하지만 분석하는 목적에 따라 적용되는 데이터마이닝 기법의 영역은 다음의 여섯 영역으로 구분할 수 있는데 이에 대해 간단하게 살펴보기로 한다.

- 분류(Classification)
- 예측(Prediction)
- 군집화(Clustering)
- 추정(Estimation)
- 유사 집단화(Affinity Grouping)
- 서술(Description)

1.4.1 분류

분류는 데이터마이닝에서 가장 보편적인 작업이라 할 수 있는데, 분류란 어떤 새로운 사물이나 대상의 특징을 파악하여 미리 정의되어 있는 분류코드에 따라 어느 한 범주에 할당하거나 나누는 것을 의미한다. 분류는 목표변수가 이산형인 경우를 주로 다루는데 어떤 결과가 '예' 혹은 '아니오' 로 나오는 경우라든가, 종교를 묻는 질문에서 '기독교', '불교', '천주교', '기타' 중 하나의 값으로 결과 값이 나오는 경우를 그 예로 들 수 있다. 대부분의 분류 대상들은 이미 데이터베이스에 레코드 형태로 입력되어 있기 때문에 이를 분류한다는 것은 각각의 레코드를 이미 정의되어 있는 분류 기준에 따라 나눠진 특정 범주로 할당하는데 활용할 수 있는 분류변수를 만드는 것을 말한다. 분류업무는 잘 정의된 분류코드나 이미 분류가 끝난 사례들로 이루어진 분석용 자료를 이용하여 분류변수를 만들어 아직 분류되지 않은 새로운 개체에 적용하여 분류할 수 있는 모형을 구축하는 것을 말한다. 분류 기법을 사용하여 분류작업을 필요로 하는 일에 대해 예를 들면 다음과 같다.

- 키워드에 따른 뉴스 기사의 분류
- 신용카드 신청자에 대한 신용등급의 분류(예: 낮음, 중간, 높음)
- 보험 청구에 대한 분류(예: 정상적인 청구와 허위 청구의 분류)

분류작업을 위해서 많이 사용되는 방법으로는 의사결정나무분석(Decision Tree Analysis), 사례기반추론(MBR, Memory-Based Reasoning) 등이 있으며 링크분석(Link Analysis)도 특수한 환경에서는 분류의 유용한 기법으로 사용될 수 있다.

1.4.2 추정

추정은 주어진 입력변수로부터 수입, 키 혹은 은행 잔고와 같은 미지의 연속형 목표변수에 대한 값을 예측하는 작업을 의미한다. 예측한 결과는 분류작업에 활용될 수 있는데 예를 들면, 카드요금 청구서 봉투에 스키 부츠 광고를 싣고자 할 때 고객의 성향을 추정하여 고객을 분류하고 적절한 고객의 청구서에 광고를 싣게 되면 더 좋은 결과를 얻을 수 있다. 즉, 카드 소지 고객이 스키를 타는지 타지 않는지 혹은 스키에 대한 성향 점수를 추정하여 부츠를 살 잠재 고객인지 아닌지를 분류하고, 성향점수가 높은 고객에게 광고를 실어 보내는 것이 훨씬 더 효율적인 작업이라 할 수 있을 것이다. 추정작업에 사용되는 대표적인 방법으로 신경망(Neural Network)을 들 수 있다.

1.4.3 예측

"어떤 개체가 어디로 분류될까?" 혹은 "우리의 미래 고객이 될 확률은 얼마일까?"와 같이 예측은 단지 미래에 대한 것이라는 것만 제외하면 분류나 추정과 근본적으로는 같다고 할 수 있다. 분류와 추정에 사용되는 방법을 이용하여 시간순으로 정리된 자료에 대하여 미래를 예측할 수 있는 모형을 만들 수 있으므로 예측이란 과거와 현재의 자료를 이용하여 미래를 추정하는 모형을 만드는 것이라 할 수 있다.

슈퍼마켓에서 함께 구입되는 품목을 분석하는 장바구니분석(Market Basket Analysis)도 과거와 현재의 자료를 통해 미래의 구입품목과 성향을 분석하는 방법으로 예측에 사용될 수가 있다. 예측작업에 관한 예를 더 알아보면 고객의 이탈 여부에 대한 예측, 전화의 유료서비스를 사용하게 될 고객에 대한 예측, 그리고 신용카드 결제 계좌를 바꾸게 될 고객에 대한 예측 등이 있다. 장바구니분석, 사례기반추론, 의사결정나무분석, 회귀분석, 신경망 등이 예측에 많이 사용되는 방법들이다.

1.4.4 유사집단화

유사집단화란 유사한 성격을 갖는 사물이나 물건들을 함께 묶어주는 작업을 말한다. 이 작업의 가장 전형적인 예로는 슈퍼마켓에서 고객의 장바구니에 함께 담겨있는 물건을 분석하는 직업에서 찾을 수 있는데, 이를 장바구니 분석이라고 한다. 매장에서는 카탈로그나 혹은 진열대에 같이 진열할 품목을 계획할 때 장바구니 분석으로 유사 집단화 작업을 사용하여 함께 구매되어지는 물건은 같은 진열대, 혹은 같은 장소에서 찾을 수 있도록 진열한다. 또한, 이 작업은 끼워 팔기의 기회를 제공하고 고객의 구매를 유도할 수 있는 매력적인 상품 꾸러미나 서비스 패키지를 계획하는데도 이용된다.

1.4.5 군집화

군집화란 이질적인 원소로 구성되어 있는 모집단을 여러 개의 동질적인 집단 혹은 군집으로 나누어 세분화하는 것을 말한다. 군집화와 분류는 모집단을 나눈다는 점에서는 비슷하나 군집화는 미리 정의된 집단이 없는데 비해 분류는 소속 집단이 명시되어있는 자료를 근거로 모형을 개발하여 새로운 원소나 레코드를 미리 정의된 집단에 다시 할당함으로써 모집단을 나누는 방법으로 그 차이가 있다. 군집화에서는 개체들끼리의 유사성에 따라 여러 개의 동질적인 군집으로 나누게 되는데, 군집화를 통하여 나누어진 각각의 집단에 대해서는 분석자가 군집의 의미를 부여하여 해석하게 된다. 예를 들어 증상에 따라 나누어진 군집들은 서로 다른 질병을 나타낼 수 있고, 또 나뭇잎이나 줄기의 속성에 따라 나누어진 군집들은 나무의 종류를 의미할 수 있다.

군집화는 가끔 다른 데이터마이닝이나 모델링의 선행 작업으로 활용될 수 있다. 예를 들어 어떤 판촉활동 혹은 홍보 전략이 모든 고객에게 효과가 있을까를 생각하는 대신 고객을 구매습관에 따라 여러 개의 집단으로 나누고 각 집단을 해석한 다음, 집단에 따라 어떤 판촉활동이 최선일까를 생각하는 것이 더 효과적일 수 있으므로 군집화는 시장 세분화 과정의 첫 번째 단계의 작업에 적용될 수도 있다.

1.4.6 서술

때때로 아주 복잡한 데이터베이스에 내재하는 제품 혹은 데이터를 생성한 과정에 대하여 우리의 이해를 증진시킬 수 있는 뭔가를 찾아 서술하는 것이 데이터마이닝의 목적이 되는 경우가 있다. 자료에 대해 잘 서술하게 되면 어디에서부터 설명을 시작해야 하는지에 대한 정보를 주게 된다. "여성이 민주당을 더 많이 지지한다."라는 남자와 여자간의 인식차이에 대한 간단한 서술은 하나의 좋은 예로 이러한 간단한 서술이 공직에 출마하는 후보뿐 아니라 저널리스트, 사회학자, 정치학자들에게 많은 관심을 불러일으키고 연구대상을 제공해 줄 수도 있다.

이상에서 기술한 바와 같이 수행하는 업무에 따라 사용되는 기법은 다르지만 데이터마이닝에 주로 사용되는 기법으로 장바구니분석, 군집분석, 연계분석, 의사결정나무 분석, 신경망분석 등이 있으며 각 기법에 대한 설명은 다른 장에서 상세하게 다루고자 한다.

1.5 데이터마이닝의 적용분야

데이터마이닝은 대용량의 자료를 다루는 모든 분야에 적용할 수 있지만 다음에 기술하는 분야들을 예로 들어 알아보기로 하자.

■ 마케팅

데이터마이닝이 가장 많이 활용되는 분야로 기업이 가지고 있는 고객정보의 데이터베이스를 중심으로 데이터마이닝 기법을 사용하여 CRM(Customer Relationship Management)에 다음과 같이 응용되고 있다.

첫째로, 고객의 인구 통계 자료나 구매 패턴의 정보를 기반으로 고객을 세분화하고 그 특성을 요약하여, 그 결과를 바탕으로 마케팅에 활용함으로써 적은 비용으로 최대의 효과를 얻기 위해 활용할 수 있다.

둘째로, 고객들의 성향을 파악하여, 경쟁 업체로의 전환 가능성이 있는 고객 혹은 더 이상 우리의 제품이나 서비스를 이용하지 않는 고객(이탈고객)들을 분류하여 고객 유지율을 향상시키고 이탈한 고객들을 다시 고객으로 되돌릴 수 있는 방안을 모색함으로써 고객과의 지속적인 관계를 유지해나가는데 이용한다.

셋째로, 현재 고객들의 자료를 토대로 고객들의 순위를 부여하고 이에 따라 우수한 새 고객의 유치에 이용한다.

이 외에도, 테스트 우편 응답을 분석하여 경제적이고 효율적인 우편광고에 이용하는 등 기타 여러 가지 마케팅활동의 결과에 대한 효과를 분석하여 데이터베이스마케팅에 활용할 수 있다.

■ 유통업

가장 많이 사용하고 있는 분석기법으로는 장바구니분석을 들 수 있다. 즉, 생산품들의 각 구매 시점을 이용하여 생산품간의 연관성을 찾아내고, 이익을 극대화하기 위한 전략을 세우는데 활용된다. 재미있는 일화로 미국의 편의점 체인에서 아기 기저귀와 맥주 판매량 간의 아주 강한 관련성을 찾아낸 사례를 들 수 있는데, 기저귀 심부름을 간 아빠들이 기저귀와 더불어 6개 팩의 맥주를 함께 사오는 경향이 높다는 것이 연관성 분석을 이용한 자료 분석 결과에서 밝혀졌다. 일시적인 유행이나 구매 행동을 읽을 수 있는 순차적인 패턴을 탐지하여 판매 전략도 세울 수 있는데, 남성이 정장을 구입하였을 때, 와이셔츠와 넥타이를 함께 구입할 가능성이 높다는 정보를 이용하여 판매원은 그 고객에게 관련 상품의 구입을 권유하여 수익을 높일 수 있다.

■ 금융업

금융업 전반에 걸쳐 데이터마이닝 기법은 두루 사용되고 있는데, 잠재된 신용카드 도용의 패턴을 탐색하거나 이자율이나 유통시장에서의 환율 변동의 예측에 데이터마이닝 기법이 활용 된다. 또한, 주식과 채권의 포트폴리오 관리에도 응용되고 신용 위험 관리와 기업 대출에 있어서 해당기업의 파산여부에 대한 예측도 데이터마이닝 기법을 사용하여 좋은 결과를 얻고 있다.

■ 제조업

공정 환경의 복잡함, 작업의 효율성 및 품질의 우수성 등을 동시에 요구하는 현대 제조 분야의 여러 과정에서도 데이터마이닝의 기법이 활용되고 있다. 공정 제어, 공정 과정의 최적화, 에너지 소비의 최소화, 품질관리와 자동화된 검사 등에 데이터마이닝 기법이 사용되고 있다.

■ **보건의학**

이 분야에서의 데이터마이닝이 이용되는 경우는 크게 두 가지로 나뉜다. 첫째는 환자나 병원 측에서의 보험사기에 대한 검색과 가장 경제적인 의료 제공원을 판별하는 경우에 적용되고, 둘째는 각종 암이나 심장마비 등의 병에 대한 자동 진단을 하는 데 데이터마이닝을 사용할 수 있다.

■ **에너지**

데이터마이닝을 이용하여 에너지의 수요량을 예측하고 날씨의 변화와 정전에 신속하게 대비할 수 있으며, 원유 탐사에서 지층의 변화를 분석하는 데도 사용된다.

1.6 데이터마이닝의 성공사례

CRM의 기본적인 목적은 "공급자와 고객 간의 관계를 전략적으로 유지하여 공급자의 성과를 극대화"하는데 맞춰져야 한다. CRM을 위한 데이터 분석은 이러한 전략적인 고객 유도에 맞춰져야 하는 까닭에 학술적인 깊이나 정교한 분석 이전에 "어떻게 하면 고객이 공급자의 성과에 만족을 느낄 수 있는가"에 대한 답을 찾는데 더 큰 비중을 두게 되는 것이다. 이러한 측면에서의 성공사례는 사실상 많지 않은데 여기서는 피자업체인 P사의 성공사례를 살펴본다.

P사의 CRM 서비스를 제공하는 콤텔시스템은 CFD 6s 방법론이라고 하는 독자적인 CRM 방법론을 개발하여 적용하고 있는데 6s는 고객의 이동 흐름을 구조화하여 마케팅 전략을 세우는 구조적 방법론이다. 즉 모든 고객은 잠재고객(Potential)에서 시작하여 신규고객(New Comer)을 거쳐 충성고객(Loyal)으로 발전한다. 이 과정에서 신규고객이 충성고객으로 올라가지 않고 휴면(Dormant)으로 빠지는 경우도 있으며 충성고객 역시 충성기간 중에 어떤 이유에서 충성휴면(Dormant Loyal) 고객으로 빠지기도 한다. 휴면 고객은 일정기간이 지나면 충성고객으로 돌아오는 경우도 있지만 대부분 이탈고객(Churn)으로 영원히 빠져버린다.

이러한 자연스러운 고객화 과정을 빠르게 촉진시키는 전략이 CFD 6s 전략이다. 고객들은 항상 이탈방향으로 향하고 CRM을 시행하는 제품/서비스 공급자는 모든 고객이 충성고객 최상단 위치에서 최대한 머무르기를 바란다. 그러므로 CFD 6s 모델에서 모든 고객프로모션은 충성화(Loyalty) 방향을 지향하게 된다. [그림 1-2]는 고객이동의 흐름을 나타내고 있다.

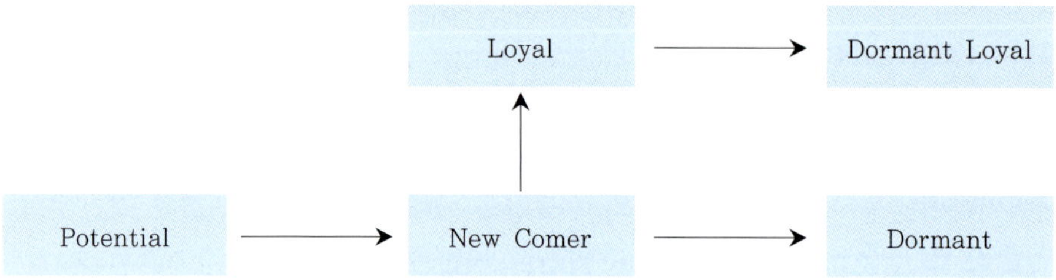

[그림 1-2] 고객의 이동 흐름

이 전략은 다음과 같은 세분화 단계로 나눠진다.

- New Comer 전략 : 잠재고객을 신규고객으로 전환하는 전략
- Activating 전략 : 1회의 경험을 한 신규고객을 2회 경험으로 활성화시키는 전략
- Loyalty 전략 : 2회 구매경험을 통해서 활성화된 고객을 지속적으로 충성고객으로 유지
- Shield 전략 : 휴면으로의 이탈 가능성이 있는 고객에 대한 이탈방지
- Return 전략 : 휴면으로 이탈된 고객을 충성고객으로 회귀

P 피자는 객단가는 약간 낮지만 재구매를 통한 연간 1인당매출이 평균 10만원 이상의 규모를 나타내고 연간 4, 5회 이상의 재구매가 일어나며 프로모션을 통한 고객의 행동변화가 대체로 쉬운 편이므로 CRM 적용에 매우 효과적인 제품이다.

P 피자는 5년 이상 콜센터를 통한 주문을 받아 왔으며 콜센터 시스템을 통해서 이미 수백만의 고객을 확보하고 있었다. 특히 콜센터는 CRM의 매우 효과적인 채널로서 콜센터를 통해서 일어난 모든 주문은 주문자 개별 인식 뿐 아니라 주문 이력이 그대로 남게 되므로 별도의 고객데이터 수집과정이 없더라도 쉽게 고객들의 행동파악이 가능하다.

1.6.1 New Comer Promotion

신규고객을 끌어들이는 것은 모든 소비자유통 산업에서 수익창출의 출발점이다. 높은 지명도와 TV 광고, 기타 오랜 매스(mass)광고를 통해서 P 피자는 이미 상당한 시장을 점유하고 있고 월 단위 신규고객의 진입이 거의 2만 명을 넘어서고 있다. 잠재고객을 신규고객으로 끌어들이는 데는 다양한 방법들이 동원된다. CRM은 고객 행동데이터를 기반으로 미래 행동을 예측하고 유도한다는 측면에서 볼 때 잠재고객의 경우 행동데이터 확보가 어려워 사실상 CRM 관점의 프로모션은 쉽지가 않다. 하지만 피자의 경우 상품 특성상 지역적, 연령적 특성이 강한 까닭에 지역 및 연령 데이터만으로도 잠재고객을 유도할 수 있다. 다양한 방법의 적용으로 매월 약 50% 가까운 신규고객이 증가하고 있다.

1.6.2 Activating Promotion

1회 피자를 주문한 고객이 다시 2회 구매를 일으킬 확률은 약 35%였다. 그리고 이들의 2회 구매 시기는 평균 42일이다. 이는 65%가 신규휴면(Dormant)으로 고객 그룹에서 이탈하게 된다는 의미이며 이탈하지 않는 35%는 대략 42일을 전후로 자연스레 충성고객그룹으로 올라간다는 뜻이다. 즉 이러한 정보가 기존 데이터에서 획득된 후 1회 구매 고객에 대해서는 각 고객들이 신규구매를 일으킨 시점을 기준으로 45일 이후 프로모션을 한다. 결과적으로 65%의 이탈가능 고객 그룹 중 28%가 다시 구매를 하였다. 이러한 지속적인 활성화 프로모션(Activating Promotion)을 통해서 기존의 35% 활성률에서 60%가 넘는 활성률을 보여 충성고객군의 규모를 현저히 확대할 수 있었다.

1.6.3 Loyalty Promotion

충성고객에 대한 프로모션은 충성도를 극대화 시키는 방향으로 추진된다. 그러기 위해서는 기존 충성고객들의 충성도를 객관적이고 일관성 있는 지수로 만들어 내어야 하며 이 충성도의 변화를 지속적으로 관리해야 한다. CRM은 고객의 미래가치를 근거로 하는 마케팅인 까닭에 기존의 과거 매출만을 기반으로 하는 마일리지성 충성도는 큰 의미가 없다. P 피자 고객에 대해서는 최근성(R : Recency)과 구매빈도(F: Frequency), 그리고 구매액수(M : Monetary)라는 세 가지 요소를 고려한 함수를 만들어서 개별 고객들의 충성도를 판단한다. 그리고 충성고객은 다시 세 단계로 나눈다. 즉, 신규고객에서 활성화 과정을 거쳐서 충성고객으로 막 진입한 초기단계의 충성고객, 지속적이고 꾸준히 구매가 일어나는 중간단계의 충성고객, 마지막으로 주기와 구매금액에서 가장 충성도가 높은 상위단계의 충성고객으로 나눈다. 이들은 각각 다시 세분화된 특성에 따라서 다음과 같은 프로모션을 하게 된다.

- 구매 주기가 일정한 고객에 대해서는 평균 구매주기가 지난 후 구매가 일어나지 않을 경우 개별프로모션을 시행함.
- 충성도가 매우 높은 상위단계의 충성고객에 대해서는 일정기간 총 구매량에 대한 일정액의 사은품을 제공하지만 제품에 대한 할인이나 추가 등의 프로모션은 제공하지 않음.
- 특정 제품에 치중하고 있는 고객에 대해서는 구매제품의 다양성을 위한 추천제품 할인 프로모션 시행함.
- 초기진입 신규고객에 대해서는 동시구매 및 시차구매 확률이 높은 제품을 추천함.

이 외에도 다양한 방법으로 충성고객들에 대한 프로모션을 시행함으로써 제품의 다양성, 객단가 증가, 이탈방지 등의 효과를 높여서 충성화 프로모션을 시행하기 전 연간 65%에 육박하던 이탈 비율이 프로모션 이후엔 38%로 떨어졌다.

1.6.4 Shield 및 Return Promotion

아직 이탈방지를 위한 휴면방지 및 이탈회귀 프로모션은 직접 시행하지 않고 있다. 다만 충성화 프로모션에서 이탈이 가능한 고객을 사전에 막아주는 프로모션들이 이뤄지는데 이는 충성화를 높이는 전략인 동시에 이탈을 막아주는 효과를 동시에 기대할 수 있다.

이탈방지 및 회귀 전략은 기본적으로 다양한 이탈원인을 분석하고 분석된 원인 속에서 개별 이탈자들에 대한 해석이 되어야 가능하므로 더 많은 데이터를 축적하고 분석하여 이탈원인에 대한 방대한 라이브러리를 구성해야만 적극적인 프로모션을 시행하는 것이 가능하게 된다.

제 2 장

SAS Enterprise Miner 6.2

SAS Enterprise Miner 6.2의 기본 구성요소 및 노드에 대해 알아보자.

2.1 SAS Enterprise Miner 6.2 소개

SAS Enterprise Miner(이하 E-Miner)는 대용량의 데이터에 숨겨져 있는 데이터간의 관계, 패턴을 탐색하고 모형화 하여 활용 가능하고 의미 있는 정보를 창출하는 일련의 과정을 GUI(Graphic User Interface) 환경에서 매우 효과적으로 수행할 수 있도록 지원하는 제품이다. 사용자는 다이어그램에 기능별 노드(Node)를 드래그 앤 드랍(Drag & Drop)방식에 의하여 작업의 순서와 동일하게 늘어놓음으로써 작업의 전 과정을 한 화면에서 관리하고 이들을 하나의 프로젝트에 담아서 의미 있는 정보를 얻을 수 있다.

SAS E-Miner는 데이터마이닝 전 과정을 SEMMA라는 절차의 방법론에 의하여 지원하는데, SEMMA의 단계는 샘플링(Sampling), 탐색(Exploration), 수정(Modification), 모형화(Modeling), 평가(Assessment)의 5단계로 이루어진다. 샘플링 단계는 SAS E-Miner가 효과적인 모형구축을 위하여 전체 데이터를 분석용, 평가용, 검증용으로 나누는 분할 과정을 효율적으로 지원하기 위하여 만들어진 단계로 이를 이용하면 표본추출 방법을 쉽게 선택할 수 있어서 시간을 절약할 수 있다. 탐색단계는 자료에 대한 분포나 특성을 쉽게 파악할 수 있도록 다양한 그래픽 기능과 통계 수치를 제공하여 탐색적 데이터분석을 용이하게 수행할 수 있도록 지원한다. 수정단계는 분석하기에 적합하지 않은 형태로 존재하는 데이터에 대한 정제 기능인 변수제거, 결측값 처리, 변수변환, 값 대체 기능 등을 제공한다. 모형화 단계에서는 데이터 정제를 거쳐 들어온 자료를 이용하여 모형화를 할 수 있는 툴(tool)을 지원한다. 이 과정에서는 사용자가 데이터 특성에 맞는 모형을 선택하고 각종 옵션을 선택할 수 있다. 평가단계는 주어진 데이터 또는 문제에 대한 가장 적합한 모델을 찾는 과정으로서 '어떤 알고리즘에서 어떤 조건의 모델이 가장 우수한가?' 혹은 여러 모델들 중 '어느 것이 가장 우수한 예측력을 제공하고 있는가?' 등을 비교하고, 분석할 수 있게 해 준다. SEMMA의 단계는 피드백에 의해 반복되면서 분석 목적에 맞는 최적의 분석 모델을 찾아서 가장 유용한 정보를 창출하여 줄 것이다. [그림 2-1]에 SEMMA단계에 대한 흐름도가 나타나 있다.

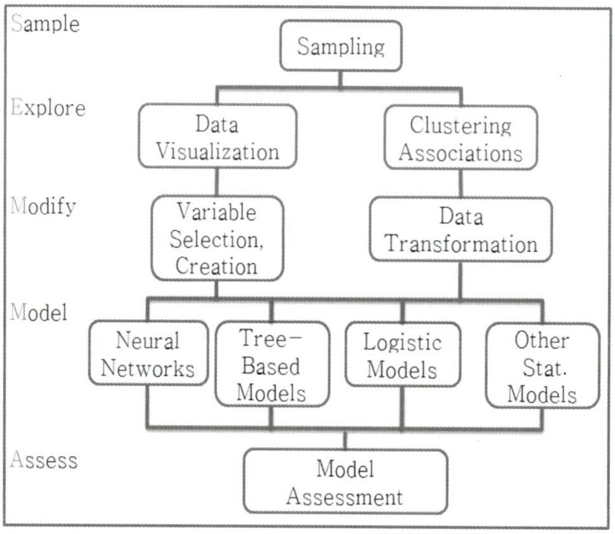

[그림 2-1] SEMMA 단계 흐름도

■ 샘플링

- 전체 자료를 분석용 자료, 평가용 자료, 검증용 자료로 분할할 때 샘플링을 수행하는 노드가 있어 사용자가 샘플의 비율 혹은 크기만 정해 주면 샘플링을 자동으로 수행하여 분석용, 평가용, 검증용으로 저장하여 준다.
- 가장 흔히 쓰이는 임의추출법(Simple Random Sampling)외에도 층화(Stratification), 집락(Cluster) 추출법 등 다양한 형태의 데이터 구조에 맞는 샘플링 기법들을 지원한다.

■ 데이터 탐색

- 데이터 분포의 시각화를 구현할 수 있으며 최대 3차원까지 지원한다. 또한 이상치 식별은 물론이고 대화식으로 데이터 탐색과 분석이 가능하다.
- 카이제곱(Chi-Square) 검정 또는 R^2(R-Square)를 이용하여 원하는 변수와 연관이 적은 변수 및 결측치가 많은 변수를 제거하며 관측치간의 연관성분석도 가능하다.

■ 데이터 수정

- 원시 데이터(raw data)는 분석에 적합한 형태로 존재하지 않으므로 대부분의 경우 데이터의 정제 및 변환 작업이 필요하다.
- SAS E-Miner는 이상치 제거, log변환, 가감승제에 의한 변환과 같이 분석에 자주 이용되는 변환을 모두 포인트 앤 클릭(Point & Click) 방식으로 지원하며, 그 외의 복잡한 변환은 프로그램 방식으로 언제든지 마이닝 프로세스 내에 포함시킬 수 있다.
- SAS E-Miner는 데이터에 관한 다음과 같은 변형 작업을 유연하게 수행할 수 있다 (Data Conversion, Data Separation, Data Concentration, Data Column Selection, Subset, Multi Field, Field Enrichment, Multi Record Enrichment, Summarization, Merge).

■ 데이터 모형화

- 의사결정나무 : 범주형 혹은 양적변수에 대한 예측을 위하여 쓰이는 기법으로 CHAID, CART, C4.5 알고리즘을 모두 지원한다.
- 신경망 : 인간의 신경망을 본떠 숨겨진 패턴을 발견해 나가는 분석 기법으로 복잡한 비선형구조를 적합할 때 가장 많이 활용된다.

- 회귀분석 : 선형 및 로지스틱 회귀분석을 수행하며 목표 값이 연속변수 혹은 이산변수에 따라 자동적으로 선형회귀분석 또는 로지스틱 회귀분석을 수행시킨다. 로지스틱 회귀분석을 수행할 경우 연결함수(Link Function)는 LOGISTIC, PROBIT, CLOGLOG 중에서 선택할 수 있다.

■ 모형평가

- SAS E-Miner는 모델 평가를 위하여 이익(gain)차트를 제공한다. 모델의 평가기능으로서 이익차트는 모델의 예측력을 검증할 수 있는 한 방법으로 다음과 같은 절차를 거친 후 생성된다.

① 각각의 고객들에 대한 반응확률(점수)을 모델 식에 근거하여 산출, 큰 값부터 작은 값 순으로 나열한다.
② 순서대로 나열된 자료들을 똑같은 크기의 10개의 그룹으로 묶은 다음, 반응점수가 높은 그룹 순으로 나열한다.
③ 각 그룹 안에서 실제로 반응한 고객의 비율을 계산한다.
④ ③에서 얻은 비율을 각 그룹별로 막대그래프를 이용하여 표현한다.

SAS E-Miner에서는 모델이 생성될 때마다 자동적으로 평가기능이 수행되며, 다양한 방법으로 생성된 여러 가지 모형이 동시에 평가될 수도 있다.

2.2 기본 구성요소와 노드

2.2.1 기본 구성요소

SAS E-Miner 6.2를 실행시키면 [그림 2-2]와 같은 E-Miner의 초기 화면이 나타난다. 데이터의 생성 및 추출, 변형, 탐색, 모형화, 평가 등으로 이루어지는 일련의 과정을 E-Miner에서는 프로젝트(Project)라 하고 하나의 프로젝트에 속하는 기능별 노드에 의해 만들어진 분석흐름도를 다이어그램(Diagram)이라고 한다.

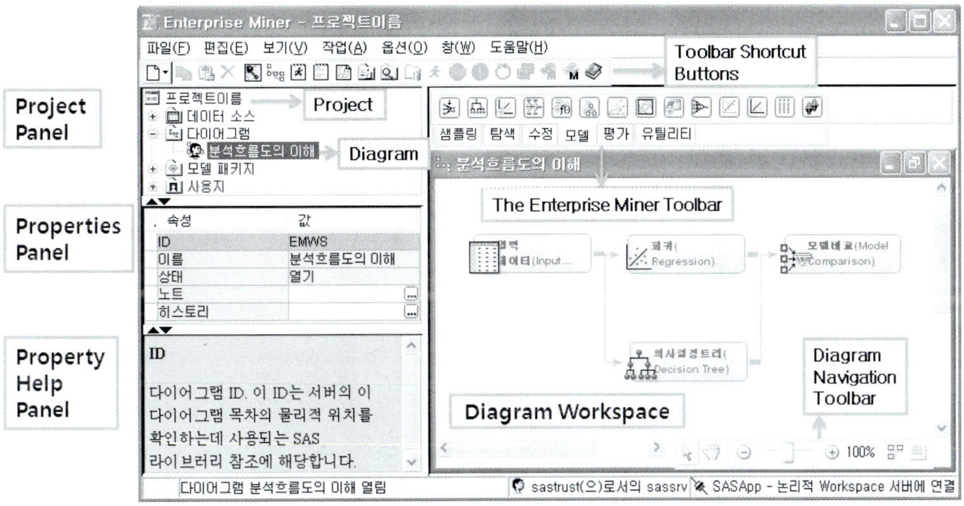

[그림 2-2] SAS E-Miner 6.2의 초기화면

- **Project Panel** : 데이터 원본, 도표, 결과 및 프로젝트를 사용자가 관리하고 볼 수 있다.
  - Diagram : 현재의 프로젝트와 이 프로젝트와 관련된 여러 가지 다이어그램의 리스트를 보여주며 Project Panel에서 선택된 다이어그램이 Diagram Workspace에 나타나게 된다.
- **Properties Panel** : 데이터 원본, 도표, 노드, 결과 및 사용자의 설정을 편집할 수 있다.
- **Property Help Panel** : 속성 패널에서 선택하는 옵션의 간단한 설명을 표시한다. 확장된 도움말은 도움말 메인 메뉴에서 찾을 수 있다.
- **Diagram Workspace** : 분석흐름도를 생성, 수정, 수행, 저장시킬 수 있으며, 데이터를 분석할 때 쓰이는 기능별 노드의 생성, 명령을 순서대로 그림에 의해 알기 쉽도록 나타내준다.
- **Enterprise Miner Tool bar**
  - Diagram Workspace에 분석 흐름도를 생성시키기 위한 모든 노드들이 아이콘으로 등록되어 있다.
  - SEMMA와 Utility에 따른 노드가 기능별로 나타나 있다.

■ Toolbar Shortcut Buttons : 일반적인 컴퓨터 기능과 자주 사용하는 작업을 수행하고자 할 때 설정할 수 있다.

2.2.2 노드의 종류와 기능

■ 샘플링 노드

	추가(Append)	데이터 셋을 추가한다.
	데이터 분할 (DataPartition)	데이터를 실제 E-Miner가 모형 구축을 위하여 사용하는 분석용 자료(Training data)와 훈련용 데이터로 생성된 모델과 비교하기 위한 평가용 자료(Validation data) 그리고 모형의 검증을 위한 검증용 자료(Test data)로 분할하여 이후의 분석에서 사용된다.
	파일 가져오기 (File Import)	외부파일을 가져온다.
	필터링(Filter)	지정된 기준에 따라 데이터에서 관측치를 삭제한다.
	입력 데이터 (Input Data)	다양한 SAS Data set과 다른 Data marts에 접근할 수 있게 해주며, data source와 그들의 속성을 정의해 줄 수 있다.
	병합(Merge)	병합노드는 데이터 셋의 칼럼을 결합하여 새로운 데이터 셋이나 뷰를 생성한다.
	샘플링(Sampling)	Random sampling을 비롯한 여러 가지 표본추출 방법을 제공한다.
	시계열 (Time Series)	전통적인 시계열분석으로 시계열 데이터클리닝, 요약화 및 기능추출 방법을 제공한다.

■ 탐색 노드

	연관성 분석 (Association)	연관성분석 및 순차발견을 수행한다.
	클러스터링 (Cluster)	데이터베이스를 세분화하는 관측치 클러스터링을 수행한다.
	DMDB	DMDB 프로시저를 사용하여 요약통계량을 계산한다.
	그래픽 탐색 (Graph Explore)	그래프 리포트와 대화식 그래프를 생성한다.
	장바구니 분석 (Market Basket)	가능한 항목 분류로 데이터에 대한 장바구니 분석을 수행한다.
	멀티 플롯 (Multiplot)	목표변수와 입력변수의 관계를 막대도표나 산점도 형식으로 나타냄으로써 필요한 입력변수 탐색에 도움을 준다.
	SOM/Kohonen	Nadaraya-Watson 또는 로컬-선형 평활로 Kohonen vector quantization(VQ), Kohonen self-organizing maps(SOMs) 또는 Batch SOMs를 사용하여 unsupervised learning을 수행한다.
	통계량 탐색 (StatExplore)	요약 및 연관 통계량을 생성한다.
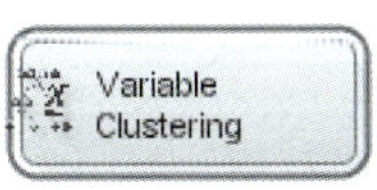	변수 클러스터링 (Variable Clustering)	입력 변수들을 상호 배반적이거나 계층 클러스터의 set으로 나눈다.
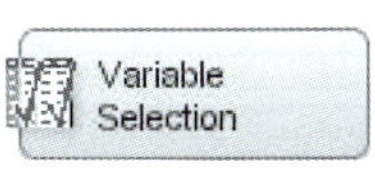	변수 선택 (Variable Selection)	R^2또는 χ^2을 기준으로 목표변수와 관련이 높은 변수를 선택하는데 사용된다.

■ 수정 노드

노드	이름	설명
Drop	제거(Drop)	선행 분석 경로에서 변수를 제거한다.
Impute	결측값 처리 (Impute)	결측값을 채워 넣거나, 오류로 판단되는 관측치를 대체할 수 있는 여러 가지 방법들을 제공하는 노드이다.
Interactive Binning	대화식 구간생성 (Interactive Binning)	연속형 변수의 관측값을 예측모델링의 입력으로 사용할 수 있는 범주(구간)로 구간화한다.
Principal Components	주성분 분석 (Principal Componets)	후행 노드에 대한 입력 값으로 사용되는 주성분을 생성한다.
Replacement	값 대체 (Replacement)	특정 데이터 값과 클래스 변수에 대한 알 수 없는 레벨을 대체한다.
Rules Builder	규칙 빌더 (Rules Builder)	SAS 문법을 이용하여 사용자가 수작업으로 "if-then-else" 규칙을 생성한다.
Transform Variables	변수 변환 (Transform Variables)	변수에 변환을 적용한다.

■ 모델 노드

노드	이름	설명
AutoNeural	자동신경망 (AutoNeural)	자동 신경망노드는 신경망 모델을 최적으로 구성하는 데 도움을 주는 자동화 된 도구이다.
Decision Tree	의사결정 나무 (Tree)	의사결정분석을 하기 위한 노드이다. E-Miner에서는 CHAID, CART, C4.5의 방법론을 통해 의사결정 분석을 한다.
Dmine Regression	Dmine 회귀분석 (Dmine Regression)	2원(2-way) 교호작용, AOV16 및 그룹변수를 포함하여 전진 단계별 최소제곱회귀를 계산한다.

노드	이름	설명
DMNeural	DM 신경망 (Princom /Dmneural)	버킷화된 주성분 분석을 예측변수로 사용해서 binary 또는 연속형 target을 예측하기 위해서 추가적인 비선형모형을 제공한다.
Ensemble	앙상블 (Ensemble)	모형간의 결합을 통해 예측력을 높이기 위한 노드이다.
Gradient Boosting	그래디언트 부스팅 (Gradient Boosting)	시리즈의 이전 트리에서 예측 잔차를 적합시켜 의사결정 트리 시리즈를 생성한다.
LARS	LARS	많은 입력 변수와 함께 단순 절편 모형에서 최소제곱모형까지 다양한 모델을 생성한다.
MBR	메모리기반 추론 (Memory-Based Reasoning)	M(emory) B(ased) R(easoning) 노드는 예측 binary 및 명목타겟에 대해 분석용 데이터에서 해당 k 최근접(closest neighbors)에 기반 하는 모델을 생성한다.
Model Import	모델 가져오기 (Model Import)	Enterprise Miner 모델링 노드로 생성 되지 않은 모델을 가져오고 평가할 수 있다.
Neural Network	신경망 (Neural Network)	GENMODE(Generalized linear model)와 MLP(Multi-layer perception), RBF(Radial Basis Function)를 이용한 신경망분석을 위한 노드이다.
Partial Least Squares	부분최소제곱법 (Partial Least Squares)	잠재변수(latent variable)를 사용한 여러 예측 모델링 기법을 제공한다.
Regression	회귀분석 (Regression)	선형회귀분석과 로지스틱 회귀분석을 수행하기 위한 노드이다.
Rule Induction	규칙추론 (Rule Induction)	규칙추론노드는 타겟 변수의 희귀이벤트 분류를 증진시키기 위해 분류모델을 구성한다.
TwoStage	Two-Stage Model	예측변수들로부터 Interval target을 예측하고, 그를 기반으로 Class target을 예측하는 Two-Stage Model을 제공한다.

■ 평가 노드

	임계점 (Cutoff)	Binary 타겟의 의사결정을 위한 임계치 결정노드이다.
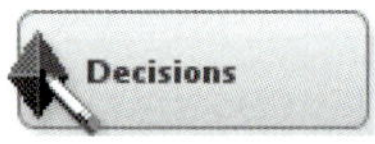	의사결정 (Decisions)	의사결정노드를 사용하여 의사결정 및 또는 사전확률 값에 기반한 모델구축에 대해 의사결정 데이터를 생성하거나 수정할 수 있다.
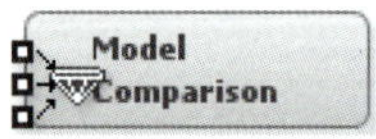	모델 비교 (Model Comparison)	선행 모델링 노드에서 모델과 예측 값들을 비교한다.
	스코어 (Score)	스코어노드는 선행 분석경로의 스코어 코드를 SCORE 역할 데이터에 적용 시킨다.
	세그먼트 프로파일링 (Segment Profile)	세그먼트 프로파일링 노드를 사용하여 세그먼트화 또는 클러스터화 된 데이터를 평가하고 모집단에서 데이터 세그먼트를 차별화하는 요인을 확인할 수 있다.

■ Utility Nodes

	컨트롤 포인트 (Control Point)	분석흐름도상에서 노드간의 연결선을 줄이고, 간편하게 작성할 수 있도록 한다.
	그룹 종료 (End Groups)	그룹 프로세싱의 종료점을 구성한다. 그룹 시작노드와 함께 사용해야 한다.
	Ext Demo	다양한 UI 요소를 확장노드에서 사용할 수 있는 설명 도구.
	메타데이터 (Metadata)	메타데이터 노드를 사용하여 변수에 대한 칼럼 메타데이터를 수정할 수 있다.
	리포트 생성 (Reporter)	프로세스 플로우상에 있는 노드들에 대한 문서를 생성한다.
	SAS 코드 (SAS Code)	SAS data step 단계나 SAS procedure step에서 사용되는 SAS 프로그램을 이용하여 분석을 수행할 수 있다
	그룹 시작 (Start Groups)	그룹 시작 노드를 사용하여 관측치 또는 변수의 여러 그룹에 대해 플로우를 실행할 수 있다. 그룹 종료 노드와 함께 사용해야 한다.

제 3 장 SAS Enterprise Miner 6.2의 기본활용

SAS Enterprise Miner 6.2를 이용하여 프로젝트를 진행하는 과정을 예제 데이터를 통해 살펴보도록 하자.

3.1 소개

SAS E-Miner의 작업은 프로젝트를 정의하면서 시작되는데 이러한 프로젝트는 E-Miner에서 일련의 분석과정(자료 가져오기, 변수변환, 분석 및 평가 등)을 하나의 이름으로 묶어서 지칭하는 말이다. 프로젝트를 정의하고 나면, 프로젝트 디렉터리 내에 자동으로 4개의 하위 디렉터리(소스데이터, 보고서, 시스템, 작업 공간)가 생성된다. 프로젝트 정의가 완성되면 SAS 라이브러리로부터 분석에 사용할 데이터소스를 지정하고, 다이어그램 작업공간에 각 노드에 해당하는 단축 아이콘을 끌어다 다이어그램을 완성한다.

SAS E-Miner에서의 분석과정은 작업공간에 작성된 다이어그램의 흐름도에 따라 진행

되므로 사용자 인터페이스에서 화살표로 연결된 작업이나 노드의 순서를 따른다. 다이어그램에서 각각의 노드는 다이어그램 디렉터리에 있는 별도의 하위 디렉터리에 해당하며 한 처리과정에서의 정보는 두 가지 처리과정을 연결함으로써 서로 보낼 수 있다.

3.2 SAS Enterprise Miner 작업환경 생성

SAS E-Miner에서 작업을 하기 위해 첫 번째로 해야 할 일은 프로젝트, 라이브러리, 다이어그램을 생성하는 것이다. 이러한 작업은 때에 따라 SAS 관리자(또는 이전 분석에 재사용된)에 의해 설정되기도 하지만 SAS E-Miner를 배우기 위해서는 이러한 항목들을 스스로 설정하고 생성하는 방법을 아는 것이 필수적이라 할 수 있다.

3.2.1 프로젝트 생성

SAS E-Miner **프로젝트** : 프로젝트는 특정 분석 작업과 관련된 자료를 포함하고 있을 뿐만 아니라 분석 처리 절차, 중간 분석 데이터 세트 및 분석 결과를 모두 포함한다.

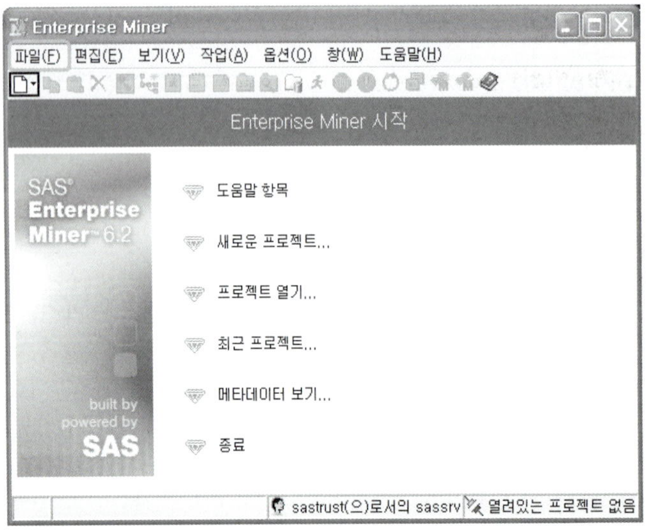

[그림 3-1] SAS E-Miner 시작 화면

프로젝트를 정의하기 위해, 프로젝트 이름과 SAS Foundation Server에 관한 프로젝트의 위치를 구체화해야 한다. 새로운 SAS E-Miner 프로젝트를 생성하기 위해 다음 방법을 따라 한다.

① 메인 메뉴에서 파일 → 새로 만들기 → 프로젝드 클릭

새로운 프로젝트 생성 마법사 1단계 창이 열린다.

환경설정에서 처리시 사용가능한 서버는 위에 나열된 호스트 서버이다.

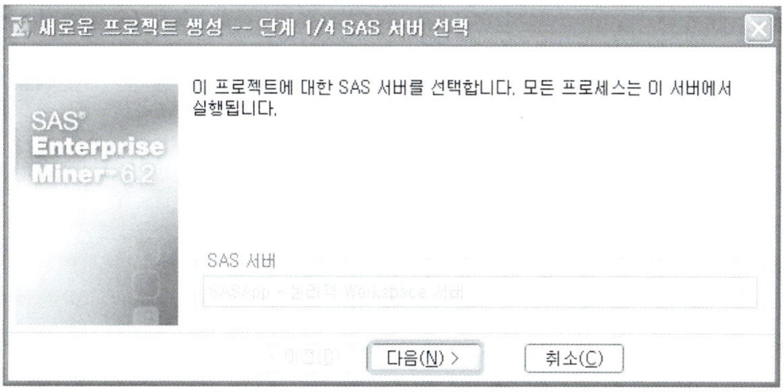

[그림 3-2] 새로운 프로젝트 생성- SAS 서버 선택

② 다음 클릭

프로젝트 이름과 서버 디렉터리를 지정한다.

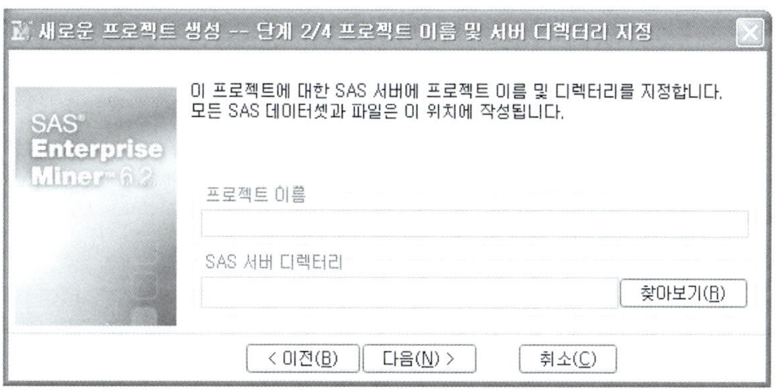

[그림 3-3] 프로젝트 이름 및 서버 디렉터리 지정

③ 프로젝트 이름 필드에 "DM" 입력하고

SAS 서버 디렉터리 필드에서 지정한 경로는 프로젝트 폴더가 생성되는 물리적 위치이다.

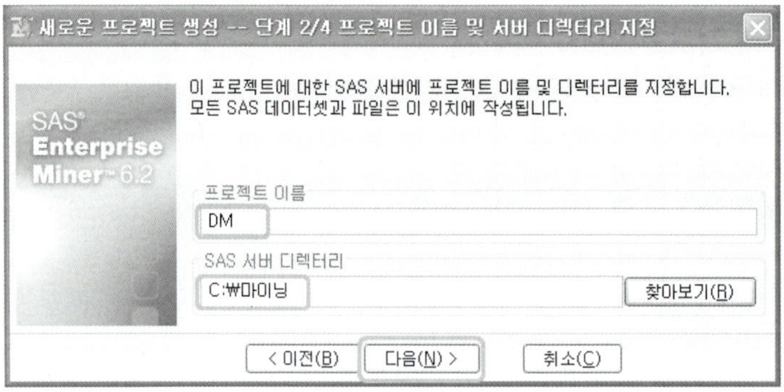

[그림 3-4] 프로젝트 이름 및 서버 디렉터리 지정 입력화면

④ 다음 클릭

만약 지정된 위치에 동일한 이름의 기존 프로젝트 디렉터리가 있다면, 이 프로젝트는 SAS E-Miner에서 사용 가능한 프로젝트로 목록에 추가 된다. 이 기술은 SAS E-Miner의 또 다른 설치에 의해 만들어진 프로젝트를 가져오는데 사용될 수 있다.

⑤ 프로젝트 메타데이터(Metadata) 위치 설정

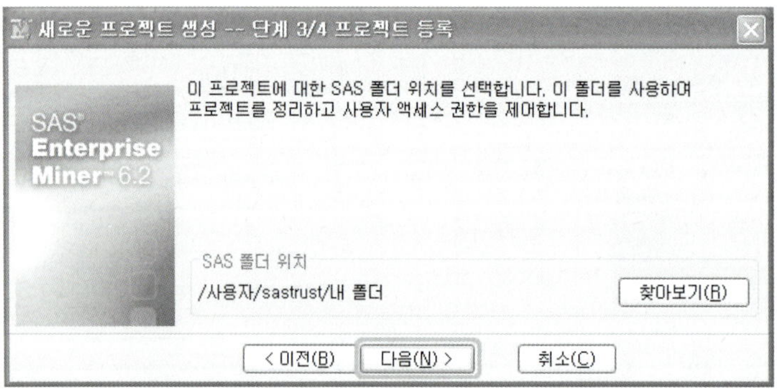

[그림 3-5] 프로젝트 메타데이터 위치 설정

⑥ 다음 클릭

만든 프로젝트에 대한 정보가 요약된다.

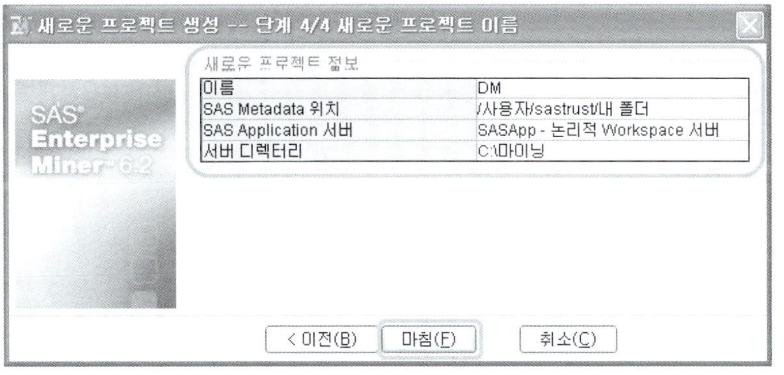

[그림 3-6] 새로운 프로젝트 정보

⑦ 마침 클릭

프로젝트 정의를 완료한다.

SAS E-Miner 클라이언트 응용프로그램은 사용자가 만든 프로젝트를 연다.

[그림 3-7] 새로운 프로젝트 "DM" 생성 화면

3.2.2 SAS 라이브러리 생성

SAS 라이브러리 : 분석의 기초가 되는 원시 데이터 소스와 SAS E-Miner를 연결한다. 라이브러리는 SAS Foundation 서버, 관계형 데이터베이스 또는 Excel 통합 문서에 있는 디렉터리에 연결할 수 있다.

라이브러리를 정의하려면, 사용자 이름, 암호와 같은 관련 옵션 이외에 SAS E-Miner와 연결하려는 데이터 구조의 이름과 위치를 알아야 한다.

새로운 라이브러리는 다음과 같이 생성할 수 있다.

① 메인 메뉴에서 파일 → 새로 만들기 → 라이브러리 클릭하면 [그림 3-8]과 같은 창이 뜬다.

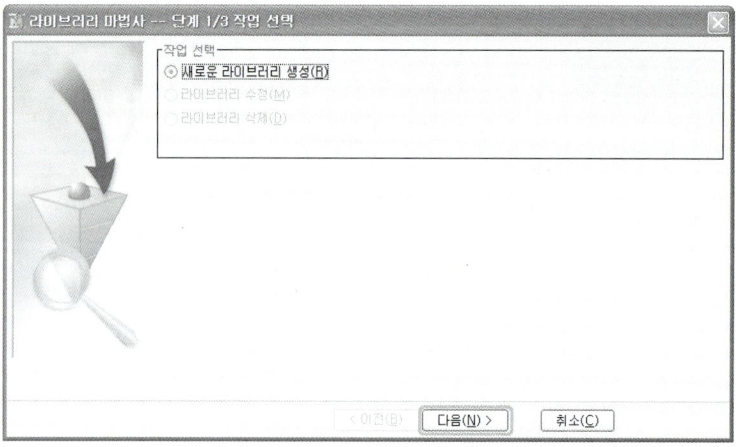

[그림 3-8] 새로운 라이브러리 생성 화면

② [그림 3-8]에서 다음 클릭한다.

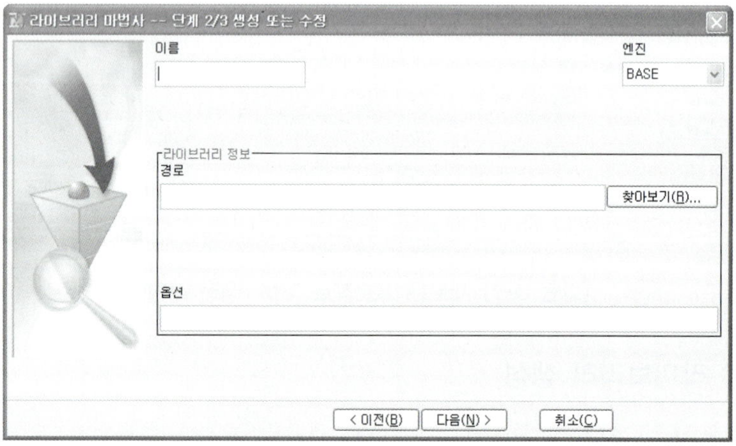

[그림 3-9] 새로운 라이브러리 이름, 경로 화면

③ 이름 필드에 “DATA” 입력

④ **찾아보기** 이용하여 경로를 “C:₩DATA”로 지정한다.

데이터가 다른 위치에 설치되어 있으면 경로 필드에 위의 디렉터리를 입력한다.

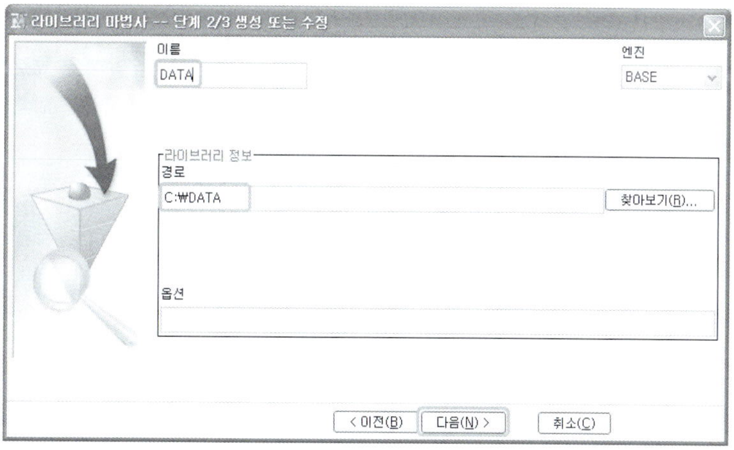

[그림 3-10] 새로운 라이브러리 이름, 경로 입력 화면

⑤ **다음** 클릭 → 3/3단계 작업 확인 라이브러리 마법사 창이 나타난다.

작업 확인 창은 생성된 SAS 라이브러리의 이름, 유형, 경로를 나타낸다.

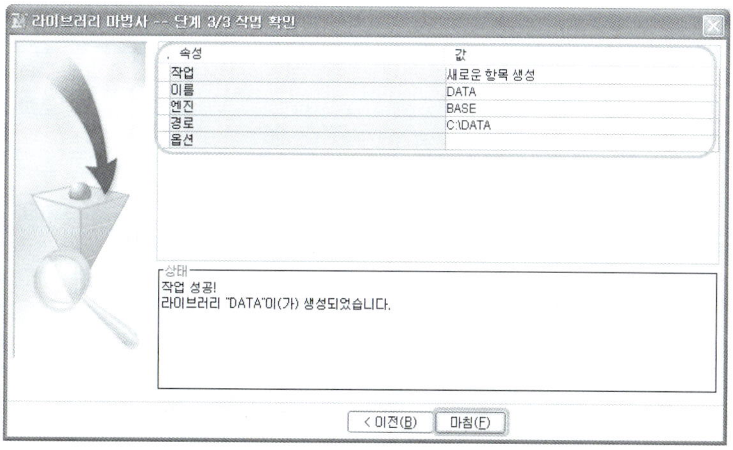

[그림 3-11] 새로운 라이브러리 작업 확인

⑥ **마침** 클릭

(SAS 라이브러리에서 사용 가능한 모든 데이터는 SAS E-Miner를 통해 사용할 수 있다)

3.2.3 다이어그램 생성

SAS E-Miner 다이어그램 작업공간은 분석과 관련된 단계를 포함하고 표시한다. 다이어그램을 정의하기 위해서는 이름을 구체화해야 한다.

SAS E-Miner 다이어그램 작업공간은 아래와 같이 생성할 수 있다.

① 메인 메뉴에서 파일 → 새로 만들기 → 다이어그램 클릭

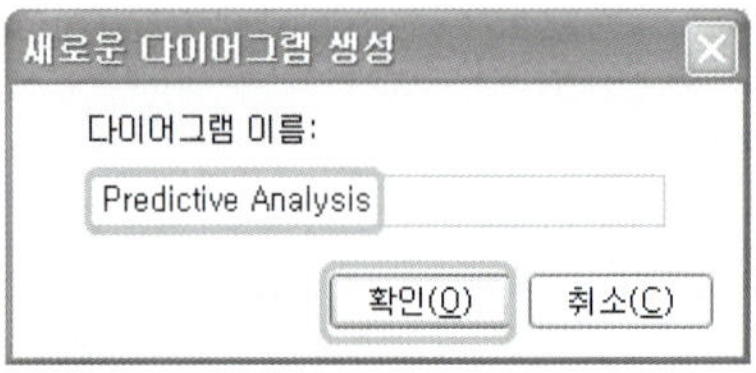

[그림 3-12] 새로운 다이어그램 생성

② 이름 필드에 “Predictive Analysis” 입력 후 **확인** 클릭

“Predictive Analysis”로 표시된다.

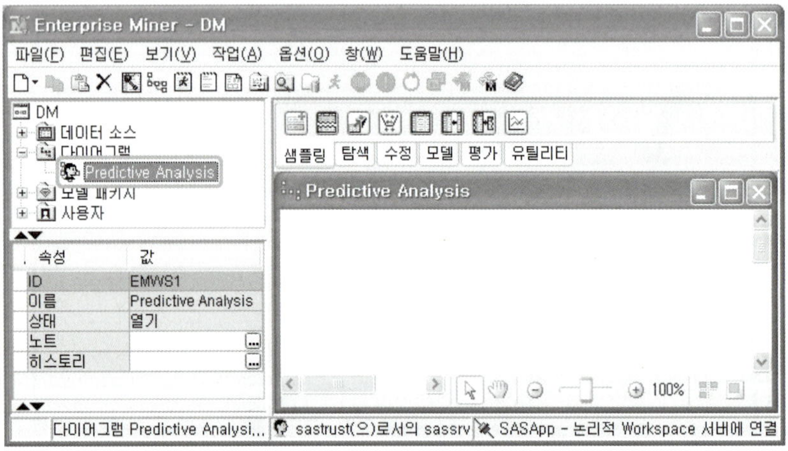

[그림 3-13] “Predictive Analysis”로 표시된 분석 작업화면

3.3 데이터 소스

새로운 프로젝드와 디이어그램을 정의하였으면 E-Miner에서의 다음 작업은 분석에 사용할 데이터 소스를 생성하는 것이다. 데이터 소스는 분석에 사용할 SAS 테이블과 SAS E-Miner를 연결하여 주는 것이므로 데이터 소스를 정의하는 것은 분석에 사용할 SAS 테이블을 선택하여 분석 목적에 맞도록 메타데이터를 정의하는 것이다.

선택된 SAS 테이블은 이미 정의된 SAS 라이브러리를 통해 SAS Foundation 서버에 표시되어야 하며 SAS 라이브러리에 있는 어떤 SAS 테이블도(관계형 데이터베이스의 테이블과 같이 SAS 외부 포맷으로 저장된 것들을 포함) 분석에 사용할 수 있다.

메타데이터 정의는 선택한 데이터 셋에 대해 세 가지 기본 목적을 제공한다.

- **분석에서 각 변수의 역할**: 현재 분석에서 SAS E-Miner에게 사용 변수의 목적을 말한다.
- **각 변수의 측정 수준**: 각 변수의 측정수준으로부터 범주형 변수와 연속형 변수를 구별한다.
- **분석에서 데이터 셋의 역할**: 분석에서 사용하기 위해 선택된 데이터 셋의 역할을 알려준다.

■ 소스 데이터 구체화하기

데이터 소스를 통하여 분석에 사용할 SAS 테이블과 SAS E-Miner가 연결된다. 데이터 소스를 정의하기 위해서는 분석에 사용할 SAS 테이블이 속해 있는 라이브러리를 정의해야 함은 물론 SAS 테이블의 이름을 정확히 알아야 한다.

데이터 소스를 구체화하기 위해 다음 방법을 따라 한다.

① 메인 메뉴에서 파일 → 새로 만들기 → 데이터 소스 클릭

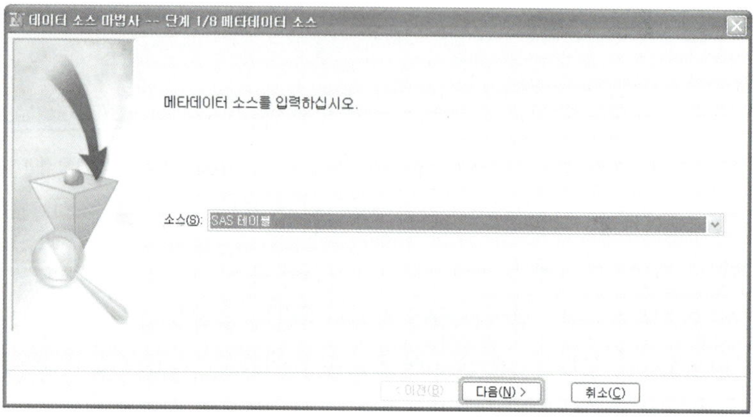

[그림 3-14] 메타데이터 소스

② 다음 클릭

만들고자 하는 SAS 테이블을 선택한다. Libname.tablename처럼 라이브러리 이름을 입력해도 되고 목록에서 테이블을 선택해도 된다.

③ 찾아보기 클릭 → 왼쪽 목록에서 “DATA” 라이브러리 더블클릭

④ 오른쪽 목록에서 “PVA97NK” SAS 테이블 선택

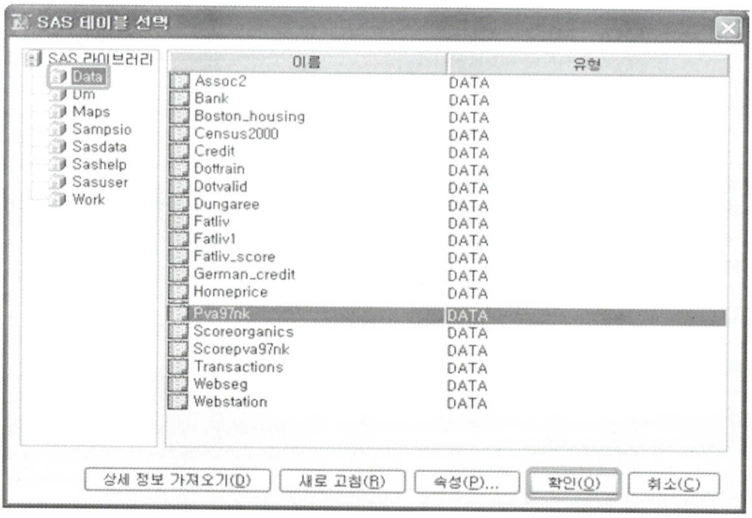

[그림 3-15] “PVA97NK” 테이블 선택 화면

⑤ **확인** 클릭

선택된 테이블을 나타낸다.

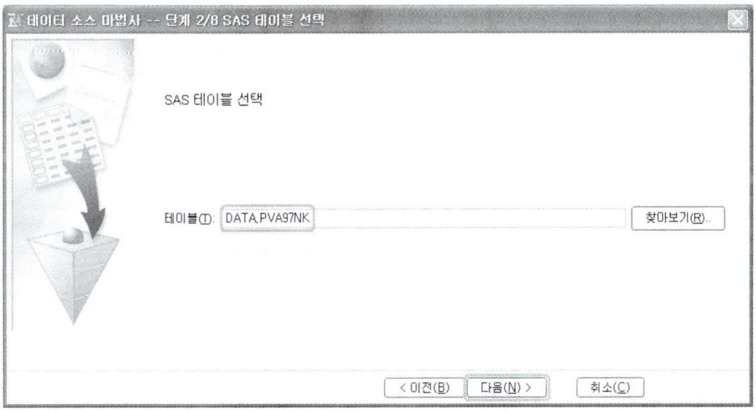

[그림 3-16] "PVA97NK" 테이블 선택 확인 화면

⑥ **다음** 클릭

선택된 테이블에 관한 기본 정보를 보여준다.

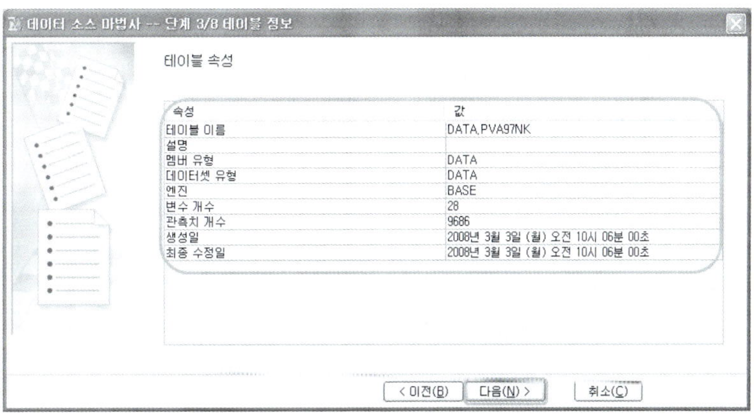

[그림 3-17] 테이블 속성 정보

[그림 3-17]을 보면, PVA97NK 테이블에서 변수 개수는 28개, 관측치 개수는 9,686개라는 것을 알 수 있다.

■ 열 메타데이터 정의

열 메타데이터 정의를 위해 기본적으로 모델에서 변수의 역할과 각 변수에 대한 측정 수준을 알고 있어야 한다.

열 메타데이터를 정의하기 위해 다음 방법을 따라한다.

① **다음** 클릭

메타데이터 관리자 옵션 창이 나타난다.

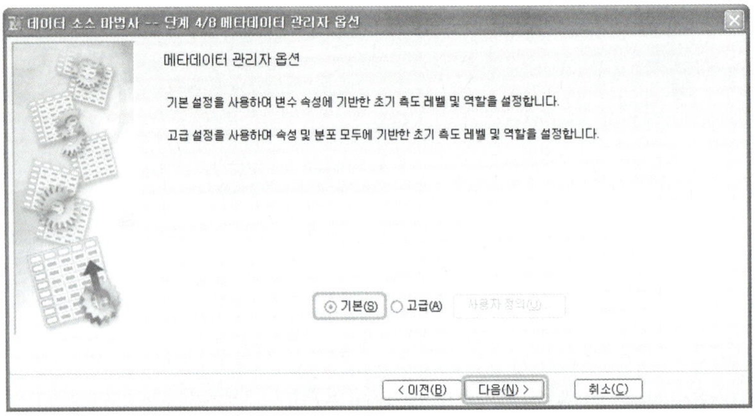

[그림 3-18] 메타데이터 관리자 옵션

이 단계에서 메타데이터를 정의하게 된다. SAS E-Miner는 SAS 테이블의 특성에 따라 메타데이터에 초기값을 할당한다.

- **기본 설정**: 변수 이름, 데이터 형식 및 지정된 SAS 형식과 같이 변수 속성에 근거하여 메타데이터에 초기값을 할당한다.
- **고급 설정**: 기본 설정과 동일한 방법으로 메타데이터에 초기값을 할당하지만, 더 적절한 척도를 결정하기 위해 각 변수의 분포를 평가한다.

② "기본 설정"으로 지정 후 **다음** 클릭

데이터 소스 마법사는 각 변수의 이름과 데이터 형식을 기반으로 최선의 방법으로 메타데이터의 값을 할당한다. 모델에서 변수의 역할 및 척도에 대하여 <표 3-1>의 PVA97NK 메타데이터 테이블에 나타나 있다.

〈표 3-1〉 PVA97NK 메타데이터 테이블

변수이름(Name)	역할 (Model Role)	척도 (Measurement Level)	변수 설명(Description)
ID	ID	명목 척도(Nominal)	Control Number
TARGETB	Target	이진 척도(Binary)	Target Gift Flag
TARGETD	Rejected	연속형 척도(Interval)	Target Gift Amount
GIFTCNT36	Input	연속형 척도(Interval)	Gift Count 36 Months
GIFTCNTALL	Input	연속형 척도(Interval)	Gift Count All Months
GIFTCNTCARD36	Input	연속형 척도(Interval)	Gift Count Card 36 Months
GIFTCNTCARDALL	Input	연속형 척도(Interval)	Gift Count Card All Months
GIFTAVGLAST	Input	연속형 척도(Interval)	Gift Amount Last
GIFTAVG36	Input	연속형 척도(Interval)	Gift Amount Average 36 Months
GIFTAVGALL	Input	연속형 척도(Interval)	Gift Amount Average All Months
GIFTAVGCARD36	Input	연속형 척도(Interval)	Gift Amount Average Card 36 Months
GIFTTIMELAST	Input	연속형 척도(Interval)	Time Since Last Gift
GIFTTIMEFIRST	Input	연속형 척도(Interval)	Time Since First Gift
PROMCNT12	Input	연속형 척도(Interval)	Promotion Count 12 Months
PROMCNT36	Input	연속형 척도(Interval)	Promotion Count 36 Months
PROMCNTALL	Input	연속형 척도(Interval)	Promotion Count Card All Months
PROMCNTCARD12	Input	연속형 척도(Interval)	Promotion Count Card 12 Months
PROMCNTCARD36	Input	연속형 척도(Interval)	Promotion Count Card 36 Months
PROMCNTCARDALL	Input	연속형 척도(Interval)	Promotion Count Card All Months
STATUSCAT96NK	Input	명목 척도(Nominal)	Status Category 96NK
STATUSCATSTARALL	Input	이진 척도(Binary)	Status Category Star All Months
DEMCLUSTER	Input	명목 척도(Nominal)	Demographic Cluster
DEMAGE	Input	연속형 척도(Interval)	Age
DEMGENDER	Input	명목 척도(Nominal)	Gender
DEMHOMEOWNER	Input	이진 척도(Binary)	Home Owner
DEMMEDHOMEVALUE	Input	연속형 척도(Interval)	Median Home Value Region
DEMPCTVETERANS	Input	연속형 척도(Interval)	Percent Veterans Region
DEMMEDINCOME	Input	연속형 척도(Interval)	Median Income Region

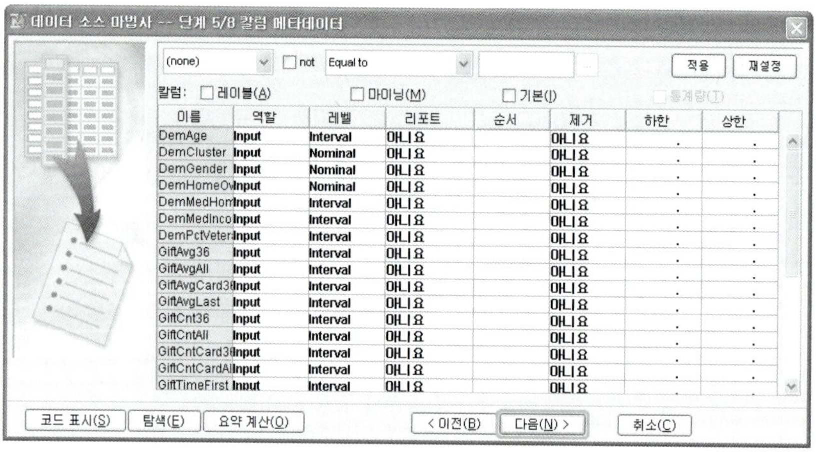

[그림 3-19] 기본 설정된 칼럼 메타데이터

<표 3-1> 메타데이터 테이블과 SAS E-Miner에서 추측으로 할당한 값을 비교하여 보면 몇 가지 차이점이 있다는 것을 알 수 있다.

모델에서 변수의 역할은 대부분 정확하지만, 몇몇 변수들의 척도에는 오류가 있는데 메타데이터 관리자 옵션의 고급 옵션을 사용하여 기본 메타데이터 설정에 대한 수정이 가능하다.

③ 이전 클릭 → [그림 3-18] 관리자옵션에서 고급설정으로 지정 → 다음 클릭

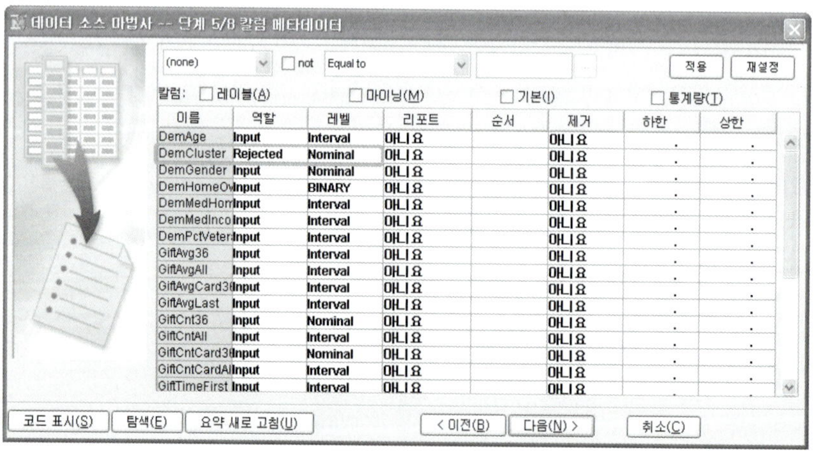

[그림 3-20] 고급 설정된 칼럼 메타데이터

디폴트(default)로 설정된 메타데이터의 대부분은 정확하지만 몇 가지 항목은 변경해야 할 것이다. 예를 들어, DemCluster변수는 변수 역할이 'Rejected'로 선언되어 있으며, 몇몇 양적변수는 척도가 'Interval'이 아니라 'Nominal'로 선언되어 있다.

메타데이터를 수정하는데 많은 시간이 소요되는 것을 피하려면, 다시 이전 관리자 옵션 단계로 이동하여 다음과 같이 작업할 수도 있다.

④ 이전 클릭 → [그림 3-18] 관리자 옵션에서 사용자 정의 클릭

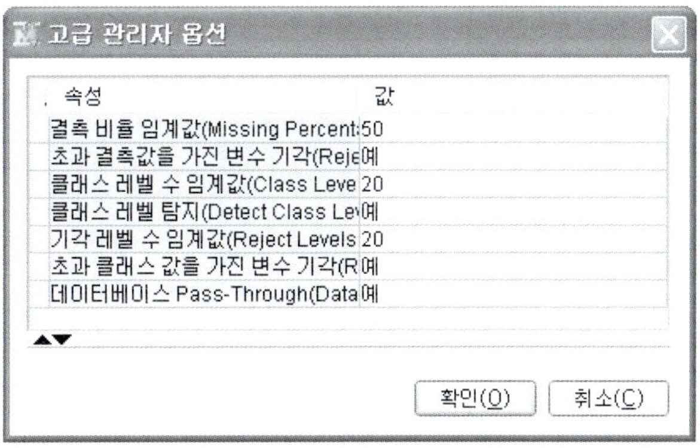

[그림 3-21] 고급 관리자 옵션

고급 관리자 옵션을 사용하여 메타데이터 관리자는 다음 작업을 수행할 수 있다.

- **계측 비율 임계값:** '초과 결측값을 가진 변수 기각'이 '예'로 표시되고 결측값의 최대 비율이 지정된 임계값을 넘으면 변수의 역할이 'Rejected'로 선언된다(기본값 = 50%).
- **클래스 레벨 임계값:** '클래스 레벨 탐지'에 "예"로 표시되어 있고, 이 속성에 지정된 숫자보다 적은 범주를 갖는 Interval 변수는 Nominal로 표시된다(기본값 = 20).
- **기각 레벨 수 임계값:** Class 변수 중에서 레벨의 개수가 지정된 값보다 많으면 'Rejected'로 표시된다(기본값 = 20).

다음 단계에서 많은 메타데이터 값을 변경하지 않도록 하려면 이러한 기본값을 변경해야 한다.

⑤ 클래스 레벨 임계값에 "2" (숫자형 이진 변수가 명목형 변수로 취급되기 위해) 입력하고 기각 레벨 수 임계값에 "100" (100개 이상의 서로 다른 값을 갖는 문자형 변수만이 'Rejected'가 선언되도록 하기 위해) 입력한다.

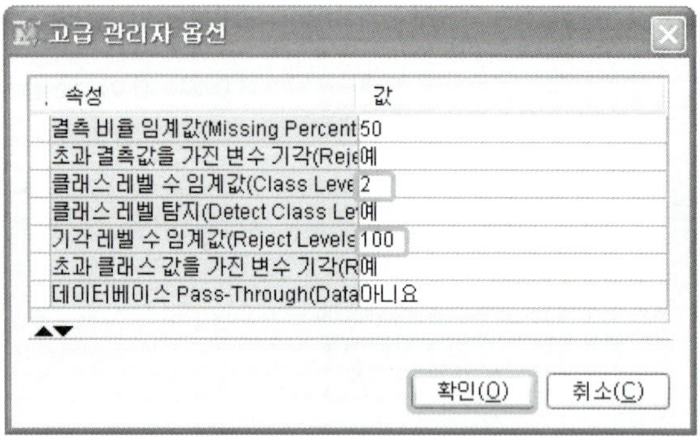

[그림 3-22] 기본값 변경 화면

☞ 상기 변경이 적용되기 위해서는 반드시 ENTER를 누른 다음, 확인을 클릭한다.

⑥ 확인 클릭 → 다음 클릭

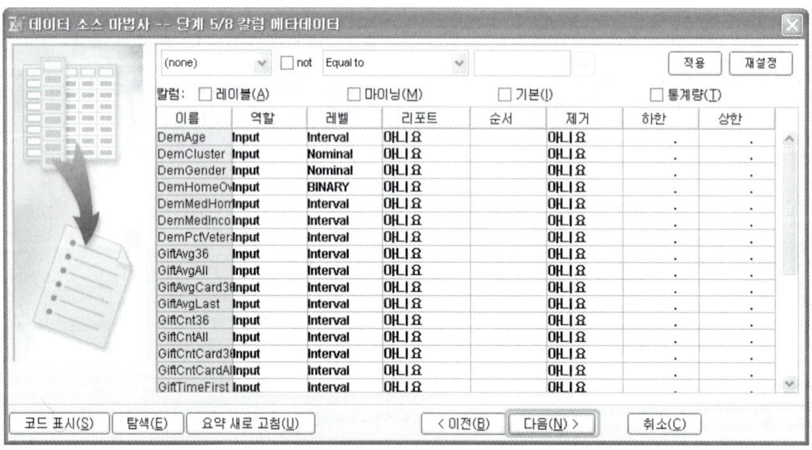

[그림 3-23] 기본값이 변경된 칼럼 메타데이터

<표 3-1>과 열 메타데이터([그림 3-23]) 테이블을 비교하여 보면 대부분의 메타데이터가 올바르게 정의되었다는 것을 알 수 있다. 그 밖의 Input 변수가 아닌 변수에 대하여

변수 이름만으로도 SAS E-Miner는 변수 역할을 정확하게 지정하였음을 알 수 있다. 척도 또한 고급 관리자 옵션에서는 올바르게 정의되어 있음을 알 수 있다.

다음으로 할 일은 목표변수를 지정하는 일이다. PVA97NK 데이터의 분석에서는 이진형 목표변수를 사용할 것이기 때문에 TargetB를 목표변수로 지정하고 TargetD 변수는 역할 칼럼에 'Rejected'가 선언되어야 할 것이다.

⑦ TargetD 역할 → Rejected로 변경한다.

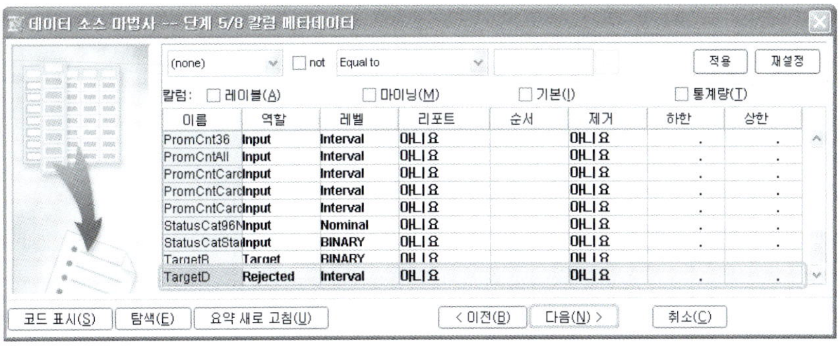

[그림 3-24] TargetD 역할 변경

데이터 소스 마법사 단계 중 상기 단계는 보통 많은 시간이 소요된다. 따라서 SAS E-Miner에서 사용할 메타데이터를 정의하는데 소요되는 시간을 줄이기 위해서 다음과 같은 요령을 사용하면 효과적일 것이다.

① 원시 데이터 소스에서부터 오직 모형 구축에 필요한 데이터만 포함시켜라.
② Input 변수가 아닌 경우, 역할을 의미하는 문자로 변수 명을 시작하라. 예를 들면 목표변수의 변수명은 Target, 식별자를 나타내는 변수명은 ID라는 문자로 시작하라.
③ 명목형 Input 변수는 문자형 데이터 유형을 갖도록 입력하라.

■ 데이터 소스 완성

다음 단계에 의해서 데이터 소스 지정 과정을 완료한다.

① 다음 클릭(이 과정에서 차후의 분석 단계 및 결과에 대한 기본 설정을 변경할 것이기 때문에 "예"를 선택하지 않아야 한다.)

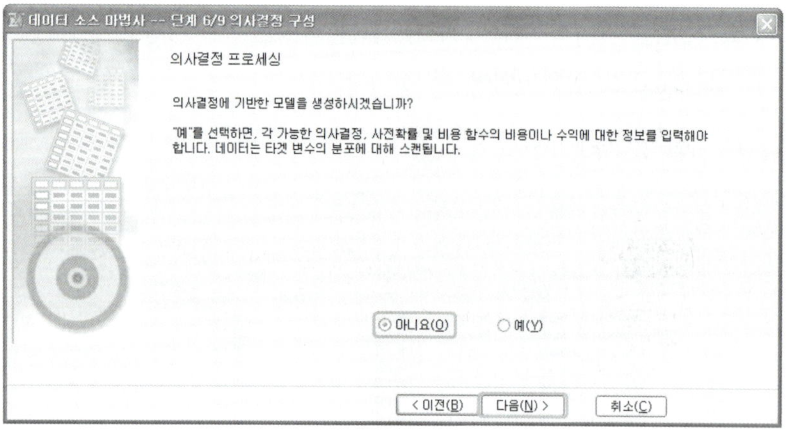

[그림 3-25] 의사결정 프로세싱

② 다음 클릭 → 다음 클릭

데이터 소스 속성 마법사 창이 열린다.

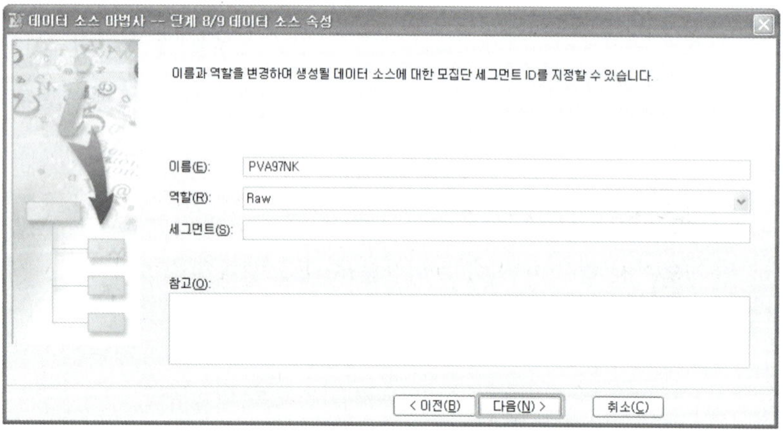

[그림 3-26] 데이터 소스 이름과 역할 변경

이 단계에서 데이터 소스의 역할을 지정할 수 있고, 데이터 소스 정의에 관한 부가 설명을 추가할 수 있다.

③ 다음 클릭

생성한 데이터 테이블에 관한 요약 정보를 보여준다.

④ 마침 클릭

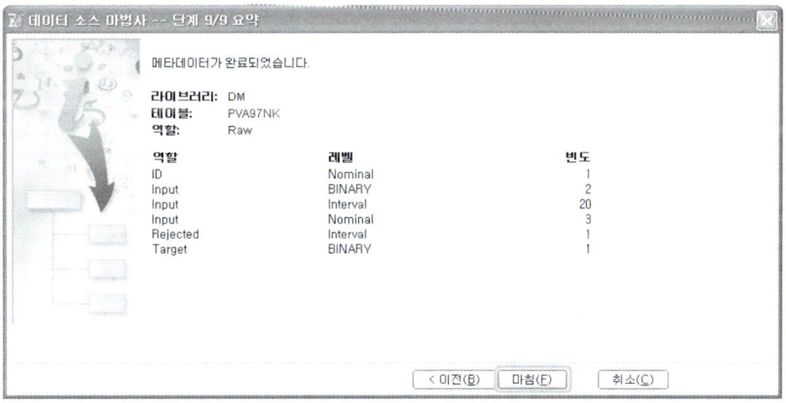

[그림 3-27] 생성한 메타데이터 테이블 요약 정보

PVA97NK 데이터 소스는 프로젝트 패널의 데이터 소스 항목에 추가되어 있다. 여기서 데이터 소스 항목의 'PVA97NK'를 왼쪽 마우스 버튼으로 선택하면 테이블 속성이 [그림 3-28]과 같이 속성 패널에 나타난다.

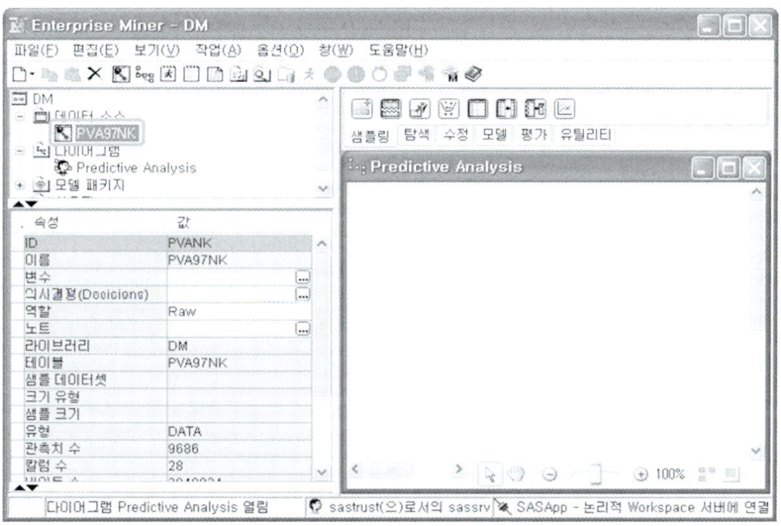

[그림 3-28] 프로젝트 패널에 추가된 PVA97NK 데이터 소스

실습문제

1. 지방간 자료를 이용하여 상기 과정을 실행하여 SAS E-Miner 데이터 소스를 생성하라.

3.4 데이터 탐색

연구 목적이나 분석 목적에 필요한 데이터 수집이나 조합은 대부분 SAS E-Miner 작업 이전에 이루어지지만 데이터 탐색에 대한 기능은 SAS E-Miner에 잘 구축되어 있다. 이러한 탐색 기능을 통하여 표본오차를 찾아내고 이상치를 발견하고 변수들간의 관계를 탐색할 수 있으므로 데이터 탐색에 유용한 SAS E-Miner 도구에 대해서 알아보기로 한다.

3.4.1 소스 데이터 탐색

SAS E-Miner는 데이터의 탐색 기능을 도와주기 위하여 대화형 도표를 생성하여 주는데 다음과 같은 내용을 포함하고 있다.

- 탐색 창 열기
- 탐색 창에 사용할 샘플 크기 변경
- 단일 변수에 대한 히스토그램 생성
- 히스토그램의 그래프 속성 변경
- 차트 축 변경
- 히스토그램에 결측치를 나타내는 막대 추가

- 탐색 창에 플롯 추가
- 변수 관계 탐색

■ 탐색 창 열기

① 프로젝트 패널의 데이터 소스를 열고 사용할 데이터 소스에서 오른쪽 마우스 클릭 → 데이터 소스 옵션 창이 나타나면 탐색 선택

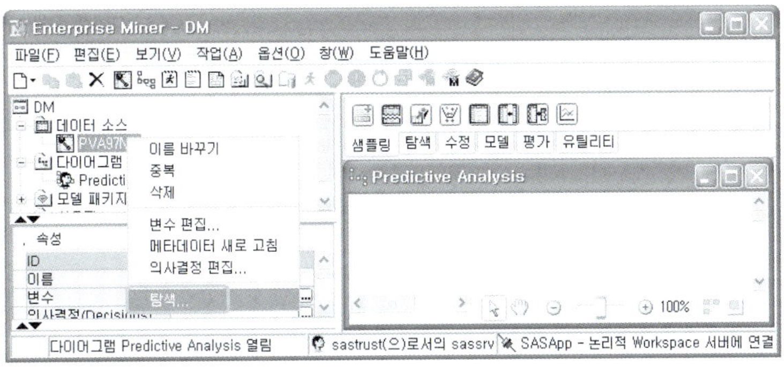

[그림 3-29] 데이터 소스 탐색 창 열기

② "DM.PVA97NK" 탐색 창이 열린다.

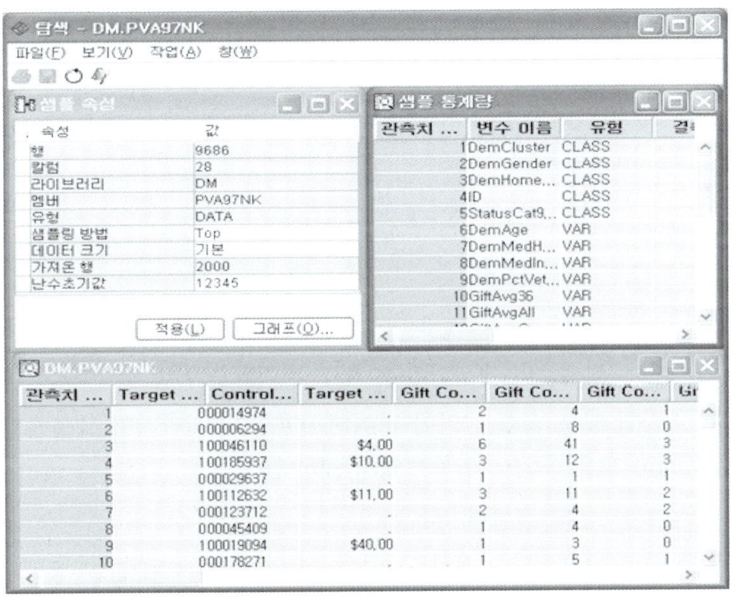

[그림 3-30] "DM.PVA97NK" 탐색 창

탐색 창은 PVA97NK 데이터소스의 2000개의 샘플을 나타낸다. 위의 그림은 샘플 속성을 보여주고, 아래는 데이터 테이블을 표시한다.

■ 탐색 창 샘플 크기 변경

[그림 3-30]의 샘플 속성의 '샘플링 방법' 속성은 'Top'이라고 표시되어 2000개의 샘플이 데이터 테이블의 첫 행부터 2000행까지로 구성됨을 알 수 있다.

상기와 같은 방법으로 샘플을 선택하면 실행은 빠르지만 테이블 상단의 행을 가져오기 때문에 표본이 테이블의 대표성을 유지하는 것은 아니다.

탐색 창에서 샘플링 속성을 변경하려면 다음 단계를 따라 한다.

① 값 필드에서 샘플링 방법 오른쪽 클릭→ "Random" 선택 → 적용 클릭

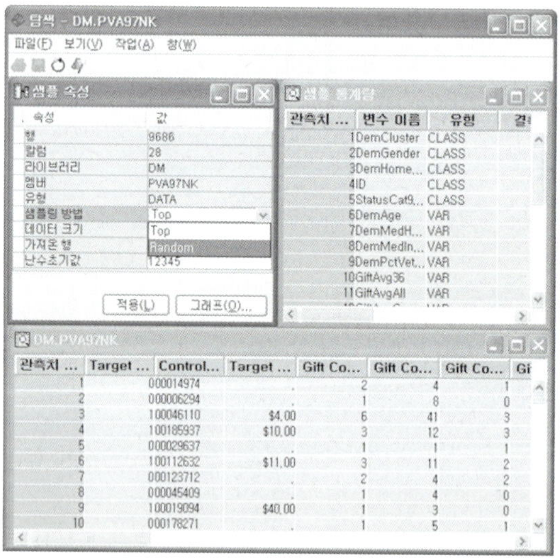

[그림 3-31] 샘플 속성 변경

새로운 2000 개의 랜덤샘플이 생성되었다. 새로 추출된 2000행 랜덤샘플은 원래의 9686개의 테이블과 유사한 분포 속성을 가질 것이며 변수들의 일반적인 특성에 관한 아이디어를 제공한다. 만약 목표가 잠재적인 문제에 대한 데이터를 검토하는 것이라면 데이터 집합 전체를 검토하는 것이 현명할 것이다.

SAS E-Miner는 클라이언트로 전송되는 샘플을 최대 30,000까지 높일 수 있으므로 값을 최대로 높이는 방법을 배워보자.

② 샘플속성 창 값 필드에서 데이터크기 → 최대 선택 → 적용 클릭

전체 자료의 관측치 수가 30,000 이하이기 때문에 '가져온 행' 필드에서 보듯이 전체 PVA97NK 테이블이 SAS E-Miner 클라이언트로 전송된다.

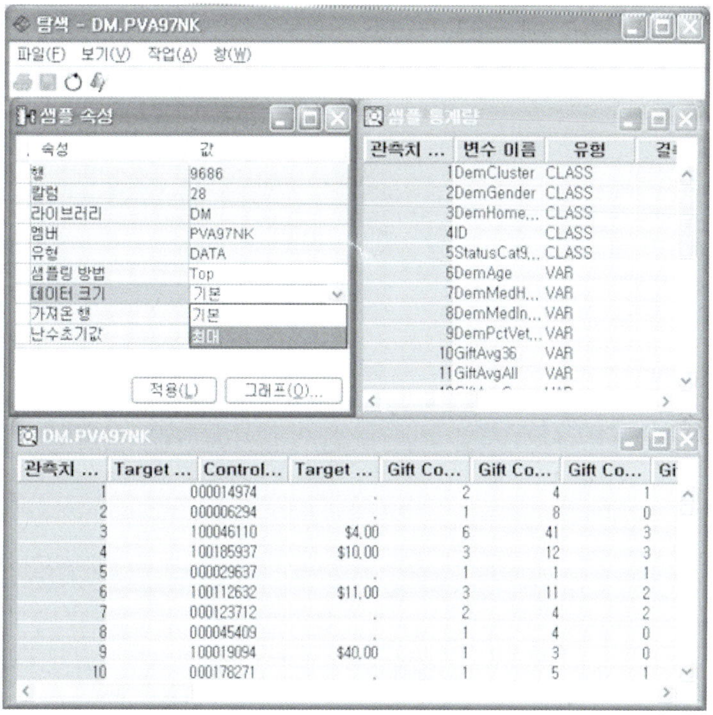

[그림 3-32] 변경한 샘플 속성 적용 화면

■ 단일 변수에 대한 히스토그램 생성

SAS E-Miner에서 탐색 기능은 보통 데이터 셋을 탐색하기 위하여 사용되지만 주된 목적은 통계적인 분석 도표를 만들어 보는 것이다. 탐색 창을 이용하여 히스토그램을 만들어 보자.

① 탐색 창 메뉴에서 작업 → 그래프 선택

차트 마법사에서는 여러 유형의 분석 차트를 생성할 수 있다.

② 히스토그램 선택→ 다음 클릭

그래프 역할 선택

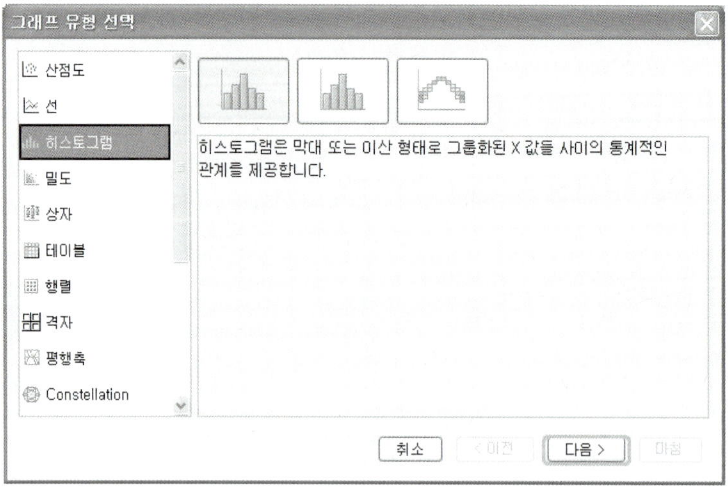

[그림 3-33] 그래프 유형 선택

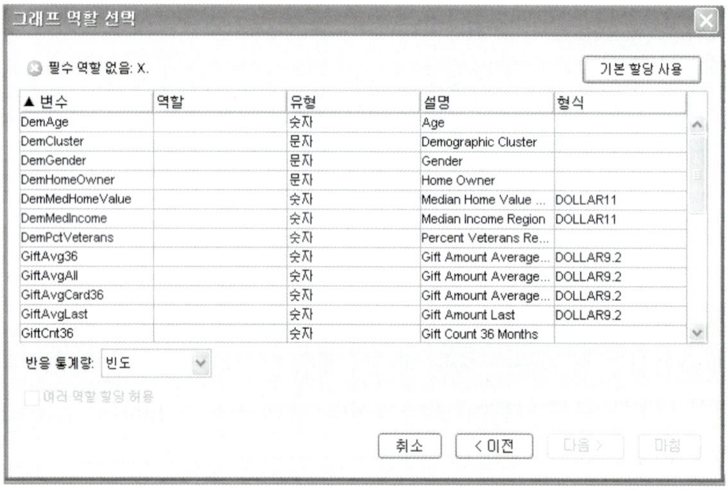

[그림 3-34] 그래프 변수 역할 선택

히스토그램을 그리기 위해서는 반드시 x-축을 나타내는 하나의 변수가 역할 필드에 "X"로 지정되어 있어야 한다.

③ 변수 DemAge의 역할 → "X" 선택 → 마침 클릭

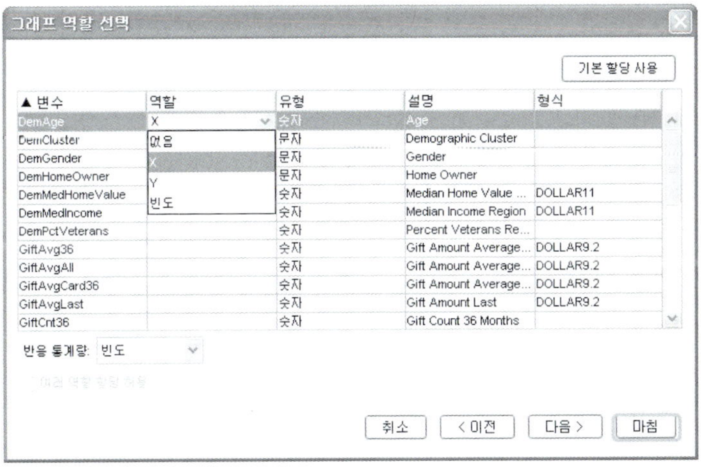

[그림 3-35] 그래프 변수 역할 변경 화면

변수 이름보다 변수 설명이 탐색 창 도표의 축 레이블로 사용된다.

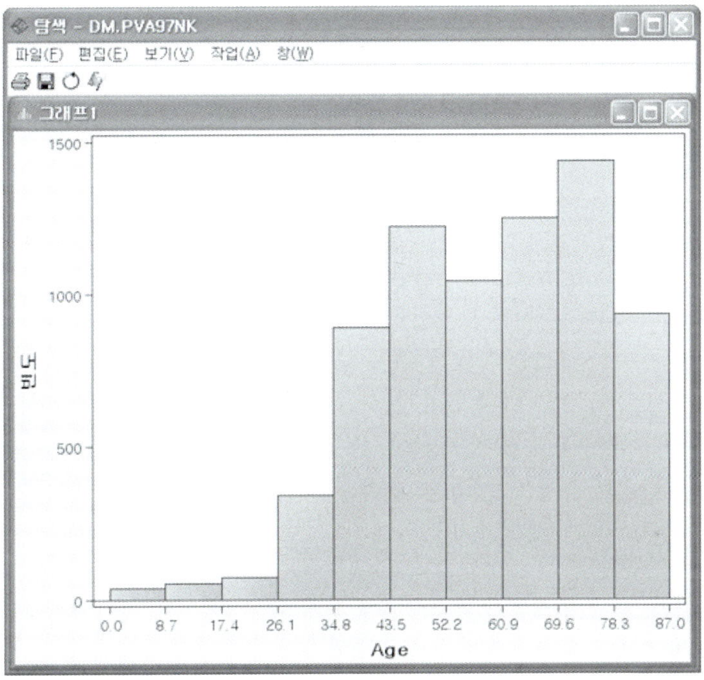

[그림 3-36] DemAge 변수의 히스토그램

그래프에서 x-축은 최소값에서 최대값까지 범위를 선택하여 [그림 3-36]에서 나이 축의 최소값은 0, 최대값은 87이다. 모드(mode)는 69.6과 78.3 범위인 9번째 막대에서 발생하고 약 1,400개의 관측치가 있다는 것을 알 수 있다.

■ 히스토그램의 그래프 속성 변경

기본적으로 SAS E-Miner에서 히스토그램은 10개 막대를 가지고 있으며 데이터의 전체 범위를 표시한다. 히스토그램의 막대 수와 축의 범위를 변경하는 방법을 알아보자.

기본적으로 설정된 막대 수는 변수의 분포에 대한 일반적인 모양을 살펴보기에 충분하지만, 히스토그램의 해상도를 향상시키기 위해 막대의 수를 늘리는 것이 때로는 유용하다.

① 히스토그램 연령 데이터 영역에서 마우스 오른쪽 클릭 → 그래프 속성 선택
   히스토그램 속성 창이 나타난다.

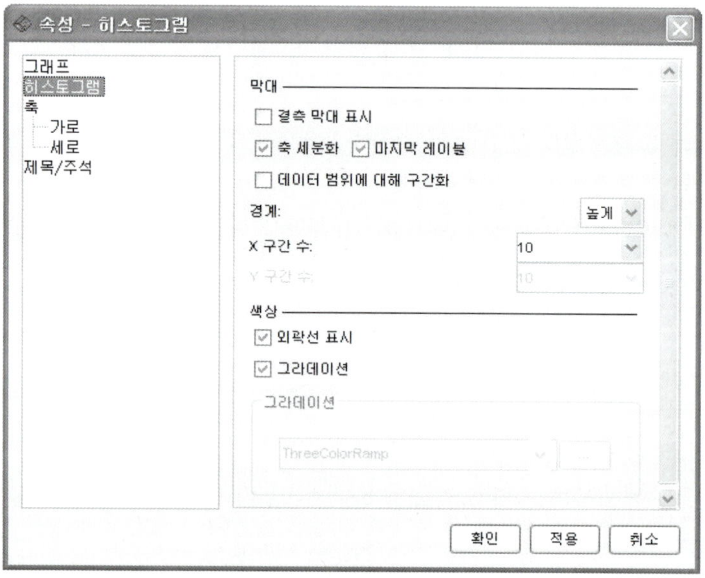

[그림 3-37] 히스토그램 속성

이 단계에서 히스토그램에서 중요한 모양 속성(최소 통계적 의미에서)인 막대의 수를 변경할 수 있다.

② X 구간 수 필드에 "87" 입력

연령은 정수이며, 원래 도표에서 최대값이 87이므로 연령 별로 하나의 막대가 생성될 것이다.

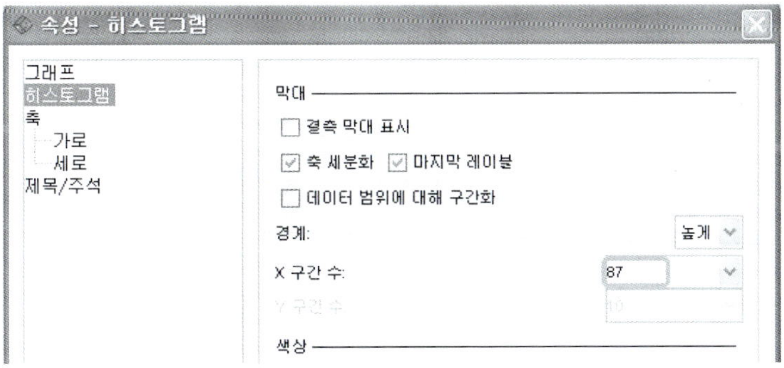

[그림 3-38] X구간 수 변경

③ 확인 클릭

탐색 창이 다시 열리고 연령 히스토그램에서 더 많은 막대가 나타난다.

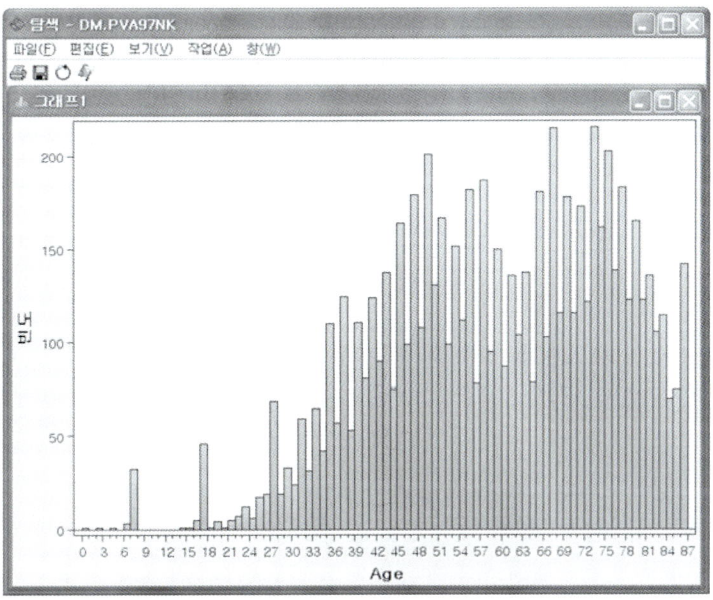

[그림 3-39] X구간 수 변경된 히스토그램

■ 차트 축 변경

탐색 창의 유용한 기능은 관심 있는 데이터를 확대하는 것이다. 탐색 창에서 차트의 축을 변경하는 방법을 배워보자.

① 커서가 돋보기 모양으로 나타날 때까지 히스토그램 아래에 커서를 놓는다.

② 클릭하여 오른쪽으로 드래그하면 히스토그램의 수평축이 확대 된다.

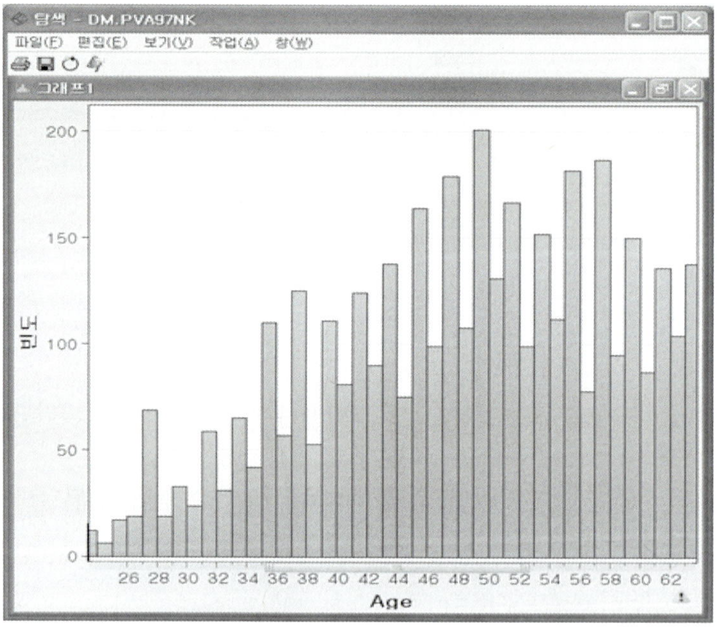

[그림 3-40] 데이터가 확대된 히스토그램

③ 연령 축 위에 커서를 놓으면 가로 스크롤 막대가 나타난다. 이 스크롤 막대를 좌우로 움직이면서 데이터의 구조를 살필 수 있다.

④ 세로축도 같은 방식으로 하면 된다. 탐색 창의 오른쪽 하단에 [아이콘] 를 누르면 원래의 범위로 돌아간다.

■ 히스토그램에 결측치 막대 추가

모든 관측치가 히스토그램에 나타나지 않을 수 있다. 기본적으로 결측값은 히스토그램에 나타나지 않는다. 결측치를 하나의 막대로 히스토그램에 추가하는 방법을 알아보자.

① 그래프 영역에서 마우스 오른쪽 클릭→ 그래프 속성 선택

② "결측 막대 표시" 항목 선택

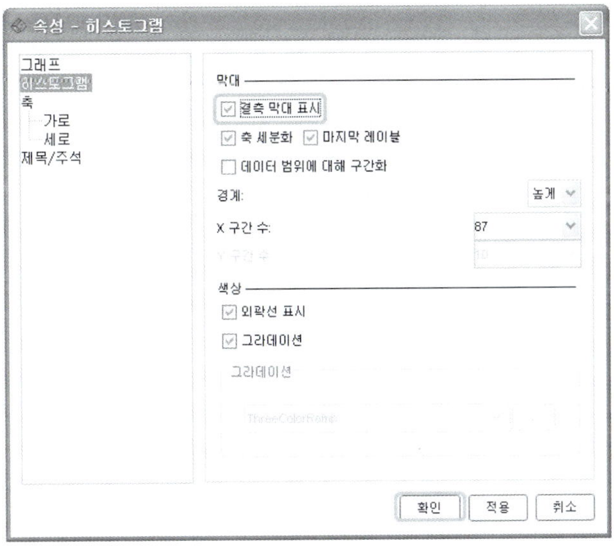

[그림 3-41] 결측 막대 추가 방법

③ **확인** 클릭

연령에 대한 히스토그램에서 결측값을 나타내는 막대가 표시된다.

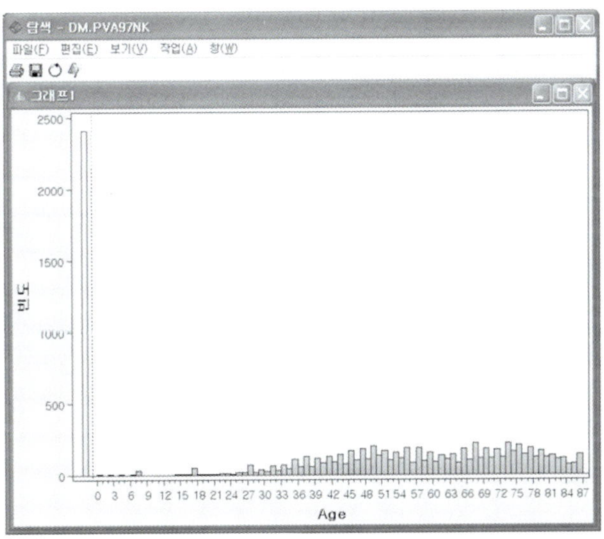

[그림 3-42] 결측치 막대가 추가된 히스토그램

■ **탐색 창에 도표 추가**

탐색 창에 다른 도표를 추가할 수 있는데 목표 변수에 대한 파이(원형) 차트를 추가하려면 다음 단계를 따라한다.

① 탐색 창 메뉴에서 작업 → 그래프 선택 → 항목에서 "원" 선택

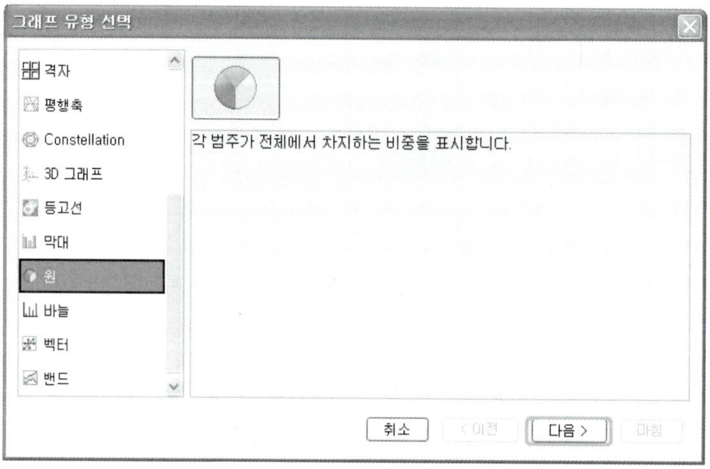

[그림 3-43] 원형 차트 추가

② 다음 클릭

그래프 역할 선택 창이 나타난다.

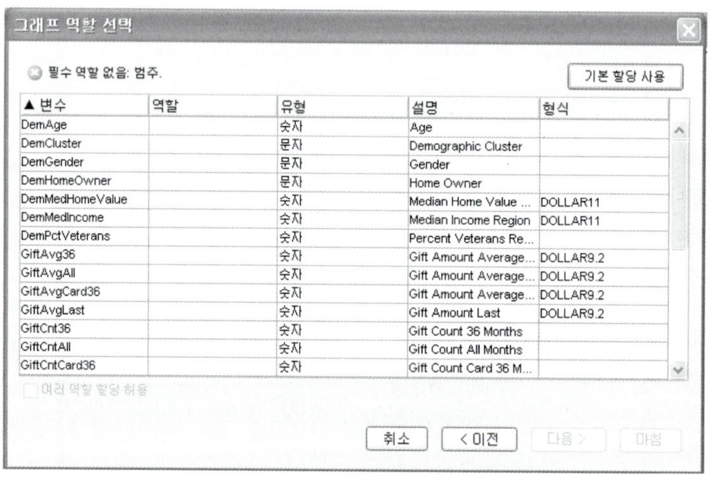

[그림 3-44] 그래프 역할 선택

③ 스크롤 막대를 내려 TARGET B변수의 역할을 "범주"로 선택

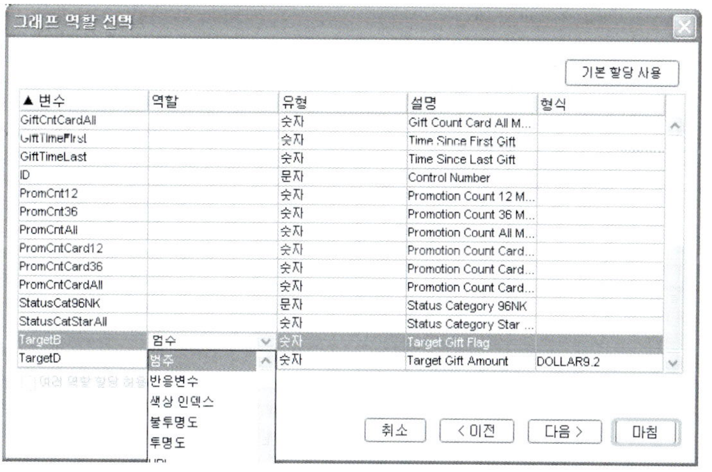

[그림 3-45] 그래프 역할 선택 화면

④ 마침 클릭

TARGETB에 대한 원형 차트가 생성된다.

차트는 TARGETB=0(위), TARGETB=1(아래)에 대한 동등한 빈도 분포를 보여준다.

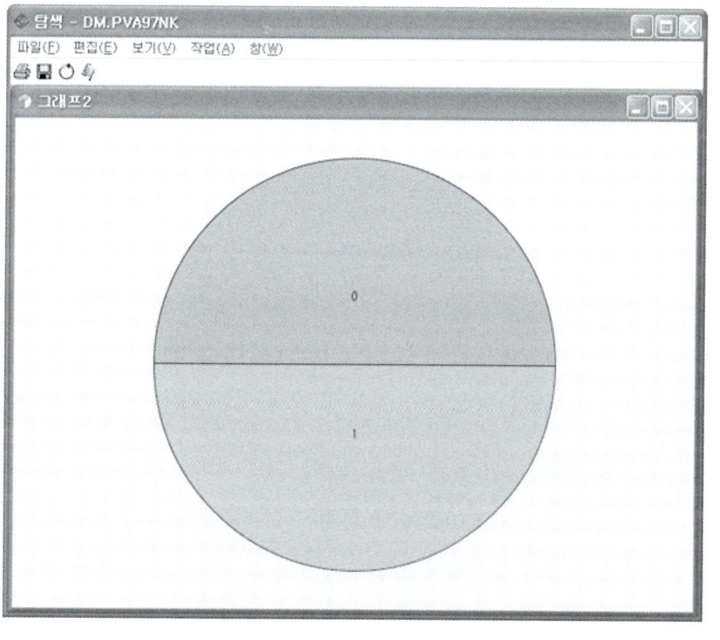

[그림 3-46] TARGET B에 대한 원형 차트

⑤ 탐색 창에서 모든 하위 창을 보려면 아래와 같이 창 → 배열 선택한다.

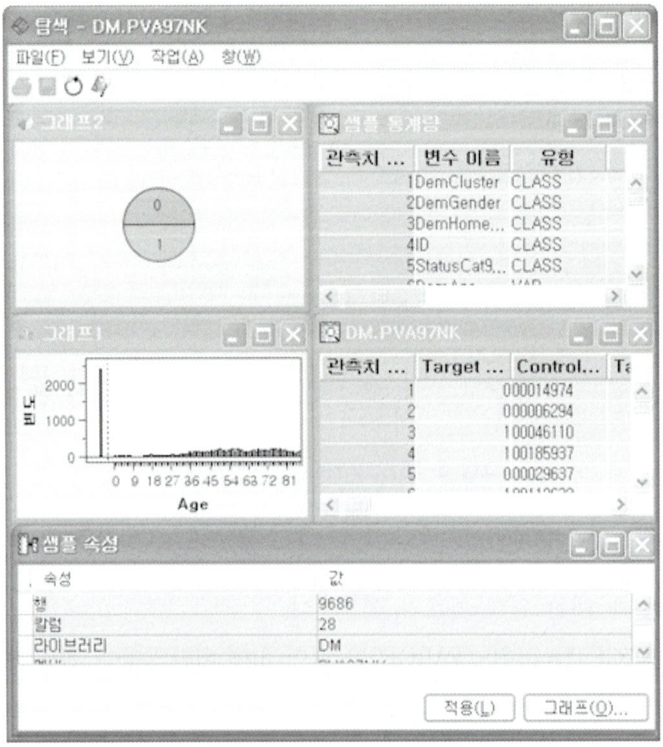

[그림 3-47] 탐색 창 배열모드

▪ 변수 관계 탐색

탐색 창의 모든 구성 요소는 연결되어 있다. 예를 들어, 히스토그램에서 한 막대를 선택하면 선택된 막대에 해당하는 데이터 테이블의 모든 관측치는 다른 도표에서도 선택된다. SAS E-Miner의 이러한 기능을 이용하여 변수 관계를 탐색하는 방법을 알아보자.

① 연령 히스토그램 제목 표시줄을 더블 클릭

② 클릭 앤 드래그(Click and drag)하여 70세 이상의 케이스를 선택한다.
선택한 케이스는 빗금으로 표시된다.
(수직축은 더 잘 보이게 하기 위해 크기를 조정한다)

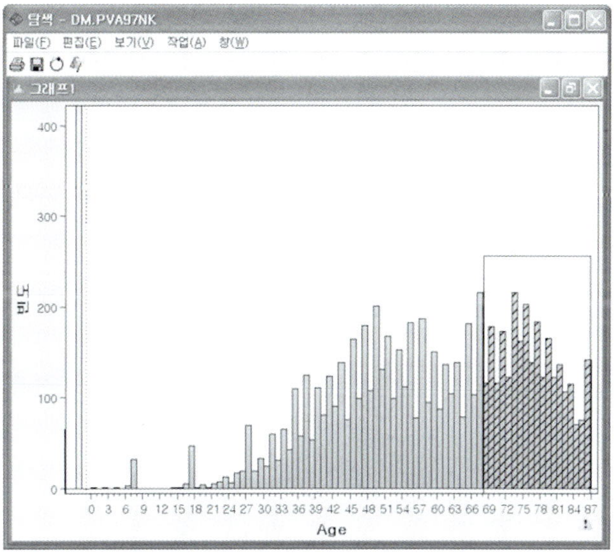

[그림 3-48] 변수 관계 탐색

③ 탐색 창 메인메뉴에서 창 → **배열** 선택

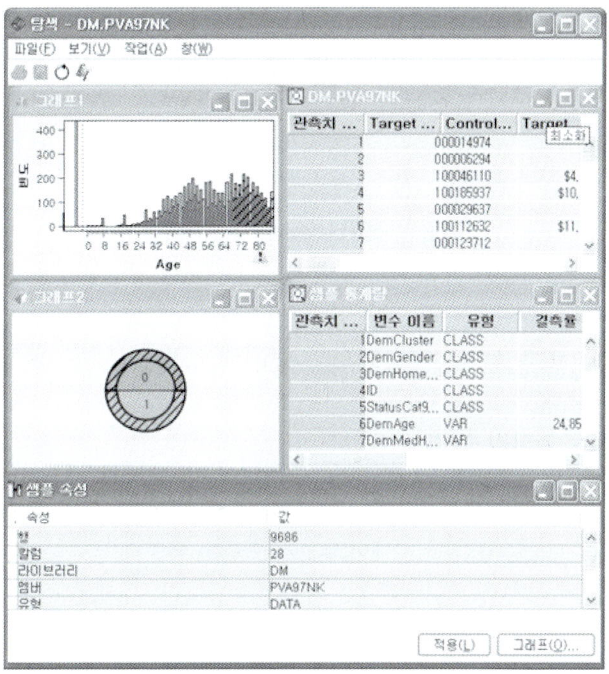

[그림 3-49] 탐색 창 배열 모드

TargetB에 대한 원 차트의 일부가 선택되어 있는지 확인해 보자. 이 선택 항목은 70세 이상의 기부자가 기부했는지 안했는지에 대한 관측치의 상대적 비율을 보여주는데 TargetB=1 세그먼트 아크(arc)가 약간 두껍기 때문에, 이 연령대에서는 기증하지 않은 사람보다 기증한 사람의 수가 약간 많다는 것을 알 수 있다.

④ TargetB 원 차트 제목 표시줄을 더블 클릭하면 아래와 같은 차트를 확인할 수 있다.

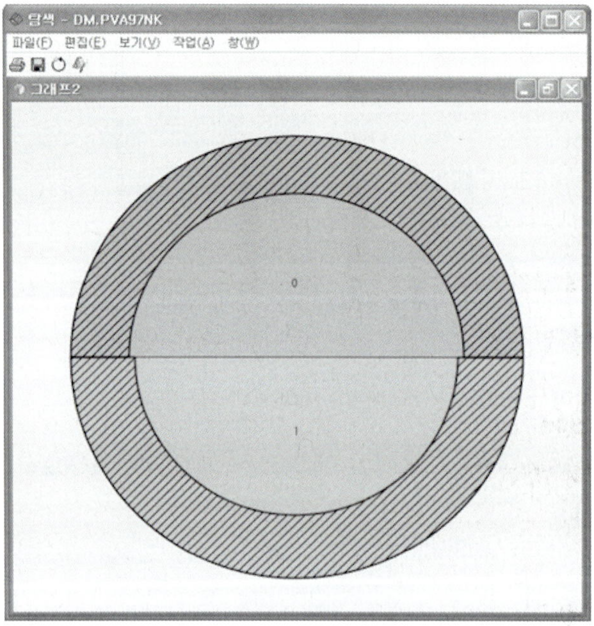

[그림 3-50] TargetB의 0,1 비율

⑤ SAS E-Miner 클라이언트 인터페이스 화면으로 돌아가려면 탐색 창을 닫는다.

■ **탐색기 창 샘플링 기본값 변경**

SAS E-Miner의 환경을 랜덤샘플과 최대 크기로 변경해 보도록 하자.

① 메인 메뉴의 옵션 선택 → 우선 설정 선택

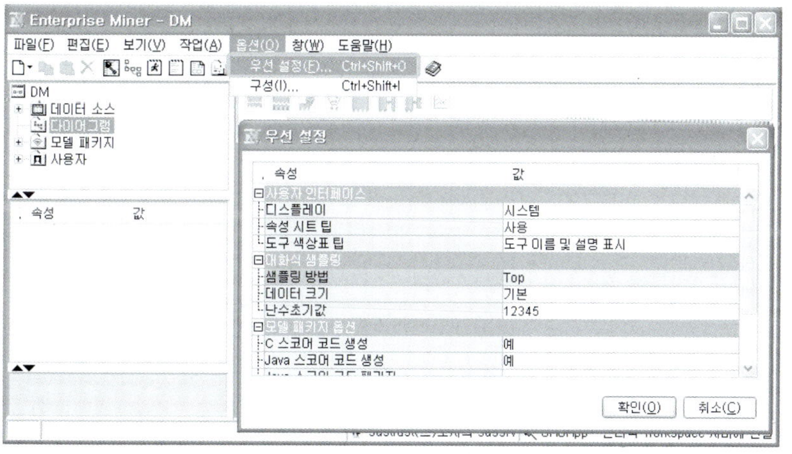

[그림 3-50] 우선 설정 창

② 샘플링 방법 → Radom, 데이터 크기 → 최대

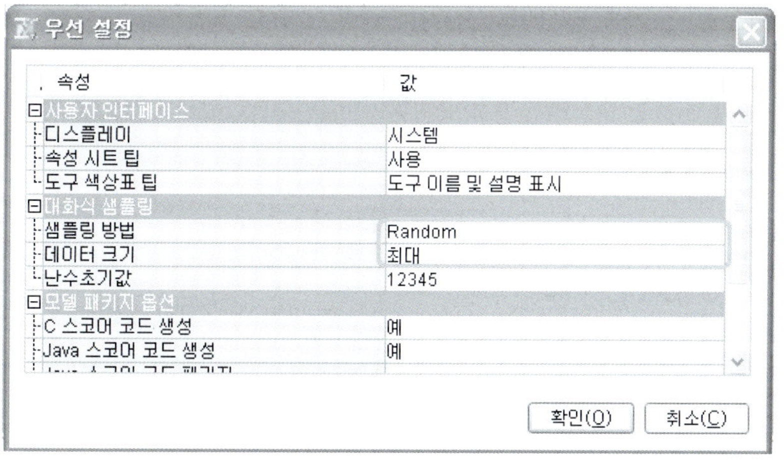

[그림 3-51] 대화식 샘플링 변경 방법

- Random 샘플링 방법을 사용하면 탐색 창에서 원본 데이터에 대한 대표성을 보장함으로써, 디폴트로 설정되어 있는 기본 설정 방법보다 향상된 방법이라고 할 수 있다. 그러나 큰 데이터 소스에는 시간이 많이 걸린다는 단점도 갖고 있다.
- 데이터 크기를 최대로 설정하면 탐색 창에 사용하기 위해 원본 데이터로부터 추출되

는 데이터 샘플 수를 최대 크기로 하라는 옵션이다. 이러한 설정을 선택하면, 탐색 창은 전체 데이터 셋 혹은 최대 30,000개 관측치를 랜덤 표본으로 사용한다.

3.4.2 소스 데이터 수정 및 변경

PVA97NK 자료에서 DemMedIncome 변수 값을 살펴보면 0이 비정상적으로 많다. 이러한 현상은 0이 결측치로 사용되는 관계형 데이터베이스 테이블로부터 추출된 데이터에서 종종 발생한다. 변수의 값이 0이라는 것과 모른다는 것은 상당히 다르므로 이 절에서는 결측값 혹은 모르는 값에 대한 대처방법을 알아보도록 한다.

SAS E-Miner는 데이터 셋을 수정할 수 있는 몇 가지 툴을 제공하고 있는데 이러한 툴 중의 하나인 값 대체(Replacement) 노드 사용방법에 대하여 알아보도록 하자.

① 데이터 소스 PVA97NK를 Work Space로 드래그를 한다.

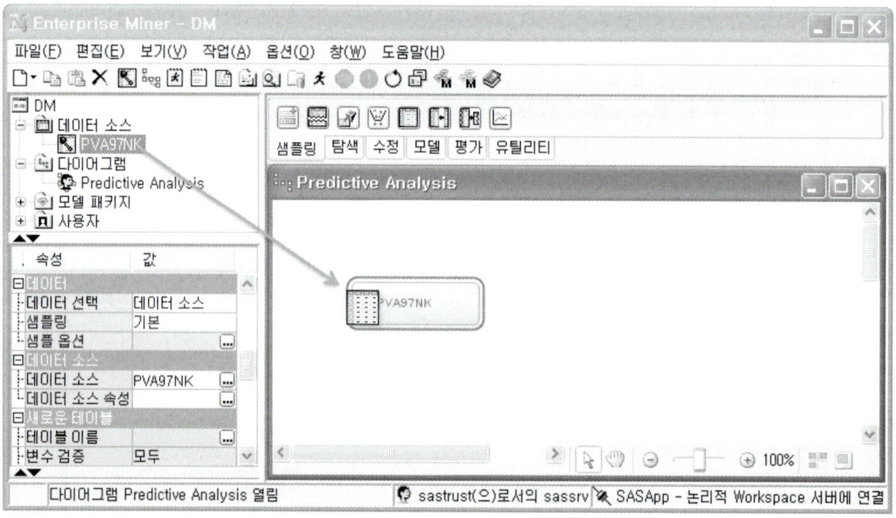

[그림 3-52] 데이터 소스 PVA97NK 가져오기

② 수정 탭에서 값 대체 노드를 선택하여 데이터 소스 PVA97NK와 같은 방법으로 드래그를 한다.

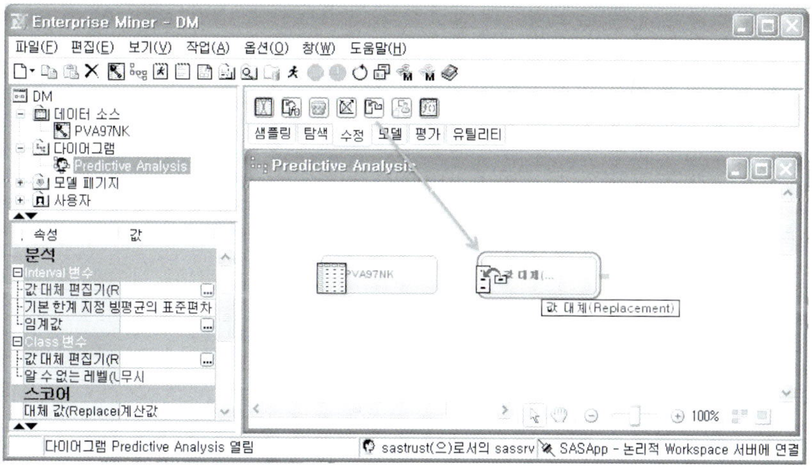

[그림 3-53] 값 대체 노드 가져오기

③ PVA97NK 노드의 오른쪽 부근 클릭하고 값 대체 노드의 왼쪽에 화살표를 드래그하여 값 대체 노드로 PVA97NK 데이터를 연결한다.

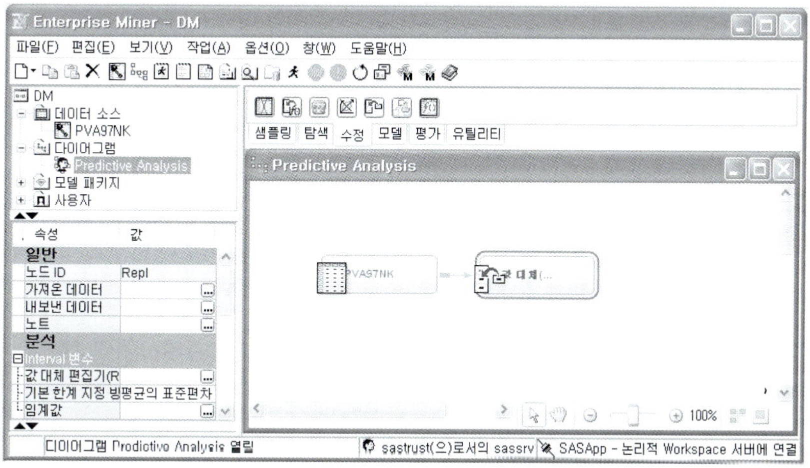

[그림 3-54] 값 대체 노드 분석흐름도

이러한 방법은 분석을 수행하는 데 사용하는 방법으로 PVA97NK 데이터를 읽고 원하지 않는 값을 대체할 수 있지만, 어떻게 바꿀 것인지에 대해서는 값 대체 노드의 설정을 변경해야 한다.

3.4.3 값 대체 노드 속성 변경

① 값 대체 노드를 선택하고 속성 패널을 확인한다.

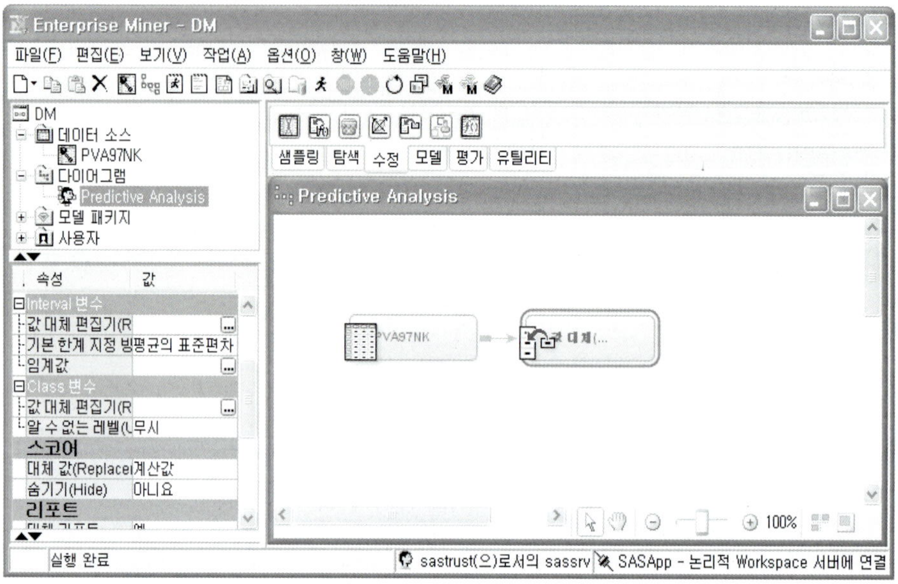

[그림 3-55] 값 대체 노드 속성

속성 패널은 값 대체 노드가 실행될 때, 각 노드의 기능을 알려준다.
디폴트로 평균으로부터 표준편차의 3배수(3SD)를 넘는 모든 Interval 변수들은 지정한 값으로 대체한다. 물론 임계점 속성을 선택하여 임계치로 사용할 표준편차의 배수를 지정할 수 있다.

이번 예제에서는 DemMedIncome 변수가 0을 가질 때만 대체하기로 한다.

② 기본 제한 방법 속성을 선택하고 옵션 메뉴에서 없음을 선택한다.

③ 대체 값을 결측값으로 선택한다.

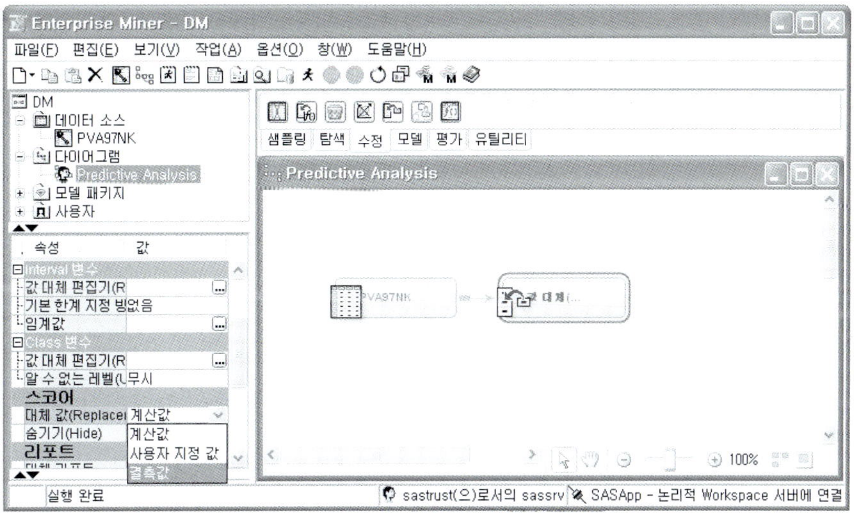

[그림 3-56] 값 대체 노드 속성변경

④ Interval 변수의 값 대체 편집기에서 대화상자의 오른쪽 버튼을 클릭한다.

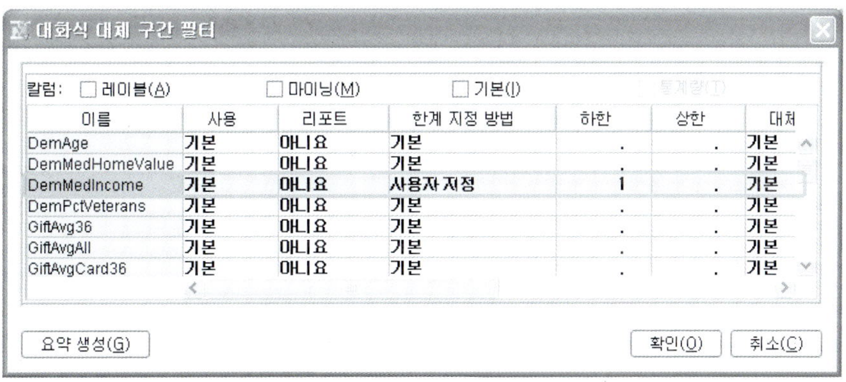

[그림 3-57] Interval변수 값 대체 편집기

[그림 3-57]과 같은 경우, 하한인 1보다 적은 모든 DemMedIncome값은 결측값으로 설정되지만, 다른 변수의 값들은 변경되지 않는다.

3.4.4 실행 결과

① 모든 설정을 마치면 값 대체 노드를 클릭한 후 마우스 오른쪽을 클릭하여 실행을 누른다.

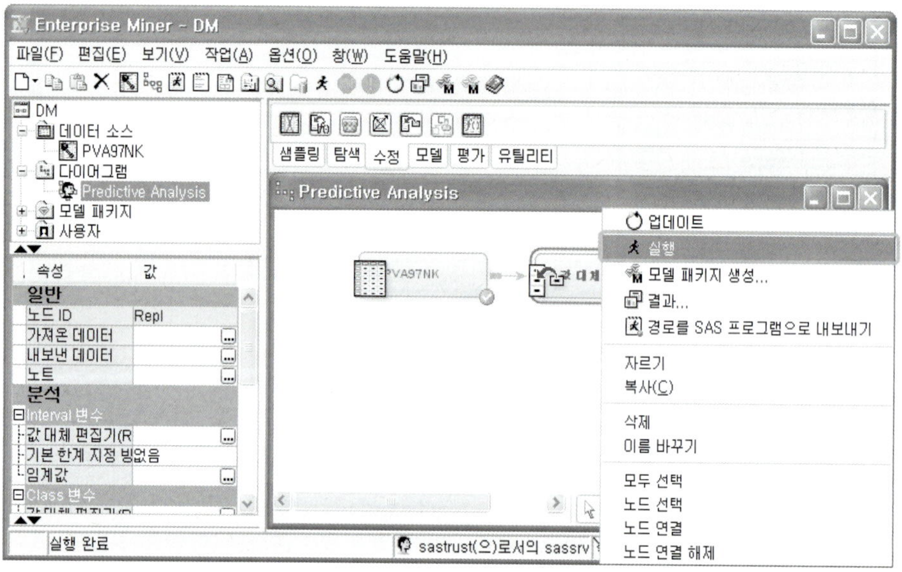

[그림 3-58] 값 대체 노드 실행과정

② 실행이 끝나고 실행상태 대화상자가 뜨면, 결과 버튼을 누른다.

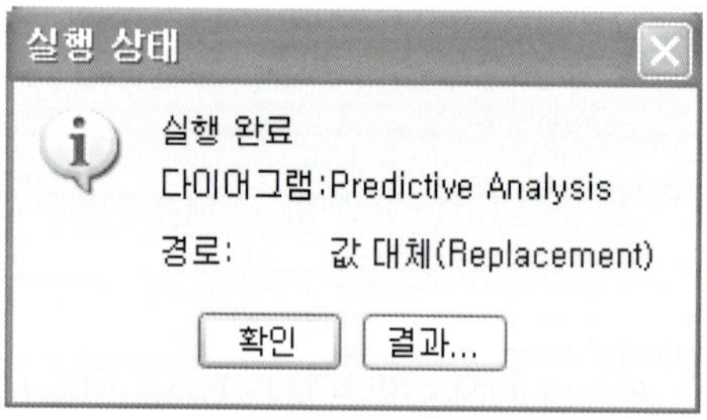

[그림 3-59] 실행 상태 창

③ 결과-노드창에서 총 대체 개수, 출력, Interval 변수의 하위 창을 확인할 수 있다.

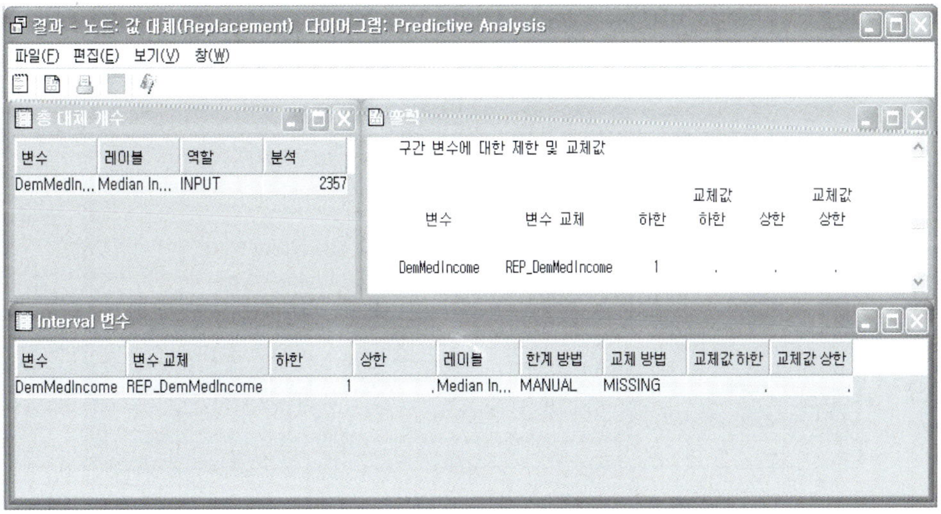

[그림 3-60] 값 대체 노드 결과보기

총 대체 개수 창을 보면, 2,357개가 수정된 것을 알 수 있고, 대체된 값(교체 값)이 어떤 값으로 대체되었는지 출력 창과 Interval 변수 창을 통해서 확인할 수 있다.

[그림 3-60]에서 볼 수 있듯이 하한인 1미만이면 결측값으로 처리된 것을 볼 수 있으며, 교체 값의 하한과 상한값 또한 결측으로 처리된 것을 확인할 수 있다.

3.4.5 내보낸 데이터 탐색

SAS E-Miner에서 다이어그램의 분석 흐름도에 따라 작업이 실행되면, 각 노드에서 데이터를 처리하고 분석하여 결과를 만들고 가져온 데이터(imported data)를 가능하면 수정된 버전으로 내보낸다. 보고서는 요약 결과를 제공하지만, 내보낸 데이터를 살펴봄으로써 분석 단계의 실제 효과를 보는 것이 좋다. 이런 단계는 분석의 각 단계에서 예상했던 사항들을 확인할 수 있게 한다.

① 내보낸 데이터 대화상자의 오른쪽 버튼을 클릭한다.

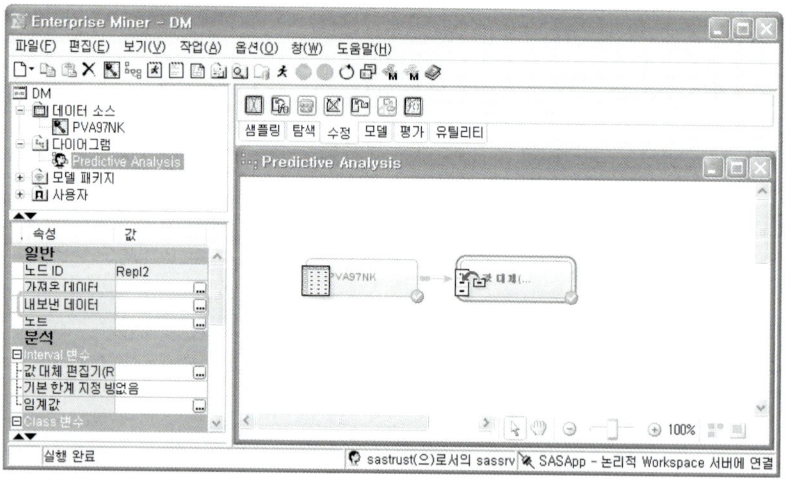

[그림 3-61] 값 대체 노드 실행 후 내보낸 데이터

② 대체된 데이터 셋을 확인할 수 있다.

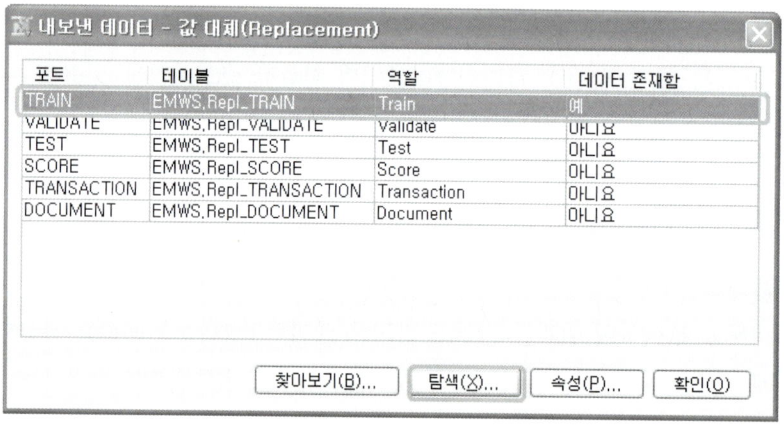

[그림 3-62] 내보낸 데이터 확인 창

[그림 3-62]와 같이 내보낸 데이터 셋의 유형을 볼 수 있으며, PVA97NK 데이터 셋에서 DemMidIncome 변수의 자료값이 1미만이면 결측값으로 대체한 데이터 셋을 EMWS.Repl_Train으로 생성하여 저장하고 있음을 알 수 있다.

③ 기존 DemMedIncome과 대체된 DemMedIncome변수를 확인할 수 있다.

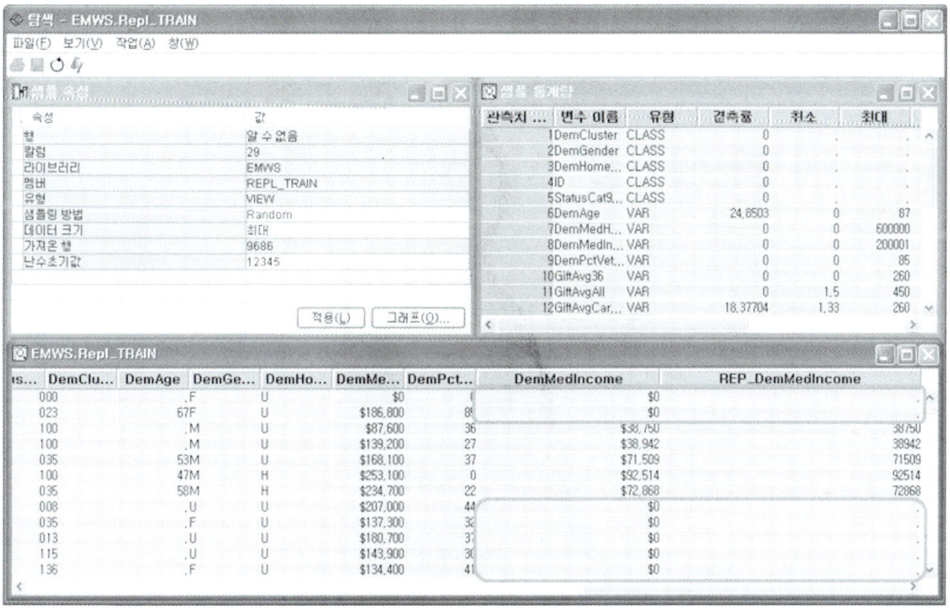

[그림 3-63] EMWS.Repl_Train 데이터 탐색 창

원래 변수 DemMedIncome과 대체된 DemMedIncome변수를 보면, 원 자료값이 0인 것은 결측치로 처리되었음을 알 수 있다. 물론 제한값인 1미만이 아닌 값은 원래 값을 유지하고 있음을 알 수 있다.

제 4 장

연관성 분석

이 장에서는 데이터마이닝의 가장 일반적인 작업으로 자료들 사이의 연관규칙을 발견하는 연관성 분석에 대한 개념적인 설명과 몇 가지 사례분석을 통해 실제 연관성분석을 어떻게 적용하는지를 알아보고자 한다.

4.1 연관성 분석의 개념

연관성분석은 데이터 안에 존재하는 품목 간의 연관규칙(association rule)을 발견하는 과정이다. 연관규칙은 상품을 구매하거나 서비스를 받는 등의 일련의 거래나 사건들의 연관성에 대한 규칙이다. 연관성분석을 마케팅에서는 손님의 장바구니에 들어있는 품목간의 관계를 알아본다는 의미에서 장바구니분석(market basket analysis)이라고도 한다. 연관성분석은 마케팅을 포함하는 넓은 데이터마이닝 영역에 응용될 수 있으므로 이 책에서는 장바구니 분석이라는 용어보다는 연관성분석이라는 용어를 주로 사용하겠다.

연관성분석의 개념을 이해하기 위해 한 고객이 슈퍼마켓에서 구입한 물건들이 담겨져 있는 장바구니를 살펴보자. 그 안에는 여러 가지 물건들로 채워져 있는데, 장바구니를 보면 고객이 쇼핑을 하면서 무엇을 구매했는지 알 수 있다. 한 고객에 대한 하나의 장바구니만 살펴본다면 그 고객에 대한 정보만 대략적으로 알 수 있지만, 많은 고객의 장바구니를 살펴본다면 훨씬 더 많은 정보를 얻을 수 있을 것이다. 고객들의 성향이 모두 동일한 것은 아닐 것이며 고객에 따라 구매 상품의 종류를 비롯하여 구매한 양과 구매시점 또한 다를 것이다. 연관성분석이란 특정한 상품을 구매한 고객이 어떤 부류에 속하는지, 그들이 왜 그러한 상품을 구매했는지를 알기 위해서 고객들이 구매한 상품에 대한 자료를 분석하는 것이다. 연관성분석을 통하여 어떤 상품들이 함께 팔리는 경향이 있는지에 대한 정보를 얻을 수 있다. 이러한 정보는 활용 가능한 정보라 할 수 있다. 즉, 이러한 정보를 바탕으로 매장 진열을 새롭게 짤 수 있으며, 어떤 상품들을 패키지로 묶을 지, 어떤 상품들을 교차판매(cross selling)할 지, 그리고 어느 상품을 기획 상품으로 삼아야 할지를 결정할 수 있다. 또한 할인 쿠폰을 발행한다면 그 시점은 언제가 좋을 지를 결정할 수 있을 것이다.

연관성분석은 유통업에서 판매시점의 거래내역을 분석하는 것에서 시작했지만 유통업 이외에도 얼마든지 적용될 수 있다. 예를 들어, 합병증에 대한 분석에서도 적용될 수 있다. 연관성분석은 한 고객이 동시에 여러 종류의 상품을 구매하는 경우 뿐 아니라 비슷한 시기에 다양한 상품을 구매할 때 또는 한 상품을 구입한 후 일정 시간이 지난 후에 다른 상품을 구입할 때도 활용이 가능하다.

연관성분석은 거래내역에 대한 자료는 있지만 찾고자 하는 특정한 규칙을 모를 때 분석의 초기 작업으로 종종 이용되어진다. 즉, 연관성분석은 간접적 데이터마이닝의 하나로서 무엇을 해야 할지 모를 때 유용하게 쓰일 수 있다. 일단 흥미로운 규칙이 찾아지면 이는 회사에 이익을 창출할 수 있는 어떤 구체적인 행동 지침을 시사하게 된다. 데이터에서 두 상품 간에 연관성이 있다는 추측이 생기게 되면 그것을 자세히 조사하기 위해서 연관성분석을 할 수 있나. 즉, 연관성분석이 직접적 데이터마이닝으로도 사용될 수 있는 것이다. 다음은 연관성분석을 활용할 수 있는 예들이다.

- 백화점이나 호텔 고객들이 신용카드로 결제한 경우에 그 품목들을 살펴보면 다음에 어떤 상품이나 서비스를 받을 지 알 수 있다.

- 신용카드, 대출 등의 은행 서비스를 받은 내역을 보면 특정한 서비스를 받을 가능성이 높은 고객을 식별해 낼 수 있다.
- 의료보험금이나 상해보험금 청구가 특이한 경우 보험 사기의 징조가 될 수 있어 추가적인 조사를 필요로 한다.
- 환자의 의무기록에서 여러 치료가 같이 이루어진 경우 합병증 발생의 징후를 알 수 있다.

연관성분석의 장점은 결과가 명쾌하고 유용한 연관규칙의 형태로 주어진다는 것이다. 연관규칙은 제품이나 상품들이 서로 얼마나 연관관계를 가지고 있으며 그들이 어떻게 묶여질 수 있는지를 표현하기 때문에 직관적이라는 장점이 있다. 연관규칙은 "빵과 버터를 사는 고객의 90%는 우유를 산다."든가 "라면을 사는 사람의 50%는 계란을 산다."와 같이 조건과 결과(if-then)의 형태를 갖는 것이 일반적이다. 빵과 버터를 산다는 것이 조건이고 우유를 산다는 것이 결과이다. 90%와 50%는 규칙이 얼마나 믿을 수 있는 가를 나타내는 수치라 할 수 있다. 연관성분석은 거래나 사건을 포함하는 일련의 데이터로부터 연관규칙을 발견하고 둘 이상의 품목들 간의 상호연관성을 밝히는 것이다. 일반적으로 연관성분석은 통계학의 확률을 기반으로 하고 있으며 다음 절에서 자세히 다룰 것이다. 유의해야 할 것은 연관규칙을 해석함에 있어서 조건과 결과를 직접적인 인과관계로 보기 보다는 상호관련성으로 보아야 한다는 것이다. 버터를 바른 빵을 맛있게 먹기 위해 우유를 살 수도 있지만, 버터 바른 빵과 우유로 아침 식사를 하는 고객일 수도 있다.

위에서 예를 든 것들은 이해하기 쉬운 규칙들이지만 대용량의 자료로부터 얻어지는 대부분의 연관규칙들은 설명하기 쉽지 않거나 유용하지 않을 수 있다. 아래의 3가지 규칙들은 실제 자료에서 얻어진 규칙들에 대한 보기이다.

- 목요일에 식료품 가게를 찾는 고객은 아기 기저귀와 맥주를 함께 구매하는 경향이 있다.
- 한 회사의 전자제품을 구매하던 고객은 전자제품을 살 때 같은 회사의 제품을 사는 경향이 있다.
- 개업한 건축 자재 점에서는 변기덮개가 많이 팔린다.

위의 3가지 예제를 살펴보면, 연관성분석에 의해서 얻어지는 규칙들에 대한 일반적인

3가지 유형인 유용한 규칙, 자명한 규칙, 설명이 불가능한 규칙이 있다는 것을 알 수 있다.

유용한 규칙이란 질 높고 실천 가능한 정보를 담고 있는 규칙이다. 젊은 부부들이 아기 기저귀를 사면서 주말을 즐길 맥주를 산다고 해석할 수 있다. 이러한 유용한 규칙으로부터 경영자는 곧바로 행동을 취할 수 있다. 아기 기저귀와 맥주를 같은 통로에 놓음으로써 수익을 올릴 수 있는 것이다. 경우에 따라서는 두 제품을 같은 통로가 아니라 되도록 멀리 놓는 것이 더 많은 수익을 올릴 수도 있다. 두 제품을 사는 과정에 다른 제품도 구매할 기회를 제공하는 것이다. 예를 들어, 맥주를 마시면서 먹을 과자 등을 아기 기저귀와 맥주 사이에 놓는 것이다.

자명한 규칙이란 사업에 익숙한 사람들에게는 이미 잘 알려져 있기 때문에 크게 의미 있는 결과라고 볼 수 없는 규칙이다. 상식적으로 알려진 관련성을 확인하는 것에 불과하다. 예를 들어, 식기 세척제를 살 때 수세미를, 페인트를 살 때 페인트 솔을, 망치를 살 때 못을, 필통을 살 때 연필을, 그리고 테니스 라켓을 살 때 테니스공을 산다는 것은 상식적인 것이다. 그렇다고 이러한 연관규칙을 발견하는 과정이 전혀 불필요한 것은 아니다. 간혹 틀린 상식으로 경영을 하고 있는 경우도 있으며 이러한 과정을 거치면서 관련성을 확인하거나 상식을 수정할 수도 있는 것이다.

세 번째 예제에서 보여주는 설명이 불가능한 규칙은 타당한 근거를 찾기가 어렵고 설득력이 부족하기 때문에 일반화하기에는 무리가 있는 규칙이다. 이러한 규칙으로는 곧바로 어떤 행동을 취할 수 없으며, 왜 그러한 현상이 일어났는지에 대한 추가적인 세밀한 조사와 고려가 필요할 것이다.

4.2 연관성 분석의 원리

4.2.1 연관성 규칙의 평가기준

연관성 분석은 하나 이상의 제품이나 서비스를 포함하는 거래내역을 가지고 시작한다. 연관성분석은 분석 목적상 제조업에서 생산된 제품이나 서비스 상품을 품목(item)이라 부른다. <표 4-1>은 5개 제품을 취급하는 편의점에서 5번의 거래내역을 보여주고 있다.

〈표 4-1〉 식료품에 대한 판매시점 거래내역

고객번호	품목
1	오렌지주스, 사이다
2	우유, 오렌지주스, 식기세척제
3	오렌지주스, 세제
4	오렌지주스, 세제, 사이다
5	식기세척제, 사이다

<표 4-1>의 거래는 문제를 간단하게 하기 위해 구매된 품목들만 나타내고 있다. 거래 날짜와 시간에 대한 정보와 고객이 현금을 이용했는지에 대한 정보를 이용하는 방법은 이 장 뒷부분에서 다루어질 것이다. 이러한 거래내역을 살펴보면, 어느 상품이 다른 상품과 함께 구매되었는지에 대한 정보를 알 수 있다. 이러한 거래내역을 가지고 어떤 상품이 다른 상품과 몇 번이나 구매되었는지를 알려주는 동시구매표(co-occurrence table)를 작성할 수 있다. <표 4-2>는 <표 4-1>을 이용하여 만든 동시구매표를 보여주고 있다.

〈표 4-2〉 동시구매표

	오렌지주스	식기세척제	우유	사 이 다	세제
오렌지주스	4	1	1	2	2
식기세척제	1	2	1	1	0
우유	1	1	1	0	0
사 이 다	2	1	0	3	1
세제	2	0	0	1	2

<표 4-2>에서와 같이 동시구매표는 대칭행렬의 모양을 보인다. 동시구매표를 보면 두 상품이 몇 번이나 함께 팔렸는지 알 수 있다. 예를 들어, 사이다 행과 오렌지주스 열이 교차하는 값을 살펴보면 두 상품이 두 번 구매되었음을 알 수 있다. 이것은 <표 4-1>의 원 거래 자료에서 쉽게 확인되며, 고객번호 1과 4번이 이러한 품목을 함께 구매하였다. 대각선상의 자료 값은 바로 그 품목을 포함하는 총 거래 수를 나타낸다. 예를 들어, 오렌

지주스는 4번 구매되었다.

<표 4-2>로부터 "사이다를 구입하는 고객은 오렌지주스를 산다."와 같은 간단한 규칙을 만들 수 있다. 두 품목을 함께 산 경우는 총 5번의 구매 중에 2번 일어났으며 사이다를 산 3번의 구매 중에 2번의 오렌지주스 구매가 있었다. 연관규칙은 "If X, then Y"와 같은 형식으로 표현된다. 즉, "상품 X가 구매되어진 경우는 상품 Y도 구매 된다"라고 해석된다. 수많은 품목들의 관계 속에서 의미 있는 연관규칙을 찾기 위해서는 연관규칙에 대한 일반적인 측도가 필요하다. 즉, 어떠한 상품들이 어느 정도의 연관성을 가지고 있는지를 측정해야 할 것이다. 관심 있는 규칙이 얼마나 가능성이 있는가를 측정하는 연관성 측도는 다른 기법들에 비해서 그 기본개념이 간단하고 이해하기가 쉽다. 연관성 측도의 기본은 얼마나 자주 구매되었는가 하는 빈도이다. 많이 사용되는 연관성 측도로는 지지도(support), 신뢰도(confidence), 그리고 향상도(lift) 등이 있다.

<표 4-2>를 보면, 5번의 거래에서 사이다와 오렌지주스가 함께 거래된 경우는 2번 있다. 즉 2번의 거래가 "사이다를 구입하는 고객은 오렌지주스를 산다." 라는 규칙을 지지한다고 할 수 있다. 따라서 이 규칙에 대한 지지도는 5번의 거래에서 2번만이 동시 구매가 이루어졌기 때문에 2/5 혹은 백분율로 표현하면 40%가 될 것이다. 지지도는 전체 구매에 대해서 조건과 결과에 있는 품목들이 동시에 구매되는 경향을 나타낸다. 지지도가 높다는 것은 동시 구매가 많이 일어난다는 것을 의미한다. 두 품목을 X와 Y라 할 때, "If X, then Y"의 규칙에 대한 지지도를 수식으로 표현하면 아래와 같이 나타낼 수 있으며, 상호 대칭적임을 알 수 있다.

$$\text{지지도(support, S)} = \frac{\text{품목 } X\text{와 } Y\text{를 포함하는 거래 수}}{\text{전체 거래 수}} = P(X \cap Y)$$

또 다른 관점에서 연관규칙을 평가하는 측도는 신뢰도(confidence)이다. <표 4-2>를 보면 사이다를 포함하는 3번의 거래에서 2번의 거래는 오렌지주스를 포함하고 있다. 이런 경우에 "사이다를 사면 오렌지주스를 산다."는 규칙은 66%의 신뢰도를 갖는다고 말한다. 그런데 "오렌지주스를 사면 사이다를 산다."는 역 규칙은 4번의 오렌지주스 구매에 대하여 단지 2번의 사이다 구매가 동시에 이루어졌기 때문에 신뢰도가 50%로 떨어지게 된다. 즉 신뢰도는 지지도와 달리 상호 대칭적이지 못하다. 신뢰도는 조건의 구매가 일어난 경우에, 결과의 구매가 일어난 비율(조건부 확률)이다. 자세히 설명하면, 신뢰도는 규칙의 조건이 성립하는 거래 횟수에 대한 규칙을 지지(support)하는 거래 횟수의 비율이 되며, 조건(if)에 포함된 품목들의 거래 횟수에 대한 조건과 결과에 포함된 모든 품목들(if품목

+then 다음 품목)의 거래 횟수의 비율을 말한다. 신뢰도가 높다는 것은 조건의 구매가 일어난 경우에 결과의 구매가 많이 일어난다는 것을 의미한다. 두 품목을 X와 Y라 할 때, "If X, then Y"의 규칙에 대한 신뢰도를 수식으로 표현하면 아래와 같이 나타낼 수 있으며, 상호 대칭적이지 않음을 알 수 있다.

$$\textbf{신뢰도(confidence, C)} = \frac{\text{품목 } X\text{와 } Y\text{를 포함하는 거래 수}}{\text{품목 } X\text{를 포함하는 거래 수}} = \frac{P(X \cap Y)}{P(X)} = P(Y|X)$$

신뢰도에서 조건이 없을 때의 거래 횟수의 비율, 즉 "If X, then Y"의 규칙에 대해서 조건 X가 없을 때 Y에 대한 비율을 기대 신뢰도라 하며 아래와 같이 나타낼 수 있다.

$$\textbf{기대 신뢰도(expected confidence)} = \frac{\text{품목 } Y\text{를 포함하는 거래 수}}{\text{전체 거래 수}} = P(Y)$$

동시구매표를 작성하고 지지도와 신뢰도를 구하는 작업은 2개 품목 뿐 아니라, 여러 품목에 대한 동시구매표를 작성하고 지지도와 신뢰도를 구하는 작업으로 확장할 수 있다. 예를 들면, "우유와 오렌지주스를 사면 식기세척제를 산다."는 규칙은 지지도와 신뢰도가 각각 1/5과 1/1이다. 이런 경우에 규칙을 생성할 때 유의해야 할 것은 규칙의 조건과 결과에 여러 품목이 올 수 있다는 것이다.

〈표 4-3〉 세 품목의 거래내역

품목	거 래 수
A	100
B	150
C	200
A+B	400
A+C	300
B+C	200
A+B+C	100
추가 안함	550
전체	2000

다른 예제를 가지고 지지도와 신뢰도를 설명하고, 결과에 대한 조건의 기여도를 나타내는 향상도에 대해서 살펴보겠다. <표 4-3>은 피자를 구매할 때 추가한 세 가지 품목과 관련된 거래내역을 요약한 것이며, 각 품목의 거래 수는 그 품목만을 거래한 수이다. 예를 들어, 품목 A의 거래 수는 품목 A만을 거래한 수이다. <표 4-4>는 <표 4-3>으로부터 구한, 품목이 포함된 거래 수와 확률을 나타내고 있다. 예를 들어, 품목 A에 대한 거래 수 900은 A가 포함된 거래 수로서 <표 4-3>의 품목 A, A+B, A+C, A+B+C의 거래 수 100, 400, 300, 100을 합한 수이며, 품목 A에 대한 확률은 900을 전체 거래 수 2000으로 나눈 값이다.

〈표 4-4〉 세 품목과 그들의 조합에 대한 확률

품목	품목이 포함된 거래 수	확률
A	900	0.450
B	850	0.425
C	800	0.400
A+B	500	0.250
A+C	400	0.200
B+C	300	0.150
A+B+C	100	0.050
전체	2000	1.000

여기에서는 세 품목이 포함된 규칙에 대해서 주로 설명하겠다. 이러한 규칙으로는 “A와 B이면 C”, “A와 C이면 B”, “B와 C이면 A”, “A이면 B와 C”, “B이면 A와 C”, 그리고 “C이면 A와 B”의 6가지이다. <표 4-4>를 이용하여 6가지 규칙에 대한 지지도와 신뢰도를 구할 수 있다. 6가지 규칙은 동일한 품목들(A, B, C)을 포함하고 있기 때문에 자료에서 5%라는 동일한 지지도를 갖게 된다. 신뢰도는 규칙에 있는 모든 품목들 거래 수의 조건에 있는 품목들 거래 수에 대한 비율이며, $P(X \cap Y)/P(X)$이다. 각 규칙에 대한 지지도와 신뢰도는 <표 4-5>에 나타나 있다. 예를 들어, “B와 C를 구매하면 A도 구매한다.” 라는 규칙이 0.333의 신뢰도를 갖는다는 것은 B와 C가 거래되어 질 때 A도 함께 거래되어질 기회가 33.3%라는 것을 의미한다. 즉 3번의 B와 C 거래 중에서 한번은 A의 거래가 함께 일어나며 다른 두 번은 A의 거래가 일어나지 않는다.

〈표 4-5〉 규칙의 지지도와 신뢰도

규칙($X \rightarrow Y$)	지지도= $P(X \cap Y)$	$P(X)$	신뢰도= $P(X \cap Y)/P(X)$
A → B	0.250	0.450	0.556
B → A	0.250	0.425	0.588
A → C	0.200	0.450	0.444
C → A	0.200	0.400	0.500
B → C	0.150	0.425	0.353
C → B	0.150	0.400	0.375
(A+B)→C	0.050	0.250	0.200
(A+C)→B	0.050	0.200	0.250
(B+C)→A	0.050	0.150	0.333
A→(B+C)	0.050	0.450	0.111
B→(A+C)	0.050	0.425	0.118
C→(A+B)	0.050	0.400	0.125

가장 신뢰도가 높은 규칙이 최고의 규칙이 된다. 그래서 <표 4-5>에서는 “B와 C를 구매하면 A도 구매한다.” 라는 규칙이 3가지 품목을 가지는 규칙 중에서 신뢰도가 가장 높은 규칙이 된다. 그러나 여기에는 한 가지 고려해야 할 문제가 있다. 이러한 규칙은 실질적으로 의미 있는 규칙이 못 된다. 왜냐하면 전체 거래에서 A의 거래가 일어날 가능성(기대 신뢰도)은 45%인데 비하여 이 규칙은 단지 33.3%의 신뢰도만 나타내고 있기 때문이다. 즉, 이 규칙은 조건이 없을 때의 45%보다 못한 결과를 준다. 따라서 향상도(리프트)라고 하는 또 다른 측도를 제안하게 한다.

향상도는 어떤 규칙에 대하여 조건이 없을 때 기대되어지는 결과보다 조건이 추가될 때의 결과가 얼마나 더 향상되는지를 알려 주는 측도이다. 즉, 결과에 대한 조건의 기여도이다. 두 품목을 X와 Y라 할 때, “If X, then Y”의 규칙에 대한 향상도는 다음 공식에 의하여 주어지며, 상호 대칭적임을 알 수 있다.

$$\text{향상도(lift, L)} = \frac{X\text{와 } Y\text{를 포함하는 거래 수} \times \text{전체 거래 수}}{X\text{를 포함하는 거래 수} \times Y\text{를 포함하는 거래 수}}$$

$$= \frac{P(X \cap Y)}{P(X)P(Y)} = \frac{P(Y|X)}{P(Y)} = \frac{\text{신뢰도}}{P(Y)} = \frac{\text{신뢰도}}{\text{기대 신뢰도}}$$

품목 X와 Y의 구매가 상호 관련이 없다면 $P(Y|X)$는 $P(Y)$와 같게 되어 향상도가 1이 된다. 만약 어떤 규칙에 대한 향상도가 1보다 크다면, 이 규칙은 결과를 예측하는데 있어서 우연적 기회(random chance)보다 우수하다는 것을 의미한다. 즉, 조건이 있는 경우가 조건이 없는 경우 보다 결과가 나올 확률이 커지는 것이다. 향상도가 1보다 적으면, 이러한 규칙은 결과를 예측하는데 있어서 우연적 기회보다 나쁠 것이다. 다음 <표 4-6>에서 향상도의 의미를 요약하고 있다. <표 4-7>에는 모든 규칙에 대한 향상도의 값이 나타나 있다.

〈표 4-6〉 향상도와 상관관계

향 상 도	의 미
L = 1	두 품목이 서로 독립적인 관계
L 〈 1	두 품목이 서로 음의 상관관계
L 〉 1	두 품목이 서로 양의 상관관계

〈표 4-7〉 규칙에 대한 향상도

규칙($X \rightarrow Y$)	지지도= $P(X \cap Y)$	$P(X)$	$P(Y)$	신뢰도= $P(X \cap Y)/P(X)$	향상도= 신뢰도/$P(Y)$
A → B	0.250	0.450	0.425	0.556	1.307
B → A	0.250	0.425	0.450	0.588	1.307
A → C	0.200	0.450	0.400	0.444	1.111
C → A	0.200	0.400	0.450	0.500	1.111
B → C	0.150	0.425	0.400	0.353	0.882
C → B	0.150	0.400	0.425	0.375	0.882
(A+B)→C	0.050	0.250	0.400	0.200	0.500
(A+C)→B	0.050	0.200	0.425	0.250	0.588
(B+C)→A	0.050	0.150	0.450	0.333	0.741
A→(B+C)	0.050	0.450	0.150	0.111	0.741
B→(A+C)	0.050	0.425	0.200	0.118	0.588
C→(A+B)	0.050	0.400	0.250	0.125	0.500

<표 4-7>을 보면, 3개의 품목을 갖는 규칙은 어느 것도 나아진 것이 없다. 이 자료에서 가장 좋은 규칙은 단지 2개의 품목만을 가지는 규칙에 있다는 것을 알 수 있다. "A이면 B이다"라는 규칙은 B를 포함하는 거래가 언제 일어날 지를 예측하는데 A라는 상품을 구매한 조건이 있는 경우가 조건이 없는 경우보다 1.307배 우수하다. 이 경우와 마찬가지로, 많은 경우에 최고의 규칙은 고려 대상인 다른 규칙들보다 규칙에 있는 품목의 수가 적다.

4.2.2 연관성분석 절차

연관성분석은 크게 3단계로 이루어져 있다. 첫 번째 단계는 적절한 품목들을 선택하는 것이고, 두 번째 단계는 동시구매표를 이용하여 연관규칙을 찾아내는 단계이다. 마지막 단계는 실제 응용 단계에서 품목의 수가 너무 많아서 발생할 수 있는 문제점들을 해결하는 단계이다. 이러한 단계들은 한 번의 과정으로 끝날 수는 없으며 반복적인 과정이 필요한 경우가 많다. 예를 들어, 규칙 발견 중에 품목 선택에 문제점이 발생하면 품목 선택을 다시 해야 할 것이다.

(1) 올바른 품목 선택

어떤 품목을 선택할 것이냐는 문제는 전적으로 분석의 목적에 달려 있다. 예를 들면, 진열대에 수십만 개의 상품이 진열되어 있는 대형 할인점에서는 연관성분석 목적상 술을 하나의 상위 품목으로 고려할 수 있다. 술의 종류와 상관없이 모두 같은 이름의 술로 분류하는 것이다. 그러나 어떤 경우에는 술을 세분하여 보고 싶은 경우도 있다. 이런 경우에는 술을 소주, 양주, 맥주, 포도주, 막걸리 등의 술의 종류로 품목을 선택할 수도 있다. 더욱 세분하여 포도주를 적색 포도주와 백색 포도주로 분류할 수도 있다. 또한 제조사의 상호를 기반으로 하여 분류할 수도 있을 것이다.

관심이 있었던 품목들도 시간이 지남에 따라 바뀔 수도 있다. 이것은 거래 자료가 지나치게 상위 품목으로 요약되어 있는 경우, 과거 자료를 이용하려고 시도할 때 문제를 야기할 수도 있다. 분류 수준을 적절하게 선택하는 것은 연관성분석을 위하여 중요하게 고려하여야 할 사항이다. 만약 거래 자료가 술의 모든 종류나 제조회사, 크기까지 보존하고 있다면 분석을 용이하게 하기 위하여 모든 이러한 품목들을 단지 술이라는 상위 품목으로 재분류할 필요가 있을 수도 있다. 현재 산업사회에서 상품을 분류할 때, 각 상품 품목에 대하여 분류법이라고 불리는 계층구조를 갖는 분류코드를 사용하고 있다.

고려하여야 할 품목에 대한 조합의 수는 분석할 품목의 수가 증가함에 따라 매우 빠른

속도로 증가한다. 이러한 이유 때문에 소주 대신에 술로 분류 품목을 보다 더 상위 수준으로 일반화하여야 할 필요가 있을 수도 있다. 다른 한편으로 품목을 세분화하면 할수록 결과 활용이 용이하다. 예를 들어, 특정상표의 술과 함께 팔리는 상품을 알게 된다면 그 제품의 제조업체와 보다 더 긴밀한 관계를 유지하는데 도움이 될 수 있다. 이러한 문제에 대한 하나의 해결책으로 초기단계에서는 보다 더 일반적인 품목을 이용하고 다음으로 보다 더 세분화된 품목으로 옮겨가면서 규칙 생성을 반복하는 것이다. 분석 목적이 보다 더 세분화된 특정 품목들에 초점을 맞추고 있을 때는 이러한 품목들을 포함하는 거래의 단지 일부분만 이용하는 것이 효율적이다.

규칙의 복잡성은 그것이 포함하는 품목의 수에 달려 있다. 거래 품목이 많으면 많을수록 이러한 품목을 반영하는 복잡한 규칙을 만들어야 하므로 시간이 더 많이 걸리게 된다. 따라서 요구되는 규칙의 복잡성에 따라 품목들을 얼마나 세분화 혹은 일반화 할지를 결정하여야 한다. 상황에 따라 다르긴 하지만 소형 매장에서 고객들이 대량구매를 하는 경우가 많지 않다. 이러한 경우 적은 수의 품목을 포함하는 규칙을 찾아내는 것이 좋다. 다른 한편으로 대형 할인점처럼 한번 거래에서 평균 품목의 수가 많은 경우에는 보다 더 복잡한 규칙이 유용할 수 있다.

연관성분석은 각 품목들에 대한 거래횟수가 어느 정도 비슷할 때 최상의 결과를 낳는다. 왜냐하면 평범하지만 가장 거래가 많았던 특정한 품목들에 의하여 압도적으로 영향을 받아 어떤 규칙이 만들어지는 것을 막아주기 때문이다. 분류체계는 이러한 문제를 해결하는데 도움이 될 수 있다. 거래가 드문 품목은 분류체계에서 상위 수준으로 올리면 거래수가 보다 더 늘어날 것이다. 거래가 자주 일어나는 품목은 상위 수준으로 올릴 필요가 없다.

분류체계에서 해결하지 못하는 정보를 연관성분석에 이용하기 위해 가상 품목을 지정할 수 있다. 가상 품목은 일반적인 상품처럼 분류 기준에 필요한 속성을 벗어나기 때문에 원래 상품 품목들로 이루어진 제품분류에는 나타나 있지 않다. 예를 들면, 의류와 향수분야 양쪽 모두에 속하는 Calvin Klein과 같은 디자이너 라벨, 식료품 가게에서 저지방과 무지방 제품, 가전제품에서 에너지 절약형 옵션 등이 가상 품목이 될 수 있다. 또한 가상 품목은 거래 결제가 현금으로 이루어졌는지 혹은 카드나 수표로 이루어졌는지 그리고 거래가 어떤 요일 혹은 하루 중의 어떤 특정한 시간대에 일어났는가와 같은 거래 자체에 관한 정보를 포함할 수도 있다. 그러나 가상 품목들이 너무 많아 데이터가 지나치게 복잡해지는 것은 좋은 방법이 아니다. 높은 지지도와 높은 신뢰도를 갖는 연관규칙이 존재하고, 그것이 실현 가능한 정보로 바꾸어질 수 있을 때만 가상 품목에 포함시켜야 한다.

(2) 연관규칙 발견

어떤 주어진 품목들의 조합이 거래에 나타나는 횟수를 조사하는 것은 유익한 일이지만 품목들의 조합 자체가 하나의 규칙은 아니다. 때에 따라 아기용 기저귀, 맥주, 목요일의 예제처럼 바로 그 조합 자체가 관심을 불러일으킬 수는 있지만 바탕에 깔려있는 규칙을 발견해내는 것이 보다 더 의미가 있다.

규칙은 조건과 결과 두 부분으로 되어 있는데 보통 한 문장으로 표현할 수 있다. "아기 기저귀와 목요일이 조건으로 주어지면, 맥주가 결과로 주어진다."와 같은 규칙은 "목요일 하면 아기 기저귀와 맥주"보다 유용하다.

앞 절의 피자구매의 예에서와 같이 향상도가 1보다 적으면 결과를 역으로 나타내는 것이 보다 더 좋은 규칙이 될 수 있다. 또한 시차에 따라 이루어지는 구매에서는 시차 연관성분석을 하는 것이 바람직하다. 이러한 문제들에 대해서는 다음 절에서 자세히 다루게 될 것이다.

(3) 현실적인 문제 해결

조합에서 품목 수가 증가하면 계산량은 기하급수적으로 증가하게 된다. 이것은 컴퓨터 실행시간을 기하급수적으로 증가시키는 결과를 초래한다. 이것에 대한 해결책은 불필요한 부분을 가지치기하여 간결하게 하는 것이다. 가지치기(pruning)는 품목 수와 매 단계에서 고려되고 있는 품목들 조합을 줄이는 기술이다. 이 알고리즘은 각 단계에서 분계점(threshold criterion)을 만족하지 못하는 조합을 버리는 것이다. 가장 보편적인 가지치기 방법은 최소지지도 가지치기(Minimum Support Pruning, MSP)이다.

지지도는 규칙이 성립하는 거래 수이다. 따라서 최소지지도 가지치기는 충분한 거래가 이루어지지 않은 품목을 제거하는 것이다. 예를 들면, 만약 거래 수가 백만이고 최소지지도가 1%라면, 만 개 이상의 거래가 이루어진 품목들의 규칙들만 관심이 있다. 왜냐하면 이러한 규칙들을 찾는 목적이 충분히 많은 거래에 영향을 미치는 가치 있는 조치를 취하는 것이기 때문이다.

가지치기를 하는 방법은 두 가지가 있다. 첫 번째 방법은 품목을 고려 대상에서 삭제하는 것이다. 두 번째 방법은 분류체계를 이용하여 품목을 상위품목으로 일반화하여 품목들이 최소지지도를 넘게 하는 것이다. 가지치기에서 최소지지도의 분계점은 규칙 생성의 매 단계마다 적용되어 진다. 즉, 규칙에 포함된 품목들의 부분집합에 대해서도 지지도가 분계점을 넘게 하는 것이다. 예를 들어, A, B, C 세 품목을 가지는 규칙에서는 처음에는 A, B, C 각각에 대해서 그리고 다음에는 그것들의 두 품목으로 이루어진 조합에 대해서 모두 지지도가 분계점을 넘게 하는 것이며, 그렇지 못한 품목이나 조합은 삭제되든가 상위 품목을 사용하게 하는 것이다. 규칙이 복잡해짐에 따라 기준을 만족하지 않는 품목들의 조합을 삭제할 수 있기 때문에 다음 단계에서 고려할 조합의 수를 줄일 수 있다. <표 4-5>의 예에서 10%의 최소지지도를 선택한다면 2 품목으로 이루어진 규칙은 의미가 있고, 3 품목을 가지는 모든 조합은 물론 그들과 관련된 연관규칙까지 고려대상에서 삭제하게 될 것이다. 이것은 최대로 많은 품목을 포함하는 규칙이 단지 두 개의 품목만으로 되어 있다는 것을 의미한다.

최소지지도의 선택기준은 데이터와 상황에 따라 달라진다. 알고리즘이 진행되어 감에 따라 최소지지도를 변경하는 것 또한 가능하다. 예를 들면, 매 단계마다 최소지지도 수준을 낮추어 감으로써 평범한 품목의 특이한 조합이나, 최소지지도 수준을 높여 감으로써 특이한 품목들의 평범한 조합을 찾을 수 있다. 최소지지도 수준을 다양하게 바꾸어 보는 것은 유용한 규칙을 찾는데 도움이 될 수 있다.

4.3 연관성 분석의 확장

4.3.1 음의 연관규칙

향상도가 1보다 작으면, 결과를 역으로 나타내는 것이 더 좋은 규칙을 만든다. 음의(negative) 연관규칙은 결과에 '이다' 대신에 '아니다'를 쓴다는 것을 제외하고는 연관규칙과 유사하다. <표 4-7>의 예에서 연관규칙 "B와 C이면 A이다"는 0.333의 신뢰도를 갖고 있으며, 음의 연관규칙 "B와 C이면 A가 아니다"는 0.667의 신뢰도를 갖게 된다. A는 전체 거래의 45%에서 일어나기 때문에 55%에서는 일어나지 않는다고 말할 수 있다. 따라서 연관규칙과 음의 연관규칙의 향상도는 각각 0.741과 1.212(=(0.15-0.05)/(0.15*0.55))이다. "A와 B이면 C가 아니다"라는 음의 규칙은 어떤 다른 규칙보다도 우수한 1.333(=(0.25-0.05)/(0.25*0.6))의 향상도를 갖게 된다. 규칙은 동시구매표에서 이용 가능한 기본 확률로부터 생성되어 진다. 유용한 규칙은 1보다 큰 향상도를 가져야 한다. 향상도 값이 낮을 때는 규칙을 음의 규칙으로 전환시킴으로써 향상도 값을 증가시킬 수 있다.

그러나 음의 규칙은 원래의 연관규칙 만큼 유용하지 않을 수도 있다.

4.3.2 시차 연관규칙

지금까지 살펴 본 연관성분석은 동시에 일어나는 품목에 대해서 다루었다. 그런데, 시계열자료와 같이 사건들이 어떤 순서로 일어나며 이 사건들 사이의 연관성에 관심이 있을 때 고려되는 것이 시차 연관규칙이다. 예를 들어, 카드 결제 청구가 평소보다 많다는 것과 다음 달에 현금 서비스를 받는 것과 같은 사건들이 시차를 두고 일어날 때 그 연관성을 알아보는 것이다. 시계열자료는 품목들의 순서화된 나열을 말하며, 순서가 있다는 점에서만 일반 거래와 다르다.

시계열자료는 일반적으로 고객을 식별할 수 있는 어떤 방법을 필요로 한다. 익명의 거래에서는 카드로 구매를 많이 한 사람과 현금 서비스를 받는 사람이 동일한 사람이라는 것을 알 수 없다. 고객에 관하여 시계열 분석을 적용하려면 시간대에 따라 고객을 구별하는 어떤 방법이 있어야 한다. 개별 고객을 추적하는 방법이 없다면, 그들의 행위를 분석할 방법도 없다. 대량구매는 종종 신용카드나 백화점 카드로 결제되어지기 때문에 이런 경우는 문제가 되지 않는다. 의료분야에서 치료효과 혹은 은행에서 고객의 행위를 조사하는 것과 같은 다른 영역에 대해서도 모든 거래에 고객을 식별할 수 있는 정보를 갖고 있다면 문제가 없다.

시계열자료를 분석하기 위해서 신경망과 같은 많은 기법이 있지만, 이 절에서는 단지 연관성분석을 적용하기 위하여 시계열자료를 다루는 방법만 설명하고자 한다. 시계열을 이용하기 위해서는 거래 자료가 두 가지 추가적인 특징을 갖고 있어야 한다. 그것은 각각의 거래가 언제 일어났는지를 알기 위한 시간이나 거래 순서를 알려주는 정보, 그리고 다른 시간대에 일어난 거래가 동일한 고객이나 가구에서 일어났다는 것을 알려주는 계좌번호나 고객번호와 같이 고객을 식별할 수 있는 정보이다.

시계열을 이용하는 간단한 방법은 원인과 결과(인과 관계)를 분석하는 것이다. 이것은 특정한 시간에 일어나는 어떤 사건의 원인을 찾는 직접적인 방법이다. 예를 들면, 신용카드 고객 감소에 대한 원인을 추가적으로 밝혀내는 것이 될 수도 있다. 그리고 판촉상품이 고객의 구매에 어떠한 영향을 주는지, 또는 특정한 질병으로 진단 받은 환자에게 내려진 치료의 결과는 어떤지를 밝히는 것이다.

연관성분석의 문제에서 각각의 시계열자료는 관심 있는 사건이 일어나기 전의 원인과 관심 있는 사건이 일어난 후의 결과의 품목을 분석에 포함시킴으로써 하나의 거래로 전환될 수 있다. 그러면 연관성분석을 할 수 있는 거래 집합이 생긴다. 이러한 경우, 우리의 관심은 바로 공통의 조합 품목을 찾는데 놓여 있다. 간단한 예제로서 <표 4-8>의 환자 자료를 살펴보자. 환자가 A라는 병명으로 진단 받은 후에 치료방법을 분석하기 위하여, 다음 처방을 생각할 수 있다.

- 환자 번호 1356에 대하여 {의사 김, 처방 2, 처방 1}
- 환자 번호 5690에 대하여 {의사 김, 처방 1}
- 환자 번호 7573에 대하여 {의사 박, 처방 2}

〈표 4-8〉 시계열 분석을 위한 의학 자료

환자번호	의사	순서	품목
1356	김	1	진단 A
5690	김	2	진단 A
1356	김	3	처방 2
7573	박	4	진단 A
7573	박	5	처방 2
5690	김	6	처방 1
1356	김	7	처방 1
7573	박	8	처방 2

위 사례에서 거래는 진단 후 치료과정에 대해서 살펴보기 위하여 의사의 이름을 포함하고 있다. 만약 모든 환자들의 정도가 동일하고 처방 1이 처방 2보다 강도가 높다면 의사 김은 처방 1을 과잉처방하고 있는 것이다.

시간 창(time windows)은 일정 시간 간격 안에 거래가 일어났던 모든 품목을 기록하기 위하여 사용하는 것이다. 한 달이라는 기간 동안 일어났던 모든 거래를 동일한 시점의 거래로 보고 분석을 하는 것은 시간 창을 이용한 예이다. 이러한 방법은 연관성분석을 이용하여 시계열자료를 해석하는 또 다른 방법이며, 현금 지급기에서 일어나는 거래처럼 일정한 기간 동안 발생하는 거래내역에서 품목수가 적은 경우에 유용하다. 이것은 가상품목으로부터 중요할 수도 있는 또 다른 정보를 얻어낼 수 있는 방법이기도 하다.

4.4.3 연관성분석의 장점과 단점

연관성분석의 장점은 크게 네 가지로 들 수 있다. 첫 번째 장점은 결과가 분명하다는 것이다. '조건→결과'와 같은 연관규칙은 결과를 이해하기 쉽게 하며, 결과를 행동으로 쉽게 옮길 수 있다. 어떤 상황에서는 관련 품목들의 단순한 집합만으로도 충분하며, 복잡한 규칙을 만들어낼 필요가 없는 경우도 있다.

두 번째 장점은 간접적 데이터마이닝에 유리하다는 것이다. 간접적 데이터마이닝은 대규모 자료에 접근하려 하지만 어디에서부터 시작하여야 할지를 모를 때 매우 중요한 역할을 한다. 따라서 연관성분석은 자료 분석을 위한 초기 탐색적 단계에 적절한 기법이며, 분명한 결과를 제공하기 때문에 이후의 데이터마이닝 절차에 대한 방향 제시를 할 수 있다.

세 번째 장점은 한 개의 변수가 여러 개의 값을 갖는 데이터에 유용하다는 것이다. 연관성분석은 자료에 대한 별도의 작업과정을 거치지 않고 유동적인 관측치 수를 가지는 (variable-length) 데이터를 다룰 수 있다. 다른 기법들은 고정영역 서식의 레코드(records)를 요구하는데 이러한 방법은 한 거래에 일어나는 품목들을 자연스럽게 표현하는 방법이 아니다. 연관성분석은 어떠한 정보의 손실 없이 거래 자료를 다룰 수 있다.

네 번째 장점은 계산이 용이하다는 것이다. 비록 거래 수와 분석에 사용되어 질 품목의 수에 따라 계산량이 매우 빨리 증가하지만 연관규칙을 발견하는데 필요한 계산은 꽤 간단하다. 이것은 유전자 알고리즘, 혹은 신경망 같은 복잡한 기법보다 사용하기에 편리하며, 간단한 문제는 스프레드시트를 이용하여 해결할 수도 있다.

연관성분석의 단점은 크게 네 가지로 들 수 있다. 첫 번째 단점은 고려되는 품목의 수와 규칙 속에 포함되는 품목의 수가 많아짐에 따라 규칙을 생성 하는데 필요한 계산량이 기하급수적으로 늘어난다는 것이다. 그러나 너무 일반화한 상위품목으로 분석하는 것은 의미를 상실할 가능성이 높다. 최소지지도 가지치기와 같이 계산량을 줄이는 방법은 중요한 규칙들을 고려대상에서 제외시킬 가능성이 있다.

두 번째 단점은 자료 속성에 따라 제한된 지원을 한다는 것이다. 연관성분석은 거래가 일어난 품목만을 적용하도록 개발된 기법이다. 품목은 제품형과 같이 특성이 확실하게 구분되는 것을 제외하고는 동일한 것으로 가정되어진다. 연관성분석은 적용이 가능할 때 매우 강력한 도구가 되지만 모든 문제를 다 해결할 수 있다고는 볼 수 없다. 품목에 대한 분류체계와 가상품목을 이용한다면 규칙을 보다 의미 있고 분명하게 표현하는데 도움이 될 수 있다.

세 번째 단점은 적절한 품목을 결정하기가 어렵다는 것이다. 연관성분석을 적용할 때 가장 어려운 문제 중의 하나는 분석에 사용되어질 품목을 올바르게 선택하는 것이다. 품목을 분류체계의 대분류 쪽으로 일반화함으로써 분석에 사용된 품목의 거래 빈도수가 거의 같아진다는 것을 알 수 있다. 이러한 일반화 과정이 약간의 정보를 잃는다 할지라도, 그런 과정 후에 일반화된 품목들을 연결하는 정보를 얻기 위하여 분석에 가상품목을 포함시킬 수 있다.

네 번째 단점은 거래가 드문 품목을 무시한다는 것이다. 연관성분석은 모든 품목들이 데이터에서 거의 동일한 횟수로 일어날 때 가장 효과적인 방법이다. 희귀 품목은 거래수가 극히 적을 것이며 그러한 품목은 삭제될 것이다. 최소지지도 분계점 기준을 수정함으로써 고가이고 희귀한 품목이 고려대상에 남아있도록 할 수 있다. 또한 분류체계를 이용한다면 희귀 품목들이 분류체계의 위쪽으로 끌어올려 어떤 형태로든지 분석에 포함되게 할 수도 있다.

4.4 사례분석

4.4.1 TRANSACTIONS 자료를 이용한 연관성분석

Transactions 자료는 지난 3개월 동안 건강미용 보조 매장과 학용품 매장들에서 판매한 17개 제품들을 기록한 자료이다. 이 자료를 이용하여 연관성분석을 하여 고객들이 구매한 제품들 간에 의미가 있는 연관규칙을 얻고자 한다. <표 4-9>는 분석에 사용할 데이터의 변수들을 보여주고 있으며 자료는 459,258개의 관측치와 200,000개의 거래로 구성되어 있다. 한 번의 거래에 평균 2.3개의 제품을 구입하고 있다. <표 4-10>은 17개 제품의 내용 및 빈도를 보여주고 있으며 Magazine이 16.1%로 가장 거래가 많다.

〈표 4-9〉 분석자료(Transactions) 설명

변 수 명	설명	역할
TRANSACTION	거래 번호	ID
PRODUCT	구입 제품(품목)	Target

〈표 4-10〉 Product의 빈도표

제품	설명	빈도	백분율
Soap	비누	14415	3.14
Bow	리본	24554	5.35
Candy bars	초코바	62375	13.58
Deodorant	냄새 제거제	1590	0.35
Greeting cards	축하카드	40292	8.77
Magazine	잡지	73951	16.10
Markers	표지	2605	0.57
Pain relievers	진통제	8833	1.92
Pencils	연필	38123	8.30
Pens	펜	36032	7.85
Perfume	향수	25142	5.47
Photo processing	사진 처리	16386	3.57
Prescription med	처방약	5702	1.24
Shampoo	샴푸	12452	2.71
Toothbrushes	칫솔	15774	3.43
Toothpaste	치약	63805	13.89
Wrapping paper	포장지	17227	3.75

■ 다이어그램 작성

프로젝트 트리에서 다이어그램을 생성하고 이름을 Association Analysis로 한다.

■ 데이터 소스 작성

분석에 사용할 데이터를 선택하고 변수의 역할을 지정하고 데이터의 역할을 지정한다.

① 프로젝트 트리 → 데이터 소스 → 데이터 소스 생성을 눌러 데이터 소스 마법사를 띄운다. [그림 4-1]과 같이 2번째 단계에서 찾아보기를 선택한 다음 테이블을 TRANSACTIONS로 선택한다.

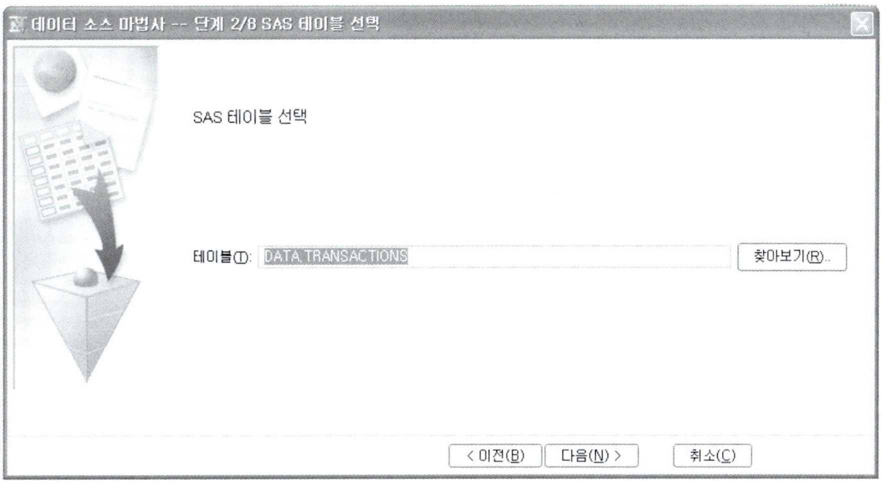

[그림 4-1] 데이터 소스 마법사의 테이블 선택 대화상자

② 연관성 분석을 위해서는 분석데이터의 변수역할을 지정해야 하는데 적어도 하나의 ID변수와 한 개의 목표변수(Target)를 지정해 주어야 한다. 목표변수는 명목형 변수이어야 하며 여러 개 지정할 수는 없다. 여기서 목표변수는 Product이다. [그림 4-2]와 같이 마법사의 5번째 단계에서 변수들의 역할에 마우스를 클릭하고 Product는 Target으로 Transaction은 ID으로 지정하고 Quantity와 Store는 Rejected를 선택한다.

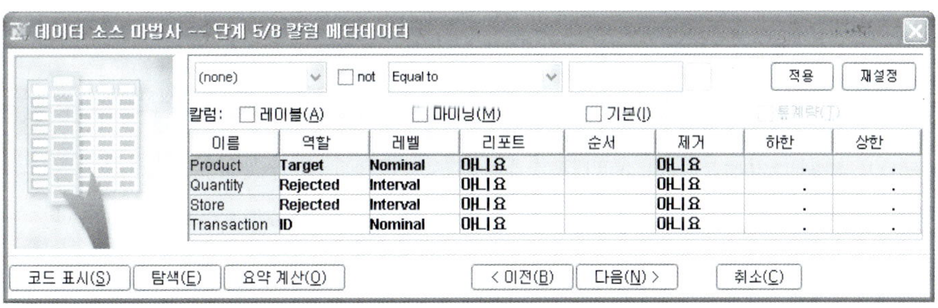

[그림 4-2] 변수선택 및 역할 지정 과정

③ [그림 4-3]과 같이 데이터 소스 속성에서 역할을 Transaction으로 지정한다. 마법사의 8번째 단계에서 마침을 누르면 데이터 소스가 생성된다.

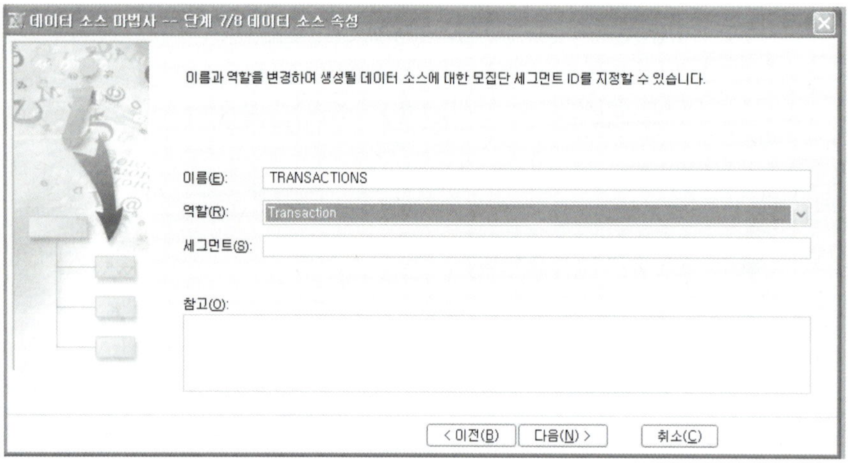

[그림 4-3] 데이터 소스 속성 지정

④ 데이터 소스에 있는 TRANSACTIONS를 다이어그램에 넣는다.

■ 데이터 탐색

연관성분석을 수행하기 전에 목표변수인 Product와 ID 변수인 Transaction의 특성을 살펴볼 수 있다. 데이터를 탐색하는 방법은 2가지 있다.

① [그림 4-2]의 데이터 소스 마법사의 5번째 단계에서 왼쪽 하단에 있는 탐색(E)을 클릭하거나 [그림 4-4]와 같이 입력 데이터 노드(TRANSACTIONS)가 선택된 상태에서 속성창의 칼럼에서 변수를 눌러 Product를 선택하고 탐색(X)을 누르면 [그림 4-5]와 같은 탐색 창이 열린다. 데이터와 변수에 대한 속성, 기초 통계량, 히스토그램이 나오게 되며 히스토그램 그림에서 오른쪽 마우스 그래프속성을 선택하면 여러 가지 옵션을 변경 할 수 있다. [그림 4-5]의 히스토그램은 Product에 대해서 높이를 백분율로 바꾼 그림이다.

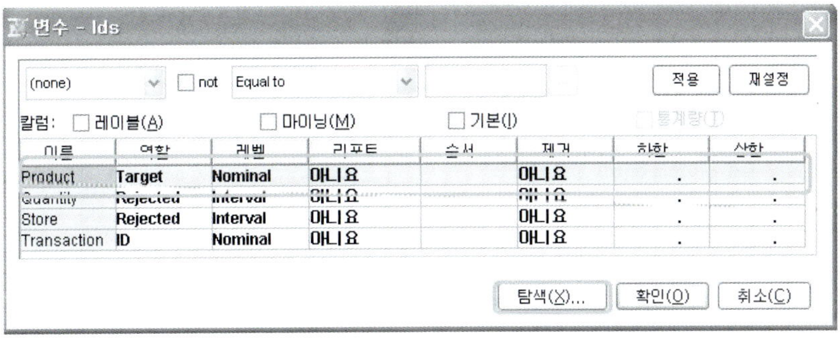

[그림 4-4] 속성 창의 칼럼과 변수를 이용한 데이터 탐색 과정

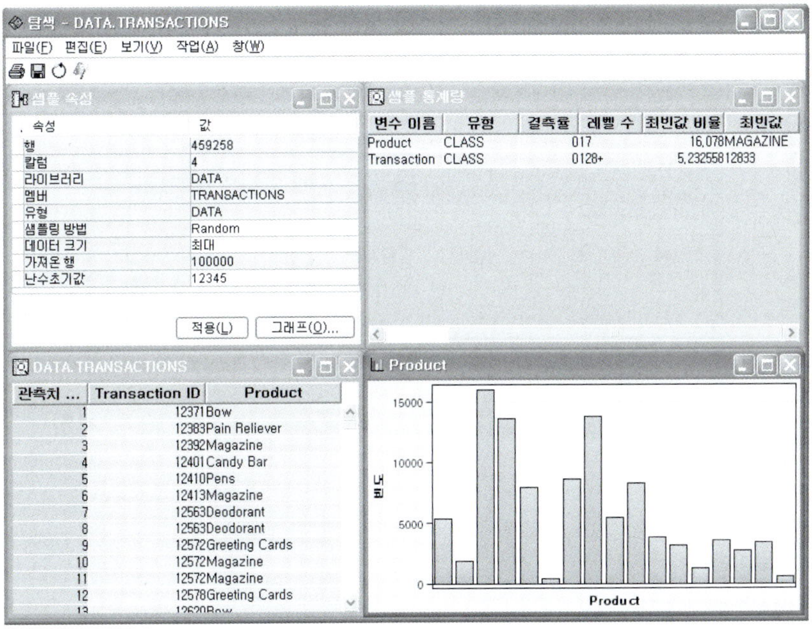

[그림 4-5] 데이터 탐색 창

② [그림 4-6]과 같이 탐색 탭에서 통계량 탐색 노드를 TRANSACTIONS 노드에 연결한다. 여기서는 통계량을 얻기 위해 임시로 TRANSACTIONS 노드의 속성 창에서 분석의 역할을 Raw 또는 Train으로 한다. 이 과정을 수행하고 난 후에는 원래대로 분석의 역할을 Transaction으로 되돌린다. [그림 4-7]은 통계량 탐색 노드의 속성 창에서 데이터의 관측 개수를 모두로 선택하고 실행한 결과로서 각 변수에 대한 통계량을 보여주고 있다.

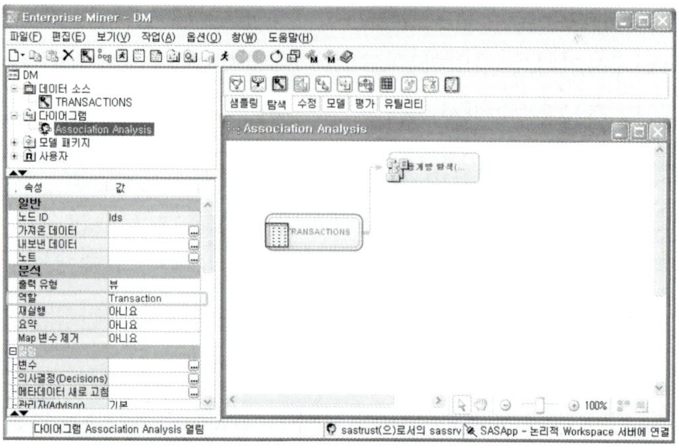

[그림 4-6] 통계량 탐색 노드 추가

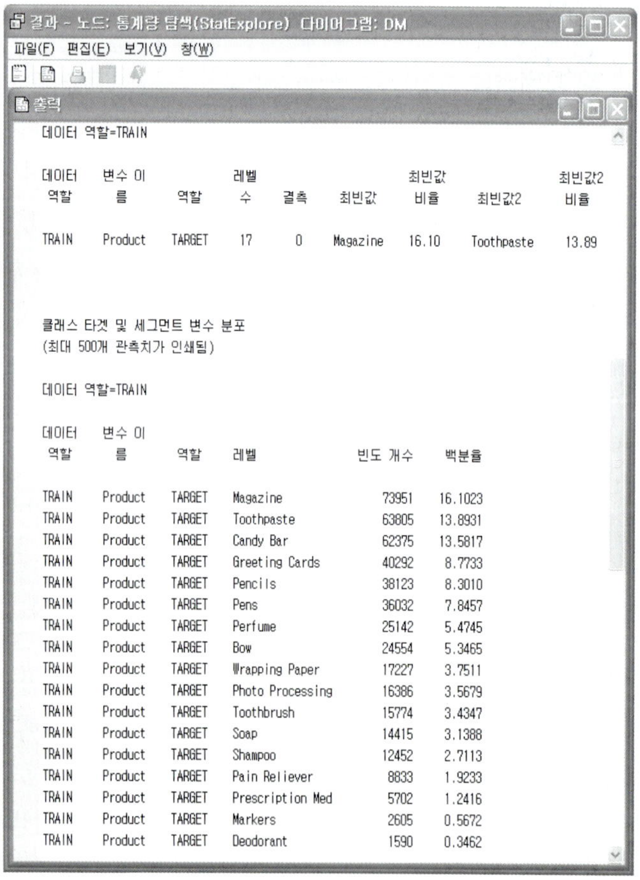

데이터 역할=TRAIN

데이터 역할	변수 이름	역할	레벨 수	결측	최빈값	최빈값 비율	최빈값2	최빈값2 비율
TRAIN	Product	TARGET	17	0	Magazine	16.10	Toothpaste	13.89

클래스 타겟 및 세그먼트 변수 분포
(최대 500개 관측치가 인쇄됨)

데이터 역할=TRAIN

데이터 역할	변수 이름	역할	레벨	빈도 개수	백분율
TRAIN	Product	TARGET	Magazine	73951	16.1023
TRAIN	Product	TARGET	Toothpaste	63805	13.8931
TRAIN	Product	TARGET	Candy Bar	62375	13.5817
TRAIN	Product	TARGET	Greeting Cards	40292	8.7733
TRAIN	Product	TARGET	Pencils	38123	8.3010
TRAIN	Product	TARGET	Pens	36032	7.8457
TRAIN	Product	TARGET	Perfume	25142	5.4745
TRAIN	Product	TARGET	Bow	24554	5.3465
TRAIN	Product	TARGET	Wrapping Paper	17227	3.7511
TRAIN	Product	TARGET	Photo Processing	16386	3.5679
TRAIN	Product	TARGET	Toothbrush	15774	3.4347
TRAIN	Product	TARGET	Soap	14415	3.1388
TRAIN	Product	TARGET	Shampoo	12452	2.7113
TRAIN	Product	TARGET	Pain Reliever	8833	1.9233
TRAIN	Product	TARGET	Prescription Med	5702	1.2416
TRAIN	Product	TARGET	Markers	2605	0.5672
TRAIN	Product	TARGET	Deodorant	1590	0.3462

[그림 4-7] 통계량 탐색 결과

■ 연관성분석 노드의 설정

E-Miner 6.2에서는 연관성분석 노드에서 일반적인 연관성분석과 시차 연관성분석을 수행한다. 자료에 순서에 대한 변수(Sequence)가 있으면 시차 연관성분석을 수행하고 없으면 일반적인 연관성 분석을 수행한다. 여기에 사용된 TRANSACTIONS 자료에는 Sequence 변수가 없으므로 일반적인 연관성 분석을 수행한다. [그림 4-8]은 탐색 탭에서 연관성분석 노드를 추가한 다이어그램이다.

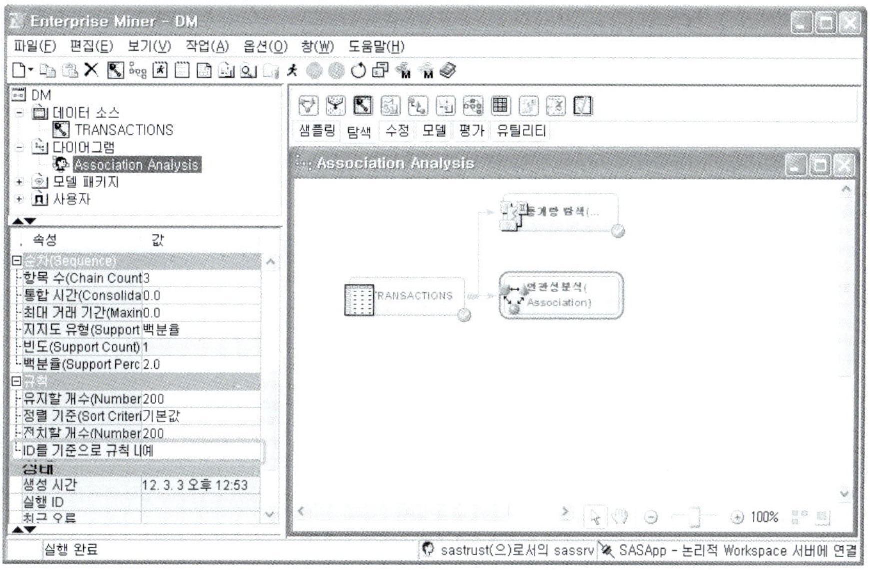

[그림 4-8] 연관성분석 노드가 추가된 다이어그램

연관성분석 노드에서 속성의 연관성분석에 있는 항목들은 다음과 같으며 가지치기를 위해 사용한다.

① 최대 항목(Maximum items): 연관규칙에 있는 품목수의 상한이며 디폴트는 4이다.

② 최소 신뢰도 수준(Minimum Confidence Level): 규칙을 생성할 때 필요한 최소 신뢰도 수준이며 디폴트는 10%이다.

③ 지지도 유형(Support Type): 빈도와 백분율 중 어느 것을 사용할 지를 결정하며 디폴트는 백분율이다.

④ 빈도(Support Count): 규칙을 이루기 위한 최소 발생빈도이며 디폴트는 2이다.

⑤ 백분율(Support Percentage): 규칙을 이루기 위한 최소 백분율이며 디폴트는 5%이다. 단일 품목 중 최대 빈도를 가지는 거래 수의 백분율보다 적은 거래 수를 가지는 규칙은 연관이 없다(제거한다)는 의미이다.

■ 연관성분석 노드의 실행

연관규칙에 대한 결과를 보기 위해서 [그림 4-8]과 같이 연관성분석 노드의 '속성 → 규칙 → ID를 기준으로 규칙 내보내기'를 '예'로 변경한 후 실행한다. 나머지 옵션은 변경하지 않고 디폴트값을 사용하였다.

■ 결과보기

연관성분석을 실행하면 [그림 4-9]와 같이 4개의 창으로 이루어진 결과를 볼 수 있다. 각 창은 크기를 조절하여 크게 볼 수 있다. 통계량 도표 창은 각 규칙의 신뢰도와 지지도를 2차원으로 보여주는 산점도이며 규칙에 있는 품목 수에 따라 구분하여 표현하고 있다. 규칙 행렬은 왼쪽 품목들과 오른쪽 품목들에 따라 만들어 규칙을 행렬도 표현한 것으로 규칙에서 색깔과 수치는 신뢰도를 나타낸다. 통계량 선 도표는 각 평가기준 값을 그린 도

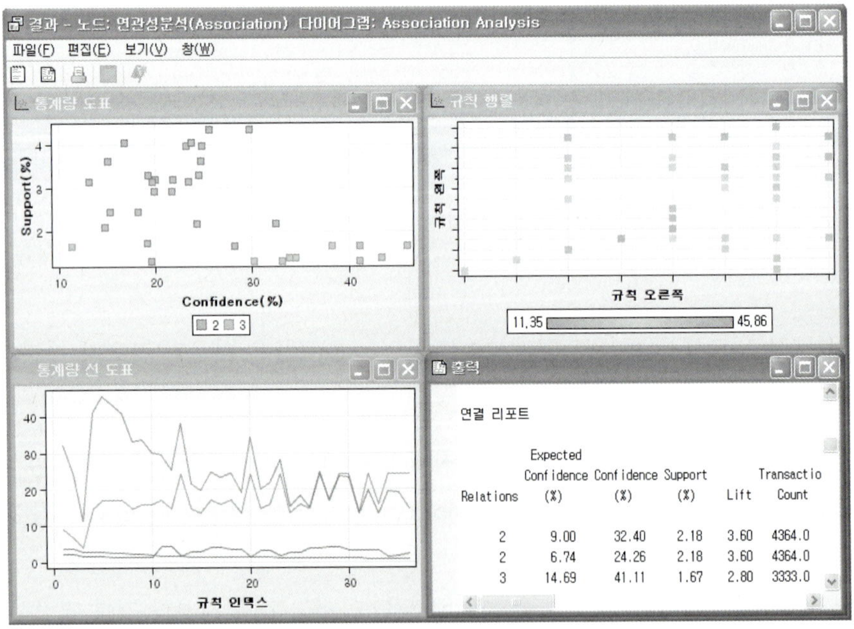

[그림 4-9] 연관성분석 결과 창

표이며 x-축은 향상도에 따라 정렬된 규칙의 번호이다. 출력 창은 규칙들의 세부정보와 각 평가기준에 대한 통계량 등을 보여 준다.

결과 창에서 좌측 상단의 테이블을 클릭하면 [그림 4-10]과 같은 테이블이 보이며 총 25개의 연관규칙이 생성된 것을 알 수 있다. 테이블은 향상도에 따라 정렬되어 있으며 변수를 클릭하면 해당 변수에 따라 오름차순 또는 내림차순으로 정렬하여 규칙을 살펴 볼 수 있다.

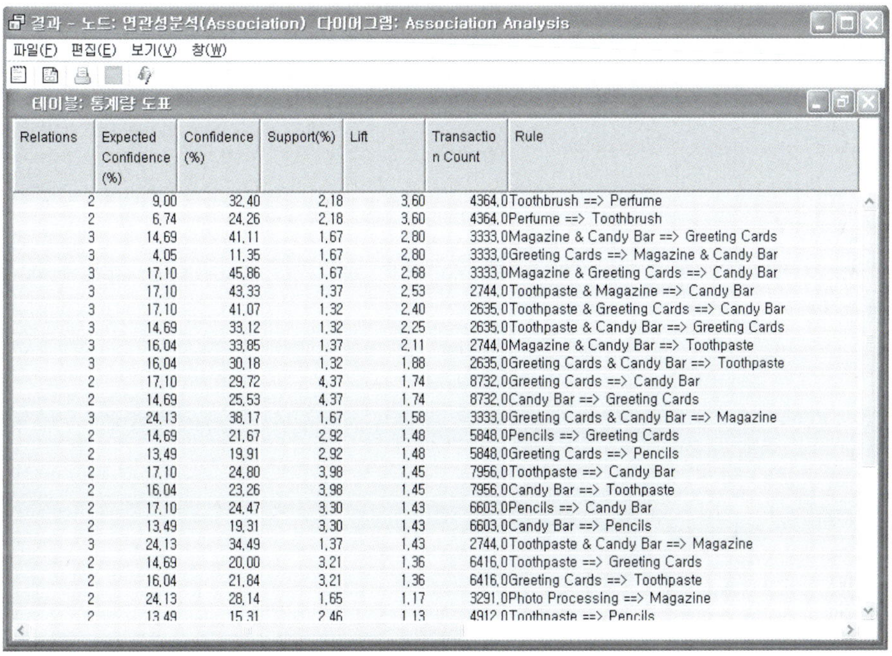

Relations	Expected Confidence (%)	Confidence (%)	Support(%)	Lift	Transaction Count	Rule
2	9.00	32.40	2.18	3.60	4364.0	Toothbrush ==> Perfume
2	6.74	24.26	2.18	3.60	4364.0	Perfume ==> Toothbrush
3	14.69	41.11	1.67	2.80	3333.0	Magazine & Candy Bar ==> Greeting Cards
3	4.05	11.35	1.67	2.80	3333.0	Greeting Cards ==> Magazine & Candy Bar
3	17.10	45.86	1.67	2.68	3333.0	Magazine & Greeting Cards ==> Candy Bar
3	17.10	43.33	1.37	2.53	2744.0	Toothpaste & Magazine ==> Candy Bar
3	17.10	41.07	1.32	2.40	2635.0	Toothpaste & Greeting Cards ==> Candy Bar
3	14.69	33.12	1.32	2.25	2635.0	Toothpaste & Candy Bar ==> Greeting Cards
3	16.04	33.85	1.37	2.11	2744.0	Magazine & Candy Bar ==> Toothpaste
3	16.04	30.18	1.32	1.88	2635.0	Greeting Cards & Candy Bar ==> Toothpaste
2	17.10	29.72	4.37	1.74	8732.0	Greeting Cards ==> Candy Bar
2	14.69	25.53	4.37	1.74	8732.0	Candy Bar ==> Greeting Cards
3	24.13	38.17	1.67	1.58	3333.0	Greeting Cards & Candy Bar ==> Magazine
2	14.69	21.67	2.92	1.48	5848.0	Pencils ==> Greeting Cards
2	13.49	19.91	2.92	1.48	5848.0	Greeting Cards ==> Pencils
2	17.10	24.80	3.98	1.45	7956.0	Toothpaste ==> Candy Bar
2	16.04	23.26	3.98	1.45	7956.0	Candy Bar ==> Toothpaste
2	17.10	24.47	3.30	1.43	6603.0	Pencils ==> Candy Bar
2	13.49	19.31	3.30	1.43	6603.0	Candy Bar ==> Pencils
3	24.13	34.49	1.37	1.43	2744.0	Toothpaste & Candy Bar ==> Magazine
2	14.69	20.00	3.21	1.36	6416.0	Toothpaste ==> Greeting Cards
2	16.04	21.84	3.21	1.36	6416.0	Greeting Cards ==> Toothpaste
2	24.13	28.14	1.65	1.17	3291.0	Photo Processing ==> Magazine
2	13.49	15.31	2.46	1.13	4912.0	Toothpaste ==> Pencils

[그림 4-10] 연관성분석 결과 창에서의 테이블

향상도, 지지도, 신뢰도 각각에서 높은 값을 가지고 연관규칙이 의미가 있다고 보이는 것들을 <표 4-11>에 정리하였다. 'Toothbrush ==> perfume'는 향상도가 가장 높은 연관규칙으로서, 지지도는 보통이고 신뢰도는 비교적 높은 값을 나타내고 있다. 따라서 "칫솔을 구입하는 사람은 향수를 구입한다."라는 연관규칙은 의미가 있다고 볼 수 있다. 'Toothbrush ==> perfume'와 비교해 보면 규칙에서 순서가 바뀐 'perfume ==> Toothbrush'의 향상도와 지지도는 같으며 (향상도와 지지도는 순서와 무관하기 때문에 당연한 결과) 신뢰도는 낮음을 볼 수 있다. 'Greeting Cards ==> Candy Bar'는 지지도가 가장 높은 연관규칙으로서 향상도와 신뢰도는 조금 높은 편이다. 신뢰도가 가장 높은 규칙은 'Magazine & Greeting Cards ==> Candy Bar'로 지지도는 낮고 향상도는 높다. 자주 일어나지는 않지만 Magazine과 Greeting Cards를 사는 사람은 Candy Bar를 살 확률이 높다는 의미이다.

〈표 4-11〉 연관성분석에 의한 결과 요약표

향상도	지지도	신뢰도	연관규칙
3.60	2.18	32.40	Toothbrush ==〉 perfume
1.74	4.37	29.72	Greeting Cards ==〉 Candy Bar
2.68	1.67	45.86	Magazine & Greeting Cards ==〉 Candy Bar

[그림 4-11]과 같이 '보기 → 규칙 → 연결 그래프'를 선택하면 [그림 4-12]와 같은 연결 그래프를 볼 수 있다.

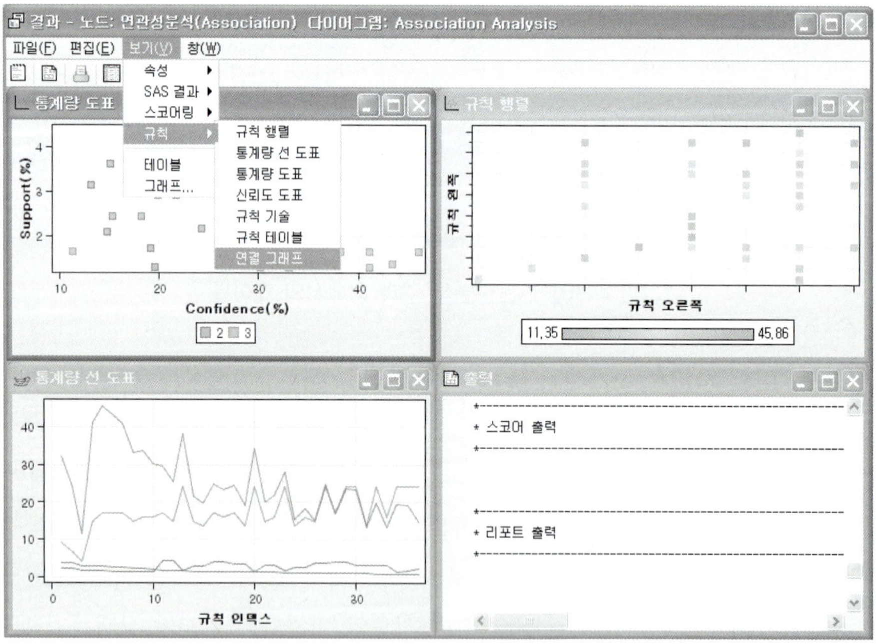

[그림 4-11] 연결 그래프 열기 메뉴

[그림 4-12]의 연결 그래프는 연관성분석의 결과를 노드와 연결선으로 표현한 그래프이다. 노드의 크기와 색깔은 규칙에서 거래 횟수를 나타내고, 연결선의 색깔과 두께는 노드들 사이의 신뢰도를 나타낸다.

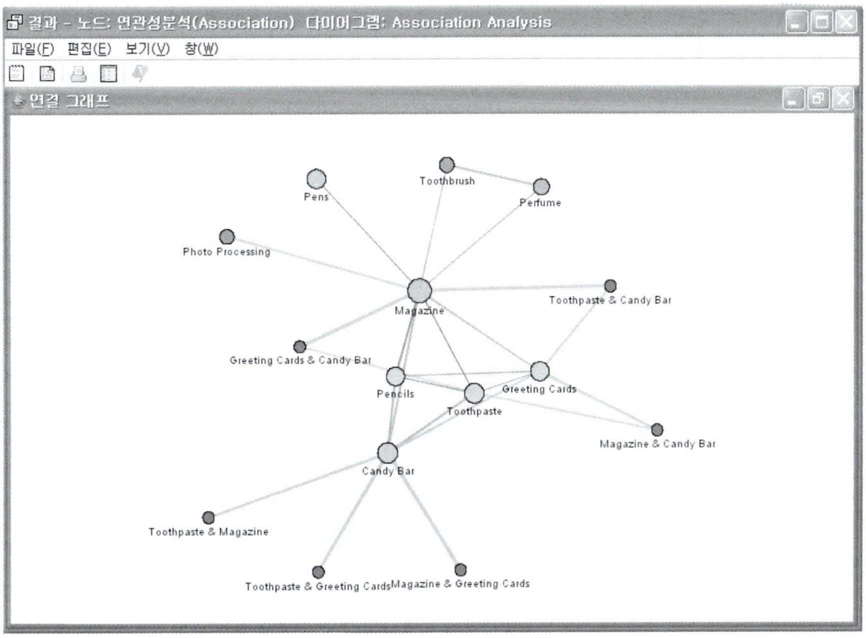

[그림 4-12] 연관성 규칙의 연결 그래프

4.4.2 Microsoft 홈페이지 방문자료를 이용한 시차연관성분석

시차 연관성분석을 위한 예제자료는 인터넷 사용자가 Microsoft사의 웹사이트인 'http://www.microsoft.com'를 방문한 내용을 기록한 로그(log) 자료의 일부이다. 로그 자료에서 1998년 2월의 한 주 동안 이 웹사이트를 방문한 사람들 중에서 랜덤하게 32,711명을 뽑아 방문자들이 열어본 하위 웹페이지(vroot)를 순서대로 기록한 것을 정리하여 사용하였다. 즉, 사례분석에서 사용할 자료의 레코드는 방문자 32,711명 중의 순번, 열어본 하위 웹페이지 순서와 하위 웹페이지의 ID이다. 예를 들어, 10번째로 Microsoft사의 웹사이트를 방문한 사람이 두 번째로 열어본 웹페이지가 'http://www.microsoft.com/stream'이고, 그 웹페이지의 ID가 1277이었다면, 레코드는 10, 2, 1277이다. 분석에 사용한 자료에서 방문자 수는 32,711명이고 레코드의 수는 98,654로 한 번에 평균 3개의 웹페이지를 방문하고 있다. <표 4-12>는 자료의 변수들을 보여주고 있다.

〈표 4-12〉 분석자료(Msweb) 설명

변 수 명	설명	역할
ID	방문자 순번	ID
Seq	웹페이지 방문 순서	Sequence
Website	웹페이지 ID	Target

앞 절에서 살펴본 일반적인 연관성분석은 발생 순서를 고려하지 않았지만 이 절에서는 순서를 고려하여 의미 있는 연관규칙을 찾고자 한다. 예를 들어, 일반적인 연관성분석에서는 순서에 관계없이 열어 본 웹페이지들 간의 연관성에 관심이 있다면 시차 연관성분석에서는 순서를 고려한 연관성에 관심이 있다. 순서를 고려하는 경우가 그렇지 않은 경우보다 더 많은 정보를 얻을 수 있을 것이다. 예를 들어, "A라는 웹페이지를 방문한 사람은 B라는 웹페이지를 방문한다."라는 연관규칙이 의미가 있다면 웹페이지 A에서 B로 바로 가는 경로를 만드는 것도 좋을 것이다.

■ 다이어그램 작성

프로젝트 트리에서 다이어그램을 생성하고 이름을 Sequence Analysis로 한다.

■ 데이터 소스 작성

분석에 사용할 데이터를 선택하고 변수의 역할을 지정하고 데이터의 역할을 지정한다.

① 프로젝트 트리 → 데이터 소스 → 데이터 소스 생성을 눌러 데이터 소스 마법사를 띄운다. [그림 4-13]과 같이 2번째 단계에서 찾아보기를 선택한 다음 테이블 MSWEB을 선택한다.

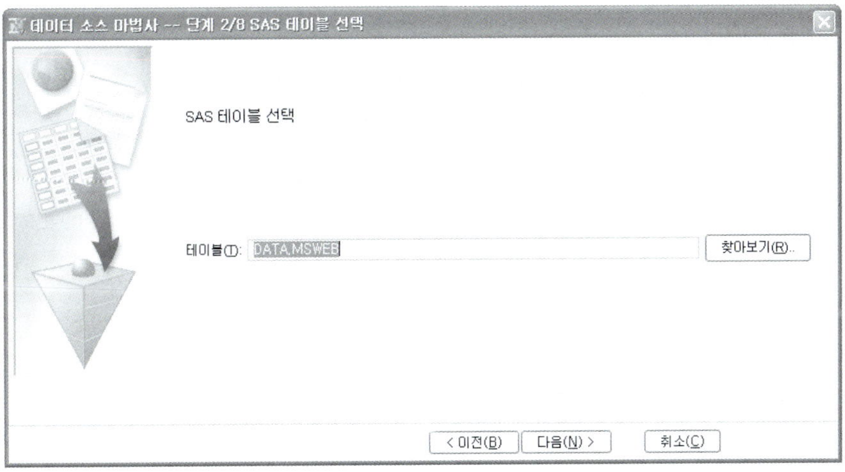

[그림 4-13] 데이터 소스 지정 과정

② 시차 연관성 분석을 위해서는 분석데이터의 변수역할을 지정해야 하는데 ID변수, 목표변수, 순차변수(sequence)를 지정해 주어야 한다. [그림 4-14]와 같이 마법사의 5번째 단계에서 변수들의 역할에 마우스를 클릭하고 ID는 ID로, SEQ는 Sequence로, WEBSITE는 Target으로 지정한다.

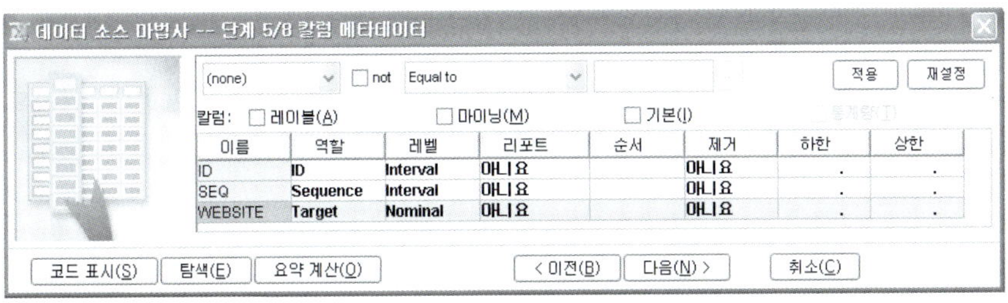

[그림 4-14] 변수선택 및 역할 지정 과정

③ [그림 4-15]와 같이 데이터 소스 속성에서 역할을 Transaction으로 지정한다. 마법사의 8번째 단계에서 마침을 누르면 데이터 소스가 생성된다.

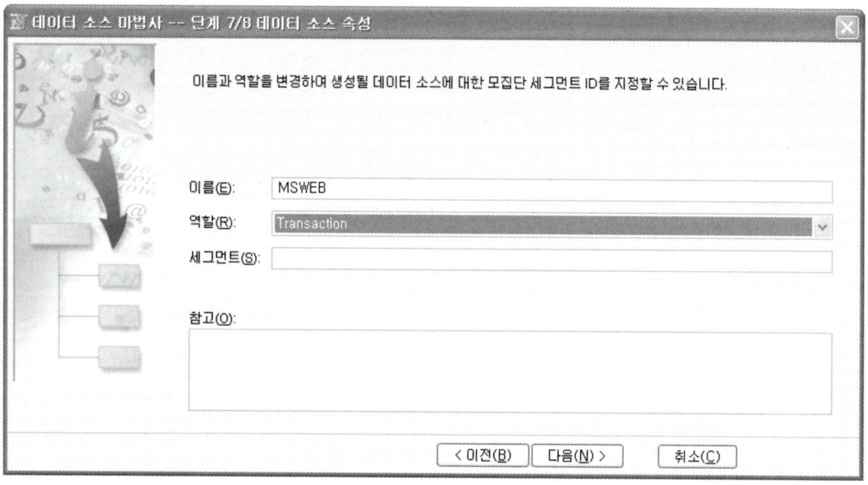

[그림 4-15] 데이터 소스 역할 지정

④ 데이터 소스에 있는 TRANSACTIONS를 다이어그램에 넣는다.

■ 연관성분석 노드의 설정

[그림 4-16]은 탐색 탭에서 연관성분석 노드를 추가한 다이어그램이다.

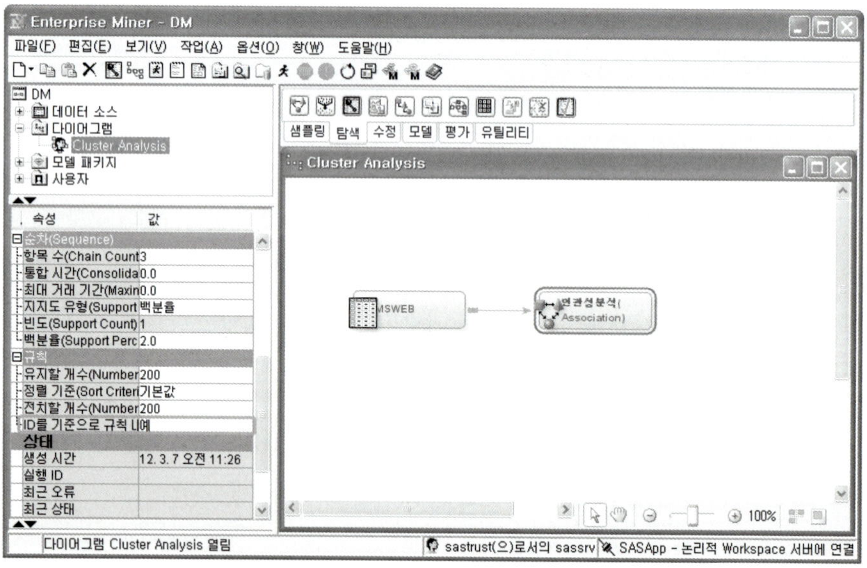

[그림 4-16] 연관성분석 노드가 추가된 다이어그램

■ 연관성분석 노드의 실행

연관규칙에 대한 결과를 보기 위해서 [그림 4-16]과 같이 연관성분석 노드의 '속성 → 규칙 → ID를 기준으로 규칙 내보내기'를 '예'로 변경한 후 실행한다. 나머지 옵션은 변경하지 않고 디폴트값을 사용하였다.

■ 결과보기

연관성분석을 실행하면 [그림 4-17]과 같이 4개의 창으로 이루어진 결과를 볼 수 있다. 각 창은 크기를 조절하여 크게 볼 수 있다. 통계량 도표 창은 각 규칙의 신뢰도와 지지도를 2차원으로 보여주는 산점도이며 규칙에 있는 품목 수에 따라 구분하여 표현하고 있다. 규칙 행렬은 왼쪽 품목들과 오른쪽 품목들에 따라 만들어 규칙을 행렬도 표현한 것으로 규칙에서 색깔과 수치는 신뢰도를 나타낸다. 통계량 선 도표는 지지도와 신뢰도 값을 그린 도표이며 x-축은 지지도에 따라 정렬된 규칙의 번호이다. 출력 창은 규칙들의 세부정보와 각 평가기준에 대한 통계량 등을 보여 준다.

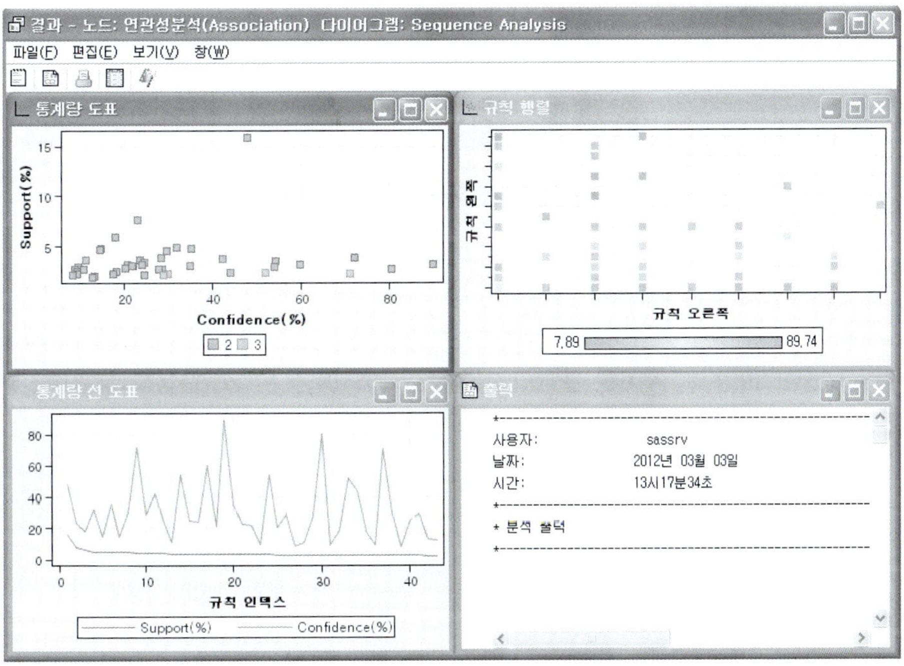

[그림 4-17] 시차연관성분석 결과 창

결과 창에서 좌측 상단의 테이블을 클릭하면 [그림 4-18]과 같은 테이블이 보이며 총 43개의 시차 연관규칙이 생성된 것을 알 수 있다. 시차 연관성분석에서는 향상도가 나오지 않는다는 것을 유의하기 바란다. 테이블은 지지도에 따라 정렬되어 있으며 변수를 클릭하면 해당 변수에 따라 오름차순 또는 내림차순으로 정렬하여 규칙을 살펴 볼 수 있다.

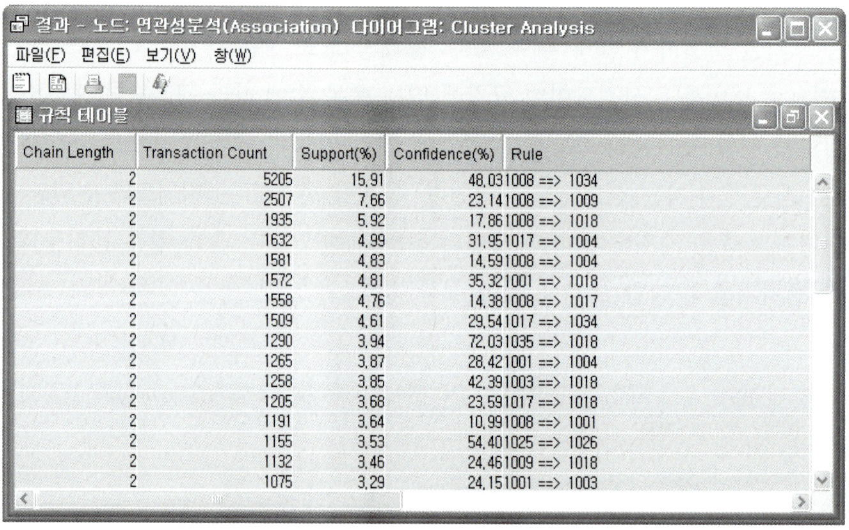

Chain Length	Transaction Count	Support(%)	Confidence(%)	Rule
2	5205	15,91	48,03	1008 ==> 1034
2	2507	7,66	23,14	1008 ==> 1009
2	1935	5,92	17,86	1008 ==> 1018
2	1632	4,99	31,95	1017 ==> 1004
2	1581	4,83	14,59	1008 ==> 1004
2	1572	4,81	35,32	1001 ==> 1018
2	1558	4,76	14,38	1008 ==> 1017
2	1509	4,61	29,54	1017 ==> 1034
2	1290	3,94	72,03	1035 ==> 1018
2	1265	3,87	28,42	1001 ==> 1004
2	1258	3,85	42,39	1003 ==> 1018
2	1205	3,68	23,59	1017 ==> 1018
2	1191	3,64	10,99	1008 ==> 1001
2	1155	3,53	54,40	1025 ==> 1026
2	1132	3,46	24,46	1009 ==> 1018
2	1075	3,29	24,15	1001 ==> 1003

[그림 4-18] 시차 연관규칙 테이블

지지도와 신뢰도 각각에서 높은 값을 가지는 시차 연관규칙을 <표 4-13>에 정리하였다. '1008 ==> 1034'는 지지도가 높은 연관규칙으로서, 신뢰도에서도 비교적 높은 값을 나타내고 있다. 따라서 "1008번 웹페이지를 보면 1034번을 본다."는 시차 연관규칙은 의미가 있다고 볼 수 있다. '1037 ==> 1009'는 신뢰도가 매우 높은 연관규칙으로서, 지지도에서는 높지 않다. 웹페이지 1037번을 보고, 그 후에 1009번을 본 사람은 많지 않지만, 웹페이지 1037번을 보면, 그 후에 1009번을 본다고 볼 수 있다. 따라서 "1037번 웹페이지를 보면 1009번을 본다."는 시차 연관규칙은 빈번하게 일어나지는 않지만 의미가 있다고 볼 수 있다.

〈표 4-13〉 시차 연관성분석에 의한 결과 요약표

지지도	신뢰도	연 관 규 칙
15.91	48.03	1008 ==〉 1034
3.18	89.74	1037 ==〉 1009

[그림 4-11]과 같이 '보기 → 규칙 → 연결 그래프'를 선택하면 [그림 4-19]와 같은 연결 그래프를 볼 수 있다. 연결 그래프를 보면 각 웹페이지의 방문 빈도와 다른 웹페이지와의 연결 관계를 살펴볼 수 있다.

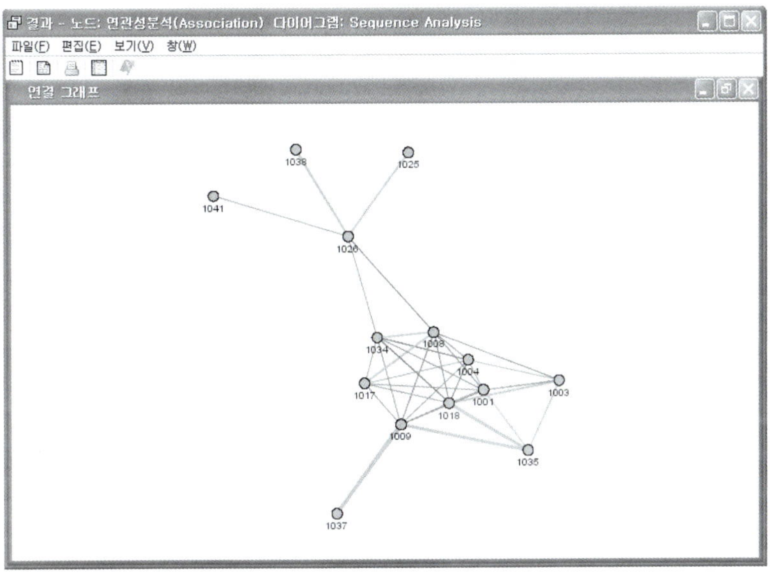

[그림 4-19] 시차 연관성 규칙의 연결 그래프

제 5 장

군집분석

이 장에서는 관측 값들을 몇 개의 집단으로 군집화하는 군집분석에 대한 개념적인 설명과 몇 가지 사례분석을 통해 군집분석을 어떻게 적용하는지를 알아보고자 한다.

5.1 군집분석의 개념

군집분석은 모집단 또는 범주에 대한 사전 정보가 없는 경우에 주어진 관측 값(레코드, 개체)들 사이의 거리 또는 유사성을 이용하여 전체를 몇 개의 집단으로 그룹화 하여, 각 집단의 성격을 파악함으로써 데이터 전체의 구조에 대한 이해를 돕고자 하는 분석법이다. 집단을 좋은 판별도구로 알려진 변수(필드)로 나누는 것을 분할이라 한다. 그러나 잡음이 많은 자료가 실제로는 몇 개의 잘 구성된 군집으로 이루어져 있다고 짐작할 수 있지만, 그 군집들을 정의할 방법을 모르는 경우가 많다. 바로 그런 경우에 군집분석이 쓰이는 것이다. 예를 들어, 군집분석을 이용하여 생물분류학에서는 생물을 그의 특성에 따라 분류하며, 의상학에서는 인체의 체형에 따라 치수체계를 만들며, 은행에서는 예금 잔고와 거래기간 등의 변수로 고객들을 분류할 수 있다.

군집분석은 간접적인 데이터마이닝 작업 중의 하나이다. 대부분의 데이터마이닝 작업에서는 사전에 분류된 학습용 자료로 시작하고 새로운 관측 값이 어떻게 분류될 시 예측할 수 있는 모형 개발을 시도한다. 그러나 군집분석에서는 사전에 분류된 자료도 없고 독립변수와 종속변수라는 구별도 없다. 군집분석은 유사한 관측 값들은 비슷한 고객이나 상품을 나타낸다는 기대 속에서 서로 유사한 관측 값들의 집합, 즉 군집을 찾는 것이다. 군집을 형성할 때 동일한 군집의 관측 값들은 유사한 성격을 갖도록 하고 서로 다른 군집에 속한 관측 값들 사이에는 그와 반대로 상대적으로 서로 다른 성격을 갖도록 해야 한다.

군집분석은 다른 분석과 연계될 수 있다. 왜냐하면 군집을 찾는 것이 목적이 아닐 수 있기 때문이다. 이러한 경우에는 군집분석이 이루어진 이후에 군집이 의미하는 것이 무엇인지 알기 위해서는 다른 기법들이 사용되어야 한다.

군집분석에서 가장 어려운 점은 관측 값들 사이의 거리와 군집들 사이의 거리를 어떻게 정의하는가 하는 것이다. 이러한 거리들의 정의에 따라 여러 가지 군집방법이 있다. 또한 군집을 나누는 방법에 따라서도 여러 가지 군집방법이 있다. 군집을 나누는 방법에 따른 분류로는 크게 계층적(hierarchical) 방법과 비계층적(non-hierarchical) 방법이 있다. 계층적 방법은 가까운 관측 값끼리 차례로 묶거나 멀리 떨어진 관측 값을 차례로 분리해 나가는 군집방법으로서, 한 번 병합된 관측 값은 다시 분리되지 않는 것이 특징이다. 비계층적 방법에서 사용하는 기법은 흔히 다변량 자료의 산포를 나타내는 측도들을 판정기준으로 놓고 군집을 나누는 방법으로서, 한 번 분리된 관측 값도 반복적으로 시행되는 과정에서 다시 분류될 수 있는 것이 특징이다. 대표적인 비계층적 방법은 K-평균 방법이다.

5.2 유사성과 거리

대부분의 분석의 첫 단계는 자료들을 그림으로 표현하여 보는 것이다. 군집분석에서도 마찬가지이다. 두 개의 변수에 있어서 산점도를 이용하여 시각적으로 군집을 짓는 것은 쉽다. 삼차원에서도 산점도를 이용하여 시각적으로 군집을 얻는 것은 쉽다. 모든 문제들이 그렇게 적은 차원을 가지고 있다면 자동적인 군집탐색 알고리즘이 있어야 할 필요는 없다. 그러나 차원이 증가함에 따라 군집을 시각적으로 보거나 두 점 사이의 거리를 직관적으로 알아내는 능력은 현격하게 감소한다. 이런 경우에 주성분분석 등의 다변량분석 기법이 이를 시각적으로 표현하는데 많은 도움을 줄 것이다.

군집분석에서는 목적에 맞는 변수들을 선택하는 것이 우선이다. 변수가 선택되면 이 변수들을 이용하여 관측 값들이 서로 얼마나 유사한지 또는 유사하지 않은지를 측정할 수 있는 측도(measure)가 필요하다. 군집분석에서는 보통 유사성(similarity) 보다는 비유사성(dissimilarity)을 기준으로 하며 거리(distance)를 사용한다.

- p개의 변수를 가지는 두 관측 값

$$\boldsymbol{X}_i = (X_{i1}, \cdots, X_{ip})', \ \boldsymbol{X}_j = (X_{j1}, \cdots, X_{jp})'$$

사이의 거리를 나타내는 방법으로 유클리드(Euclid) 거리, 민코우스키(Minkowski) 거리, 마할라노비스(Mahalanobis) 거리 등이 있다. 유클리드 거리는 우리가 보통 거리라고 하는 것이며 군집분석에서 가장 많이 쓰인다. 각 거리를 수식으로 표현하면 다음과 같다.

- 유클리드 거리: $d_{ij} = \sqrt{\sum_{k=1}^{p}(X_{ik} - X_{jk})^2}$
- 민코우스키 거리 : $d_{ij} = \sqrt[m]{\sum_{k=1}^{p}(X_{ik} - X_{jk})^m}$, m은 실수
- 마할라노비스 거리 : $d_{ij} = (X_i - X_j)'S^{-1}(X_i - X_j)$

유클리드 거리는 민코우스키 거리에서 m=2인 경우로 모든 변수가 동일한 단위(척도)로 측정되었을 경우에 주로 사용된다. 마할라노비스 거리는 각 변수들의 표준화와 변수들 사이의 상관관계를 고려한 거리이며, 여기서 S는 표본공분산행렬이다.

많은 차원을 가지고 있는 문제에 있어서 보통 기하학적인 설명을 한다. 어떤 것을 차원으로 설명하기 위해서는 각 변수들은 독립적으로 측정되어야 한다. 즉, p개의 변수가 있을 때, 각 변수의 값은 p 차원 공간에서 해당하는 좌표축에 따른 거리를 나타낸다고 생각한다. p개의 변수 각각이 하나의 값을 가지는 관측 값은 p 차원 공간에서 특정한 점을

나타나는 벡터로 생각할 수 있다.

일단 관측 값이 공간에서의 점으로 그려졌다면 군집분석은 약간의 기하학과 벡터 평균을 사용하는 지극히 단순한 것이라고 생각하게 될 것이다. 문제는 우리가 시장, 거래, 고객 지원 등에서 만나는 데이터베이스는 공간에서의 점이 아니라는 것이다. 그것들은 구매, 전화 송신, 항공여행, 자동차 등록 등 군집 도표에 있는 점들과 명확한 연관을 가지지 않는 다른 것들이다. 이런 경우에는 한 군집의 원소(관측 값)들은 어떤 종류의 본질적인 연관을 가지고 있고 그 원소들끼리는 다른 군집에 있는 원소들에 비해서 서로 유사하다는 직관적인 개념이 필요하다.

직관적인 개념을 컴퓨터에 옮기는 것이 어렵기 때문에, 그 모호한 연관에 대한 개념을 유사성의 정도를 나타내는 수치적인 측도로 바꾸어야 한다. 일반적인 방법은 관측 값들이 공간에서의 점으로 나타내기 위해 모든 변수 값들을 수치로 바꾸는 것이다. 이 과정에서 만일 두 점이 기하학적으로 가깝다면 그것들이 데이터베이스의 유사한 관측 값들을 나타낸다는 가정을 만족해야 한다.

이러한 접근에는 두 가지 중요한 문제가 발생할 수 있다. 첫 번째는 범주형 변수나 순서형 변수 같은 변수들은 벡터의 성분으로 다루어지기에는 적당치 않다는 것이다. 범주형인 경우에 예를 들어, 두 종류의 아이스크림이 다르다고 말할 수는 있지만, 어느 아이스크림이 더 큰지 알 수 없다. 또한 또 다른 종류의 아이스크림과 가까운 것이 어느 것인지 말할 수 없다. 순서형 변수인 경우에, 만일 세 변수 X, Y, Z가 1, 2, 3으로 순서가 매겨졌다면, 우리는 X > Y > Z임을 알 수 있지만 (X-Y) > (Y-Z) 인지는 알 수 없다. 두 번째 문제는 기하학적으로는 각 차원의 기여도는 똑같이 중요하지만, 데이터베이스에서는 한 변수에서의 조그만 변화가 다른 변수에서의 큰 변화보다 더욱 중요할 수 있다는 것이다.

두 관측 값들의 유사성(또는 비유사성)을 측정하는 기법들은 많이 있다. 어떤 기법들은 문장을 비교하는 것과 같은 특정한 분야에 적용을 하기 위해서 개발되었으며, 어떤 기법들은 이진변수나 범주형 변수와 같은 특정한 자료 형태를 다루기 위해서 개발되었다. 그 중에서 세 가지 기법을 여기서 소개하고자 한다. 처음 두 기법은 구간형 변수나 비율형 변수에 적합한 것이고, 세 번째 것은 범주형 자료에 적합한 것이다. 구간형 변수와 비율형 변수는 비슷하지만 구간형 변수는 온도와 같이 숫자 0이 절대적인 의미를 가지지 않는 변수이다. 비율형 변수는 길이나 무게와 같이 숫자 0이 의미가 있는 변수이다.

(1) 두 점 사이의 거리

관측 값에서 각 변수는 공간상에 있는 점을 나타내는 벡터의 한 성분이다. 두 점 사이의 거리가 연관성에 대한 측도로 사용된다. 두 점이 거리상 가깝다면, 대응하는 관측 값들은 유사하다고 여겨진다. 가장 보편적인 측도는 고등학교 때 배운 유클리드 거리이다. 두 점 간의 관계를 하나의 숫자로 표현하는 함수는 연관성의 측도로 사용될 수 있으나, 제대로 된 거리 측도가 되기 위해서는 다음을 만족해야 한다.

- $Distance(X, Y) = 0 \leftrightarrow X = Y$
- $Distance(X, Y) \geq 0$
- $Distance(X, Y) = Distance(Y, X)$
- $Distance(X, Y) \leq Distance(X, Z) + Distance(Z, Y)$

(2) 두 벡터 사이의 각도

각 관측 값 내에서 변수들이 서로 연관된 모습이 비슷하다면 두 관측 값들은 연관성이 높다고 보아야 할 때가 있다. 데이터베이스에서 신체 부위의 길이로 보면 정어리가 참치보다는 새끼고양이에 더 가까울지라도, 피라미가 정어리, 대구, 참치와 같은 군집에 있고, 새끼고양이가 아메리카라이온, 사자, 호랑이와 같은 군집에 있기를 원할 수 있다. 해결책은 같은 데이터에 대해서 다른 기하학적 해석을 사용하는 것이다. X와 Y를 공간에서의 점으로 생각하여 그들 사이의 거리를 측정하는 대신에, 그것들을 벡터로 생각하여 그들 사이의 각도를 재는 것이다. 여기서 벡터는 좌표축의 원점과 점을 연결하는 선분이다. 벡터는 크기(원점에서 점까지의 거리)와 방향을 가지고 있는데, 우리의 목적상 관심의 대상은 방향이다.

사자와 집고양이의 수염 길이, 꼬리 길이, 전체 신체 길이, 이빨 길이, 발톱 길이를 재어서 하나의 점으로 표현하면 그것들은 많이 떨어져 있을 것이다. 그러나 이러한 신체 부위의 길이 사이의 비가 두 종에서 유사하다면 두 벡터는 거의 수평이 될 것이다. 두 벡터 사이의 각도는 두 벡터의 크기에 영향을 받지 않는 연관성의 측도를 제공해 준다. 실제로, 부호를 고려하지 않는다면 각도의 사인(sine) 값은 벡터가 가장 가까울 때(평행일 때)의 값인 0과 수직일 때의 값인 1 사이의 범위를 가지고 있으므로, 이 각도는 좋은 측도이다.

(3) 공통된 현상의 수

비교하는 관측 값의 변수들이 범주형 변수일 때, 기하학적 측도를 사용하는 대신에 관측 값들 사이의 중첩된 정도로 측정하게 된다. 기하학적 측도와 마찬가지로, 이러한 생각에 대한 여러 가지 형태의 측도가 있다. 모든 측도들에서 각 변수들을 하나씩 비교하여 일치하는 변수와 일치하지 않는 변수의 수를 세게 된다. 가장 간단한 측도는 전체 변수의 수에 대한 일치하는 수의 비율이다. 이 간단한 측도는 두 개의 공백(또는 결측치)인 변수를 일치하는 것으로 계산하고 결국 알지 못하는 것이 대부분인 것들을 같은 군집에 넣는 문제가 있다. 이 문제에 대한 쉬운 개선 방법은 이러한 종류의 일치는 일치하는 개수에 포함시키지 않는 것이다.

앞에서와 다른 다음과 같은 형태의 측도는 다양한 상황에서 유용하다. 일치하는 정도가 높으면, 사소한 불일치도 심각해 질 수 있도록 불일치 변수에 두 배의 가중치를 두는 것이다. 반대로, 일치하는 정도가 낮다면, 적은 일치도 중요하게 다루어질 수 있도록 일치하는 변수에 추가적인 가중치를 두는 것이다. 가장 세련된 측도는 일치하는 변수에 대해 보편적인 집단에서의 각 클래스의 도수에 따라 가중치를 주는 것이다.

5.3 계층적 군집분석

N개의 관찰 값들로부터 얻은 거리행렬을 가지고 시작하는 계층적 군집방법은 '가까운' 관측 값들끼리 묶어감으로써 군집을 만들어가는 병합(agglomeration) 방법과 '먼' 관측 값들을 나누어가는 분할(division) 방법으로 나눌 수 있다. 주로 계층적 군집분석에서는 병합 방법이 많이 쓰인다. 군집의 병합 또는 분리되는 과정은 나무구조 모양의 덴드로그램(dendrogram)을 통해 간단히 표현할 수 있는데, 이는 전체 군집들 간의 구조적 관계를 살펴보는데 매우 유용하다.

5.3.1 병합 방법

병합 방법에서는 처음에 N개의 관측 값이 각각 군집을 이루고, 다음에 가장 가까운 두 개의 관측 값을 묶어서 하나의 군집을 만들고 나머지 (N-2)개의 관측 값은 각각 군집을 이루도록 한다. 그 다음은 (N-1)개의 군집들 중에서 가장 가까운 두 개의 군집을 묶어 (N-2)개의 군집을 만든다. 군집간의 거리의 측도를 기준으로 각 단계마다 한 쌍씩 서로 병합되는 과정을 반복하여 최종적으로 N개의 모든 관측 값들이 하나의 큰 군집에 포함될 때까지 군집들을 병합시킨다. 이 과정의 시작 부분에서는 군집의 크기는 작고 군집 내부는 매우 동질적이다. 이 과정의 끝 부분으로 갈수록 군집은 커지고 군집 내부는 이질적이 된다. 전 과정이 주어지면 적당한 군집의 수를 정하면 된다.

병합 방법의 첫 번째 단계는 유사성 행렬(similarity matrix)을 생성하는 것이다. 유사성 행렬은 두 점 사이의 거리 또는 연관의 정도를 나타내는 표이다. 앞에서 언급한 바와 같이, 유클리디안 거리, 벡터 사이의 각도, 범주형 필드에서의 불일치에 대한 일치 비율 등의 연관성 측도를 사용할 수 있다. 사용하는 연관성 측도가 제대로 된 거리 측도일 때에는 $Distance(X, Y) = Distance(Y, X)$이기 때문에 반 정도만 있으면 된다. 즉, 비유사성 행렬은 대각원소는 0인 대칭행렬이 된다.

병합 과정의 첫 단계에서는 병합될 군집이 하나의 관측 값으로 구성되어 있기 때문에 군집간의 거리는 관측값 간의 거리와 같다. 두 번째 단계부터는 여러 개의 관측 값으로 구성된 군집들 사이의 거리로 유사성 행렬을 갱신해야 한다. 이러한 거리를 어떻게 측정해야 하는가에 대한 문제가 발생하게 된다. 두 군집 사이의 거리를 나타내는 방법으로 여러 가지가 있다. [그림 5-1]은 최단거리, 최장거리, 중심거리를 두 군집 사이의 거리로 사용한 그림이다. 두 군집 사이의 거리를 어떻게 정의하는가에 따라 여러 가지 병합 방법이 있으며, 아래에서 그 중에서 많이 쓰이는 6 가지 방법을 살펴보겠다.

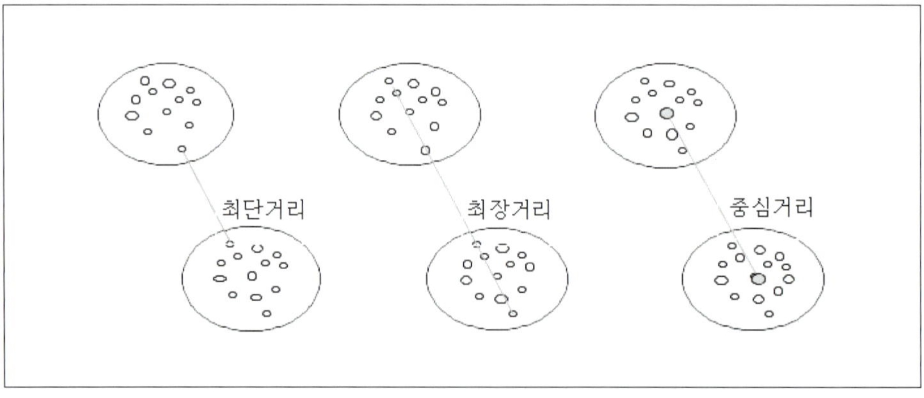

[그림 5-1] 군집 사이의 거리

(1) 최단연결법(Single Linkage Method)

두 군집 사이의 거리를 각각의 군집에서 관측 값을 하나씩 뽑을 때 나타날 수 있는 두 관측 값들 사이의 거리 중 최단 거리로 정의하여 가장 유사성이 큰 군집을 묶어 나가는 방법이다. 유리 위에 떨어진 물방울들이 서로 뭉치는 현상과 비슷하다. 이 방법은 한 군집에 속하는 각 관측 값은 다른 군집에 속하는 어떤 관측 값들보다도 더 가까운 관측 값이 같은 군집 안에 적어도 한 개 이상은 있다는 성질을 가지고 있다. 그러나 두 군집을 병합할 때, 두 군집에 있는 관측 값들 사이의 거리 중 최단 거리를 두 군집간의 거리로 보기 때문에 몇 개의 관측 값으로 고리가 만들어져 군집들이 연결되는 '고리현상'이 있을 수 있다. 즉, 두 군집은 전체적으로는 많이 떨어져 있더라도 두 군집 사이에 가까운 관측 값이 있으면 병합되기 때문에 부적절한 결과를 낳게 될 수도 있다. 최단 연결법은 고립된 군집을 찾는데 중점을 둔 방법이다.

예제 5.1

다음에 주어진 5개의 관측 값에 대한 거리 행렬(비유사성 행렬) D에 대하여 최단연결법으로 군집을 얻고 덴드로그램으로 나타내보자.

$$D = \begin{matrix} 1 \\ 2 \\ 3 \\ 4 \\ 5 \end{matrix} \begin{pmatrix} 0 & 7 & 1 & 9 & 8 \\ 7 & 0 & 6 & 3 & 5 \\ 1 & 6 & 0 & 8 & 7 \\ 9 & 3 & 8 & 0 & 4 \\ 8 & 5 & 7 & 4 & 0 \end{pmatrix}$$

■ **1 단계** D에서 $d_{13} = 1$이 최소이므로 관측 값 1과 3을 묶어 군집 (1,3)을 만든다. 그러면 (1,3) 군집과 나머지 관측 값들 2, 4, 5와의 거리는

$$d\{(1,3),(2)\} = min\{d_{12}, d_{32}\} = d_{32} = 6$$

$$d\{(1,3),(4)\} = min\{d_{14}, d_{34}\} = d_{34} = 8$$

$$d\{(1,3),(5)\} = min\{d_{15}, d_{35}\} = d_{35} = 7$$

이므로, 다음과 같은 거리 행렬 D_1을 얻는다.

$$D_1 = \begin{matrix} (1,3) \\ 2 \\ 4 \\ 5 \end{matrix} \begin{pmatrix} 0 & 6 & 8 & 7 \\ 6 & 0 & 3 & 5 \\ 8 & 3 & 0 & 4 \\ 7 & 5 & 4 & 0 \end{pmatrix}$$

- **2 단계** D_1에서 $d_{24}=3$이 최소 값을 가지므로 관측 값 2와 4를 묶어 군집 (2,4)를 만든다. 그러면,

$$d\{(2,4),(1,3)\} = min\{(2),(1,3)\},$$

$$d\{(4),(1,3)\} = d\{(2),(1,3)\} = 6$$

$$d\{(2,4),(5)\} = min\{d_{25}, d_{45}\} = d_{45} = 4$$

이므로 다음 거리 행렬 D_2를 얻는다.

$$D_2 = \begin{matrix} (1,3) \\ (2,4) \\ 5 \end{matrix} \begin{pmatrix} 0 & 6 & 7 \\ 6 & 0 & 4 \\ 7 & 4 & 0 \end{pmatrix}$$

- **3 단계** D_2에서 $d\{(2,4),(5)\} = 4$가 최소 값을 가지므로 군집 (2,4)와 5를 묶어 군집 (2,4,5)를 만든다. 그러면

$$d\{(1,3),(5)\} = d\{(1,3),(2,4)\} = 6$$

$$d\{(1,3),(2,4,5)\} = min\{(1,3),(2,4)\},$$

이므로 거리 행렬 D_3을 얻는다.

$$D_3 = \begin{matrix} (1,3) \\ (2,4,5) \end{matrix} \begin{pmatrix} 0 & 6 \\ 6 & 0 \end{pmatrix}$$

- **4 단계** 마지막 단계로 전체가 하나의 군집을 이룬다.

이와 같은 병합과정을 나무구조 모양의 덴드로그램으로 나타내면 다음과 같다. 가로축은 관측 값(레코드)을 나타내고 세로축은 거리를 나타낸다. 덴드로그램을 보면, 1과 3이 가장 먼저 묶이고 둘 사이의 거리는 1임을 알 수 있다. 다음으로 2와 4가 묶이고 둘 사이의 거리는 3이다. 다음으로 (2,4)와 5가 묶이고 그 사이의 거리는 4이다. 마지막으로 (1,3)과 (2,4,5)가 묶이고 그 사이의 거리는 6이다.

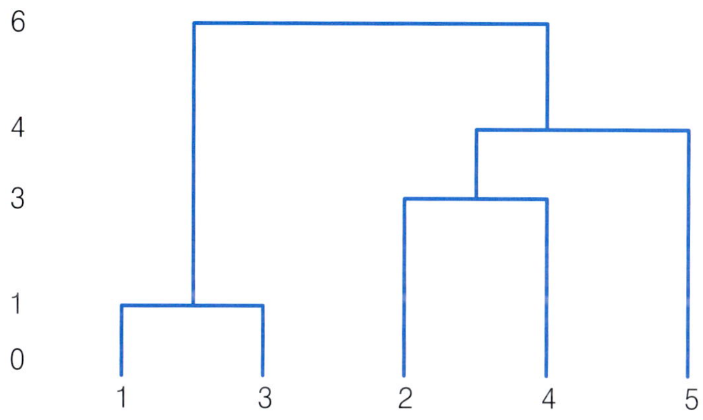

(2) 최장(완전)연결법(Complete Linkage Method)

두 군집 사이의 거리를 각각의 군집에서 관측 값을 하나씩 뽑았을 때 나타날 수 있는 두 관측 값들 사이의 거리 중 최장거리로 정의하여 가장 유사성이 큰 군집을 묶어 나가는 방법이다. 이 방법은 한 군집에 속하는 모든 관측 값 사이의 거리는 알려진 최대 거리보다 작다는 성질을 가지고 있다. 그리고 이 방법은 다른 군집에는 같은 군집에 속하는 관측 값보다 거리가 더 먼 관측 값이 반드시 존재한다는 성질을 가지고 있다. 최장연결법은 최단연결법과는 대조적인 관계가 있으며 군집들의 내부적 응집성에 중점을 둔 방법이다.

예제 5.2

[예제 5.1]에서 사용했던 거리 행렬 D를 가지고 최장연결법을 살펴보자.

$$\boldsymbol{D} = \begin{matrix} 1 \\ 2 \\ 3 \\ 4 \\ 5 \end{matrix} \begin{pmatrix} 0 & 7 & 1 & 9 & 8 \\ 7 & 0 & 6 & 3 & 5 \\ 1 & 6 & 0 & 8 & 7 \\ 9 & 3 & 8 & 0 & 4 \\ 8 & 5 & 7 & 4 & 0 \end{pmatrix}$$

- **1 단계** 최단연결법과 같이 가장 가까운 두 군집을 병합함으로써 시작된다. 즉 $d_{13} = 1$이 최소값으로 관측 값 1과 3을 묶어 군집 (1,3)을 만든다. 이때, 군집 (1,3)과 나머지 관측 값들 2, 4, 5와의 거리는

$$d\{(1,3),(2)\} = max\{d_{12}, d_{32}\} = d_{12} = 7$$

$$d\{(1,3),(4)\} = max\{d_{14}, d_{34}\} = d_{14} = 9$$

$$d\{(1,3),(5)\} = max\{d_{15}, d_{35}\} = d_{15} = 8$$

이므로, 다음과 같은 거리 행렬 D_1을 얻는다.

$$\boldsymbol{D}_1 = \begin{matrix} (1,3) \\ 2 \\ 4 \\ 5 \end{matrix} \begin{pmatrix} 0 & 7 & 9 & 8 \\ 7 & 0 & 3 & 5 \\ 9 & 3 & 0 & 4 \\ 8 & 5 & 4 & 0 \end{pmatrix}$$

■ **2 단계** $\boldsymbol{D}_1$에서 $d_{24} = 3$이 최소 값을 가지므로 관측 값 2와 4를 묶어 군집 (2,4)를 만든다. 그러면,

$$d\{(2,4),(1,3)\} = max\{d\{(2),(1,3)\}, d\{(4),(1,3)\}\} = 9,$$

$$d\{(2,4),(5)\} = max\{d_{25}, d_{45}\} = d_{25} = 5$$

이므로 다음 거리 행렬 D_2를 얻는다.

$$\boldsymbol{D}_2 = \begin{matrix} (1,3) \\ (2,4) \\ 5 \end{matrix} \begin{pmatrix} 0 & 9 & 8 \\ 9 & 0 & 5 \\ 8 & 5 & 0 \end{pmatrix}$$

■ **3 단계** $\boldsymbol{D}_2$에서 $d\{(2,4),5\} = 5$가 최소 값을 가지므로 군 집 (2,4)와 5를 묶어 군집 (2,4,5)를 만든다. 그러면

$$d\{(1,3),(2,4,5)\} = max\{(1,3),(2,4)\},$$

$$d\{(1,3),(5)\} = d\{(1,3),(2,4)\} = 9$$

이므로 거리 행렬 D_3을 얻는다.

$$\boldsymbol{D}_3 = \begin{matrix} (1,3) \\ (2,4,5) \end{matrix} \begin{pmatrix} 0 & 9 \\ 9 & 0 \end{pmatrix}$$

■ **4 단계** 마지막 단계로 전체가 하나의 군집을 이룬다.

이와 같은 병합과정을 나무구조 모양의 덴드로그램으로 나타내면 다음과 같으며 앞의 [예제 5.1]의 최단연결법의 결과와 큰 차이를 보이지 않는 것으로 보여진다. 가로 축은 관측 값(레코드)을 나타내고 세로축은 거리를 나타낸다. 덴드로그램을 보면, 1과 3이 가장 먼저 묶이고 둘 사이의 거리는 1임을 알 수 있다. 다음으로 2와 4가 묶이고 둘 사이의 거

리는 3이다. 다음으로 (2,4)와 5가 묶이고 그 사이의 거리는 5이다. 마지막으로 (1,3)과 (2,4,5)가 묶이고 그 사이의 거리는 9이다.

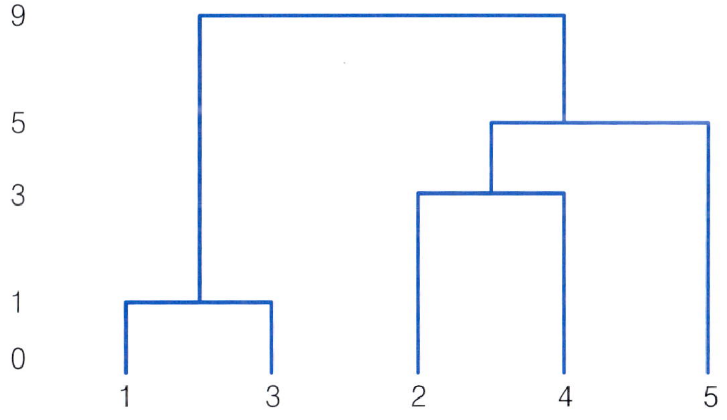

(3) 평균연결법(Average Linkage Method)

두 군집 사이의 거리를 각각의 군집에서 관측 값을 하나씩 뽑을 때 나타날 수 있는 두 관측 값들 사이의 거리의 평균으로 정의하여 유사성이 큰 군집을 묶어 나가는 방법이다. 이 방법은 작은 분산을 가지는 군집을 형성시키는 경향이 있는 것으로 알려져 있다.

(4) 중심연결법(Centroid Linkage Method)

두 군집 사이의 거리는 각 군집의 중심과의 거리로 정의하여 유사성이 큰 군집을 묶어 나가는 방법이다. 각 군집의 중심은 그 군집에 속하는 관측 값들의 평균이다.

(5) 메디안연결법(Median Linkage Method)

중심연결법에서 두 군집을 병합할 때 새로운 군집의 중심을 두 군집의 중심의 평균(군집의 크기를 고려하지 않은 단순평균)으로 정의하여 가장 유사성이 큰 군집을 묶어나가는 것으로 작은 군집이 경시되는 단점을 보안한 방법이다.

(6) Ward의 방법

각 관측 값들과 그 관측 값이 속해있는 군집의 평균과의 거리의 제곱의 총합인 잔차제곱합(error sum of squares)의 증가를 최소화하도록 군집을 병합시키는 방법이다.

5.3.2 분할 방법

병합 알고리즘은 계층적인 군집을 생성한다. 계층의 각 수준에서 하위 수준의 두 군집이 합해져서 하나의 군집이 만들어진다. 계층(덴드로그램)을 6장의 의사결정나무에서 언급하는 것과 같이 나무구조로 볼 수 있는데, 차이점은 병합 방법은 잎에서 출발하여 뿌리로 가면서 작업한다는 것이다. 계층적인 구조는 두 방법 사이의 또 다른 유사성을 반영한다. 한 번 내려진 결정은 번복될 수 없는데, 그것은 지극히 단순한 군집이 한 번 분리되거나 병합되어 구조가 망가지면 발견될 수 없다는 것이다.

두 방법에 의해 생성된 나무들의 유사성을 살펴볼 때 의사결정나무를 생성할 때 사용한 알고리즘을 군집화에서도 사용할 수 있지 않은가를 질문하는 것은 자연스러운 것이다. 답은 할 수 있다는 것이며 그것이 분할 방법이다. 의사결정나무 알고리즘은 모든 레코드들의 집합으로부터 출발하여 상이함수(diversity function)의 관점에서 좀 더 순수한 군집으로 나눈다. 이러한 개념을 군집 알고리즘에 적용할 때 필요한 것은 군집내 평균 거리를 최소화하거나 군집간 거리를 최대화하는 상이함수를 선택하는 것으로 충분하다.

분할 방법은 처음에 모든 관측 값을 하나의 군집으로 보고 이를 N개의 군집으로 나누어가는 방법이다. 이 방법을 사용할 때의 첫 단계는 N개의 관측 값들을 우선 두 개의 군집으로 나누는 일이다. 그러나 이 때 나누는 방법의 수는 $2^{(N-1)}-1$가지나 되어 계산량이 많아지는 단점이 있으나 컴퓨터의 발달로 큰 문제가 되지는 않을 것이다.

5.4 비계층적 군집방법

비계층적 군집분석에서는 흔히 관측 값들을 몇 개의 군집으로 나누기 위하여 주어진 판정기준을 최적화하는 최적분리기법을 사용하며, 따라서 최적분리 군집분석이라고도 한다. 대표적인 방법은 K-평균 방법으로 여기서는 K-평균 방법에 대해서 주로 다루겠다.

5.4.1 K-평균 방법

K-평균 방법은 사전에 결정된 군집 수 K에 기초하여 각 관측 값을 군집의 중심들 중에

서 가장 가까운 군집에 할당하는 방법으로 일반적으로 다음 절차에 따라 군집을 형성한다.

첫 단계는 군집의 수 K를 정한다. 두 번째 단계는 K개의 관측 값을 선택하여 초기값으로 정하는 것이다. 초기값은 초기 군집의 중심이 된다. 초기값은 단순히 처음 K 개의 관측 값들을 선택할 수도 있고, 전체 관측 값에서 랜덤하게 K개를 뽑아 결정할 수도 있다. 그 자료들의 순서에 의미가 있을 때에는 널리 분포된 자료들을 선택하는 것이 바람직하다. 각 군집은 초기값만을 갖는 불완전한 군집이다. [그림 5-2]는 변수가 두 개인 2 차원이고 군집의 수가 $K=3$인 경우의 초기 군집을 보여주고 있다.

세 번째 단계는 모든 관측 값에 대해서 관측 값과 군집의 중심들과의 거리를 계산하여 가장 가까운 중심의 군집에 관측 값을 할당한다. 유클리드 거리를 사용하는 경우는 [그림 5-3]에서 보는 바와 같이 각 군집의 중심을 연결하는 선분을 수직이등분하는 직선들에 의해서 할당된다. 네 번째 단계는 이렇게 형성된 새로운 군집의 중심을 계산하는 것이다. 이것은 단순히 군집에 있는 점들을 각 차원에 따라 평균을 구하는 것이다. 만일 200개의 관측 값들이 한 군집에 할당되었고 4개의 변수로 군집화를 하는 것이라면, 기하학적으로

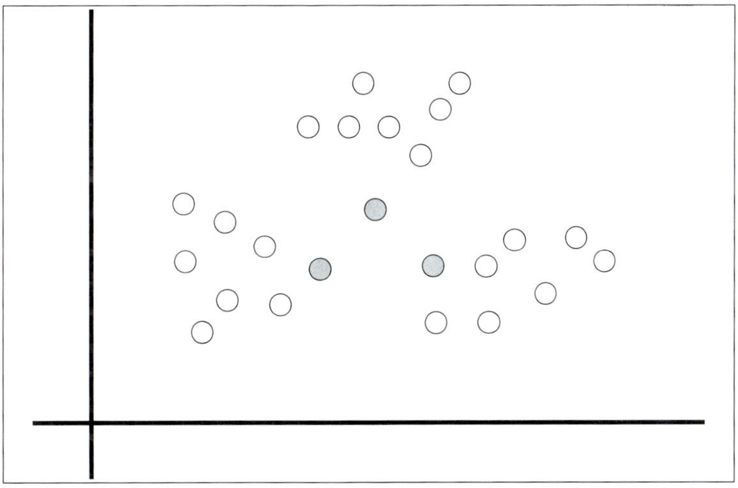

[그림 5-2] K-평균 방법에서 초기 군집의 중심

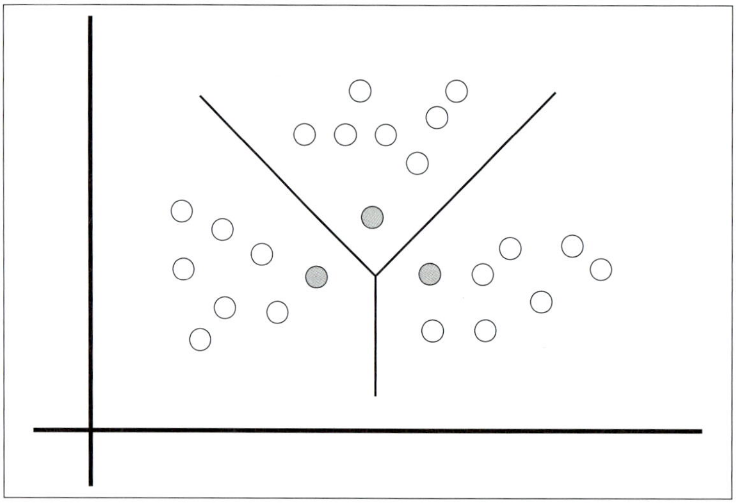

[그림 5-3] K-평균 방법에서 관측 값의 할당

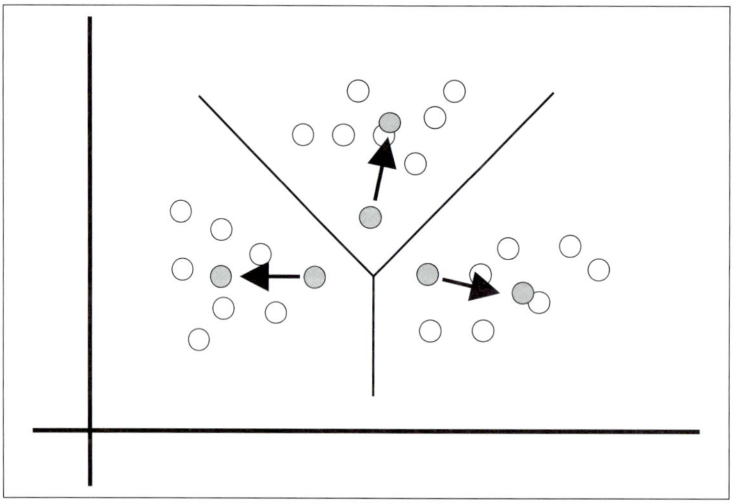

[그림 5-4] K-평균 방법에서 중심의 이동

4차원 공간에 200개의 점이 있는 것이다. 각 점의 위치는 4개 변수의 벡터로 표현된다. 그 벡터는 (X_1, X_2, X_3, X_4)의 형태를 가진다. 새로운 중심에서의 X_1의 값은 200개의 X_1 들의 평균이고, X_2, X_3 그리고 X_4에 대해서도 마찬가지이다. [그림 5-4]는 군집의 중심이 이동하는 모습을 보여주고 있으며 화살표는 초기 군집의 중심이 새로운 군집의 중심으로 이동하는 것을 표현하고 있다.

새로운 군집이 얻어지면, 각 관측 값들은 가장 가까운 중심에 해당하는 군집으로 다시 할당된다. 관측 값들을 할당하고 중심을 다시 계산하는 과정은 군집의 중심에 변화가 없을 때까지 또는 군집의 경계가 변하지 않을 때까지 계속된다.

위의 과정들을 정리하면 다음과 같다.

① 군집의 수 K를 정한다.
② 초기 K개 군집의 중심을 선택한다.
③ 각 관측 값들을 가장 가까운 중심에 해당하는 군집에 할당한다.
④ 새로운 군집에 할당된 관측 값들로 새로운 중심을 계산한다.
⑤ ③과 ④의 과정을 군집의 중심에 변화가 없을 때까지 반복한다.

5.4.2 초기 군집수의 결정과 관측 값의 할당

군집은 함께 변화는 경향이 있는 변수들을 사용하여 관측 값들의 부분집합들로 만들어진다. 모든 변수들이 완전히 독립이라면 어떤 군집도 없고 모든 공간은 단순한 자료들로 채워질 것이다. 반대인 경우로 모든 변수들이 같은 것에 완전히 종속된다면, 즉 서로 선형관계가 있다면 모든 레코드들은 하나의 군집을 이룰 것이다. 이 두 가지 극단 상황 사이에 있을 때 얼마나 많은 군집을 찾아야 하는지 알 수 없다. 특정한 수의 군집을 찾으려 한다면 그것들을 찾을 수 있을 것이다. 그러나 다른 K의 값으로 시도했을 때 자료에 숨어있는 더 좋은 군집을 찾을 수도 있다. [그림 5-3]에서 군집 수를 2로 정하였다면 군집 수를 3으로 했을 때와 다른 결과를 얻을 것이다.

K-평균과 관계되는 알고리즘을 기술하는데 있어서 K 선택의 문제는 종종 얼버무려 진다. 그러나 많은 경우에 특정한 값을 선택한 선험적인 이유가 없기 때문에, 컴퓨터 프로그램에서는 없지만 실제로 분석을 할 때에는 수행되는 이러한 알고리즘에 대한 가장 바깥쪽의 반복이 있다. 이 바깥쪽의 반복은 하나의 K 값으로 군집탐색을 수행하고, 결과를 평가하고, 다른 K의 값으로 다시 시도하는 과정으로 구성되어 있다. 이 과정에서 계층적 군집방법의 결과를 이용할 수도 있다.

다양한 K 값으로 얻어진 군집은 군집 안에 있는 관측 값 간의 평균 거리와 군집간의 평균 거리를 비교함으로써 평가될 수 있고, 다른 방법에 의해서도 평가될 수 있다. 또한 먼저 주성분분석 등의 다변량 통계분석법을 이용해 관측 값의 위치를 시각화하고 이를 관찰한 후 결정하는 방법이 있을 수 있다. 그러나 군집은 다루는 분야에서의 유용성을 결정하는 좀 더 주관적인 것에 의해서도 평가되어야 한다.

K-평균 군집방법의 절차는 설명을 위해 단순하게 관측 값들을 새로운 군집에 할당하는 기준으로 각 군집의 중심, 즉 평균과의 거리를 이용하였다. 이것은 군집중심으로부터 각 관측 값과의 거리의 제곱합을 최소화하는 방법이다. 그러나 실제로 할당의 기준과 군집의 최적화 목적식에는 다양한 형태가 존재한다. 예를 들어, 변수들 간의 공분산 관계를 고려한 산포행렬(dispersion matrix)의 행렬식을 최소화하는 방법도 있다.

5.4.3 K-평균 방법의 변형

원래의 K-평균 알고리즘은 여러 형태로 발전하였다. 초기값을 선택하는 방법, 다음 단계에서 중심을 계산하는 방법, 관측 값들을 군집에 할당할 때 거리가 아니라 확률밀도를 사용하는 것 등에 따라 여러 변형들이 있다. 확률밀도를 사용하는 것으로 가우스 혼합모형(Gaussian mixture models)이 있다.

지금까지 다룬 K-평균 방법은 다음과 같은 몇 가지 결점이 있다. 그것은 군집이 겹치는 경우에 좋지 않고, 이상치에 민감하고, 각 관측 값은 한 군집에 속하거나 속하지 않게 되어 어떤 관측 값이 다른 관측 값보다 할당된 군집에 실제로 속하게 될 가능성이 높은지 혹은 낮은지에 대한 언급이 없다는 것이다.

가우스 혼합모형은 K-평균 방법의 확률적 변형이다. 모형의 이름은 가우스(정규)분포로부터 나왔다. 앞에서는 K개의 초기값을 정하는 것으로 시작했다. 여기서는 초기값을 가우스 분포들의 평균들로 생각한다. 그 다음에 추정과 최대화의 두 단계를 반복한다.

추정 단계에서는 각 가우스분포가 각 점에 대해서 갖는 확률밀도함수값을 계산한다. 각 가우스분포는 가까운 점에 높은 확률밀도함수값을 가지며 멀리 떨어진 점에 낮은 확률밀도함수값을 가진다. 이 확률밀도함수값은 다음 단계에서 가중치로 사용된다. 최대화 단계에서는 각 가우스분포의 평균이 그 확률밀도함수값을 가중치를 주어 구한 전체 자료의 중심으로 이동한다.

이러한 두 단계는 가우스 분포들이 더 이상 움직이지 않을 때까지 반복된다. 가우스분포는 움직임에 따라 커질 수 있으나 가우스분포를 적분하면 1이기 때문에 커짐에 따라 홀쭉해진다. 확률밀도함수값은 주어진 점이 분산이 작고 가까운 가우스분포와 분산이 크고 멀리 떨어진 가우스분포로부터의 확률밀도함수값이 같을 수 있다는 원리로 계산되어진다.

이 모형이 혼합모형으로 불리는 이유는 각 점에서의 확률이 혼합된 여러 분포의 합으로 이루어지기 때문이다. 군집화 과정의 마지막 단계에서 각 점은 가장 높은 확률을 가지는 군집에 할당된다. 이러한 과정을 소프트군집화(soft clustering)라 한다.

5. 가중치와 군집평가

5.5.1 단위변환과 가중치부여

단위변환과 가중치부여를 구별하는 것은 중요하다. 그것들은 같지 않으나 종종 같은 것으로 잘 못 이해되고 있다. 단위변환은 여러 변수들이 다른 단위로 측정됨으로써 생기는 문제를 다룬다. 가중치부여는 어떤 변수에 대해서 다른 변수보다 더 관심을 갖고 싶다는 것과 같은 문제를 다룬다.

기하학에서 모든 차원은 동일하게 중요하다. 차원 X와 Y에서 2 만큼 떨어져 있고 차원 Z에서 1 만큼 떨어져 있는 두 점의 거리는 차원 X에서 1 만큼 떨어져 있고 차원 Y와 Z에서 2 만큼 떨어져 있는 두 점의 거리와 같다. 우리는 X, Y, 그리고 Z가 측정된 단위를 묻지 않는다. 그 단위들이 같다면 그것은 문제가 되지 않는다.

만약 X가 야드로, Y는 센티미터로, Z는 항공마일로 측정되었다면 어떻게 될까? Z에서 1의 차이는 Y에서의 185,200의 차이와 같고 X에서의 2,025의 차이와 같다. 당연히 거리가 의미를 갖기 위해서는 다른 단위로 측정된 수치들이 같은 단위로 환산되어야 한다.

문제는 데이터마이닝에서는 공통된 단위가 없다는 것이다. 그것은 사용되는 상이한 단위가 전혀 다른 것을 측정하기 때문이다. 대시변적, 건평, 자동차 소유, 수입 등에 관심이 있을 때, 그것들을 전부 면적이나 돈으로 환산할 수는 없는 것이다. 따라서 대지면적에서의 20 에이커의 차이와 수입에서의 20 달러의 차이를 분간할 수 없다는 것은 혼란스러울 수도 있다. 이 문제를 해결할 수 있는 한 방법은 모든 변수를 0에서 1까지 또는 -1에서 1까지와 같이 공통된 범위로 바꾸는 것이다. 이러한 방법에서는 적어도 변화의 비율은 비교할 수 있다. 대지면적에서의 2배의 변화는 수입에서의 2배의 변화와 같은 것이다. 이와 같이 같은 범위로 바꾸는 것을 단위변환이라 한다. 단위변환으로는 각 변수에서 평균을 뺀 후 표준편차로 나눈 z-값으로의 변환이 많이 쓰이며 이를 표준화(standardization)라 한다. 표준화 변수는 평균이 0이고 분산이 1이 된다.

그러나 같은 수입을 가지는 두 가족이 같은 대지면적을 가지는 두 가족보다 공통점이 더 많다고 생각하고 그것을 군집화에 반영하고 싶다면 어떻게 해야 할까? 답은 가중치를 주는 것이다. 군집분석의 핵심은 의미가 있는 군집을 찾는 것이다. 분석의 목적상 자식의 수가 신용카드의 수보다 중요하다면 신용카드 필드보다 자식 필드에 높은 가중치를 주고 군집화를 해야 할 것이다. 단위로부터 생기는 편이를 해결하기 위해서 단위변환을 한 후 문제에서의 지식에 따른 가중치를 부여하여야 한다. 다른 가중치들이 주는 효과를 평가하고 싶을 때 그 가중치들을 변화시키면서 군집화를 반복해야 함은 당연하다.

5.5.2 군집평가

군집분석에서 K-평균 방법을 사용할 때 K를 얼마로 하는 것이 좋은지를 결정하는 방법이 필요하다. 마찬가지로, 계층적인 방법에서도 계층의 어떤 수준에서 가장 좋은 군집이 이루어지는지 검정하는 방법이 필요하다. 일반적으로 군집의 원소들은 높은 수준의 유사성을 가지고(기하학적 용어로 서로 가깝고) 군집들 자신은 넓게 퍼져 있는 것이 좋다.

군집 내 유사성에 대한 표준적인 측도는 분산이며 최소의 분산을 갖는 군집을 만드는 방법을 찾기만 하면 된다. 계층적인 군집방법에서는 이것이 의미가 없는데, 그것은 항상 분산이 0인 하나의 원소를 가지는 군집으로 출발하기 때문이다. 계층적인 군집에서 사용하기 좋은 측도는 군집이 형성될 때의 거리와 다음 수준에서 병합될 거리의 차이이다.

일반적으로 모든 군집 탐색에 쓸 수 있는 측도로는 군집을 만들 때 사용한 유사성 측도나 거리 측도를 사용하는 것이며 이 측도를 사용하여 군집내 거리(또는 거리의 제곱)의 평균과 군집간 거리(또는 거리의 제곱)의 평균을 비교할 수 있다.

좋지 않은(유용하지 않은) 몇 개의 군집들과 함께 한 개 내지는 두 개의 좋은 군집을 찾았다면 강한 연관을 가지는 군집들의 원소들을 제거함으로써 더 좋은 결과를 얻을 수 있을 것이다. 추가적인 분석에서 이러한 강한 군집을 제거함으로써 나머지 관측 값들을 가지고 새로운 군집을 탐색할 수 있다.

강한 연관을 가지는 군집을 찾았을 때, 무엇이 그것을 특별하게 하는지 분석하고 싶어 할 것이다. 무엇이 그 군집에 있는 관측 값들이 뭉치도록 하는가? 보다 중요한 문제로서, 그 군집 안에 있는 규칙이나 패턴을 찾을 수 있을까?

첫 번째 문제에 대한 쉬운 해결책은 각 변수에 대해서 군집 안에서의 평균과 모집단에서의 평균을 비교하는 것이다. 평균의 차이에 대한 순위를 매기고 그 군집과 데이터베이스에 있는 나머지들과 가장 차이가 많이 나는 변수를 보면 무엇이 그 군집이 특별하게 보이게 하는지 설명할 수 있을 것이다. 두 번째 문제는 모든 데이터마이닝 기법들이 제기하는 문제이다.

오직 한 개의 군집이 찾아졌을 때도 군집화는 유용하다. 매우 드물게 존재하는 결점이 있는가를 살펴볼 때 직접적인 데이터마이닝 기법을 이용하여 감지하기에 관측 값의 수가 충분하지 않을 수도 있다. 전기 모터를 생산하는 공장에서 그 모터를 검사하는 것과 같은 경우이다. 정상적인 군집의 모양과 크기를 결정하기 위해서 오직 좋은 모터만을 가지는 표본에 대해서 군집탐색 방법이 사용될 수 있다. 어떤 이유로 인해서 그 군집을 벗어나는 모터가 들어왔을 때 그 모터는 이상이 있는 것으로 의심받게 된다. 이러한 접근법은 의학에서 조직표본에서 이상적인 세포를 찾는 경우에도 사용되고 있다.

5.6 군집분석의 장점과 단점

군집분석의 장점은 크게 세 가지로 들 수 있다. 첫 번째 장점은 간접적인 데이터마이닝 기법이라는 것이다. 이것은 데이터베이스에 대한 내부구조에 대한 아무런 사전 지식이 없을 때에도 적용될 수 있다는 것을 의미한다. 군집분석은 직접적인 방법에 의해서 효능을 향상시킬 수 있는 숨겨진 구조를 얻는데 사용될 수 있다.

두 번째 장점은 범주형, 수치형, 문자형 자료에 대해서도 잘 수행될 수 있다는 것이다. 군집분석은 다양한 거리 측도를 사용함으로써 거의 대부분의 자료형에 적용될 수 있다. 천문학이나 재무에 관한 자료와 같이 새로운 이론이나 보험청구들 속에서도 군집을 쉽게 찾을 수 있다.

세 번째 장점은 응용하기 쉽다는 것이다. 대부분의 군집분석 기법들은 입력자료에 대해서 작은 양의 정보만을 필요로 하고 특정한 변수들을 입력과 출력으로 분류할 필요가 없다.

군집분석의 단점은 크게 세 가지로 들 수 있다. 첫 번째 단점은 올바른 거리 측도와 가중치를 선택하는 것이 어렵다는 것이다. 군집분석 알고리즘의 성능은 거리 측도나 유사

측도를 선택하는 것에 많이 의존한다. 또한 여러 자료형이 혼합된 자료에서 거리 측도를 구성하는 것이 힘든 경우들이 종종 있다.

두 번째 단점은 초기 조건에 민감하다는 것이다. K-평균 방법에서 처음에 선택한 K 값이 얻어질 군집의 수를 결정한다. K 값이 자료에 내재된 구조와 일치하지 않는다면 좋은 결과를 얻을 수 없을 것이다.

세 번째 단점은 결과를 해석하기 어렵다는 것이다. 군집분석의 장점은 그것이 간접적이라는 것이다. 반면에 찾으려고 하는 것이 무엇인지 모르는 경우에 그것을 찾더라도 인식하지 못할 수도 있다. 그리고 찾은 군집이 실용적인 가치를 보증하지는 않는다.

군집분석은 많은 변수를 가지는 크고 복잡한 자료와 많은 내부구조를 가지는 자료를 접할 때 사용될 수 있다. 새로운 데이터마이닝 프로젝트를 시작할 때 군집분석은 종종 처음으로 사용되는 기법이다. 그러나 유일한 방법은 아니다. 군집분석이 비슷한 관측 값들을 포함하는 자료의 영역을 찾은 다음에 다른 데이터마이닝 기법을 이용하여 규칙이나 패턴을 찾을 수 있다.

5.7 사례분석

군집분석을 위한 예제자료(Boston_housing Data)는 1978년 보스턴 근교에 있는 506개 지역의 집의 가치에 관한 조사를 한 자료이다. 이 절에서는 방의 평균 개수의 제곱(RM2)과 저소득층 비율의 로그 값(LGLSTAT)을 가지고 군집을 형성하고, 그 군집들과 지역 집값의 중앙값의 로그 값(LGMEDV)과의 관계에 대해서 살펴보겠다. 군집분석에서 RM2과 LGLSTAT를 사용한 이유는 그 변수들이 우리가 주로 관심 있는 LGMEDV와 상관관계가 높기 때문이다. 또한 제곱과 로그를 사용하는 이유는 원래의 변수 값들이 한쪽으로 치우쳐 있어 의미 있는 군집을 형성하기에 어려움이 있기 때문이다. <표 5-1>은 분석에 사용할 데이터의 변수들을 보여주고 있다.

〈표 5.1〉 예제 데이터의 변수와 설명

변 수 명	설명	역할
RM2	방의 평균 개수의 제곱	Input
LGLSTAT	log(저소득층의 비율)	Input
LGMEDV	log(지역 집값의 중앙값)	Rejected

■ 다이어그램 작성

프로젝트 트리에서 다이어그램을 생성하고 이름을 Cluster Analysis로 한다.

■ 데이터 소스 작성

분석에 사용할 데이터를 선택하고 변수의 역할을 지정하고 데이터의 역할을 지정한다.

① 프로젝트 트리 → 데이터 소스 → 데이터 소스 생성을 눌러 데이터 소스 마법사를 띄운다. [그림 5-1]과 같이 2번째 단계에서 테이블을 Boston_Housing으로 설정한다.

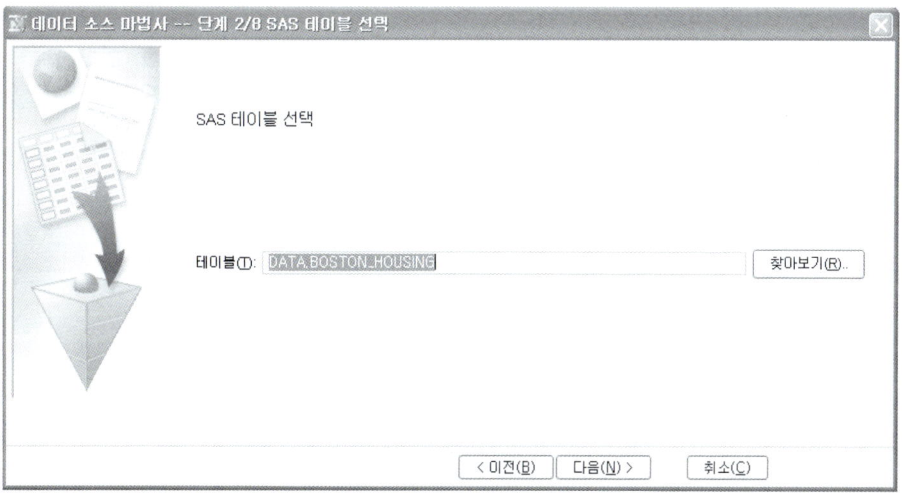

[그림 5-1] 데이터 소스 마법사의 테이블 선택 대화상자

② [그림 5-2] 같이 RM2, LGLSTAT, LGMEDV를 제외한 모든 변수들을 제거한다.

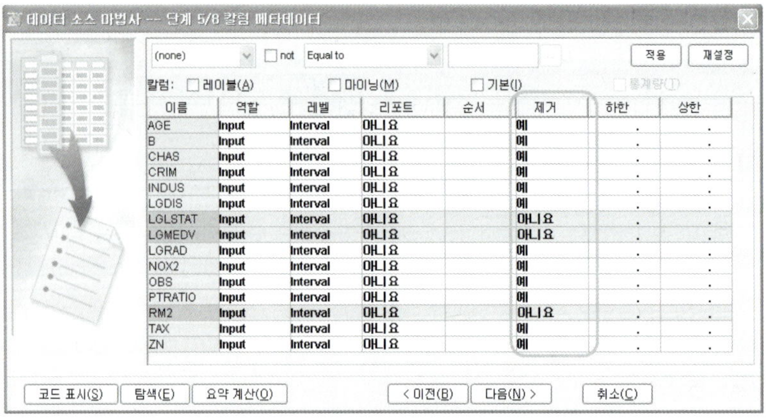

[그림 5-2] 변수 지정 과정

③ 데이터 소스에 있는 Boston_Housing을 다이어그램에 넣는다.

■ 데이터 탐색

군집분석을 수행하기 전에 Input변수인 LGLSTAT와 RM2의 특성을 살펴볼 수 있다. [그림 5-2]의 데이터 소스 마법사의 5번째 단계에서 왼쪽 하단에 있는 탐색(E)을 클릭하거나 [그림 5-3]과 같이 입력 데이터 노드(BOSTON_HOUSING)가 선택된 상태에서 속성창의 칼럼에서 변수를 눌러 LGLSTAT와 RM2를 선택하고 탐색(X)을 누르면 [그림 5-4]와 같은 탐색 창이 열린다. 데이터와 변수에 대한 속성, 기초 통계량, 히스토그램이 나오게 된다. 히스토그램을 보면 LGLSTAT와 RM2의 치 우침이 크지 않음을 알 수 있다.

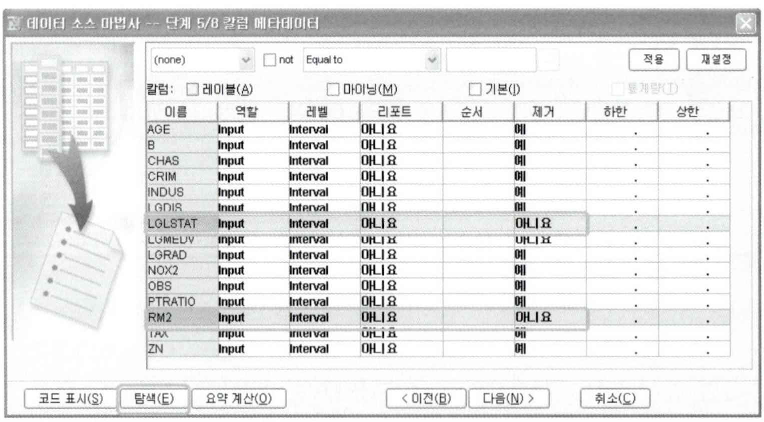

[그림 5-3] 속성 창의 칼럼과 변수를 이용한 데이터 탐색 과정

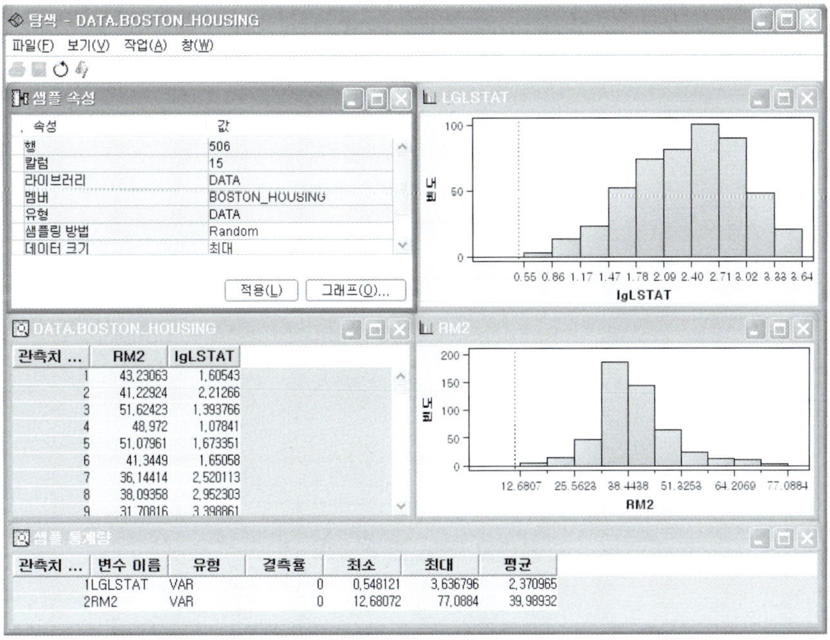

[그림 5-4] 데이터 탐색 창

■ 클러스터링 노드 추가

[그림 5-5]와 같이 탐색의 클러스터링 노드를 BOSTON_HOUSING 노드에 추가한다.

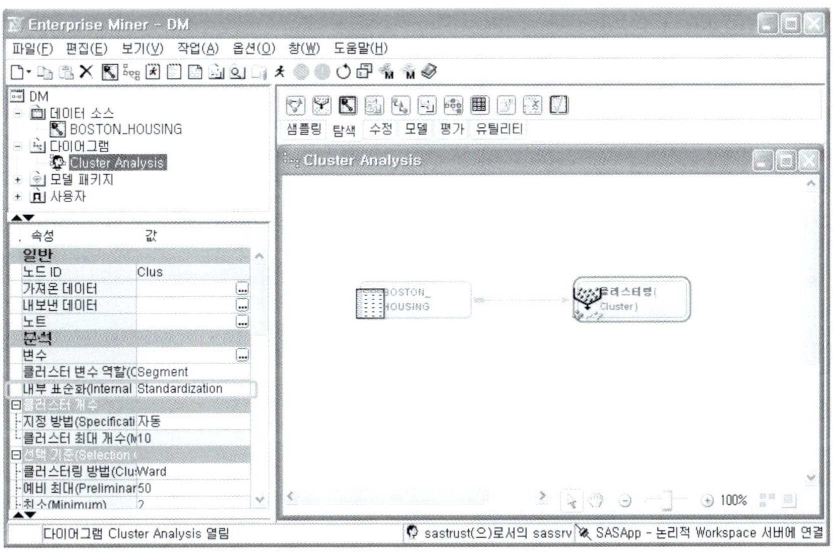

[그림 5-5] 군집분석 분석흐름도

■ 클러스터링 노드의 설정

① 클러스터링 노드의 '속성 → 분석 → 변수'에서 [그림 5-6]과 같이 LGMEDV를 사용하지 않는 것으로 설정한다.

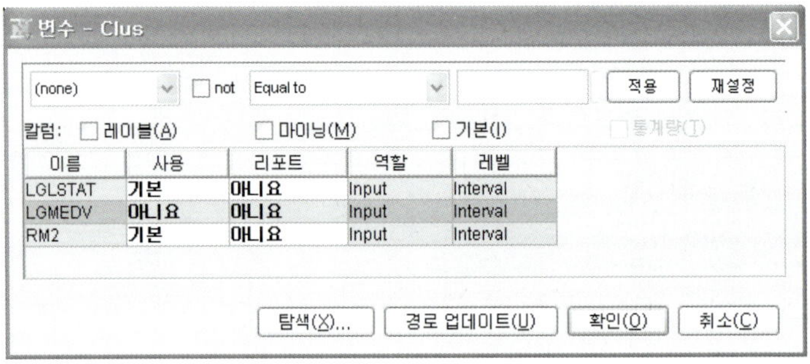

[그림 5-6] 변수 설정

② 클러스터링 노드의 '속성 → 분석 → 내부 표준화'에서 표준화 방법을 선택한다. 표준화는 관측단위가 다른 경우에 주로 사용하는 것으로 그 방법으로는 디폴트로 표준화를 안 하는 방법(None), 범위로 하는 방법(Range), 그리고 표준편차로 하는 방법(Standardization)이 있다. 범위로 하는 방법은 자료를 범위(최대값-최소값)로 나누는 것이고, 표준편차로 하는 방법은 표준편차로 나누는 방법으로 평균을 빼지 않는다. 여기에서는 [그림 5-5]와 같이 표준편차로 하는 방법(Standardization)을 사용하도록 하겠다.

③ 클러스터 개수는 군집의 수를 정해 주는 것이다. 군집분석에서 군집의 수의 결정은 상당히 중요하다. 사용자가 군집 수를 결정하는 경우에는 여러 번의 시행착오를 거쳐 결과적으로 가장 의미 있는 정보요약을 도출해 낼 수 있는 군집의 수를 결정해야 한다. 자동은 E-miner가 자동적으로 관측치들 간의 반복적인 거리계산을 통해 가장 적절한 군집의 수를 결정하는 것이며, 사용자 지정은 사용자가 사전분석(산점도)과 데이터에 대한 지식 등을 통해 결정하는 것으로 K-평균 방법에 해당된다. 군집 수를 결정하는 또 다른 방법은 사전에 주성분분석을 통하여 변수의 차원을 줄이고 주성분에 의해 자료를 살펴봄으로써 군집 수를 정하는 방법과 CCC(cubic clustering criterion)를 이용하는 방법 등이 있다. 본 예제에서는 디폴트인 자동을 사용하였다.

④ 선택 기준은 군집방법 등을 정하는 것으로, 클러스터 개수에서 사용자 지정을 선택하면 활성화 되지 않는다. 군집방법으로는 평균연결법(Average), 중심연결법(Centroid), 그리고 Ward의 방법(Ward)이 있으며 이 방법이 디폴트이다. 여기에서는 Ward 방법을 사용하였다.

■ 군집분석 결과보기

(1) 결과 창

클러스터링 노드를 실행하면 [그림 5-7]과 같이 4개의 창으로 이루어진 결과를 볼 수 있다. 세그먼트 도표는 군집 변수 RM2와 LGLSTAT에 대해서 각 군집에서의 분포를 나타낸 것이다. 세그먼트 크기는 각 군집들의 크기(개체 수)를 나타내며 평균값 통계량 창은 각 군집들에 대한 통계량을 보여 준다. 출력 창은 군집과정 등에 대한 세부정보를 보여 준다.

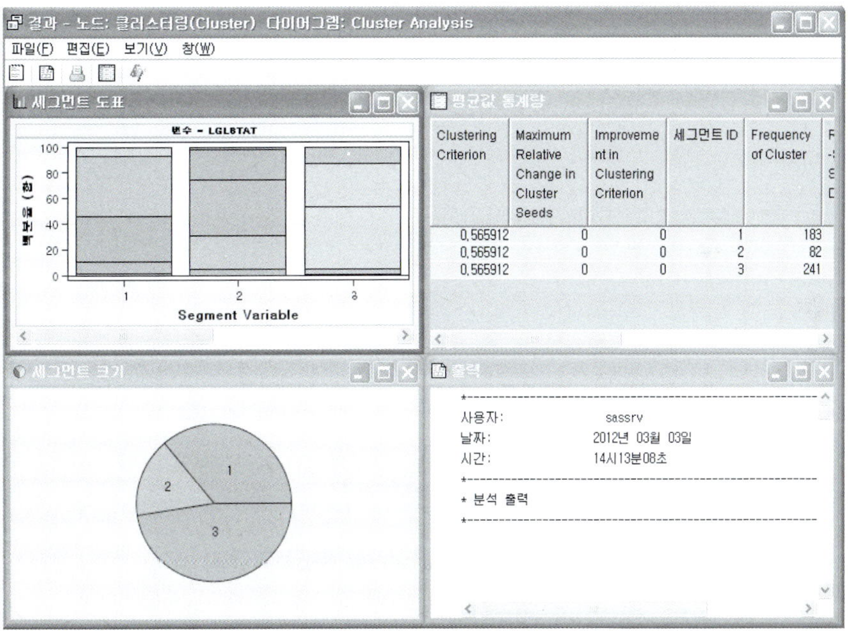

[그림 5-7] 군집분석 결과 창

(2) 입력 평균 그래프

[그림 5-8]의 결과 창에서 '보기 → 요약통계량 → 입력 평균 그래프'를 클릭하면 [그림

5-8]과 같이 정규화 평균(normalized mean)이 나온다. M_{ij}를 군집 C_j에 대한 변수 Y_i의 평균으로 정의하면, 군집 C_j에 대한 변수 Y_i의 정규화 평균 SM_{ij}은 다음과 같다.

$$SM_{ij} = (M_{ij} - min_j(M_{ij}))/(max_j(M_{ij}) - min_j(M_{ij}))$$

SM_{ij}의 값은 항상 0과 1사이에 있으며 모든 변수(i)에 대해서, $SM_{ij} = 0$인 군집도 존재하고 $SM_{ij} = 1$인 군집도 존재한다. 전체에 대한 변수 Y_i의 정규화 평균 $SM_i.$은 군집(j)에 대한 SM_{ij}의 가중평균이다. [그림 5-8]을 보면, 군집 1은 전체와 큰 차이를 보이지 않고, 군집 2는 RM2는 크고 LGLSTAT는 낮으며, 군집 3은 RM2는 작고 LGLSTAT는 크다는 것을 알 수 있다.

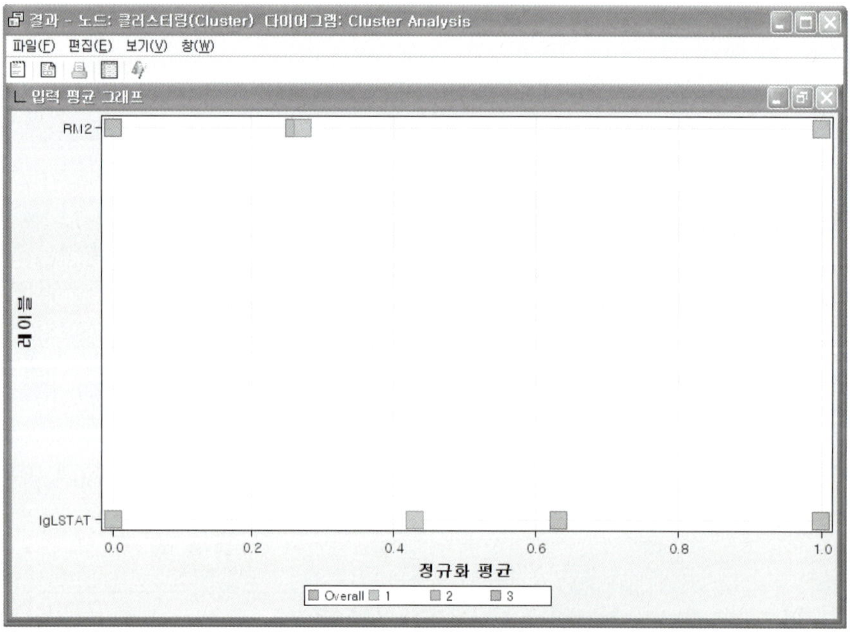

[그림 5-8] 입력 평균(정규화 평균) 그래프

(3) 변수 중요도

[그림 5-8]에서 '보기 → 클러스터 프로파일 → 변수 중요도'를 선택하면 [그림 5-9]와 같은 표가 나온다. 중요도(Importance)는 0과 1사이의 값을 가지며 군집 형성할 때의 각 변수의 중요도를 나타낸다. 중요도가 0인 것은 단지 군집을 형성할 때 분할변수로 역할을

하지 않았다는 것을 의미하며 반드시 제거시켜야 한다는 것을 의미하지는 않는다. [그림 5-10]을 보면 LGLSTAT가 RM2보다 군집을 형성함에 있어서 더 중요하다는 것을 알 수 있다.

변수 중요도

변수 이름	레이블	분할 규칙 개수	대체 규칙 개수	중요도
LGLSTAT	lgLSTAT	4	5	1
RM2	RM2	6	2	0.955839

[그림 5-9] 변수 중요도

(4) 클러스터 거리

[그림 5-8]에서 '보기 → 클러스터 거리 → 테이블'을 선택하면 [그림 5-10]과 같은 군집 간의 거리표가 나온다. 이 예제에서와 같이 군집 수가 4보다 적다면 그래프는 나타나지 않는다. 군집 수를 4로 하는 K-평균 방법을 사용하면 [그림 5-11]과 같은 클러스터 거리 그래프를 볼 수 있다.

테이블

SEGMENT	_1	_2	_3
1	0	14.83424	5.585081
2	14.83424	0	20.3988
3	5.585081	20.3988	0

[그림 5-10] 클러스터 거리 테이블

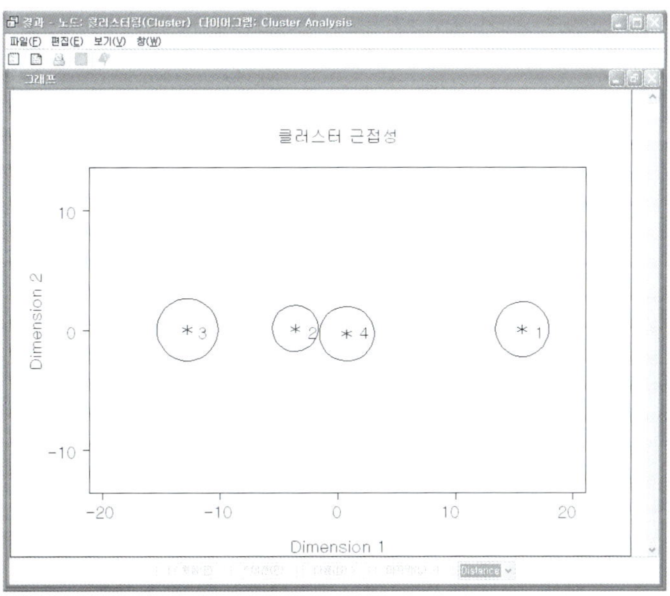

[그림 5-11] 클러스터 거리 그래프

■ 군집분석 결과 데이터 보기

[그림 5-12]와 같이 클러스터링 노드에서 내보낸 데이터를 선택하면 군집분석의 결과가 저장되는 테이블의 이름을 볼 수 있으며, 해당 테이블을 선택하고 탐색을 누르면 [그림 5-13]과 같이 각 개체들이 어느 군집에 속하는 지 알 수 있다.

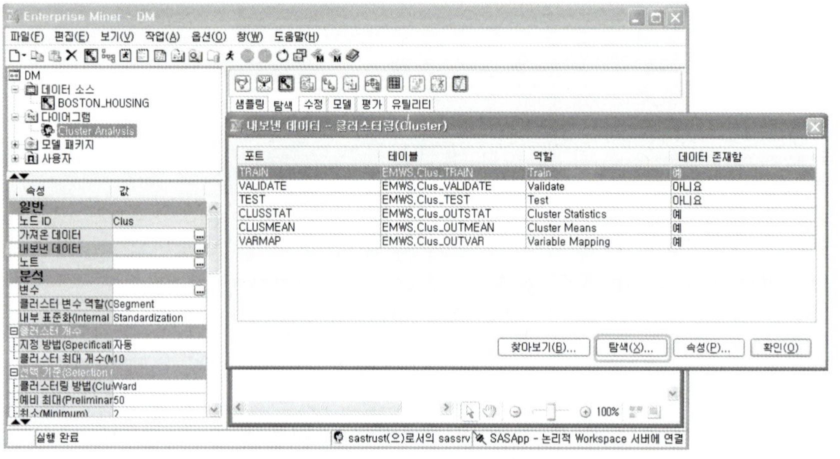

[그림 5-12] 군집분석의 결과 테이블

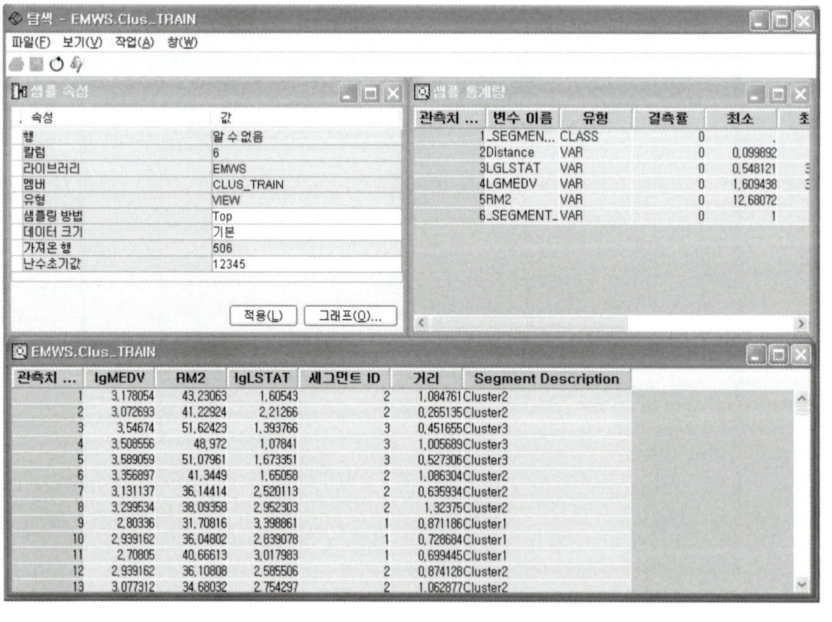

[그림 5-13] 군집화된 데이터 보기

■ 세그먼트 프로파일링 노드의 설정

'평가 → 세그먼트 프로파일링' 노드를 클러스터링 노드에 연결하면 [그림 5-14]와 같은 다이어그램이 나온다. 세그먼트 프로파일링 노드에서는 각 군집과 범주형 변수 또는 구간형 변수와의 관계를 살펴볼 수 있다.

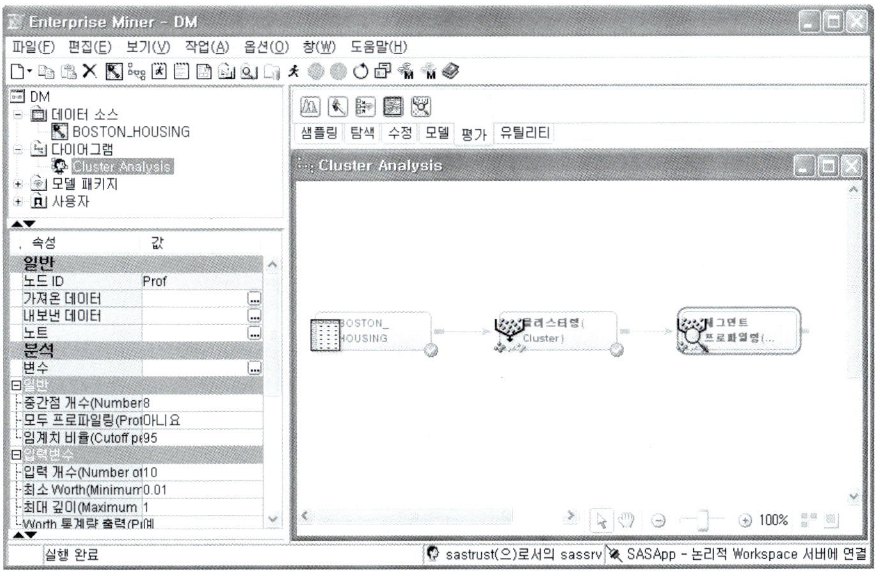

[그림 5-14] 클러스터링과 세그먼트 프로파일링의 다이어그램

■ 세그먼트 프로파일링 결과 보기

[그림 5-15]는 세그먼트 프로파일링 결과의 초기 화면이다.

결과창에서 군집 순서는 군집의 크기에 따라 정해진다. [그림 5-16]의 프로파일은 각 군집에서 변수들의 분포와 전체의 분포를 비교하는 히스토그램이고 그 차이를 worth 통계량으로 수치화한 그림이 [그림 5-17]이며 그 크기에 따라 변수의 순서가 정해진다. worth 통계량이 클수록 해당 변수에 대해서 고려되는 군집이 전체와 차이가 많이 난다. 군집 3은 전체적으로 LGLSTAT가 높고, RM2는 낮고, LGMEDV는 높으며 LGLSTAT가 전체와 차이가 많이 나고 있다. 군집 1은 전체와 비슷하고, 군집 2는 군집 3과 반대인 특징을 보이고 있다.

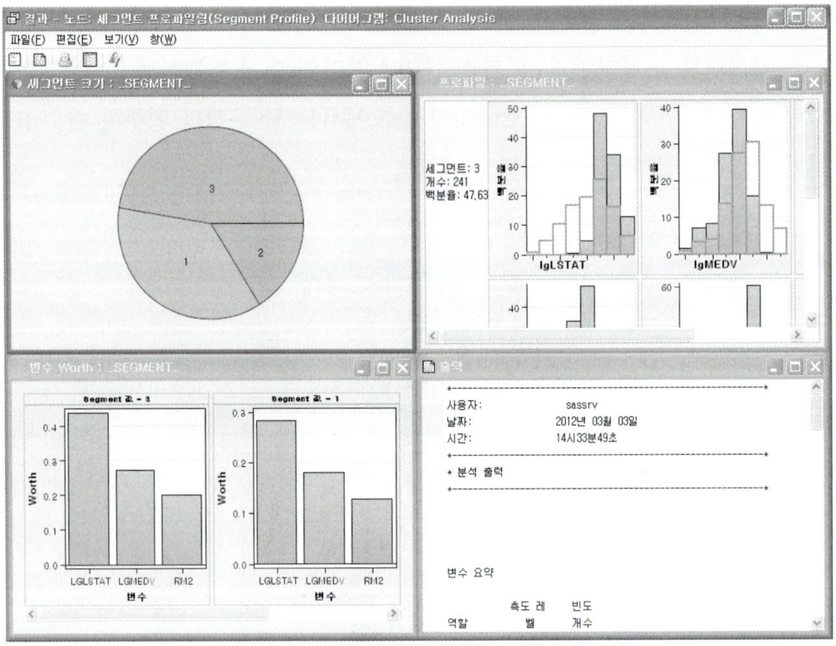

[그림 5-15] 세그먼트 프로파일링 초기 화면

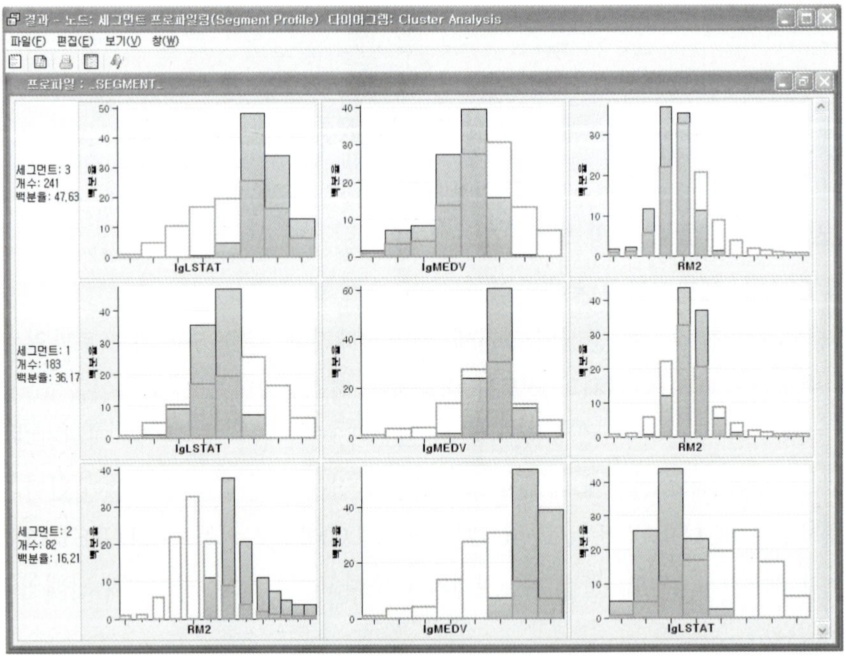

[그림 5-16] 군집별 변수의 히스토그램

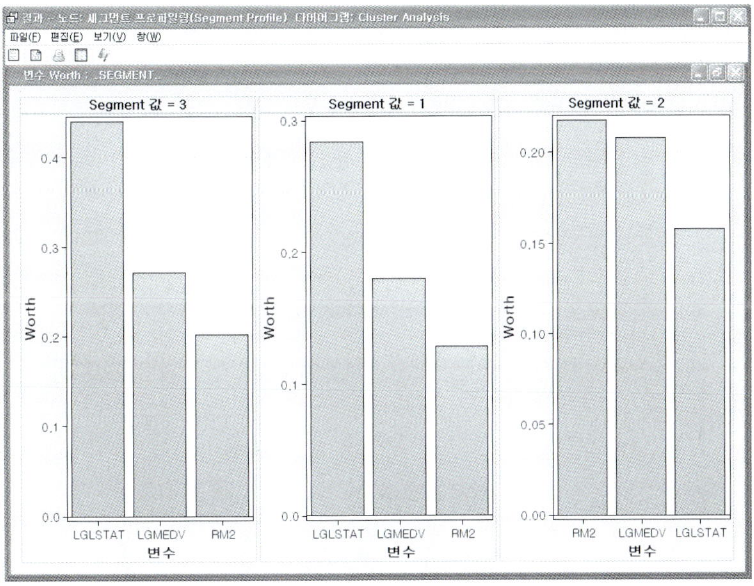

[그림 5-17] 군집별 Worth 통계량

[그림 5-14]의 좌측 속성에서 가져온 데이터 또는 내보낸 데이터를 클릭하고 '탐색 → 그래프 → 산점도'에서 RM2를 X축으로, LGLSTAT를 Y축으로, _SEGMENT_를 그룹으로 선택하면 [그림 5-18]과 같이 군집변수에 따라 군집이 어떻게 형성되었는지를 알 수 있는

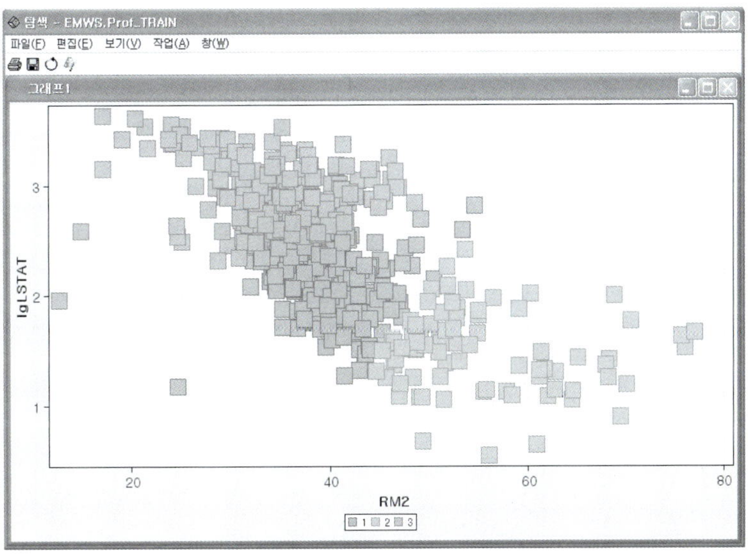

[그림 5-18] 군집별 산점도

산점도가 나타난다. 산점도를 보면 군집 1은 중간에 군집 2는 우측 하단에 군집 3은 좌측 상단에 위치하고 있음을 알 수 있다. 그래프의 3차원 산점도에서 RM2를 X축으로, LGLSTAT를 Y축으로, Z축을 LGMEDV로, _SEGMENT_를 색상으로 선택하면 [그림 5-19]와 같이 군집별 RM2, LGLSTAT와 LGMEDV의 관계를 파악하는 3차원 산점도가 나타난다.

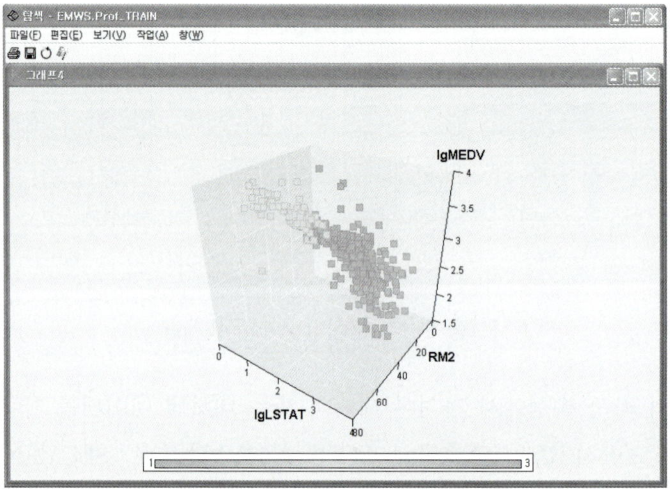

[그림 5-19] 3차원 산점도

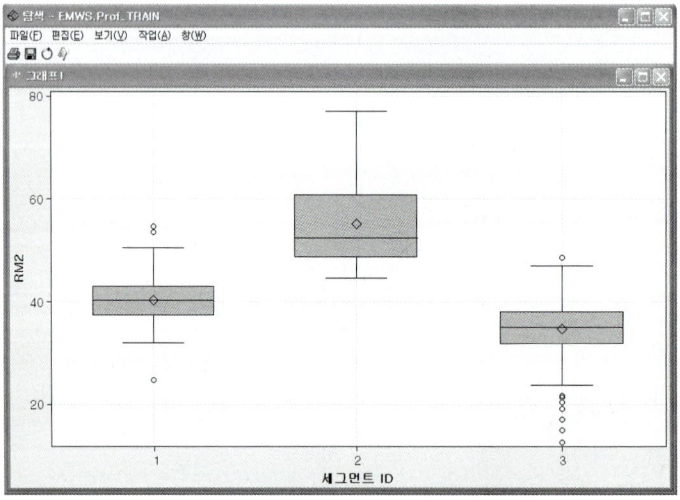

[그림 5-20] 군집별 RM2 변수의 분포

■ 상자도표

그래프의 상자를 선택하고 _SEGMENT_를 X축으로 하고 RM2, LGLSTAT, 또는 LGMEDV를 Y축으로 하는 상자도표를 그리면 각각 [그림 5-20], [그림 5-21], 또는 [그림 5-22]와 같이 군집별로 각 변수의 분포를 비교할 수 있는 상자도표를 볼 수 있다. 상자도표를 살펴보면 [그림 5-16]과 [그림 5-19]에서 살펴본 바와 같이 각 변수에 대해서 군집의 특징을 비교할 수 있다.

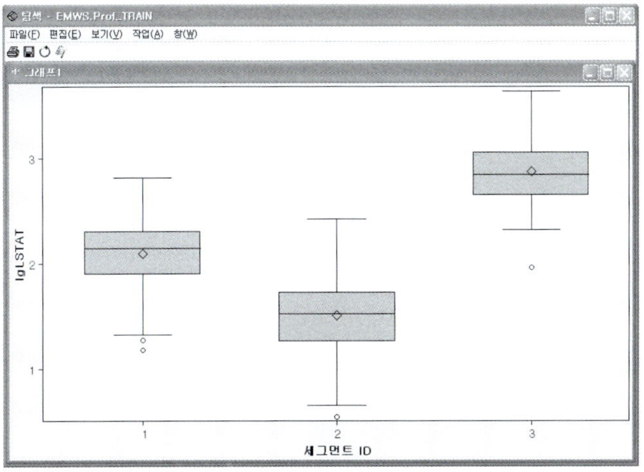

[그림 5-21] 군집별 LGLSTAT 변수의 분포

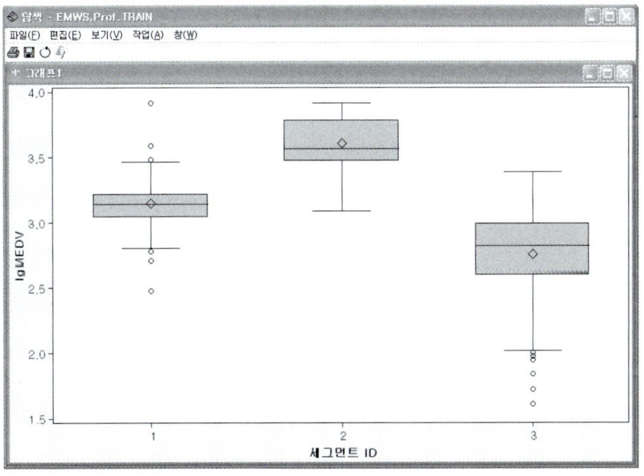

[그림 5-22] 군집별 LGMEDV 변수의 분포

제 6 장

의사결정나무분석

이 장에서는 의사결정나무의 구성요소와 의사결정나무의 원리 및 의사결정나무 분석이 분류와 예측문제에 어떻게 사용될 수 있는지에 대해 알아보기로 한다. 그리고 의사결정나무를 작성하는 CART, C4.5와 CHAID에 대한 자세한 설명을 하기로 한다.

6.1 의사결정나무의 정의

의사결정나무는 분류와 예측을 하는데 있어서 효과적으로 많이 쓰이는 데이터마이닝 기법이다. 신경망이나 판별분석 등에 의한 방법과 달리 적용결과에 의해 규칙을 명확하게 나타내기 때문에 많이 사용된다고 할 수 있다. 의사결정나무에 의한 결과 규칙은 바로 말로 표현되어 우리들이 쉽게 이해할 수 있거나 SQL과 같은 데이터베이스 언어로 표현되어 특정한 범주에 들어오는 자료들의 검색을 가능하게 한다.

어떤 분야에서는 분류나 예측의 정확도만이 중요할 수 있다. 만약 홍보책자 발송회사가 기대 집단의 사람들이 가장 많은 반응을 보일 고객유치방안을 정확하게 예측하는 모형을 얻을 수 있다면 모형이 어떻게 잘 적용되고 있는지 또는 왜 그렇게 적용할 수 있는지에 대해서는 신경을 쓸 필요가 없을 지도 모른다. 예를 들어 자동차산업 분야에서 회사는 홍보의 참여를 높이기 위해 선글라스를 공짜로 주는 것에 대해 사람들이 관심을 보이게 되는 근본적 원인에 대해서는 관심이 없고 단지 시험주행 홍보에 대한 참여노만 높이고 싶을 수 있다. 그러나 또 다른 분야에서는 결정을 내리게 된 데 대한 이유를 설명하는 능력이 절대적일 수 있다. 은행의 대출담당자와 신청자 양자에게 대출신청에 대한 의사결정이 내려지게 된 데 대해 어떤 설명도 줄 수 없는 신경망에 의해 만들어졌다고 하는 것보다는 (수입≤1,000,000), (현재 있는 회전 계좌의 수>3)이라는 규칙에 근거하여 신청이 받아들여지지 않았다는 설명을 해 줄 수 있다면 대출 신청자가 수용하기 훨씬 쉬울 것이다.

의사결정나무를 만드는 데는 다양한 알고리즘들이 있는데 이 중, 많이 쓰이는 것으로는 CART(Classification and Regression Tree)와 CHAID(Chi-squared Automatic Interaction Detection)를 들 수 있다. 새로운 알고리즘인 C4.5는 최근에 많이 사용되고 있으며 몇 개의 소프트웨어 패키지에서 현재 사용 가능하다.

이 장에서는 우선 의사결정나무의 구성요소와 의사결정나무의 원리 및 분류와 예측문제에 어떻게 사용될 수 있는지에 대해 알아보기로 한다. 또한 의사결정나무를 작성하는 CART, C4.5 그리고 CHAID에 대한 자세한 설명을 하기로 한다.

6.2 의사결정나무의 구성요소

의사결정나무는 마디라고 불리는 구성요소 들로 이루어진 나무의 모양을 이루고 있으며 마디는 그 기능에 따라 아래와 같이 분류할 수 있다.

- **뿌리마디**(root node) : 나무구조가 시작되는 처음의 마디로 이 마디로부터 하부의 마디가 갈라진다. [그림 6-1]에서 1이 뿌리마디에 해당한다.
- **자식마디**(child node) : 하나의 마디로부터 갈라져 나간 2개 이상의 마디들을 의미

한다. [그림 6-1]에서 2번과 3번은 1번 마디의 자식마디이다.

- **부모마디**(parent node) : 자식마디의 상위 마디이다. [그림 6-1]에서 1번은 2번과 3번의 부모마디이며, 2번은 4번과 5번의 부모마디이다.
- **끝마디**(terminal node) 또는 잎마디(leaf node) : 각 나무의 아래 끝에 위치하고 있는 마디를 의미한다. 의사결정나무에서는 끝마디의 개수만큼 분류 규칙이 생성된다고 할 수 있다. [그림 6-1]에서 4, 5, 7, 8, 9번이 끝마디에 해당한다.
- **중간마디**(internal node) : 뿌리마디와 끝마디 사이에 있는 마디들을 의미한다. [그림 6-1]에서 2, 3, 6번이 중간마디이다.
- **가지**(branch) : 뿌리마디에서 끝마디까지 연결된 일련의 마디들을 의미하며, 이 때 이루고 있는 마디의 개수를 가지의 깊이(depth)라고 한다. [그림 6-1]에서 1, 2, 4, 5번과 1, 3, 6, 7, 8, 9번이 각각 하나의 가지를 형성하고 있으며 깊이는 각각 2와 3이다.
- **깊이**(depth) : 뿌리마디에서 끝마디를 이루고 있는 마디의 개수를 의미 한다. [그림 6-1]에서 깊이는 각각 2와 3이다.

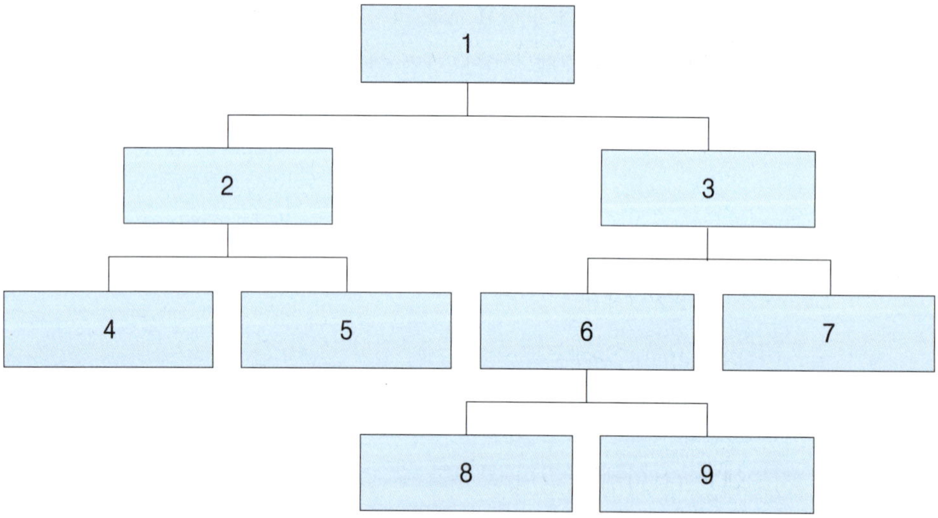

[그림 6-1] 의사결정나무 형태의 예

6.3 의사결정나무의 원리

■ 스무고개 게임

스무고개 게임을 해본 사람은 누구나 관측치를 분류하는 방법인 의사결정나무를 쉽게 이해할 것이다. 문제의 답을 아는 한 사람이 모든 참가자가 알고 있거나 알아낼 수 있는 특정한 장소, 사람, 혹은 물건을 생각하고 있으면서 그것이 무엇인지를 알려주지 않고 맞히게 한다. 참가자들은 문제를 출제한 사람에게 “예” 혹은 “아니오”라는 답을 들어가며 답을 이끌어내기 위한 질문을 계속해 나가면서 그 대상이 무엇인지를 알아내려 한다. 게임을 잘 하는 사람은 문제 출제자가 원하는 정답을 알아맞히는데 스무고개까지 거의 가지 않는다.

의사결정나무는 그러한 일련의 질문들을 나타낸다고 볼 수 있다. 게임에서처럼 첫 질문에 대한 답이 다음 질문을 결정해 준다. 만약 질문들이 잘 선택된다면 놀랍게도 짧은 몇 번의 과정을 거쳐 들어오게 될 관측치를 정확하게 분류할 수 있게 된다. 의사결정나무는 일반적으로 위로는 뿌리, 그리고 아래로 잎을 가지게끔 그리게 된다. 음악을 연주하는데 사용되는 악기를 분류하려는 경우 스무고개와 같은 방법으로 의사결정나무구조를 사용할 수 있다.

관측치는 뿌리마디에서부터 나무에 들어간다. 뿌리에서 검정에 의해서 관측치가 다음에 어떤 마디로 갈지를 결정하게 된다. 첫 테스트를 선택하는데 다양한 알고리즘들이 사용되며 이들의 목표는 목표집단을 가장 잘 분별해 주는 검정방법을 선택하는 것이다. 이 과정은 관측치가 잎마디(leaf node)에 도착할 때까지 반복된다. 뿌리에서 각 잎으로 이르는 경로는 단 하나다. 그 길은 자료를 분류하는데 사용되는 규칙을 나타내 주게 된다. [그림 6-1]에 있는 나무는 깊이가 일정치 않은 이원 분류된 나무다. 즉, 각 마디는 두 개의 자식마디(child-node)가 있고 뿌리에서 잎까지의 거리가 다양하다. 이 경우, 각 마디는 “예” 혹은 “아니오”로 답할 수 있는 질문을 나타내며 그 답은 두 갈래의 길 중에 어느 길로 자료가 나무의 다음 수준으로 가게 되는지 결정하게 된다. 의사결정나무는 꼭 자식 마디가 두 개인 이지분리일 필요는 없으며 자식마디가 세 개 이상인 다지분리인 나무일 수도 있다.

의사결정나무를 생성할 때 사용된 학습용 자료집합과 완전히 다른 자료집합에 생성된 의사결정나무를 적용시키고 정확히 분류된 비율을 측정함으로써 생성된 의사결정나무의 전체적인 효율성을 평가할 수 있다. 나무를 형성시키면서 생긴 각각의 길은 규칙을 나타내고 어떤 규칙들은 다른 것들보다 더 나을 수 있다. 이러한 경우, 가끔씩 전체나무의 예측력은 품질이 나쁜 가지를 없앰으로써 향상될 수 있다. 나무의 각 마디에서 (1) 마디로 들어가는 관측치의 수, (2) 잎 마디에서 관측치들이 분류되는 방법, 그리고 (3) 잎 마디에서 옳게 분류된 관측치의 비율 등을 측정할 수 있다. 의사결정나무를 작성하는 알고리즘은 관측치를 요구되는 범주로 가장 잘 분류하는 검정방법을 찾으려는 노력에서 출발한다. 나무의 각각의 연속적인 수준에서 분할에 의해 만들어진 부분집합은 그 자체가 어떤 규칙이든 그들을 위해 가장 잘 맞는 규칙에 따라서 나누어진다. 나무는 입력되는 관측치를 분할하는 데 있어서 더 이상 나은 방법을 찾을 수 없을 때까지 자라게 된다.

영화 관람객들에게 설문지를 통해 나이, 성별, 가장 최근에 본 영화 등의 여러 질문을 하여 응답하게 한 후 이러한 답에 근거하여 영화 관람객의 성별을 결정하는 규칙을 만들기 위해 의사결정나무 프로그램을 사용하여 성별을 분류한 결과 중 어떤 마디의 결과가 <표 6-1>과 같다. 여기서 볼 수 있듯이 몇 개의 관측치가 잘못 분류되었다. 이 마디에 의해 11명중 아홉은 여성으로 정확히 분류한 반면 두 사람의 남성이 여성으로 잘못 분류되었다. 여기서 나무구조에 의한 남여를 구별하는 규칙은 2/11=0.182의 오류율을 갖고 있다고 할 수 있다.

〈표 6-1〉 성별 분류 의사결정나무 프로그램

ID	원래 성별	분류결과 성별
1	여	여
2	여	여
3	여	여
4	여	여
5	남	여
6	여	여
7	여	여
8	여	여
9	남	여
10	여	여
11	여	여

■ 상자놀이 게임

놀이동산에 가게 되면 여러 종류의 게임을 즐길 수 있는데, 이 중 각각 다른 점수가 표시된 상자나 바구니에 공을 던져서 어느 상자에 공이 들어가느냐에 따라 게임을 한 사람이 커다란 곰 인형과 같은 것을 상품으로 받거나 혹은 게임입장권보다 더 싼 작은 반지 따위를 받게 되는 게임을 종종 볼 수 있다. 여기서 우리는 상자의 열을 하나의 분류장치로 볼 수 있다. 그것은 게임을 하는 사람들은 공이 떨어지는 곳에 따라 승자(상품을 받는 경우) 혹은 패자(상품을 받지 않는 경우)로 분류 된다. 의사결정나무는 이러한 게임에서 우리의 관측치(공)를 분류해내는(던져 넣을) 저장장소(상자)를 만들어내는 분류 장치라고 생각할 수 있다.

의사결정나무는 뿌리마디에서 관측치 속의 어떤 특정한 변수에 근거하여 검정에 의해 분할이 형성된다. 만약 분할 분야가 '동물, 야채, 혹은 무기질'과 같은 범주형 변수를 나타내면 일반적으로 각 분할의 크기가 그 안에 들어가는 관측치의 수에 비례하도록 분할의 위치나 크기를 나타낼 수 있다. 만약 입력변수 중 연속변수가 있는 경우 그래프의 x축과 y축을 이용하여 분할 함수에 사용된 값에 따라 좌표를 이용하여 박스를 그리면 된다. 어느 경우에서도 각 상자의 수직축을 그 마디에 대한 분할자로서 이용되는 변수를 나타내게끔 사용하게 된다.

이렇게 하여 분할되어 만들어진 새로운 상자들은 나무의 세 번째 분할자에 의해 다시 분할되어 간다. 이러한 상자 나무는 잎에 다다를 때까지 계속해서 분할해 나가게 되는데, 의사결정나무에서 가끔은 균일하지 않은 깊이를 가지게 되는 것처럼, 어떤 상자들은 다른 것들보다 더 많이 나누어질 수도 있다.

이처럼 상자 그림은 이차원인 경우 뿐 아니라 변수가 많은 경우에도 적용될 수 있는 분류규칙을 표현할 수 있게 한다. 격자 위로 관측치를 던지게 되면, 특정한 상자에 들어가게 되고 이에 따라 분류되게 된다. 상자차트는 몇 단계에서 분류되어 온 관측치를 한꺼번에 자세히 볼 수 있게 해 준다. 이렇게 분류된 상자들을 조사해 보면 특별히 잘 분류되어 있거나 많은 수의 관측치를 가진 상자들을 발견한다. 이런 면에서 의사결정나무를 각각 유사한 점들 주위에 하나의 상자를 그리는 방법으로 생각하는 것이 자연스럽게 보인다. 특정한 상자 속의 모든 점은 그들이 그 상자를 정의하는 규칙에서 만났기 때문에 같은 방법으로 분류된다. 이는 관측치 공간에 직선, 혹은 타원 곡선을 그어서 관측치를 계층으로 분할하려는 선형, 로지스틱, 그리고 이차적 판별분석 같은 고전적인 통계적 방법과는 대조적이다. 계급 사이의 경계를 찾기 위해 하나의 선을 사용하는 여러 통계적 접근방법들은 관측치가 목표계급의 일부가 되기 위해서는 여러 방법이 있는 경우, 그 역할을 충분히 하지 못한다. 예를 들어, 신용카드회사에서 좋은 고객을 알아보는 데는 여러 가지 방법이 있는데, 어떤 가능성 있는 고객은 낮은 거래율을 유지하나 높은 회전계좌 잔고를 유지하고 있는 반면, 다른 사람은 각 달마다 잔고가 비게 되지만 그들의 높은 거래 실적에 의해 전망이 있다고 보아진다. 이들 비슷하지 않은 두 고객은 동등하게 이윤을 줄 가능성이 높다고 볼 수 있다. [그림 6-2]와 같이 서로 다른 위치에 있는 같은 전망의 고객을 직선이나 곡선으로는 정확히 분리할 수 없으나 상자나무는 정확히 분리함을 보여주고 있다.

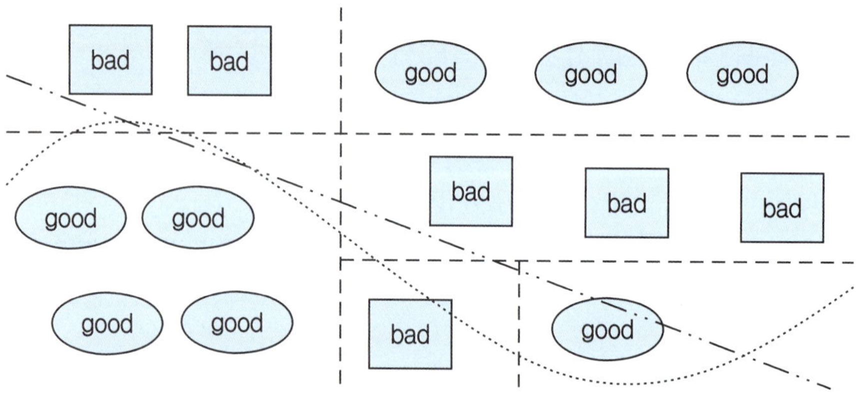

[그림 6-2] 하나의 line이나 단순한 curve가 region을 분류할 수 없는 예

6.4 분리기준 및 가지치기

의사결정나무의 분리기준은 하나의 부모마디로부터 자식마디들이 형성될 때 입력변수(또는 독립변수)의 선택과 선택된 입력변수에 따른 범주를 선택할 때의 기준을 의미한다. 즉, 어떤 입력변수를 이용하여 어떻게 분리하는 것이 목표변수를 가장 잘 구별해주는지를 파악하여 자식마디가 형성된다. 여기서 목표변수의 분포를 구별해 주는 정도는 순수도 또는 불순도에 의해 측정되는데 목표변수의 특정범주에 개체들이 포함되어 있는 정도를 순수도라고 한다.

의사결정나무에서의 분리원칙은 부모마디의 순수도에 비해서 자식마디들의 순수도가 증가하도록 자식마디를 형성해 나간다. 목표변수가 이산형이냐 연속형이냐에 따라 각각 분리기준을 달리 한다.

6.4.1 이산형 목표변수에 사용되는 분리기준

이산형 목표변수인 경우 목표변수의 각 범주에 속하는 빈도(frequency)에 근거하여 분리가 일어난다. 이 때 사용되는 분리기준으로서 대표적인 것이 다음과 같다.

- **카이제곱통계량**(Chi-square statistics)**의 유의확률**(p-value) : 범주형 자료에서 순도에 대한 차이 유무에 대한 검정결과로 얻어지는 유의확률로서 유의확률이 작은 입력변수와 그때의 분리기준에 의해서 자식마디가 형성된다.

  $$\text{Pearson의 카이제곱통계량: } \chi^2 = \sum_{i,j} \frac{(f_{ij} - e_{ij})^2}{e_{ij}}$$

  여기서 f_{ij}는 (i, j)범주의 관측도수를 나타내며 e_{ij}는 분리되는 잎마디의 순도가 같다는 귀무가설이 사실일 때 기대도수를 나타낸다.

- **지니지수**(Gini index) : 불순도를 측정하는 하나의 지수로서 지니지수를 가장 감소시켜주는 입력변수와 그때의 최적 분리기준에 의해 자식마디가 형성된다. 자식마디 중 하나를 b라고 하면 b에서의 지니지수는 다음과 같다.

  $$I(b) = \sum_{i=1}^{r} P(i)(1 - P(i))$$

  여기서 r은 목표변수의 범주의 수를 나타내며, $P(i)$는 주어진 자료 중 i범주에 분류될 확률을 나타낸다. 이의 최대값은 $P(i)$가 모두 같을 경우이다.

- **엔트로피지수**(Entropy index) : 다항분포에서 우도비 검정통계량을 사용하는 것으로 이 지수가 가장 작은 예측변수와 그 때의 최적분리에 의해 자식마디가 형성된다. 새로운 자식마디 b에서의 엔트로피지수는 다음과 같다.

  $$I(b) = -\sum_{i=1}^{r} P(i)\log_2(P(i))$$

  여기서 r은 목표변수의 범주의 수를 나타내며 $P(i)$는 주어진 자료 중 i범주에 분류될 확률을 나타낸다. 이의 최대값은 $P(i)$가 모두 같을 경우이다.

k개로 구성된 의사결정나무에서의 지니지수와 엔트로피지수는 다음과 같이 구하여 진다.

$$I = \sum_{b=1}^{k} (w_b \times I(b))$$

여기서 w_b는 전체 자료의 수가 N이고 자식마디 b의 관측값의 수가 n_b인 경우 $\frac{n_b}{N}$이다.

예제 6.1

다음은 목표변수에 의한 어떤 분류변수에 의한 분할표이다. 주어진 표를 이용하여 카이제곱통계량과 지니지수 및 엔트로피 지수를 구하여라.

	Good	Bad	Total
Right	32	48	80
Left	178	42	220
Total	210	90	300

풀이 (1) 카이제곱통계량

위의 표에서 각 셀에 대한 기대도수를 구하면 다음과 같다.

	Good	Bad	Total
Right	56	24	80
Left	154	66	220
Total	210	90	300

여기서 $56 = \frac{80}{300} \times \frac{210}{300} \times 300$과 같이 계산된 것이다.

그러므로 카이제곱통계량은 $\frac{(\text{기대도수} - \text{관측도수})^2}{\text{기대도수}}$의 합이므로

$$\chi^2 = \frac{(56-32)^2}{56} + \frac{(24-48)^2}{24} + \frac{(154-178)^2}{154} + \frac{(66-42)^2}{66}$$
$$= 46.75$$

이 된다.

(2) 지니지수

$$\text{부모마디에서의 지니지수} = \frac{210}{300}\times\frac{90}{300}\times 2 = 0.42$$

$$\text{Right 잎에서의 지니지수} = (32/80)\times(48/80)\times 2$$

$$\text{Left잎에서의 지니지수} = (178/220)\times(42/220)\times 2$$

이다.

그러므로, 지니지수는 다음과 같이 구해진다.

$$\begin{aligned}\text{지니지수} &= \frac{32}{80}\times\frac{48}{80}\times 2\times\frac{80}{300}+\frac{178}{220}\times\frac{42}{220}\times 2\times\frac{220}{300}\\ &= 0.3545\end{aligned}$$

모든 분리변수와 분리기준에서 지니지수를 가장 작게 하는 분리변수와 분리기준을 사용하여 분리를 수행한다.

(3) 엔트로피 지수

부모마디에서의

$$\begin{aligned}\text{엔트로피지수} &= -\left(\frac{210}{300}\log_2\left(\frac{210}{300}\right)+\frac{90}{300}\log_2\left(\frac{90}{300}\right)\right)\\ &= 0.8813\end{aligned}$$

$$\text{Right 잎에서의 엔트로피} = -\left(\frac{32}{80}\log_2\left(\frac{32}{80}\right)+\frac{48}{80}\log_2\left(\frac{48}{80}\right)\right)$$

$$\text{Left 잎에서의 엔트로피} = -\left(\frac{178}{200}\log_2\left(\frac{178}{200}\right)+\frac{42}{200}\log_2\left(\frac{42}{200}\right)\right)$$

그러므로 엔트로피지수는 다음과 같이 구해진다.

$$\begin{aligned}\text{엔트로피지수} &= -\left(\frac{32}{80}\log_2\left(\frac{32}{80}\right)+\frac{48}{80}\log_2\left(\frac{48}{80}\right)\right)\times\frac{80}{300}\\ &\quad -\left(\frac{178}{220}\log_2\left(\frac{178}{220}\right)+\frac{42}{220}\log_2\left(\frac{42}{220}\right)\right)\times\frac{220}{300}\\ &= 0.71538\end{aligned}$$

예제 6.2

다음은 기온(Temperature)과 습도(Humidity)와 바람(Wind)에 관한 자료이다. 이 자료에 대하여 Gini지수를 이용하여 최적의 분리를 구하여라.

Temperature	Humidity	Wind	Class
Hot	High	False	N
Hot	High	True	N
Hot	High	False	P
Mild	High	False	P
Cool	Normal	False	P
Cool	Normal	True	N
Cool	Normal	True	P
Mild	High	False	N
Cool	Normal	False	N
Mild	Normal	False	P
Mild	Normal	True	P
Mild	High	True	P
Hot	Normal	False	N
Mild	High	True	P

풀이 단계 1) Temperature 변수로 분류

1.1) left node = {Hot}, right node = {Mild, Cool}인 경우

	N	P	Total
Left	3	1	4
Right	3	7	10
Total	6	8	14

$$\text{Gini index}=\frac{3}{4}\times\frac{1}{4}\times 2\times\frac{4}{14}+\frac{3}{10}\times\frac{7}{10}\times 2\times\frac{10}{14}=0.40714$$

1.2) left node = {Mild},right node = {Hot, Cool}인 경우

	N	P	Total
Left	1	5	6
Right	5	3	8
Total	6	8	14

$$\text{Gini index}=\frac{1}{6}\times\frac{5}{6}\times 2\times\frac{6}{14}+\frac{5}{8}\times\frac{3}{8}\times 2\times\frac{8}{14}=0.3869$$

1.3) left node = {Cool},right node = {Hot, Mild}인 경우

	N	P	Total
Left	2	2	4
Right	4	6	10
Total	6	8	14

$$\text{Gini index}=\frac{2}{4}\times\frac{2}{4}\times 2\times\frac{4}{14}+\frac{4}{10}\times\frac{6}{10}\times 2\times\frac{10}{14}=0.4857$$

단계 2) Humidity 변수로 분류

2.1) left node = {High},right node = {Normal}인 경우

	N	P	Total
Left	3	4	7
Right	3	4	7
Total	6	8	14

$$\text{Gini index}=\frac{3}{7}\times\frac{4}{7}\times 2\times\frac{7}{14}+\frac{3}{7}\times\frac{4}{7}\times 2\times\frac{7}{14}=0.48976$$

단계 3) Wind 변수로 분류

3.1) left node = {False},right node = {True}

	N	P	Total
Left	4	4	8
Right	2	4	6
Total	6	8	14

$$\text{Gini index}=\frac{4}{8}\times\frac{4}{8}\times 2\times\frac{8}{14}+\frac{2}{6}\times\frac{4}{6}\times 2\times\frac{6}{14}=0.47619$$

결론 : 단계 1)~단계 3)에 의해 Gini지수가 가장 낮은 Temperature 변수에 의한 left node = {Mild}, right node = {Hot, Cool}로 나누어지는 것이 가장 이상적인 분리 형태이다.

6.4.2 연속형 목표변수에 사용되는 분리기준

목표변수가 연속인 경우에는 목표변수의 평균에 기초하여 분리가 일어난다.

- **분산분석에서의 F-통계량의 유의확률**: 수준에 따른 평균의 차이 유무에 대한 분산분석의 검정결과로 얻어지는 유의확률이 가장 작은 예측변수와 그 때의 분리기준에 의해 자식마디가 형성된다.
- **분산의 감소량**: 예측오차를 최소화하는 것과 동일한 기준으로 분산의 감소량을 최대화하는 기준의 최적분리에 의해 자식마디가 형성된다.

  새로운 자식마디 b에서의 분산은 다음과 같이 계산된다.

$$I(b) = \frac{1}{n_b} \sum_{i=1}^{n_b} (y_i - \overline{y}_b)^2$$

여기서 n_b 는 자식마디 b에 대한 자료의 수이며, $\overline{y}_b$는 목표변수의 평균을 나타낸다. k개의 잎으로 구성된 의사결정나무에서의 분산감소량은 다음과 같이 구하여진다.

$$I = \sum_{b=1}^{k} (w_b \times I(b))$$

여기서 w_b는 전체 자료의 수가 N이고 자식마디 b의 관측값의 수가 n_b인 경우 $\frac{n_b}{N}$이다.

6.4.3 정지규칙과 가지치기

■ **정지규칙(stopping rule)**

의사결정나무에서 정지규칙은 더 이상 분리가 일어나지 않고 현재의 마디가 잎이 되도록 하는 규칙을 말한다. 각 알고리즘에 따라 정지 규칙을 달리하지만 정지규칙에는

- 모든 자료가 한 그룹에 속할 때
- 마디에 속하는 자료가 일정 수 이하일 때
- 불순도의 감소량이 아주 작을 때
- 뿌리마디로부터의 깊이가 일정 수 이상일 때

등이 있다.

■ **가지치기 규칙(pruning)**

성장이 끝난 나무의 가지를 적당히 제거하여 적당한 크기를 갖는 나무모형을 최종적인 예측모형으로 선택하는 것이 예측력의 향상에 도움이 된다. 지나치게 많은 마디를 가지는

의사결정나무는 새로운 자료에 적용할 때 예측오차(prediction error)가 매우 클 가능성이 있다. 따라서 형성된 의사결정나무에서 적절하지 않는 마디를 제거하여 적당한 크기를 갖는 부분 의사결정나무를 최종적인 예측모형으로 선택하는 것이 바람직하다. 의사결정나무 알고리즘에서 좀 더 자세히 설명하기로 한다.

6.4.4 모형 비교

우리들은 모형비교(Model Comparison) 노드를 사용하여 의사결정나무에 의한 모형 중에서 보다 적절한 모형을 선택할 수 있다. 모형 선택을 위해서는 모형의 종류나 모형의 목적에 따라 선택을 위한 판단 기준을 달리한다. 판단 기준은 다음과 같다.

■ **정분류율(Correct classification rate)**

〈분류표〉

		예측결과		합
		0	1	
실제	0	a	b	$a+b$
	1	c	d	$c+d$
합		$a+c$	$b+d$	N

위의 결과로부터 정분류율은 P는 $\dfrac{a+d}{N}$ 이다.

■ **오분류율(Misclassification rate)**

위의 결과로부터 오분류율은 Q는 $\dfrac{b+c}{N}$ 이고 $P+Q=1$ 이다.

■ **평균제곱오차(Average Square Error)**

$MSE=\dfrac{1}{N}\sum_{i=1}^{N}(y_i-\hat{y}_i)^2$, 여기서 y_i는 i번째 자료값의 목표변수 값을 의미하며 $\hat{y}_i$는 모형에서 얻어진 i번째 자료값의 목표변수에 대한 예측값을 의미한다.

■ **일치도(Concordance) 혹은 불일치도(Disconcordance)**

목표변수의 값으로 두 가지 값(0 혹은 1)을 갖는 경우 모형의 목적이 순서화일 때 임의의 0과 1을 갖는 두 자료값에 대한 목표변수값의 크기에 따른 순서가 두 개의 목표변수의 예측값의 크기와 일치하는 것의 비율을 일치도라고 한다.

예를 들어 목표변수의 값이 0인 것의 개수가 N_1이고 1인 것의 개수가 N_2인 경우를 생각해 보자. 각각 목표값이 0인 y_i와 1인 경우인 y_j에 대한 예측값인 $\hat{y}_i$, $\hat{y}_j$가 $\hat{y}_i < \hat{y}_j$을 만족하면 일치한다고 한다. 이러한 두 개씩으로 이루어진 쌍에 대하여 일치하는 경우가 차지하는 비율을 일치도라고 한다. 즉 일치도는 다음과 같이 정의할 수 있다.

$$\text{일치도} = \frac{1}{N_1 N_2} \sum_{i=1}^{N_1} \sum_{j=1}^{N_j} I_{ij}, \text{ 단 } I_{ij} = \begin{cases} 1, & \hat{y}_i < \hat{y}_j \\ 0, & \text{기타} \end{cases}$$

불일치도는 불일치하는 비율을 의미하며 (1-일치도)가 불일치도에 해당한다.

6.4.5 스코어

최종적으로 얻어진 의사결정나무 모형에 대하여 분류문제인 경우 제대로 동일한 입력변수들로 구성된 임의의 자료집합에 대하여 목표변수 값을 예측할 수 있다. 의사결정나무 모형인 경우 1에 분류될 확률을 예측하여 준다. 이들 값들을 통하여 검증용 자료에 대한 분류를 제대로 하고 있는지 등을 확인해 볼 수 있다. 스코어링 방법에 대해서는 6.8절에서 예제를 통하여 설명한다.

6.5 의사결정나무 알고리즘

6.5.1 CART

CART 알고리즘은 의사결정나무를 만드는데 가장 많이 사용되는 방법 중의 하나이다. 1984년 L. Briemen과 그의 동료들에 의해 발표된 이 방법은 기계학습(machine-learning) 실험의 산물이라 할 수 있다. 판매되고 있는 규칙 유도 도구의 많은 것들이 CART를 약간 변형시킨 후, 새롭고 거창한 이름을 만들어 명명한 것이라 할 수 있다.

(1) 초기분할선택

의사결정나무는 이미 분류된 관측 값들로 구성된 학습용 자료(training set)를 가지고 시작한다. 사전에 이미 분류되었다는 것은 반응 변수, 즉, 종속변수가 어느 특정한 계급에 속한다는 것을 알고 있다는 것을 의미한다. 의사결정나무에 의한 분석의 목표는 여러 입력변수에 근거한 새로운 관측치를 특정한 계급으로 분류하게 할 나무구조를 만드는 것이다.

CART는 어느 입력변수의 목표함수에 의해 각 마디에서 하나의 입력변수의 관측값에 따라 자료들을 두 계급으로 나눌 이지분리 나무구조를 만든다. 그러므로 제일 첫 번째 과제는 입력변수 중 어느 것이 첫 번째 분할자가 되는가를 결정하는 것이다. 가장 좋은 분할이란 관측치들을 한 계급이 다른 계급에 비해 우월하게 되도록 자료를 분리시키는 일을 가장 잘하는 것으로 정의된다. 잠재적인 분할자를 평가하는데 지니지수를 측도로 사용한다. 일반적으로, 불순도의 높은 수치는 관측치 집합이 계층이 고른 분포를 포함한다는 것인 반면 낮은 수치는 한 계급이 구성원을 지배하고 있다는 것을 의미한다. 가장 좋은 분할은 관측치 집합의 불순도를 크게 감소시키는 것이다. 다시 말하면, 불순도(분할 전) − (불순도(분할 후 왼쪽마디) + 불순도(분할 후 오른쪽 마디))를 최대화시키고 싶다는 것이다. CART 알고리즘은 Briemen과 그 동료들에 의해 최초로 기술되었는데 목표변수가 이산형인 경우 경제학에서 사용되는 지니지수인 $2P(i)(1-P(i))$를 불순도 측도로 사용하고 있으며 목표변수가 연속인 경우 분산을 불순도의 측도로 사용한다.

목표변수가 이산인 경우 지니지수 이외에 자주 사용되는 불순도의 측도로는 $\min(P(i), (1-P(i))$와 $P(i)\log(P(i))+(1-P(i))\log(1-P(i))$ 등이 있는데 여기서 $P(i)$는 범주 i에 분류하게 될 확률을 나타낸다. 이 불순도의 측도로 사용되는 모든 함수는 각 범주의 확률이 같을 때 최대값을 갖고, 자료가 하나의 범주로 이루어진 경우 0의 값을 갖게 된다.

마디에서 가장 좋은 분할자를 선택하기 위해서는 각 입력변수를 차례로 고려해야 한다. 변수가 복합적인 값을 갖게 되는 경우, 그를 차례로 정리하고 나서 적합성에 대한 측도로서 불순도의 감소를 가장 크게 가져오는 분할에 대한 이원적 탐구를 하게 된다. 각 변수로부터 얻어진 가장 좋은 분할에 의해 제공된 불순도의 감소를 비교하게 되며, 이들 중 가장 많은 감소를 주는 변수가 뿌리마디에 대한 분할자로 선택된다.

(2) 나무 완성하기

초기 분할은 두 마디를 가지게 되는데 이들 각각을 뿌리마디에서와 같은 방법으로 분할하게 된다. 한 번 더 또 다른 분할자를 찾아내기 위하여 최초 분할자를 제외한 나머지 입력변수 모두를 조사한다. 만약 변수가 하나의 값을 취하면 더 이상 분할에 사용될 수 없으므로 이는 배제된다. 주어진 마디에서 불순도를 현저히 줄여주는 분할이 발견될 수 없을 때 이를 잎마디(leaf-node)라고 부른다. 결국 잎마디만 남게 되고 여기서 의사결정나무는 완성되게 된다. 그러나 완성된 나무라고해서 일반적으로 새로운 관측치의 집합을 분류하는데 최적의 역할을 한다고 볼 수 없다.

(3) 마디의 오류율 측정

나무를 만들어 가는 과정의 마지막에는 학습용 세트의 모든 관측치가 완성된 의사결정나무의 잎 중 하나에 할당되게 되며, 각 잎은 하나의 계급과 오류율을 할당 받게 된다. 전체 의사결정나무의 오류율은 모든 잎의 오류율에 대한 가중합으로 구한다. 전체 오류율에 대한 각 잎의 기여도는 그 잎에서의 오류율과 각 잎의 관측치들이 전체에서 차지하는 비율을 곱하여 얻을 수 있다.

예제 6.3

다음과 같은 노드에서 총 오분류율을 구하여라.

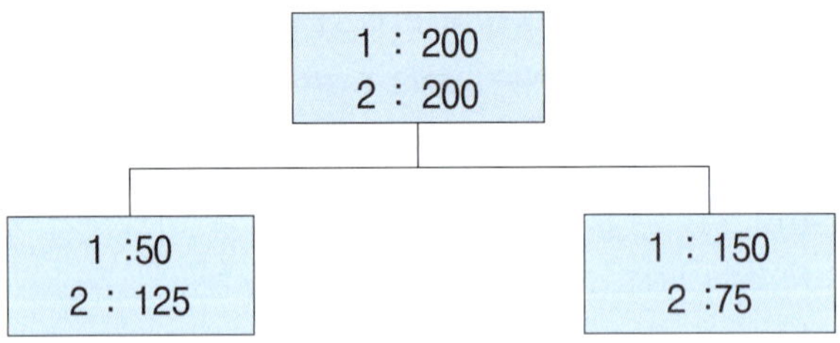

풀이 왼쪽 노드의 오분류율$=\frac{50}{175}$

오른쪽 노드의 오분류율$=\frac{75}{225}$

총오분류율$=\frac{50}{175}\times\frac{175}{400}+\frac{75}{225}\times\frac{225}{400}=0.3125$

(4) 가지치기

의사결정나무는 학습용 자료집합을 계층으로 분리시킬 수 있는 나무의 능력을 향상시키는 새로운 분할이 발견될 때까지 자라나간다. 만약 학습용 관측치가 평가를 위해 사용된다면 어떤 형태든지 나무의 가지를 정리하는 것은 오류율을 증가시키기만 할 것이다. 그러나 새로운 관측치를 분류하는데 있어서 가지치기를 전혀 하지 않은 전체 나무가 오류율이 가장 적은 나무구조를 의미하는 것은 아니다.

가지치기를 얼마나 해야 하는가를 결정하기 위해서 반복적인 가지치기의 과성을 통해서 부분나무의 후보를 우선 파악하고 잎마다 최소의 부가적인 예측력을 제공해 주는 그런 가지를 우선 잘라내는 것이 가지치기이다. 제일 유용하지 않은 가지를 알아내기 위해서 나무에 수정된 오류율의 개념을 적용시켜 나무의 오류율을 감소시키지 못하는 가지를 잘라내는 것이다.

부분나무 후보군에서 새로운 관측치를 가장 잘 분류할 나무를 선택하기 위해 검정용 자료를 사용한다. 검정용 자료집합은 학습용 자료집합과 같은 모집단에서 추출되지만 학습용 관측치와 다른 관측치들로 구성되어 있다.

후보가 되는 부분나무 각각은 검정용 자료집합에 있는 관측치를 분류하는데 사용한다. 이 과정을 통해 얻어진 전체 오류율에 근거해서 가장 낮은 전체 오류율로 수행하는 부분나무는 지나친 훈련의 효과를 없애기에 충분한 정도지만 가치 있는 정보를 잃지 않는 정도로 가지 쳐진다. 그러나 이렇게 가지 쳐진 선택된 부분나무가 다른 관측치 집합에 적용될 때 가장 잘 분류하는 부분나무가 되지 않을 수도 있다. 선택된 부분나무 못지않게 잘 분류하는 부분나무가 많이 있을 수 있으며, 어느 정도까지는 검정용 자료에 가장 낮은 오류율을 낳은 이들 중의 하나는 어쩌다가 그 특정한 관측치의 모임에 잘 부합되는 행운을 가질 수도 있기 때문이다.

그러한 이유로 의사결정나무의 오류율은 검정용 자료와 학습용 자료와 서로 배반인 새로운 사전 분류된 관측치의 모임에 선택된 부분나무에 적용하여 얻어진다. 여기에 적용된 관측치의 모임이 평가용 자료 집합이다. 사전 분류되지 않은 관측치가 선택된 나무에 적용될 때 이에 의해 표현되는 분류 규칙의 기대되는 성공 여부는 평가용 자료집합에 의해 얻어진 오류율을 이용하여 예측되어 질 수 있다. [그림 6-3]은 학습용 자료와 검증용 자료를 이용하여 가지치기를 할 경우의 가지치기를 멈출 시점과 오류율의 관계를 나타낸 것이다.

오류율은 규칙과 부분나무의 적합성을 평가하는 유일한 측도로 사용되며, 나무에 의해 잘못 분류됨으로써 치러야 하는 대가는 범주에 따라 다양할 수도 있다. 특히, 의학적 진단에서 질병의 음성과 양성으로 분류하는 경우 잘못 분류된 음성이 잘못 분류된 양성보다 더 해로울 수 있다. 이런 사항을 고려하여 오류율은 잘못 분류되는 경우 발생하는 손실을 나타내는 가중치와 잘못 분류할 확률을 곱한 비용함수(cost function)로 대체되기도 한다.

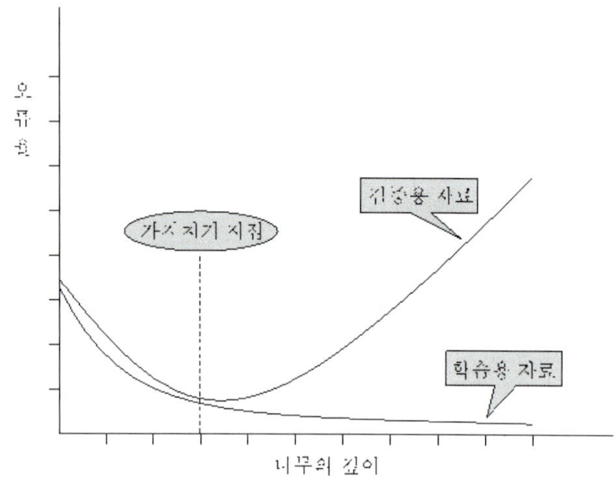

[그림 6-3] 가지치기의 영향

6.5.2 C4.5

C4.5는 호주연구원, J Ross Quinlan에 의해 수년간 발전시키고 수정되어 온 의사결정 나무 알고리즘이다. 초기 버전인 ID3은 1986년에 나왔는데 기계학습 분야에 많은 영향을 주어왔고, 몇몇 상업용 제품에 사용되고 있다 (ID3이란 이름은 'Iterative Dichotomizer 3'을 뜻한다).

CART가 각 마디에서 이원적 분할을 형성하여 줄곧 이지분리 나무구조를 만드는 반면, C4.5는 각 마디마다 다지 분리 구조를 갖는 나무를 만들어낸다. 이것은 C4.5가 CART와 연속변수는 같은 방법으로 다루지만 범주형 변수는 다른 방법으로 취급하기 때문이다. C4.5가 범주형 변수의 값을 분할자로 취급할 때 그 변수에 의해 취해지는 하나하나의 값에 대해 하나의 가지가 된다고 가정하는 것이 디폴트로 되어있다. 그래서 만약 뿌리마디에서 최적 변수로서 색깔이 선택되고 학습용 자료가 빨강, 오렌지, 노랑, 초록, 파랑, 보라 그리고 흰색인 값을 취한다면 나무의 다음 수준에서는 색깔변수에 의한 자식마디는 일곱 마디가 된다.

이지분리만 고집하는 경우, 만들어지는 나무는 불필요하게 복잡해질 수 있는 반면, 가지 수가 너무 많은 나무는 아래 수준에서의 각 마디에 가능한 학습용 관측치의 모집단을 빨리 감소시켜서 더 이상의 분할을 신뢰하지 못하게 된다.

(1) 분리기준

C4.5의 선구자격인 ID3는 잠재적인 분할자들을 비교하기 위해 엔트로피 지수인

$$-\sum_{i=1}^{r} P(i)\log_2(P(i))$$

를 분리기준으로 사용한다. 분할평가 기준으로서 엔트로피 지수는 가지가 많이 형성된 의사결정나무인 경우에 값이 커지게 된다. 만약 이 기준으로 성별을 분류하고자 하는 영화 관람자 데이터베이스로부터의 의사결정나무를 세우는데 사용한다면, 어떤 변수를 예측하려한다 할지라도 이에 관계없이 이름을 분할되어야 하는 가장 좋은 변수로 꼽을 것이다. 비교적 같은 이름을 갖는 사람이 많지 않기 때문에 그 변수에서의 분할은 한 관측치를 포함하는 많은 마디를 갖게 될 것이다. 이 관측치들의 각각은 꼭 한 계층에만 속해야 하므로, 이 경우 평균 정보는 거의 0에 가깝고, 그래서 엔트로피지수는 최대화된다.

이름에 근거한 의사결정나무는 만약 학습용 세트가 충분히 크고, 영화 관람객의 이름이 거의 모두 나타나 있다면 사람을 성별에 의해 분류하는데 있어서 매우 괜찮게 역할을 수행할 지도 모르지만, 나이나 그룹 회원을 예측하는 데는 그리 잘 해내지는 못할 것이다.

(2) 가지치기

CART는 가지치기를 위하여 나무의 불순도를 측도로 사용하고 학습용 자료에 의해 만들어진 나무구조는 학습용 자료와 완전히 다른 검증용 자료에 시험해 본다. C4.5는 이와는 대조적으로 학습용 자료만을 이용하여 자라난 나무를 가지쳐나가게 된다.

데이터마이닝을 적용하는 상업적 적용분야에서 관측치의 수가 적은 것은 결코 문제가 되지 못한다. 기업들은 이미 스프레드시트나 OLAP과 같은 도구를 사용해서 적은 양의 관측치를 취급할 줄 안다. 실제로 데이터마이닝에 관한 전문가를 필요로 하는 경우는 관측치의 수가 실제로 방대한 경우뿐이다. 자료의 수가 방대한 경우라 할지라도 C4.5는 나무의 가지치기를 위하여 나무를 만들 때 썼던 것과 동일한 관측치 자료를 사용한다.

C4.5는 실제 오류율은 더 나쁘다고 가정하면서 각 잎에서의 오류율을 검사하며 가지치기를 한다. 만약 잎에 N개의 관측치가 왔고 그 중 E개는 잘못 분류되었다면 그 잎에서의 오류율은 E/N이다. 이제 나무를 만드는 알고리즘의 대부분은 이 오류율을 최소화 시켜서 E/N이 우리가 할 수 있는 최선이라고 가정하게 된다. CART는 모든 부분 나무를 가지치기를 하지만 C4.5는 그 부분나무 가지 중의 하나로 대체하기도 한다.

(3) 규칙 만들기

C4.5는 생성된 의사결정나무를 일련의 규칙집합으로 만들어주는 프로그램과 함께 사용한다. 뿌리마디로부터 어떤 한 잎까지의 경로가 규칙으로 쉽게 표현될 수 있다는 것을 보았다 할지라도 만약 많은 잎들이 있다면 그 결과로 나오는 일련의 규칙들은 매우 혼란스러울 수 있다. 만약 데이터마이닝을 하는 목적 중의 하나가 문제 영역을 이해하는데 있다면 규칙을 잘 정리함으로써 더 이해하기 쉽도록 하여야 이 규칙들이 유용할 수 있을 것이다. 같이 분류되는 잎들로 가게 하는 경로들을 병합시킴으로써 규칙을 정리할 수 있게 된다. [그림 6-4]와 같은 의사결정나무는 다음과 같은 규칙들을 만든다.

- 경기를 보고 홈팀이 이기고 친구와 나가서는 맥주를 마신다.
- 경기를 보고 홈팀이 이기고 집에 앉아서 우유를 마신다.
- 경기를 보고 홈팀이 지고 친구와 나가서 맥주를 마신다.
- 경기를 보고 홈팀이 지고 집에 앉아서 다이어트 소다수를 마신다.

맥주를 예측하는 두 규칙은 홈팀이 이기는가? 라는 테스트를 없앰으로써 병합될 수 있다. 그 테스트는 우유와 다이어트 소다수를 판별하는 데는 중요하지만 맥주 소비에는 영향을 주지 못한다. 따라서 새로운 간략해진 규칙은 '경기를 보고 친구와 나가서 맥주를 마신다.'로 된다.

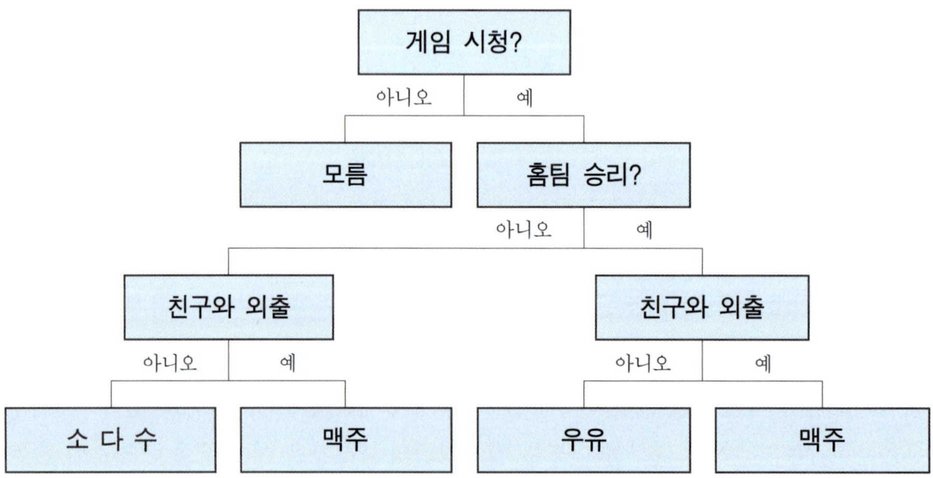

[그림 6-4] 게임 의사결정나무

C4.5의 규칙을 생성시키는 작업은 때로는 항목을 없애기도 하면서 이전의 규칙과 새롭고 간단해진 규칙의 예측된 오류율을 비교함으로써 각 규칙을 일반화 시키게 된다. 이런 과정은 의사결정나무가 가진 잎의 수보다 결과적으로 더 작은 수의 규칙으로 만들어주게 된다.

의사결정나무에서 모든 관측치는 어떤 한 잎에서 끝나게 되고 우리는 다음의 어떤 관측치도 어떻게 분류할지를 알게 된다. 그러나 규칙 생성 과정 후에 상호 배반이 아닌 규칙이 남아 있을 수 있으며 어떤 규칙에 의해서도 설명되지 않는 관측치들이 남아 있을 수 있다. 첫 번째 문제는 하나 이상이 응용 가능할 때 단순히 한 규칙을 지정함으로써 해결된다. 둘째 문제는 어떤 규칙에 의해서도 처리되지 않은 관측치에 대해 디폴트 계급을 도입하는 것을 필요로 한다. 가장 빈번히 일어나는 계급을 디폴트 계급으로 선택할 수도 있다.

일단 일반화된 규칙의 모임을 만들게 되면 Quinlan의 알고리즘은 각 계층에 대한 규칙을 모으고 전체적으로 모은 규칙의 정확성에 많은 기여를 하지 않는 규칙은 제거하게 된다. 이러한 작업의 결과로 적은 수의 이해하기 쉬운 규칙들이 얻어진다.Quinlan은 이 감소된 규칙의 모임은 일반적으로 가지를 친 전체 의사결정나무와 유사한 정확도를 갖지만 복잡한 문제 영역에서는 그렇다고 확신할 수는 없다고 주장한다. 결국 복잡한 의사결정나무는 복잡한 상황을 반영하기 마련이기 때문이다. 줄어든 일반화된 규칙의 모임은 매우 유용한 영감을 주지만 우리는 분류를 위한 완전한 의사결정나무에 집착하기를 더 좋아한다.

6.5.3 CHAID

1975년 J.A. Hadrian이 처음 만들어서 발표한, 이 장에서 논의되고 있는 세 가지 알고리즘 중 가장 오래된 알고리즘이다. 이 알고리즘에 사용되는 카이제곱 검정은 SPSS나 SAS와 같은 인기 있는 통계 패키지에 나와 있기 때문에 가장 널리 사용된다. CHAID는 1963년에 J.A. Morgan과 N.A Souquist에 의해 서술된 초기 자동교호감지 시스템 AID로부터 유래되었다. 자동교호감지라는 분구가 암시하듯이 CHAID는 변수간의 통계적 관계를 알아내기 위하여 사용된 것이었다. 변수들 간의 상관관계를 이용하여 의사결정나무를 만들어야 하므로 이 방법은 의사결정나무에서 분류를 위한 도구로 사용되게 되었다.

CHAID와 이미 서술한 두 가지 의사결정나무 생성 알고리즘과의 가장 큰 차이는 과다적합하고 나서 가지치기를 하지 않고 과다적합이 일어나기 전에 나무를 키워 나가는 것을 중지한다는 점이다. 또 다른 차이는 CHAID는 범주형 변수에만 국한되어 사용된다는 점이다. 연속형 변수는 범위로 나누어지며 상, 중, 하 등의 범주형 계급으로 대체되어야 한다.

다른 두 방법에서처럼 CHAID 알고리즘은 둘 이상의 자식마디로 학습용 자료를 분할하기 위해서 입력변수를 선택하기 위한 방법을 모색한다. 자식마디들은 목표변수의 특정한 값에 대한 확률이 마디마다 다르도록 선택된다. 각 입력변수들은 잠재적인 분할자로 간주된다. 여기에서의 첫 단계는 목표변수의 값이 같은 범주를 함께 묶어주는 것이다.

CHAID의 처음 두 글자는 Chi-squared test에서 따온 것이다. 카이제곱 검정은 1900년에 영국 통계학자에 의해 개발된 통계적 유의성 검정이다. 이는 각 표본에서 특정 경우에 관측된 도수와 기대도수와의 사이의 표준화된 차의 제곱합으로 정의된 것을 검정통계량으로 사용한다. 이 테스트는 관련성이 우연한 것인가를 알아보는 데 사용된다.

첫 단계에서, 반응변수에 통계적으로 유의한 차이를 주지 않는 모든 입력변수들이 함께 묶어진다. 둘째 단계에서, 셋 이상의 변수로 된 각 그룹은 모든 가능한 이원분리에 의해 재분할 된다. 이 분할들 중 통계적으로 유의하게 차이가 난다면 분할이 그대로 유지된다.

각 입력변수가 일단 목표집단에서 최대한 가능한 계층을 다양하게 나타내도록 검정을 통하여 묶이어진다. 이 카이제곱 검정에 의해 가장 큰 차이를 보여주는 분할을 보여주는 입력변수가 현제 마디에서 분할자로 선택된다.

CHAID에서는 분류에 있어서 통계적으로 유의한 차이를 주는 더 이상의 분할이 없을 때까지 나무를 계속 키워나간다. 정확한 유의수준은 나무의 크기를 결정하는 값으로 사용된다. 현재 경향은 의미가 있는 곳까지 분할을 계속하는 방법을 떠나서 가지치기를 포함하는 방법을 연구하는 쪽으로 움직여가고 있으나, 어떤 연구자는 아직도 CHAID로 접근하는 것을 선호하고 가지치기를 하는 부분은 실제 관측치에 대해 나무의 역할을 반영하지 않는 단순화된 나무를 만들어 주는 경향이 있다고 믿고 있다.

6.6 현실적 문제점

은행의 신용카드분야에 대한 CART를 사용하여 의사결정 지원장치를 만드는 프로젝트를 했던 데이터마이닝 담당자의 경험담을 소개하여 현실적으로 장애가 될 수 있는 문제점들을 알아보기로 한다.

프로젝트가 끝나기 일주일 전, 은행으로부터 계획된 데이터베이스에 들어가게 되는 관측치 중 일부에 대한 표본을 제공하여 받게 되었는데 여기서 직면하게 된 첫번째 문제는 은행에서 만난 사람 중 어느 누구도 관측치에 관해 세부 사항까지 알고 있지 않았다는 것이었고, 관측치는 은행의 신용카드 업무의 전산화의 대부분을 취급하는 외부의 서비스 제공자에 의해서 수집되고 유지되었고, 은행은 서류 보고의 형식으로 관측치를 받을 뿐이었다. 계획안의 일부가 그러한 외부의 서비스에 대한 필요성을 없애 보자는 것이었으므로 외부 자료제공자로부터 많은 도움을 기대할 수 없었다.

다음 문제로는 분석을 위해 적합하도록 관측치를 변환시키기 어려웠다는 점이다. 관측치를 영입하기 위해서 CART 도구는 분야 이름, 관측치 위치, 입력 형식, 출력 형식 그리고 연속인지 범주형인지에 관한 것 등 모든 분야에 대한 묘사를 필요로 하였는데, 관측치에 대해서는 COBOL 관측치 기술형식으로 되어있었다. COBOL 참고서적을 공부하여 CART 도구에서 요구되는 형식으로 COBOL로 기술된 관측치를 번역하는 EMACS 편집 매크로를 만들 수 있었다. 이처럼 원 자료를 정제하고 번역하는데 상당한 시간이 소요되었고, 관측치가 얻어져 CART 도구에 들어갈 수 있게끔 되었을 때 분석하는 데 남은 날은 하루밖에 없었다고 한다. 이 예에 적용된 의사결정나무 도구는 CART의 초기판이었으므로 반응변수가 오직 두 값만을 가지는 범주형 변수이기를 요구했고, 이 경우 "신용불량자" 혹은 "그렇지 않은 자"의 형태를 취하기를 필요로 했다. 사실 관측치 속의 관련된 분야는 계좌 폐지에 대한 이유를 나타내는 6가지 값을 가졌다. 이들 중 하나는 분명히 고객의 요구에 의해 자발적으로 폐지하였음을 나타냈다. 그 변수를 다시 코드화하여 하나의 값은 이탈한 고객으로, 다른 값들은 한꺼번에 하나의 범주로 묶는데 이에는 계좌를 아직까지 폐지시키지 않은 고객, 여러 가지 이유에 의해서 은행에 의해서 계좌가 폐지된 사람들이 포함되었다. 폐지하게 된 이유를 예측하려는 시도를 하는 것이 더 의미가 있었을 지도 모른다.

목표계층의 정의와 함께 더 큰 문제는 '조용한 이탈'이 무시되고 있다는 것이었다. 대부분의 신용카드가 연 회비를 지불할 때에는 신용카드 사용을 중지한 고객은 계좌를 닫기 위해 약간은 적극적인 행동을 하게 되는데, 이러한 사실은 데이터베이스의 계좌 폐지 변수에서 알게 된 사항이었다. 명부에 있는 활동적이지 않은 고객을 유지하는데 비용이 들기 때문에 이는 드러난 손해보다 더욱 더 크다고 볼 수 있다. 결국 목표계층에 대한 신중한 정의가 분류기법을 통한 분류를 성공적으로 하기위해 필수적이라 할 수 있다.

은행은 최근에 포착된 일련의 정보들에 의해 성장해 왔다. 외부의 다른 기관으로부터 온 고객들은 처음부터 은행에 구좌를 연 사람과는 달리 상품, 다른 경력, 다른 주변 사항들에 대해 서로 다른 충성도를 가지게 되는데, 불행히도 이 계좌 시초에 대한 정보가 데이터베이스에 들어있지 않았다.

비록 관측치가 16개월 동안의 여러 변수들에 대한 여러 값들을 포함한다고 했지만 대부분의 계좌가 실제로 16개월 동안의 관측치를 포함하지 않았다는 것을 곧 알게 되었는데, null value 정의에 대한 구체적인 형식이 없었기 때문에 실제로 값이 없는 변수들은 많은 변환 과정을 거친 후에도 의미가 있든 없던 간에 포함되게 되었다. 분명히 의미 있는 값들만 고려될 수 있도록 의미 없는 관측치는 가려져야 하지만 이러한 과정은 많은 시간과 사고를 필요로 한다.

의사결정나무 알고리즘은 입력변수를 이용한 규칙에 근거하여 반응변수를 분류한다. 만약 우리가 미래 사건을 예측하려고 한다면 종속변수는 우리가 아직 모르는 어떤 것이 되는 반면, 입력변수 들은 미리 안다고 기대할 수 있는 것들이다. 아직 잘 모르는 관측치를 가지고 어느 변수가 실제로 서로 독립이라는 것을 알아내는 것이 어렵다는 것이 문제이다.

신용카드 관측치는 너무 요약되어 있어서, 각 기간 동안의 총 청구액, 총 현금 가불액, 총 지불액의 관측치를 가지고 있었으나 모든 거래 수준에 대해 자세하게 기록되어 있진 않았다. 각 거래 명세서에는 예측에 영향을 줄 수 있는 많은 정보가 있을 수 있기 때문에 유감스러운 부분이었다. 물론 너무 자세한 관측치도 문제성이 있지만, 일반적으로 계속 정보를 잃게 하는 요약된 관측치를 갖기보다는 요구되는 대로 여러 가지 방법으로 요약될 수 있는 상세한 관측치를 가지는 것이 더 낫다고 볼 수 있다. 이러한 예에서 우리들이 앞으로의 관련 작업에서 더욱 잘 할 수 있기 위해 명심해야 할 사항들을 요약하면 다음과 같다.

- 충분한 시간을 갖고 자료를 탐색하라.
- 정의된 변수에 대해 충분히 이해하라.
- 자료가 얻어진 분야 전문가와 상의하라.
- 방법의 효율성을 증가시키는 자료변환을 고려하라.
- 중요한 자료 관계를 알아내기 위하여 파생된 변수를 첨가하라.
- 규칙을 통해 의미가 있을 수 있는 결측치를 변수로 선택하라.
- 목표변수에 의존적인 입력변수를 제거하라.

6.7 의사결정나무의 장점과 단점

의사결정나무는 다음과 같은 장점을 가지고 있다.

■ 이해하기 쉬운 규칙을 생성시켜준다.

이해하기 쉬운 말이나 SQL로 표현할 수 있는 규칙을 생성하는 것이 의사결정나무의 가장 큰 장점이다. 심지어 쉽게 사각영역으로 분해하는 복합영역이나 영역이 의사결정나무를 크고 복잡하게 할 때에도 나무의 한 길을 따라 가는 것이 꽤 수월하다. 그래서 어떤 특정한 분류나 예측에 대한 설명이 비교적 쉽다.

■ 규칙에 근거한 영역을 생성시켜준다.

당연하게 들릴지 모르지만 일반적인 규칙 유도와 특히 규칙이 발견되어져야 하는 영역에서는 의사결정나무 방법을 선택해야 한다. 만약 자동화 시스템에 의해 물품 수리에 대한 청구가 합당하고, 그 부분에 대한 기록으로 보아 결함이 예측되었다고 신뢰할 수 있을 만큼 인식해 낼 수 있다면 회사는 분석자가 이를 승인할 때까지 기다릴 필요 없이 청구에 지불함으로써 상당히 많은 돈을 절약할 수 있을 것이다. 유전학에서 사업과정에 이르기까지 많은 영역들이 여러 종류의 자료에 의해 드러나지 않더라도 실제로 그 안에 존재하는 복잡한 규칙들을 갖고 있다. 의사결정나무는 기존 규칙의 존재가 의심될 때는 당연히 선택되어야 한다.

■ 분류작업이 용이하다.

비록, 의사결정나무가 실제로는 많은 형태를 가질 수 있다할지라도 의사결정나무를 생성시키는 데 사용되는 알고리즘은 낮은 가지 요인을 갖는 나무와 각 마디에서 단순한 테스트를 하게 한다. 전형적인 테스트로는 수치적 비교, 집합 구성규칙 그리고 간단한 연결들을 들 수 있다. 컴퓨터에 적용할 때 이러한 테스트들은 간단하고, 빠르며, 경비가 적게 드는 Boolean과 정수 형태로 번역된다. 상업적인 경우, 예측모형은 수백만 혹은 수십억의 자료를 분류하는데 사용되기 쉽기 때문에 이 부분은 중요한 점이다.

■ 연속형과 범주형 자료를 모두 취급할 수 있다.

의사결정나무 방법은 범주형과 연속형 변수를 다루는 데 똑같이 익숙하다. 범주형 변수는 주로 신경망과 통계기술에 대한 문제를 제기하게 되는데 그들 자신의 분할기준인한 카테고리에 한 가지로 이미 만들어져서 사용된다. 연속형 변수는 범위를 분할하여 범주화시켜 사용하면 된다.

■ 가장 좋은 변수를 명확히 알아낸다.

의사결정나무를 만드는 알고리즘은 나무의 뿌리마디에서 학습용 자료의 분할을 가장 잘 하는 변수를 찾아준다. 특히, SAS를 사용하여 회귀모형을 만들 때 적절한 입력변수를 결정하기 위해 SAS CHAID 모듈을 사용한다.

■ 이상치에 덜 민감하다.

의사결정나무는 선형성이나 정규성 또는 등분산성과 같은 가정을 필요로 하지 않는 비모수적인 방법이며 순서형 또는 연속형 변수는 단지 순위만 영향을 주기 때문에 이상치에 민감하지 않다는 장점을 가지고 있다.

의사결정나무 분석은 위와 같은 많은 장점을 가지고 있는 반면 아래와 같은 단점도 아울러 가지고 있다.

■ 연속형 변수의 값을 예측하는 것이 목적인 추정 과제에는 덜 적절하다.

의사결정나무는 수입, 혈압 혹은 이율과 같은 연속형 변수의 값을 예측하는 것이 목적인 추정 과제에는 덜 적절하다. 특히, 의사결정나무는 순차적인 유형과 경향이 드러나는 시계열 자료를 표현하는 데 많은 노력을 하지 않는 한 문제가 된다.

■ 계급이 너무 많은 경우엔 오류가 나기 쉽다.

어떤 의사결정나무 알고리즘은 두 개의 값을 가지는 목표변수만 취급한다. 다른 의사결정나무 알고리즘들은 자료를 임의의 개수의 계층에 할당하지만 계층 당 분류되는 학습용 예가 작을 때는 오류가 나오기 쉽다. 이는 마디마다 가지가 많거나 수준의 수가 많은 나무에서 빨리 발생한다.

■ 비용이 많이 든다.

나무를 만드는 과정은 계산측면에서 비용이 많이 든다. 각 마디에서 변수를 분할하는 각 후보가 되는 분할변수는 가장 좋은 분할이 발견되기 전에 먼저 분류되어야 한다. 어떤 알고리즘에서는 변수의 조합이 사용되기도 한다. 가지치기 알고리즘 역시 비용이 많이 들 수 있다. 왜냐하면 많은 후보가 되는 부분나무가 형성되고 비교되어야 하기 때문이다.

■ 비사각영역 분류 문제에서는 적용이 어렵다.

대부분의 의사결정나무 알고리즘은 한 번에 한 변수만을 조사한다. 이는 사각 분류 상자로 이끌게 되는데 이는 의사결정 공간의 자료의 실제적 분배와 잘 맞지 않을 수도 있다.

위의 장점과 단점을 갖고 있는 의사결정나무 방법들은 데이터마이닝 과제가 결과의 예측이나 자료의 분류를 하게 되는 경우엔 적절하다고 할 수 있다. 목표가 각 자료를 둘 혹은 세 개의 넓은 범주 하나에 할당하는 것이라면 의사결정나무를 사용하는 것이 좋다. 의사결정나무는 쉽게 이해되고, 설명이 잘 되어야 하고, SQL이나 자연적 언어로 번역될 수 있는 규칙을 만드는 것이 목표일 때 선택되어질 수 있는 하나의 유용한 데이터마이닝 기법이다.

6.8 사례분석

6.8.1 Boston Housing Data 분석

■ 분석 목적

예제 자료에 있는 1978년 미국의 보스턴 근교의 집의 가치에 대한 각 변수들에 대한 특성을 파악함은 물론 집의 가치에 영향을 주는 변수를 알아내고 이러한 변수들에 따른 집의 가치에 대한 규칙을 발견하는 것을 목적으로 한다.

① [그림 6-5]와 같이 새로운 프로젝트와 분석흐름도를 작성하자.

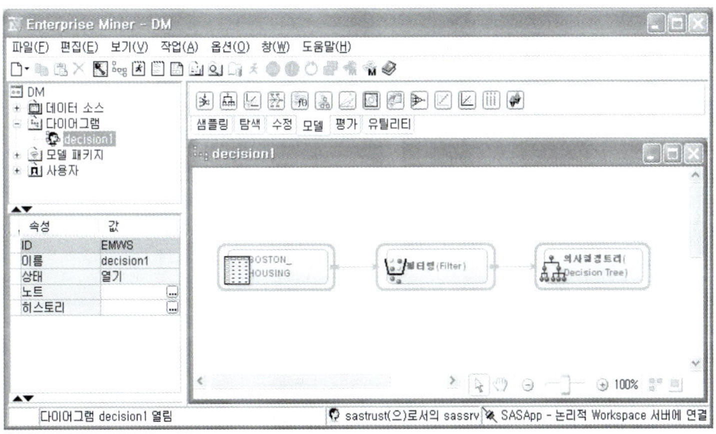

[그림 6-5] 의사결정나무 분석흐름도

② Boston Housing 노드를 활성화 하여 변수 편집을 선택한다.

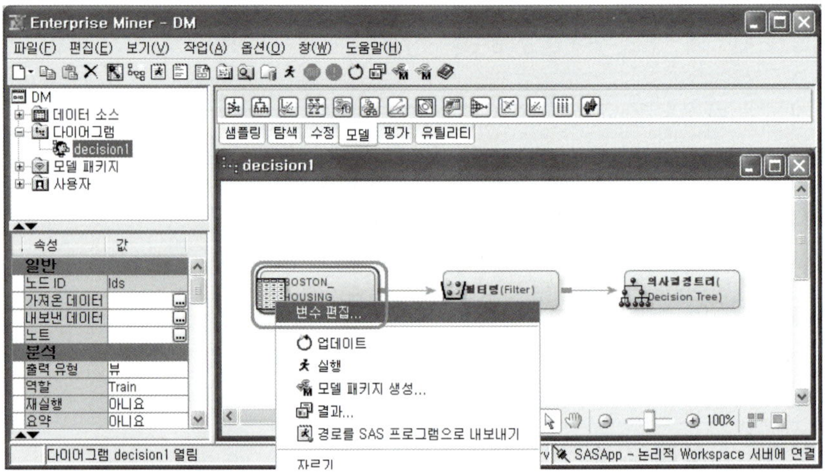

[그림 6-6] Input Data Source노드의 Data탭

③ 다음의 변수 창에서 목표변수인 LGMEDV에서 변수 역할을 input에서 Target으로 지정하고 확인을 클릭한다.

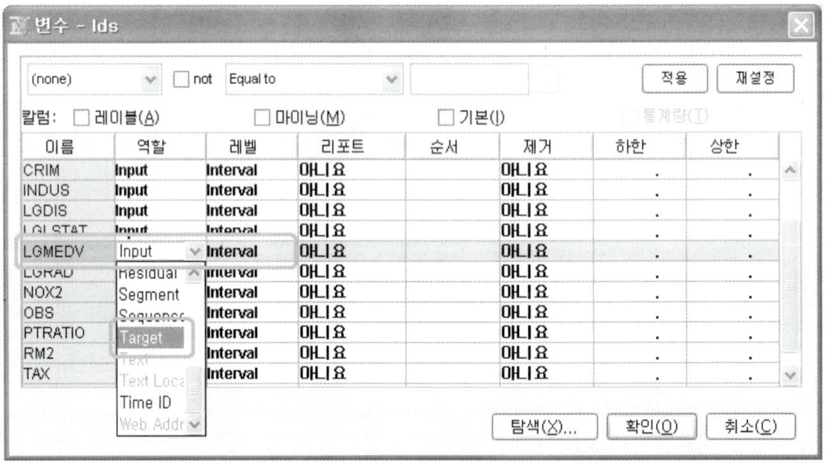

[그림 6-7] Input Data Source노드의 Variables 역할 지정

④ 분석에 있어서 변수들의 관측치 중 이상치를 제거하기 위해 [그림 6-8]과 같이 BOSTON_HOUSING의 Data를 실행시켜 필터링과 연결시켜 준 다음, 분석 흐름도

에 있는 Filter 노드를 활성화하여 [그림 6-9]와 같이 속성 창에서 기본필터링방법을 없음으로 지정하고 Interval 변수 오른쪽의 [...] 아이콘을 클릭하면 [그림 6-10]이 나온다.

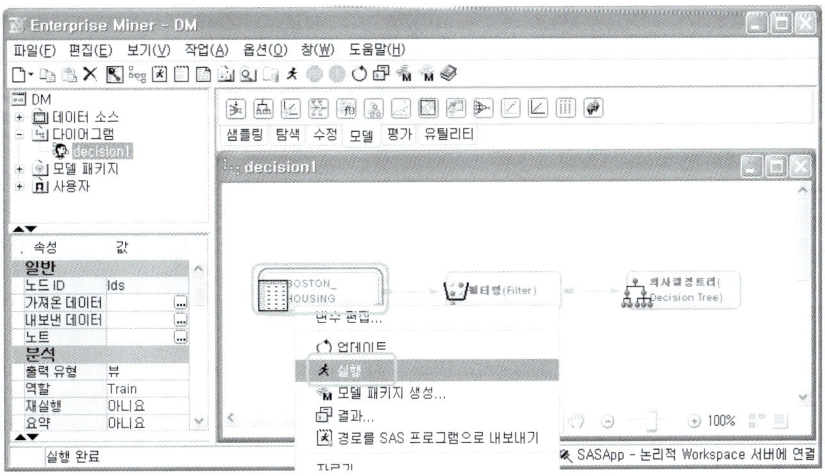

[그림 6-8] Input Data Source 노드의 Data탭

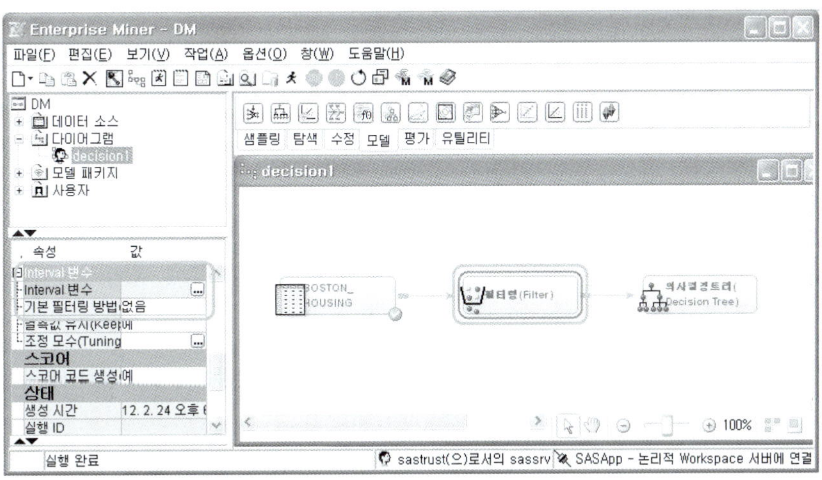

[그림 6-9] Filter 노드의 Interval 변수 속성 탭

⑤ 본 예제에서 CRIM의 최대 최대구간을 0과 55.5598로 조정하고자하면 [그림 6-10]에서처럼 기본으로 되어 있는 CRIM 열에서 필터링 방법을 사용자 지정으로 변경하고 필터링 하한과 상한을 각각 0과 55.5598로 지정한 후 확인을 클릭한다.

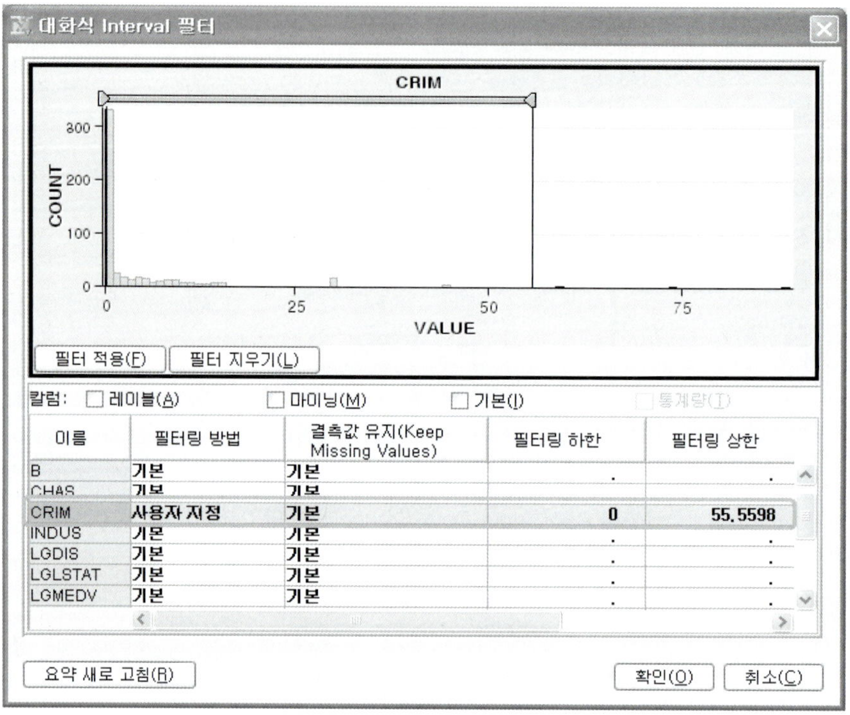

[그림 6-10] Interval 변수들에 대한 상한 하한 지정 창

⑥ Tree노드를 활성화 시키면 화면 왼쪽에 분리를 위한 분리규칙과 노드 등에 대한 기본적인 기준들이 나와 있다. Tree노드에서는 부모마디로부터 자식마디를 분리하기 위해서는 여러 가지 다양한 방법을 쓰는 데 그 방법이 크게 목표변수가 연속변수일 때(ProbF, Variance reduction)와 명목변수일 때(Chi-square test, Entropy reduction, Gini reduction)와 순서형일 때(Entropy reduction, Gini reduction)로 나눌 수 있는데, 본 예제에서는 목표변수가 연속이므로 연속변수 일 때의 방법 중 하나를 선택하면 되는데 여기서는 ProbF를 선택하였다.

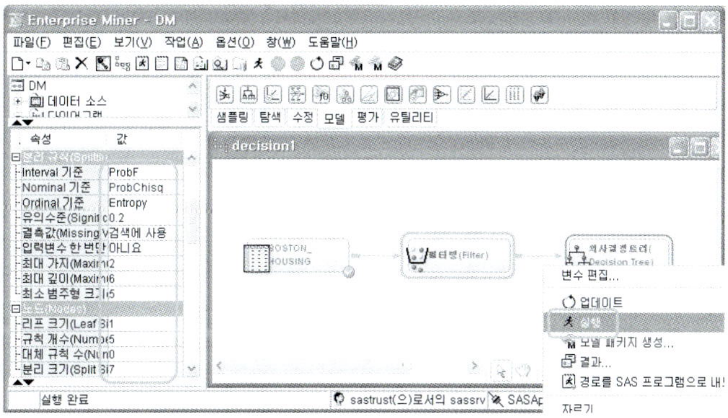

[그림 6-11] 의사결정 나무의 속성 창

■ 분리기준(Splitting Criterion)

- F-test(default) : 두개 이상의 마디에 대해서 평균의 차이를 검정하는 F-검정의 p값을 기준으로 하여 부모마디로부터 자식마디로 분리되어지며, 초기 유의수준은 0.2이다.
- Variance reduction : 분산의 감소량을 최대화하는 기준의 최적분리에 의해서 자식마디가 형성된다.

⑦ 선택된 속성에 따라 Tree노드를 활성화한 다음 실행을 클릭하면 [그림 6-12]와 같은 트리와 출력 등으로 나누어진 6가지 부분 창으로 구성된 결과 창이 나타난다.

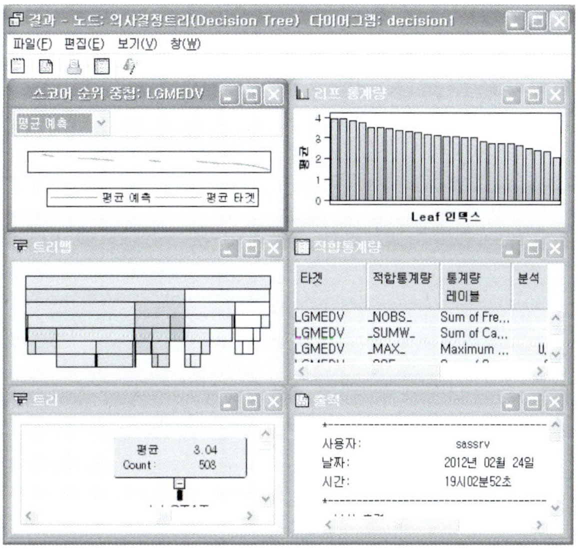

[그림 6-12] Tree노드의 실행 결과창

⑧ 위의 의사결정나무 결과 중에서 의사 결정나무의 적합통계량은 다음과 같다.

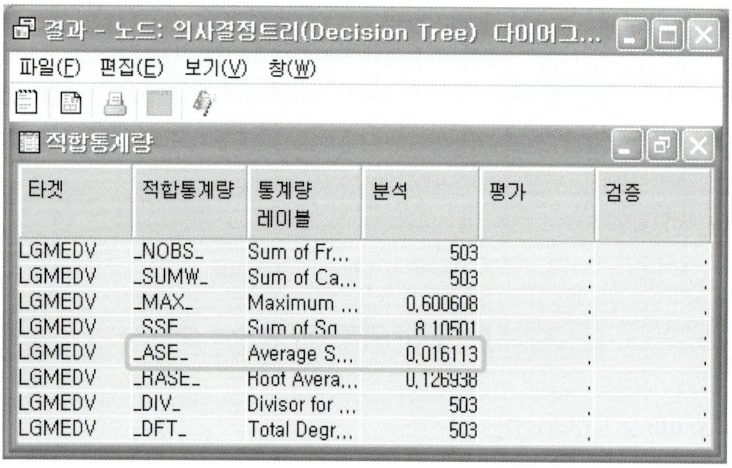

타겟	적합통계량	통계량 레이블	분석	평가	검증
LGMEDV	_NOBS_	Sum of Fr...	503	.	.
LGMEDV	_SUMW_	Sum of Ca...	503	.	.
LGMEDV	_MAX_	Maximum ...	0.600608	.	.
LGMEDV	_SSE_	Sum of Sq...	8.10501	.	.
LGMEDV	_ASE_	Average S...	0.016113	.	.
LGMEDV	_RASE_	Root Avera...	0.126938	.	.
LGMEDV	_DIV_	Divisor for ...	503	.	.
LGMEDV	_DFT_	Total Degr...	503	.	.

[그림 6-13] Tree노드의 실행 결과 적합통계량 창

⑨ 결과 창에서 [그림 6-14]와 같이 보기 → 모델 → 반복도표를 선택하면 [그림 6-15]와 같은 결과가 나타난다.

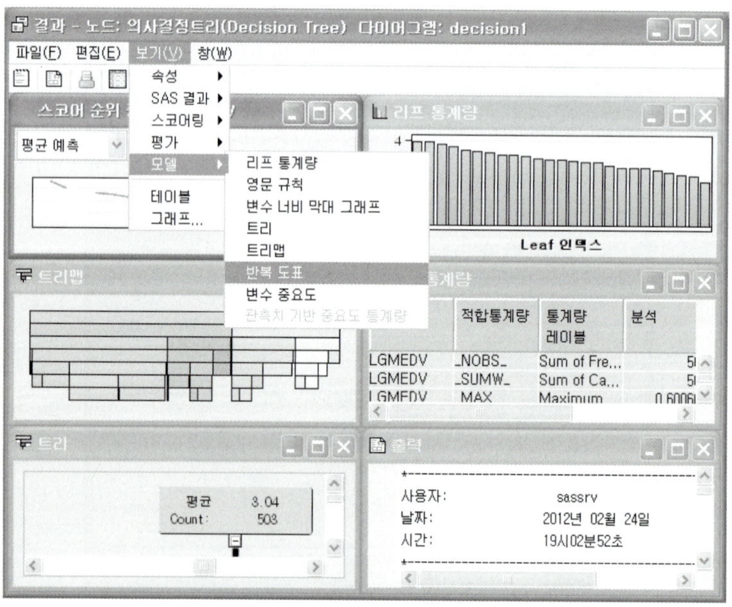

[그림 6-14] Tree노드의 실행 결과 창

⑩ 반복도표에서 옵션을 평균제곱오차(ASE)를 선택한 후 나타나는 그래프를 보면 잎의 수가 25에서 평균제곱오차가 거의 0임을 확인할 수 있다.

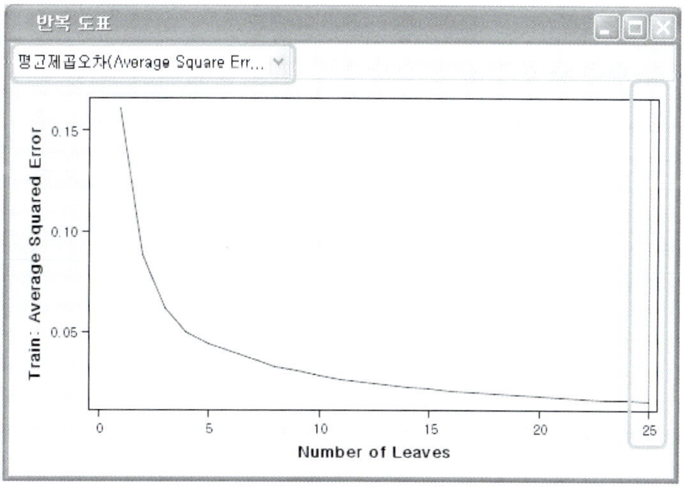

[그림 6-15] 평균제곱오차의 반복도표

⑪ 위의 의사결정나무분석 결과 중에서 깊이 2까지의 나무구조는 [그림 6-16]과 같으며 이를 다시 변수들의 설명들로 변환한 것이 [그림 6-17]이다.

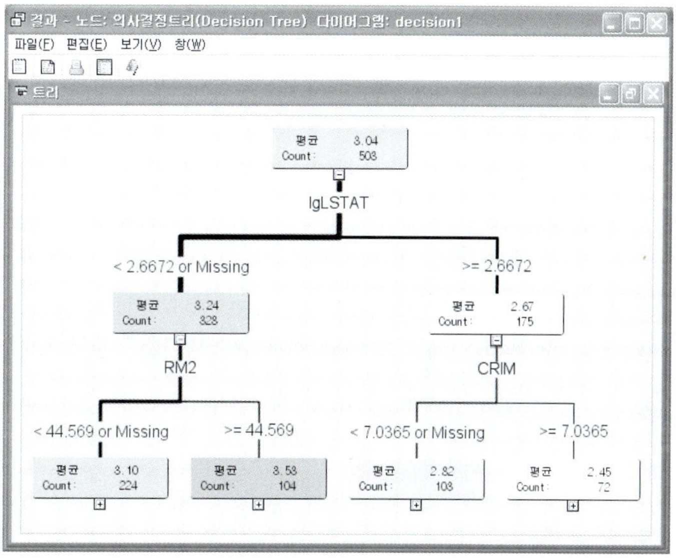

[그림 6-16] 결과 창의 트리

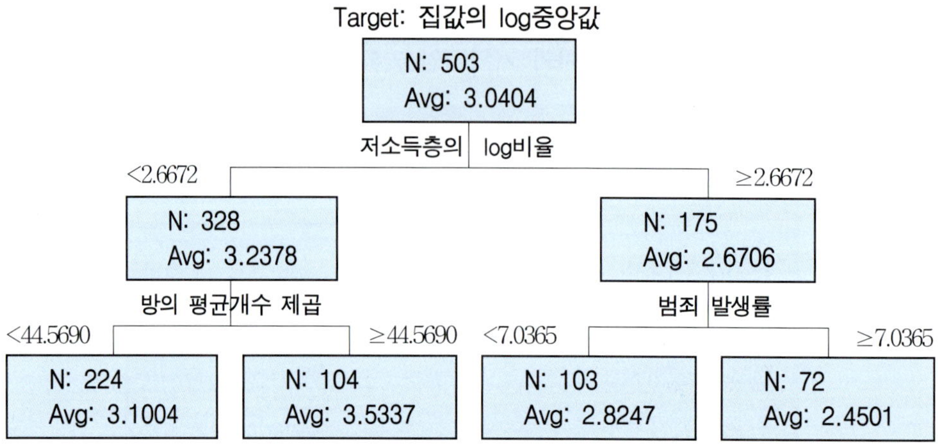

[그림 6-17] 의사결정나무 분석결과

Boston 지역 집값의 log 중앙값의 평균이 3.04로 나타났다. 평균보다 상당히 높은 집단은 (저소득층의 log 비율 ≤ 2.6672)이며, 동시에 (방의 평균개수의 제곱≥ 44.569)인 경우로 평균이 3.53이며 평균보다 낮은 집단은 (저소득층의 log 비율≥ 2.6672)이며, 동시에 (범죄발생률 ≥ 7.0365)인 경우로 전체의 평균값보다 상당히 낮은 평균값인 2.45를 나타냄을 알 수 있다.

6.8.2 German Credit Data 분석

독일인의 신용상태에 영향을 주는 요소를 예측하고, 각 변수들에 따른 신용불량에 대한 특성을 파악함은 물론 신용불량자를 조기에 선별하는데 도움을 줄 수 있는 신용불량자에 대한 규칙을 발견하는 것을 목적으로 한다.

- **출처** : Professor Dr. Hans Hofmann
  Institut f'ur Statistik und "Okonometrie University" at Hamburg
- **관측값의 개수** : 전체 자료 1000개, 변수 21개

① 먼저 아래와 같이 분석 흐름도를 작성한다.

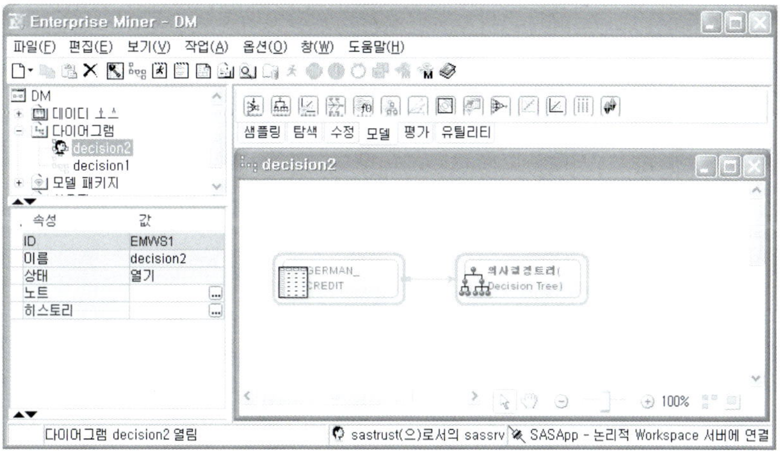

[그림 6-18] 의사결정나무 분석흐름도

② German Credit Data 노드를 활성화시킨 다음 변수 편집을 클릭한다. 여기에서는 목표변수(Model role : Target)를 CREDIT로 하고 나머지는 모두 Input으로 설정한다.

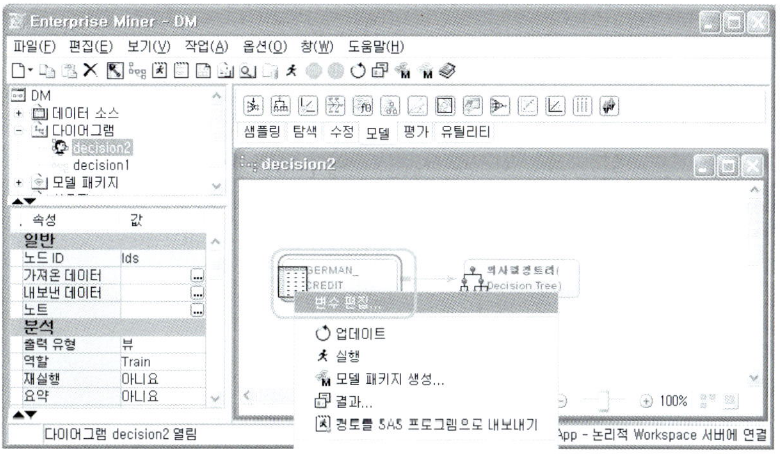

[그림 6-19] 의사결정나무 분석흐름도

③ ②의 결과 나타나는 창에서 CREDIT 변수의 역할을 Target으로 레벨을 BINARY로 변환 후 확인을 클릭한다.

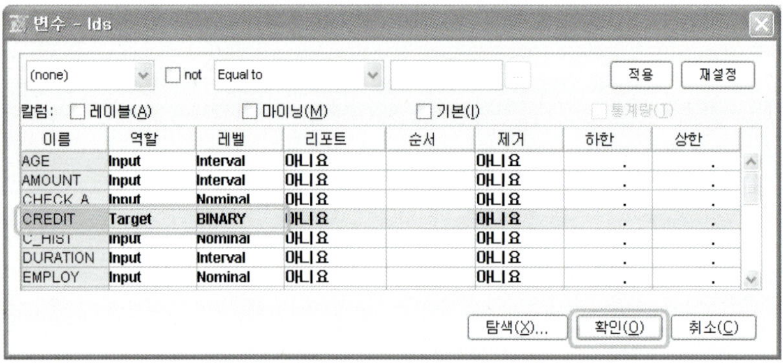

[그림 6-20] 변수 창

■ Tree노드의 옵션 지정(CHAID)

① 먼저 Tree 노드를 활성화 한 다음 나타나는 속성 창에서 적절한 옵션을 선택 혹은 입력 지정한다.

② 그러면 [그림 6-21]과 같이 Splitting criterion(분리기준)을 설정할 수 있는 Chi-square test가 초기값으로 설정되어 있으며, 유의수준의 초기값은 0.2인데 여기서는 0.05로 최대깊이를 6으로 최소 범주형의 크기와 잎마디에 포함될 최소빈도수인 리프의 크기를 10으로 지정하자. 목표변수가 이진(Binary)인 경우에 해당하는 최대 가지수는 2로 지정되어 있다.

③ 속성 창의 옵션들을 모두 지정한 다음 의사결정트리 모형노드를 실행한다.

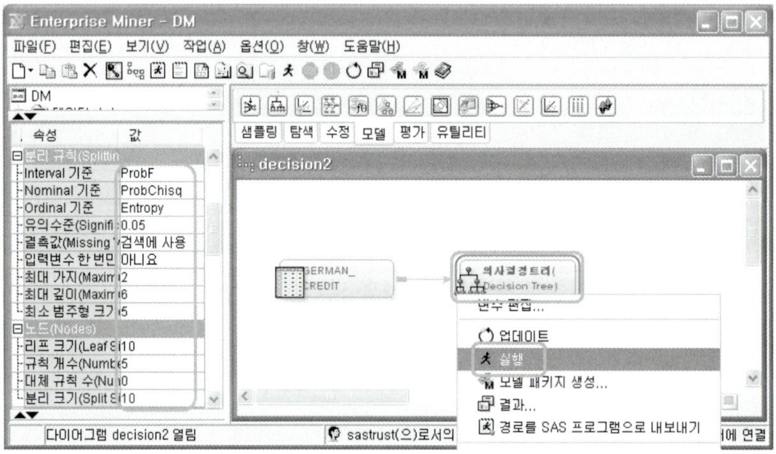

[그림 6-21] Tree노드의 속성지정 창

■ 분리기준(Splitting criterion)

- Chi-Square test (default) : Pearson Chi-Square값에 따라 부모마디에서 자식마디로 분리하는 방법으로 초기 유의수준은 0.20
- Entropy Reduction : 마디에서 불순도를 재는 측도인 엔트로피 지수(Entropy index)를 기준으로 부모마디에서 자식마디로 분리하는 방법
- Gini Reduction : 마디에서 불순도를 재는 측도인 지니 지수(Gini index)를 기준으로 부모마디에서 자식마디로 분리하는 방법

④ 결과 창에서 보기 > 모델 > 반복도표를 선택한다.

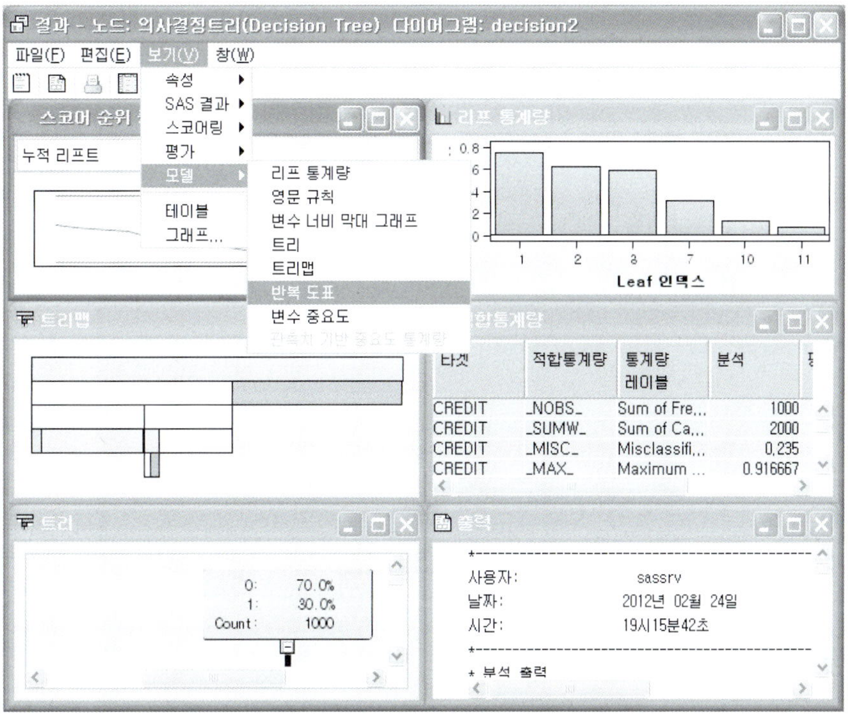

[그림 6-22] Tree노드의 실행 결과 창

⑤ ④의 결과 나타나는 창에서 옵션으로 오분류 비율(Misclassification Rate)을 선택한 후 나타나는 그래프를 보면 잎의 수가 6에서 오분류율이 더 이상 떨어지지 않는 것을 확인 할 수 있다. 총 잎의 수가 6이 됨을 알 수 있다.

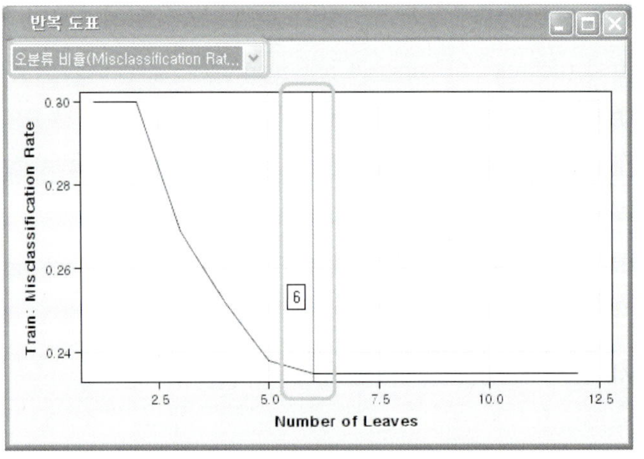

[그림 6-23] 평균제곱오차의 반복도표

■ Tree노드의 결과 보기

④ 위의 의사결정나무 결과 중에서 깊이 2까지의 나무구조는 다음과 같다.

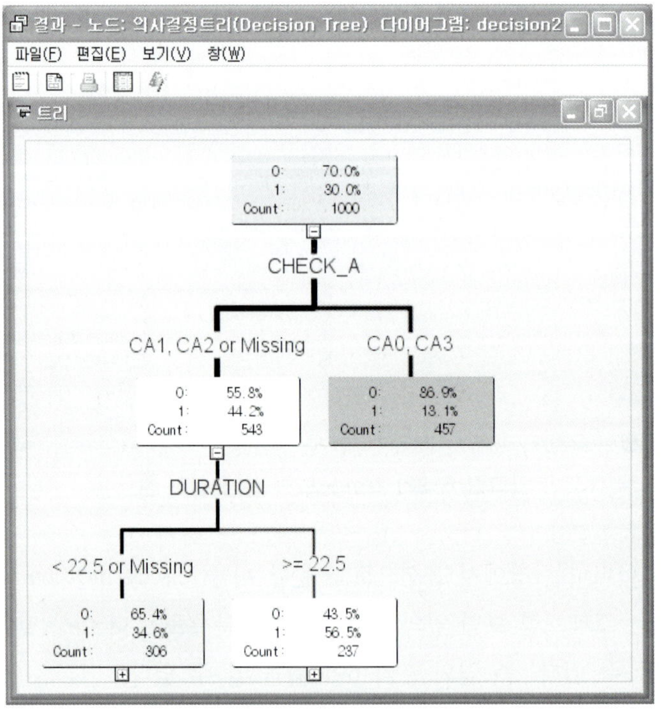

[그림 6-24] Tree노드의 Results창

신용상태를 결정하는 첫 번째 노드로 직불카드의 구좌 상태인 CHECK_A가 나타남을 볼 수 있다. 다음 분리 기준 변수로는 DURATION변수가 선택되었음을 확인할 수 있다. CHECK_A의 값이 CA0, CA3인 경우 86.9%가 신용양호 상태임을 보여준다. 이런 식으로 Tree Diagram Window를 탐색하면서 여러 가지로 해석하여 볼 수 있다.

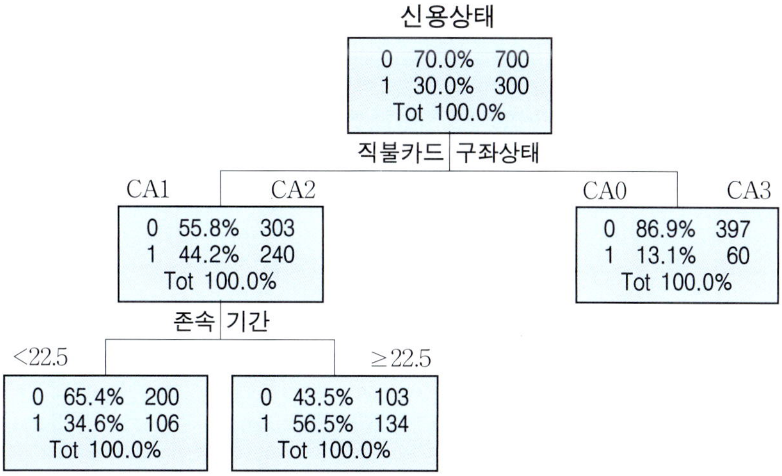

[그림 6-25] 의사결정나무 분석결과

본 자료에서는 전체의 30%가 신용불량자임을 알 수 있다. 분석결과를 보면 '구좌가 없거나(CA0) 당좌예금이 200마르크 이상(CA3) 있는 사람은 신용상태가 양호하다.'는 규칙을 만들 수 있다. 이 경우 13.1%에 해당하는 신용불량자가 신용상태가 양호하다고 판정을 받는 오류를 범할 수 있다. 또한 '당좌예금이 200마르크 미만(CA1)이면서 존속기간이 22.5년 이상인 사람은 신용불량이다.'라는 규칙을 만들어 낼 수 있다. 그러나 이 경우 43.5%에 해당하는 신용이 양호한 사람이 신용불량이라는 판정을 받는 오류를 범할 수 있다. 이러한 오류율을 낮추기 위해서는 다른 변수를 이용한 순도가 높은 잎을 만들어야 한다.

6.8.3 Tree노드의 Interactive노드

의사결정나무를 만들 경우 분리할 때 필요한 속성 창에서 분리기준이나 깊이 유의수준 등의 값들을 선택하여 지정하여 실행하면 의사 결정나무가 만들어 진다. 그러나 선택된 분리 기준값을 최적으로 해주는 변수와 다른 임의의 변수를 분리 변수로 사용하고 싶을 경우도 있다. 이처럼 분석자가 원하는 변수로 잎을 만들고 싶거나 의미가 없어 보이는 잎들을 제거하고자하는 경우 사용할 수 있는 노드가 Interactive 노드이다.

German Credit data를 이용한 Interactive노드 사용 예를 보이고자 한다.

① 의사결정나무모형 노드를 German Credit data노드와 연결하고 의사결정나무 모형 노드를 활성화시켜 속성을 지정한다.(유의수준을 0.05 최대깊이를 6 등)

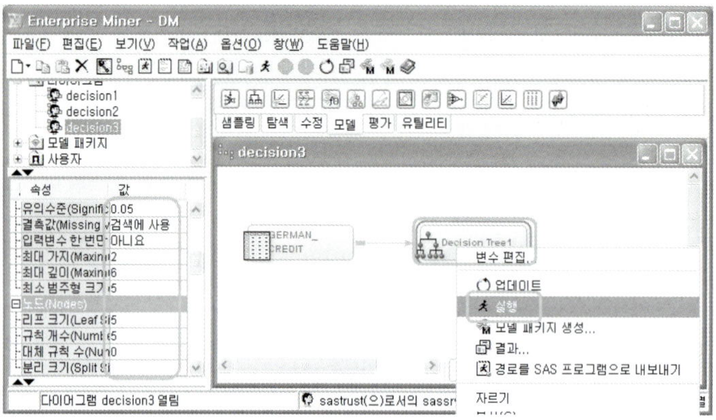

[그림 6-26] Decision Tree1 속성지정하기

② [그림 6-26]에서 Decision Tree1 노드를 실행한 결과 중에서 깊이 2까지의 나무구조는 다음과 같다.

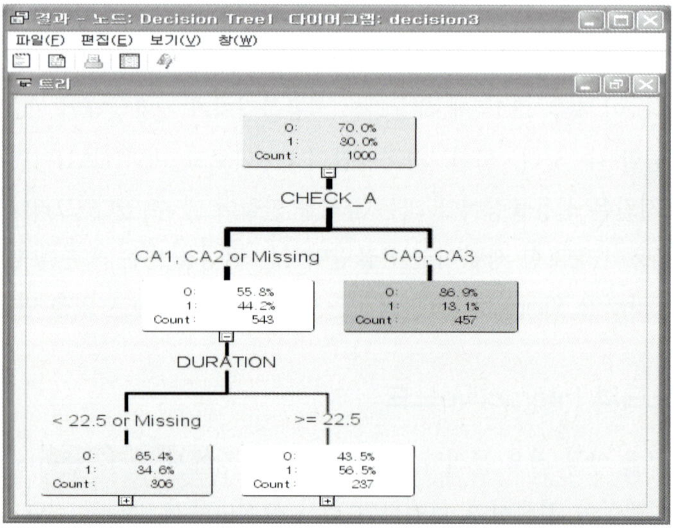

[그림 6-27] Decision Tree1 분석 결과 나무구조

위의 Tree를 보면 첫 분리 변수는 CHECK_A임을 알 수 있다.

③ Decision Tree1과 다른 임의의 변수를 이용한 가지 만들기를 하고자할 경우 새로운 Decision Tree2 노드 하나를 그림과 같이 연결한다.

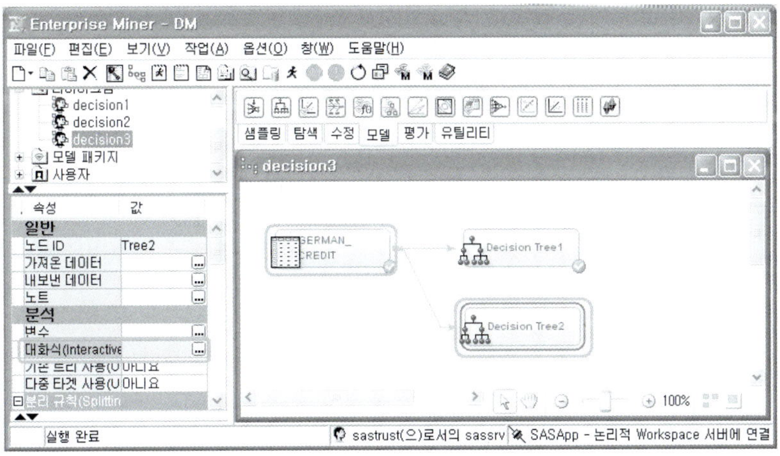

[그림 6-28] Decision Tree2 속성 지정하기

④ Decision Tree2를 활성화 시킨 상태에서 속성 창의 대화식(Interactive) 옆의 아이콘 ⋯ 을 클릭하면 [그림 6-29]와 같이 뿌리노드가 있는 트리 뷰 화면이 나타난다.

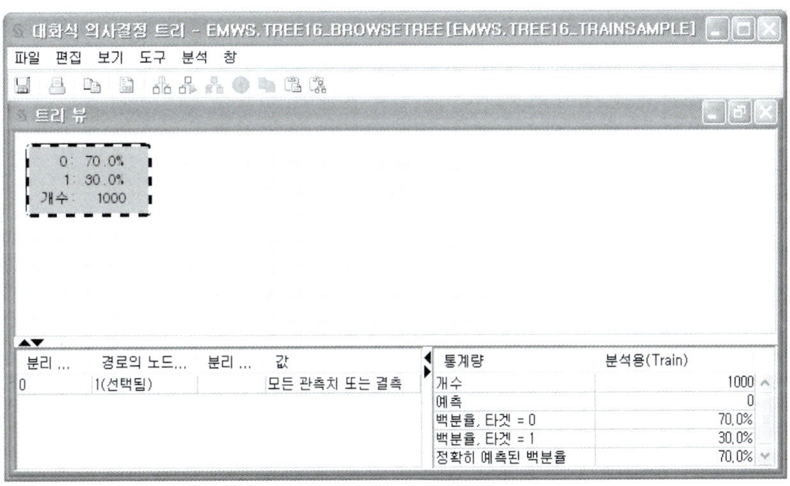

[그림 6-29] 트리 뷰 화면

⑤ [그림 6-29]에서 오른쪽 마우스를 이용하여 노드 통계량 클릭 → 모든 옵션 선택하면 [그림 6-30]과 같이 나타난다.

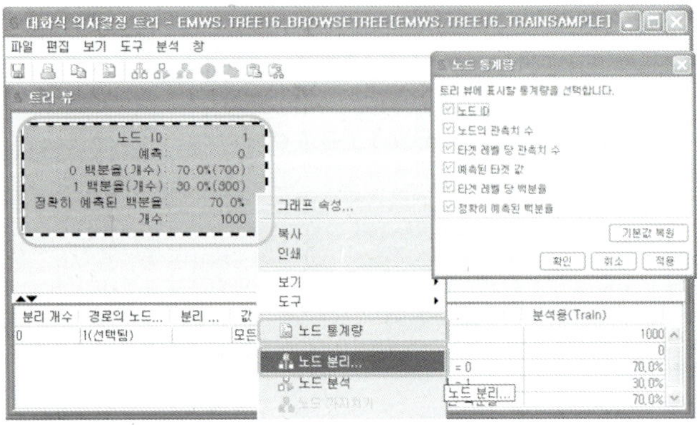

[그림 6-30] 트리 뷰 속성화면

⑥ [그림 6-30]에서 노드분리를 클릭하면 [그림 6-31]과 같이 나타난다. 아래의 노드 분리 화면을 보면 변수에 따른 -Log(p) 값이 가장 큰 변수가 CHECK_A임을 확인할 수 있다. 그러므로 처음으로 분리가 일어날 때의 분리변수는 CHECK_A이고 이 변수가 기준 변수가 되어 분리가 일어난다. 그러나 변수 C_HIST가 더 의미 있는 변수라고 여겨지는 경우 첫 분리 변수를 C_HIST를 선택하여 노드를 분리하고자하면 C_HIST를 선택하고 확인을 클릭하면 [그림 6-32]와 같은 C_HIST에 의해 분리된 나무구조가 나타난다.

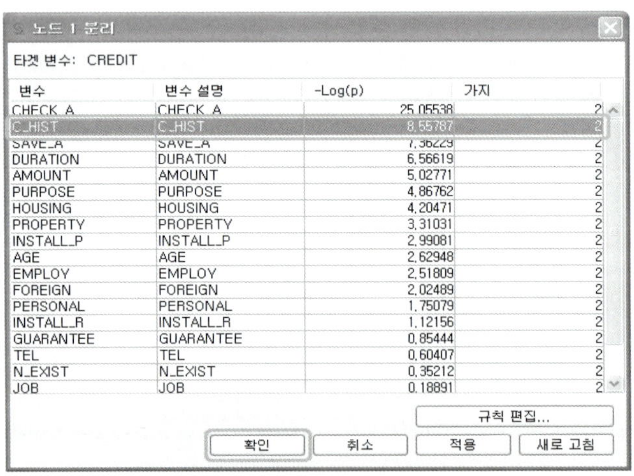

[그림 6-31] 첫 번째 노드분리를 위한 변수 특성

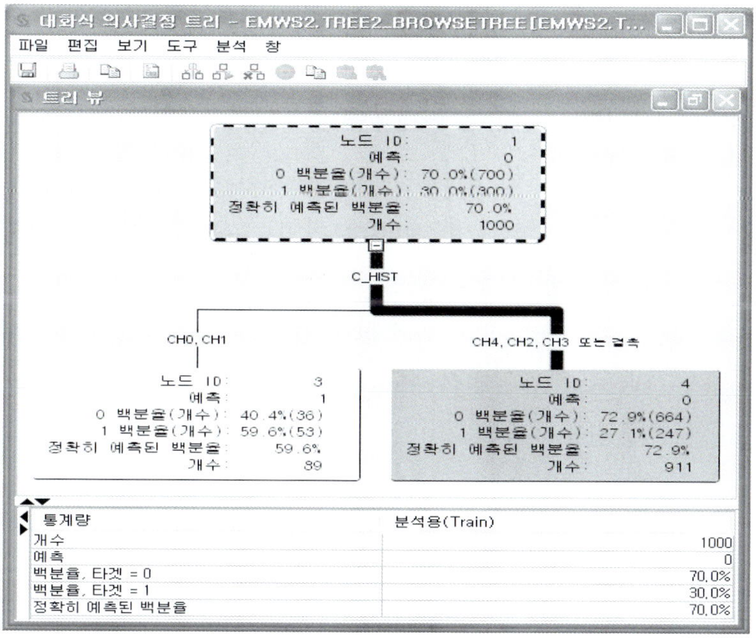

[그림 6-32] C_HIST 의해 분리된 나무구조

⑦ 이 변수에 의해 분리된 나무 구조를 최종 모형으로 하려면 [그림 6-32]에서 를 클릭하고 저장하면 대화식으로 완성된 Decision Tree2가 완성된다.

⑧ 완성된 Decision Tree2를 실행하고 Decision Tree 노드를 활성화 하여 결과를 클릭함으로써 Decision Tree2의 결과 확인할 수 있다.

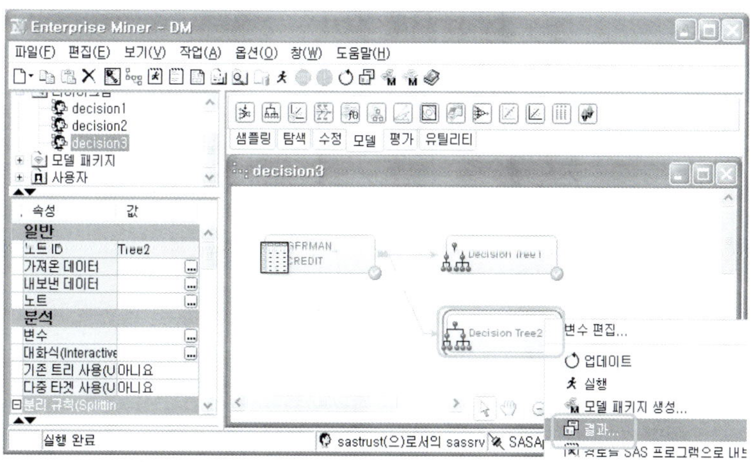

[그림 6-33] 실행 후 결과 보기

6.8.4 모형 비교

의사결정나무에 의한 모형 중에서 보다 적절한 모형을 선택하기 위해서는 Assessment 노드를 사용해야 하는데 다음과 같은 단계를 따라 German Credit data를 이용한 서로 다른 옵션에 의한 두 모형에 대한 평가를 해 보기로 한다.

① [그림 6-34]와 같이 먼저 다이어그램 창에서 German Credit data에 대한 노드와 데이터 분할 노드를 연결하고 분석용 평가용 검증용을 전체 자료의 40%, 30%, 30%씩 각각 할당한다. 의사결정나무에 의해 비교하고자하는 두 개의 모형에 대한 의사결정나무 노드 Decision Tree1과 Decision Tree2를 연결시키고 각각의 분석 노드에 대한 서로 다른 옵션을 지정한다.

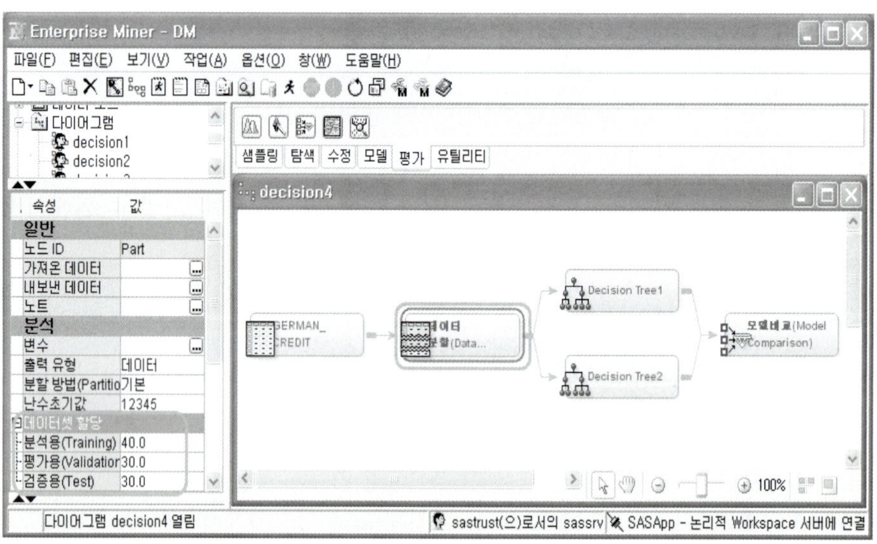

[그림 6-34] 비교를 위한 노드 및 연결하기

여기서 Decision Tree1은 기본 옵션을 이용한 나무구조 모형을 의미하고 Decision Tree2는 유의수준을 0.15로 최대깊이를 3으로 지정한 것을 의미한다.

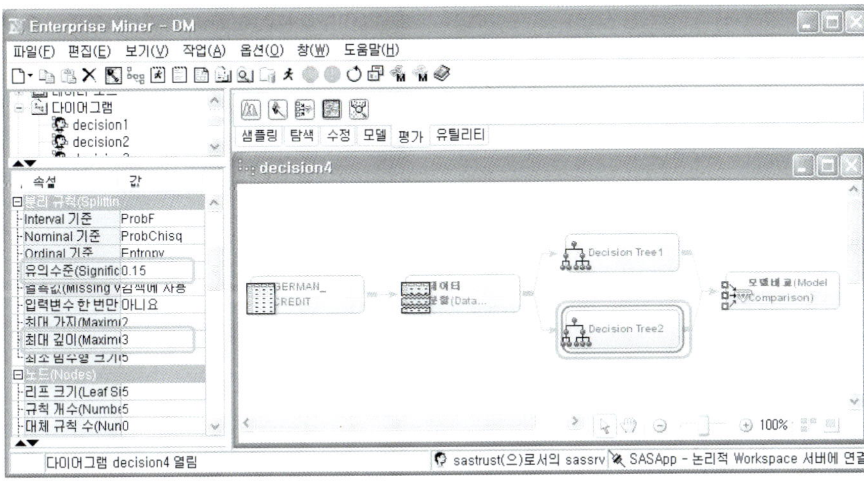

[그림 6-35] 속성 지정하기

② 평가 노드 중 모델비교 노드를 그림과 같이 연결시킨 후 모델비교 노드를 활성화시킨 후 이를 실행하면 다음과 같은 창이 나타나게 된다.

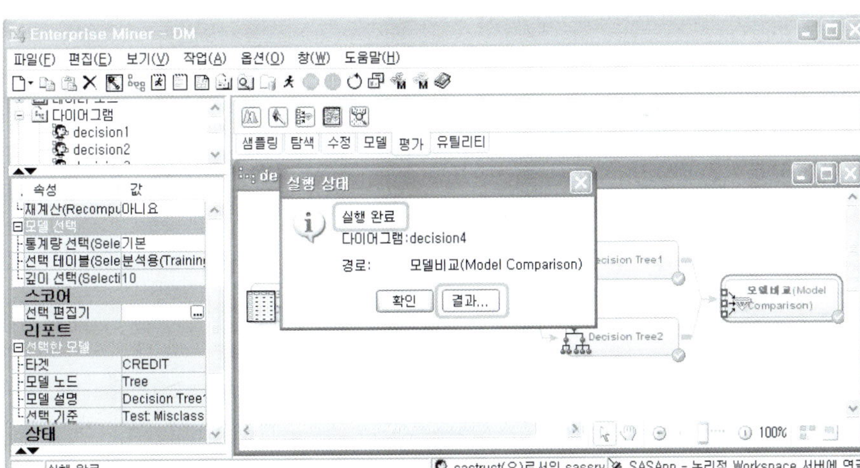

[그림 6-36] 모형비교 실행 후 결과보기

③ 위의 그림에서 결과를 클릭하면 [그림 6-37]과 같은 창을 볼 수 있다.

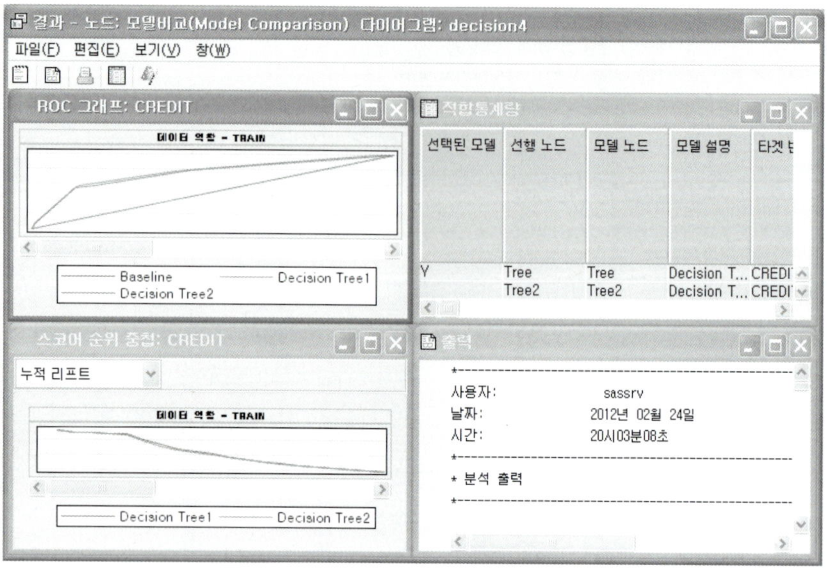

[그림 6-37] 모형비교 실행 후 결과 창

④ 위의 그림에서 적합통계량을 클릭하면 다음과 같은 결과를 볼 수 있다.

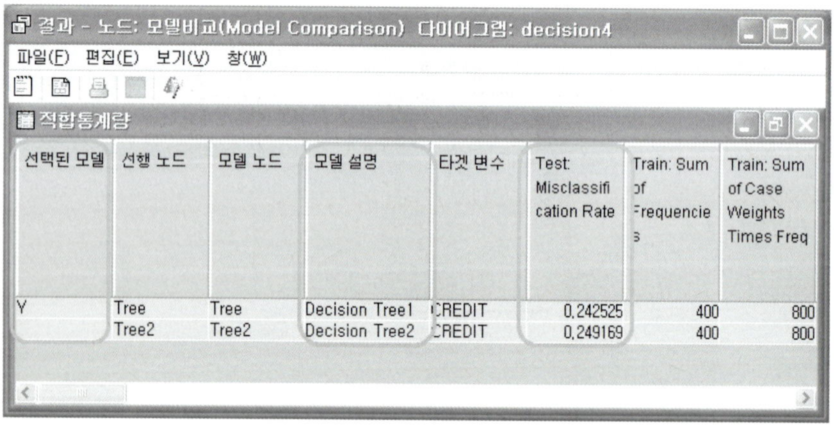

[그림 6-38] 모형비교 결과 적합통계량

⑤ 위의 결과를 보면 모형 1과 모형 2에 대한 Test 자료의 오분류율(Misclassification Rate)이 각각 0.242525와 0.249169로 Decision Tree1의 값이 더 작으므로 오분류율 측면에서 모형 1이 모형 2보다 더 나은 모형이라고 할 수 있다.

6.8.5 스코어 매기기

German Credit data자료를 이용하여 최종적으로 얻어진 의사결정나무 모형이 디폴트에 의한 모형이라고 가정하는 경우 실제 검증용 자료의 입력값들에 대한 예측값을 구하는 방법과 얻어진 값과 실제값과의 비교를 통한 정분류율이나 정오분류표를 구하여 보고자 한다.

① 먼저 그림과 같이 최종 모형을 얻기 위해 필요한 노드들을 서로 연결하여 실행한 다음 의사결정트리의 내보낸 데이터를 선택하여 이를 확인한다.

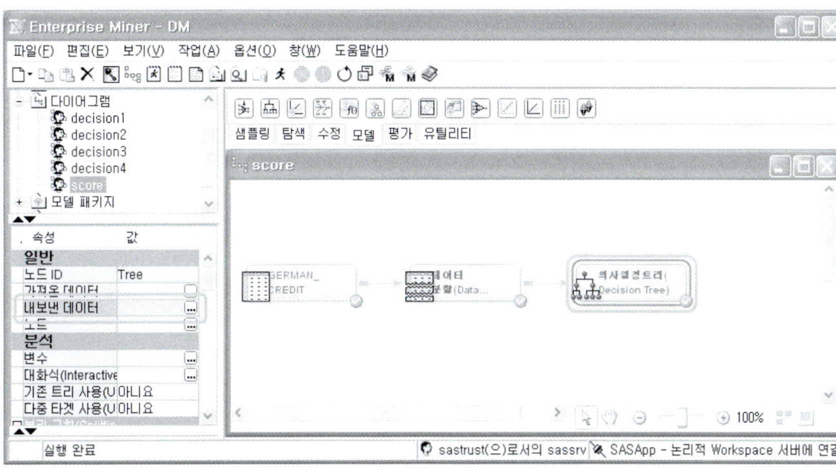

[그림 6-39] Decision Tree의 내보낸 데이터 확인

② Tree결과의 검정용 자료집합인 EMWS4.Tree_TEST를 확인한다.

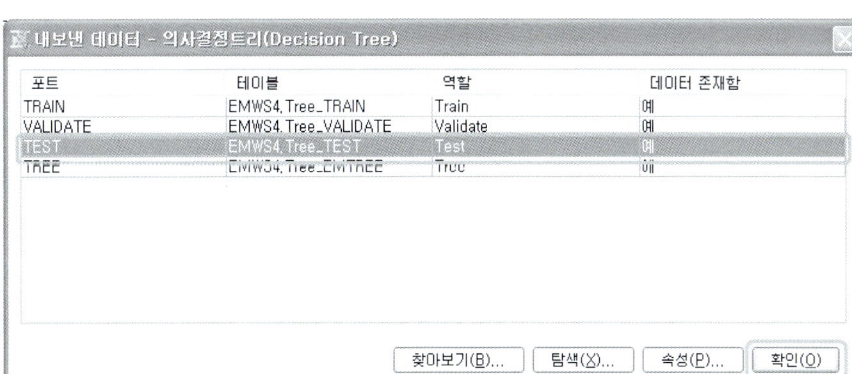

[그림 6-40] Decision Tree의 내보낸 데이터 확인

③ Test 자료집합의 정오분류표를 확인하기 위하여 유틸리티 노드 모음에서 SAS 코드 노드를 연결한 다음 속성 창에서 코드 편집기 옆의 아이콘을 클릭한다.

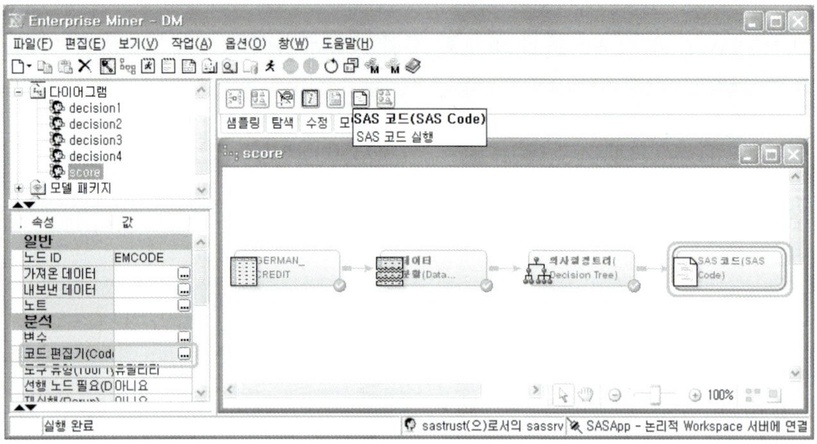

[그림 6-41] 의사결정트리에 SAS 코드 노드를 연결

④ 분석용 코드란에 정오분류표를 확인하기 위해 아래의 그림과 같이 코딩문을 입력한다. 여기서는 F_CREDIT과 I_CREDIT변수를 사용한다.

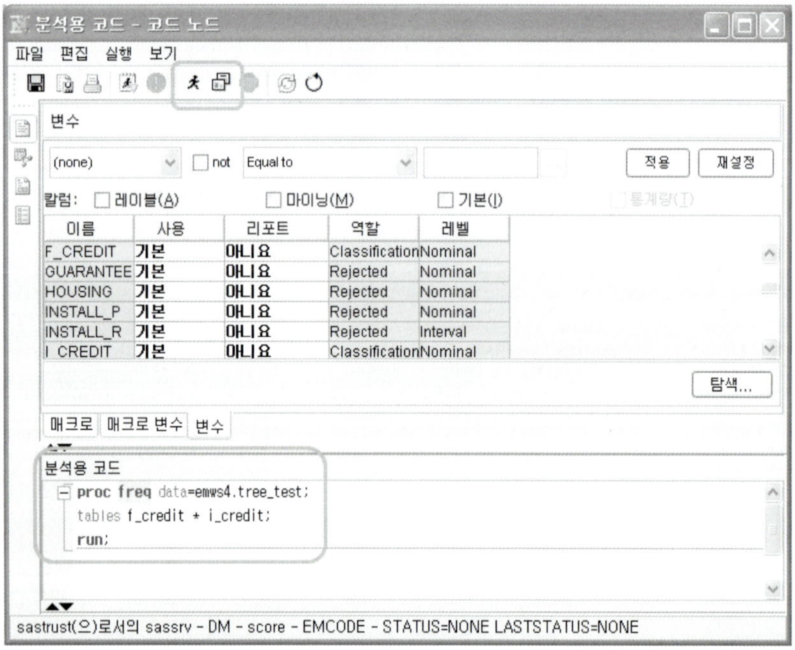

```
proc freq data=emws4.tree_test;
tables f_credit * i_credit;
run;
```

[그림 6-42] 코드 편집기 창에서 코딩입력

⑤ 위의 그림에서 코딩문을 입력한 다음, 아이콘을 클릭하여 실행하고 아이콘을 클릭하여 결과를 확인한다. 아래의 정오분류표를 보면 Test 자료집합의 정분류율이 75.75이고 오분류율이 24.25인 것을 알 수 있다.

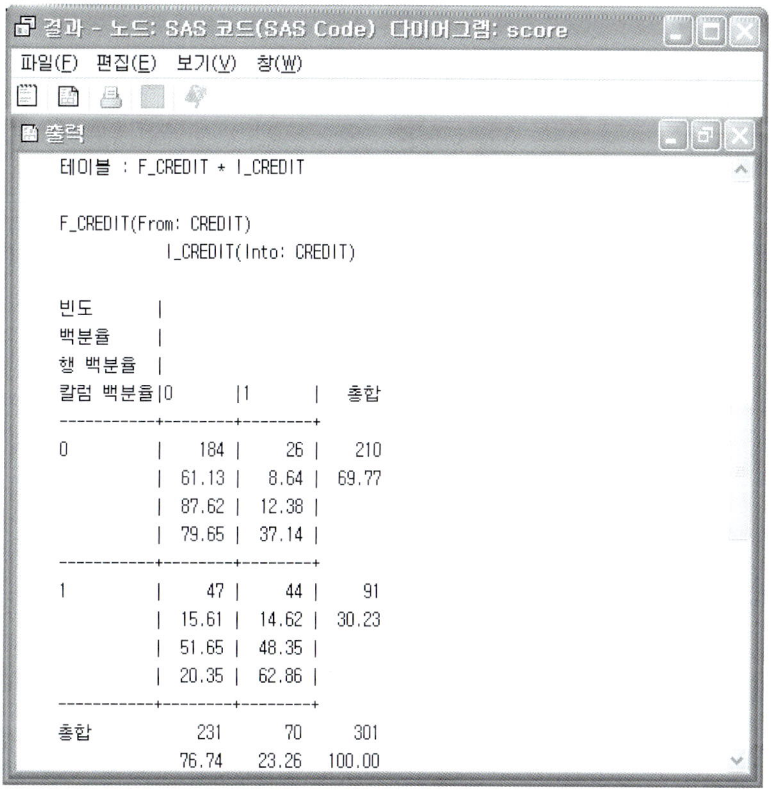

[그림 6-43] Test 자료집합의 정오분류표

GERMAN_CREDIT 전체의 자료를 새로운 실제 자료집합이라 여기고 얻어진 결과를 이용하여 새루운 자료의 입력값들에 대한 예측값을 구하는 방법과 얻어진 값과 실제값의 비교를 통한 정분류율이나 정오분류표를 구하여 보고자 한다.

① 우선 아래의 [그림 6-44]와 같이 의사결정트리와 SAS코드 노드 사이에 스코어노드를 연결하고 GERMAN_CREDIT 데이터를 추가하여 스코어노드에 연결한다. 그 다음 데이터 노드의 속성 창에서 데이터의 역할값을 Score로 변경하고 변수편집 창을 활성화 시킨다.

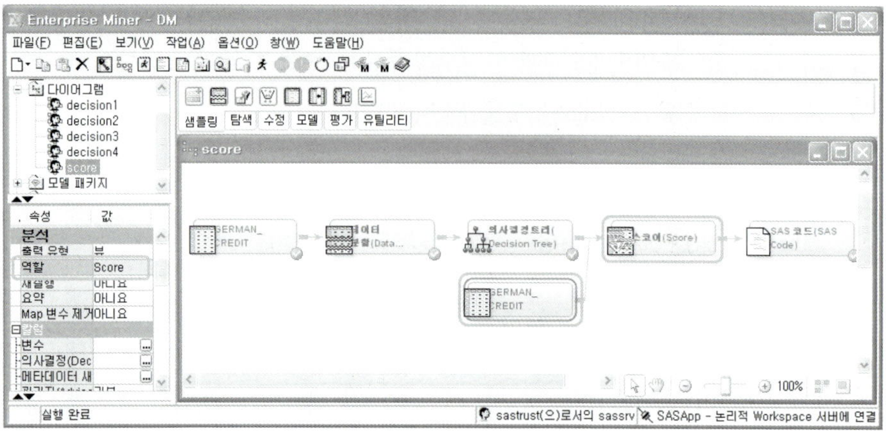

[그림 6-44] 스코어 노드와 데이터노드 추가

② 데이터의 변수 편집 창에서 기존의 Target 변수인 CREDIT 변수를 Rejected로 변경한 다음 확인을 클릭한다.

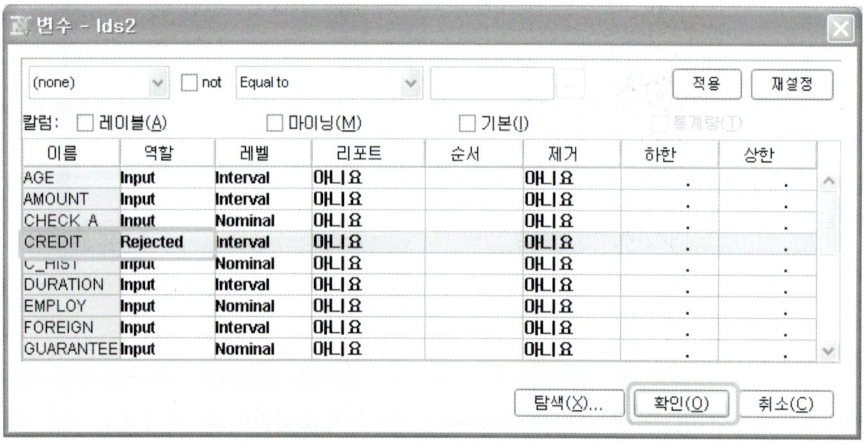

[그림 6-45] 데이터 변수 편집

③ 스코어 노드를 실행시킨 다음, 스코어 노드의 속성 창에서 내보낸 데이터에 있는 아이콘을 클릭한다.

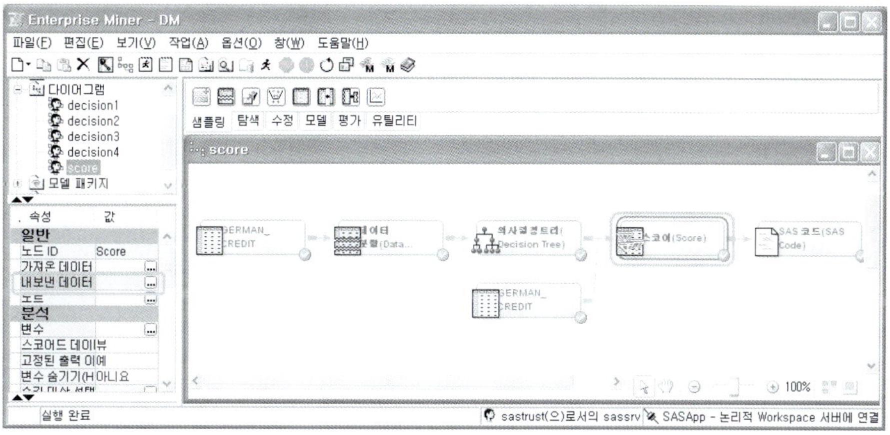

[그림 6-46] 스코어 노드 실행 및 내보낸 데이터 확인

④ 내보낸 데이터의 목록을 보면 새로 입력된 GERMAN_CREDIT 자료의 스코어 결과인 EMWS4.Score_SCORE 테이블을 확인할 수 있다. 여기서는 CREDIT에 대한 예측 확률과 예측값을 확인한다.

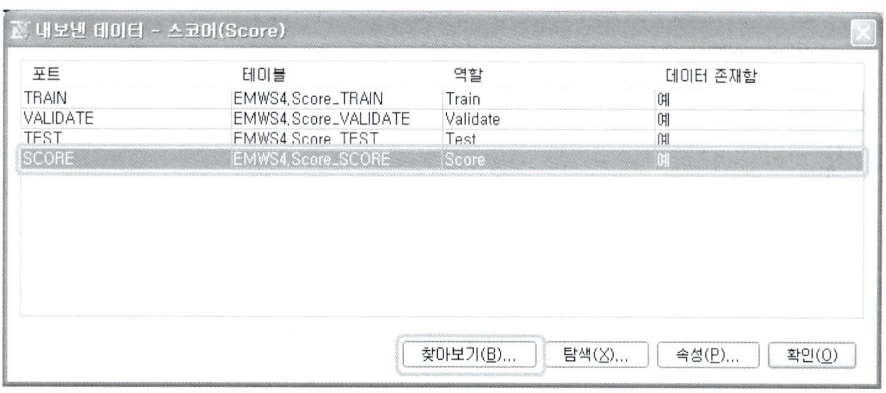

[그림 6-47] 스코어노드의 내보낸 데이터

⑤ GERMAN_CREDIT자료에 대한 스코어 노드 실행결과인 EMWS4.Score_SCORE를 통하여 Rejected된 CREDIT 변수의 0 또는 1에 대한 예측확률을 확인할 수 있으며, 실제값과 예측값을 비교해 볼 수 있다.

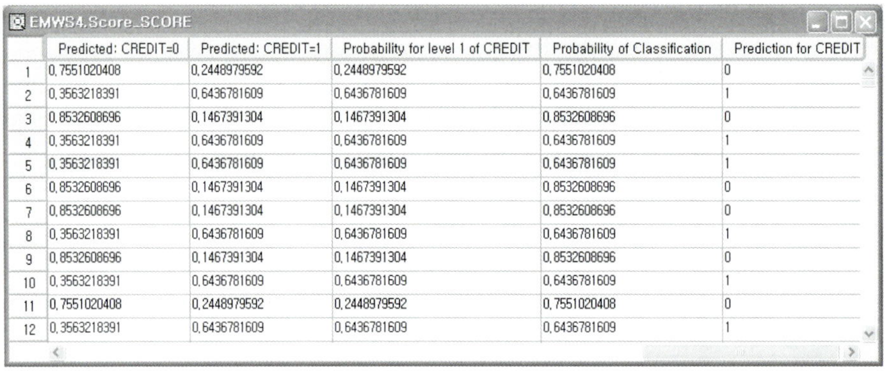

EMWS4.Score_SCORE

	Predicted: CREDIT=0	Predicted: CREDIT=1	Probability for level 1 of CREDIT	Probability of Classification	Prediction for CREDIT
1	0.7551020408	0.2448979592	0.2448979592	0.7551020408	0
2	0.3563218391	0.6436781609	0.6436781609	0.6436781609	1
3	0.8532608696	0.1467391304	0.1467391304	0.8532608696	0
4	0.3563218391	0.6436781609	0.6436781609	0.6436781609	1
5	0.3563218391	0.6436781609	0.6436781609	0.6436781609	1
6	0.8532608696	0.1467391304	0.1467391304	0.8532608696	0
7	0.8532608696	0.1467391304	0.1467391304	0.8532608696	0
8	0.3563218391	0.6436781609	0.6436781609	0.6436781609	1
9	0.8532608696	0.1467391304	0.1467391304	0.8532608696	0
10	0.3563218391	0.6436781609	0.6436781609	0.6436781609	1
11	0.7551020408	0.2448979592	0.2448979592	0.7551020408	0
12	0.3563218391	0.6436781609	0.6436781609	0.6436781609	1

[그림 6-48] EMWS4.Score_SCORE 테이블의 데이터

⑥ EMWS4.Score_SCORE를 통하여 전체자료에 대한 CREDIT 변수에 대한 예측값을 확인해 볼 수 있으며 Rejected된 CREDIT 값과 예측값에 대한 정오분류표를 확인하기 위하여 SAS코드의 속성 창에 코드편집기 옆에 있는 아이콘을 클릭하여 코드편집기 창을 활성화 시킨다.

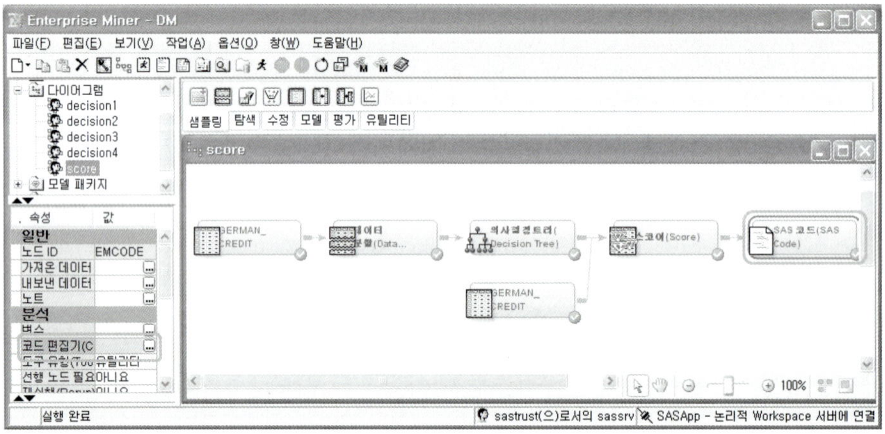

[그림 6-49] SAS 코드 노드의 코드 편집기 활성화

⑦ 새로운 데이터에 대한 정오분류표를 확인하기 위하여 코드 편집기 창의 분석용 코드란에 아래의 그림과 같이 코딩문을 작성하고 실행시켜 결과를 확인한다. 여기서는 CREDIT과 I_CREDIT 변수를 사용한다.

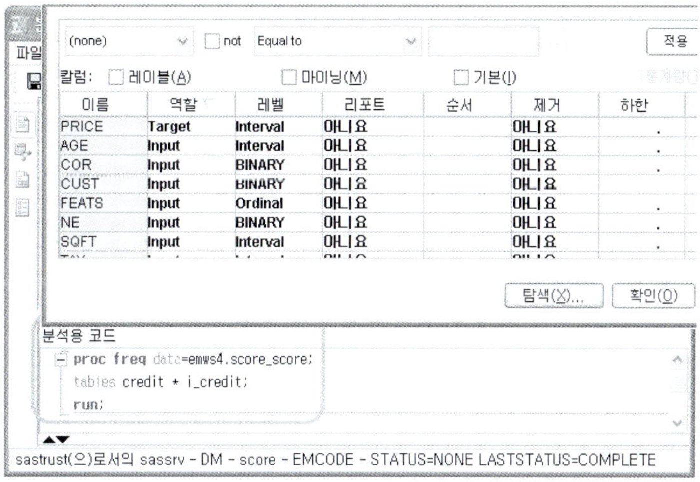

[그림 6-50] 코드 편집기에서 코딩문 작성

⑧ 정오분류표를 보면 정분류율이 76.40이고 오분류율이 23.60이 됨을 알 수 있다.

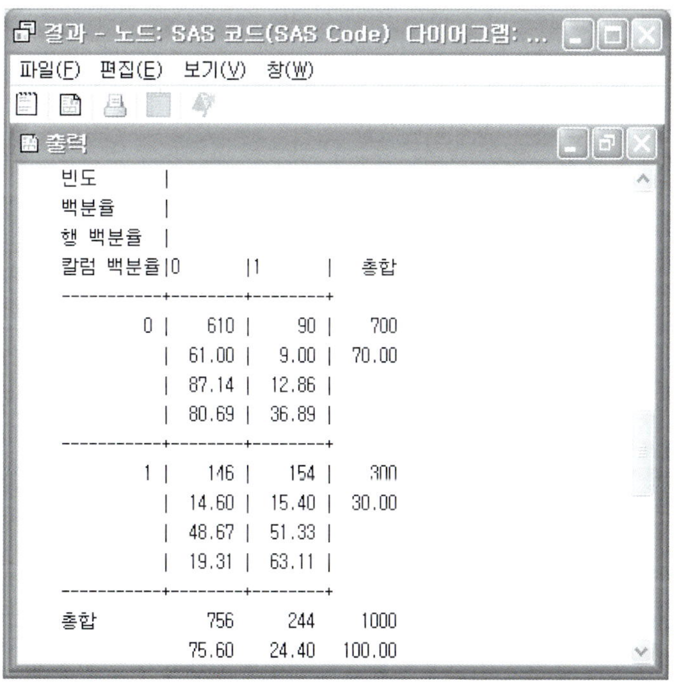

[그림 6-51] GERMAN_CREDIT자료의 정오분류표

제 7 장

회귀모형

이 장에서는 회귀분석과 로지스틱 회귀모형에 대한 이론을 소개하고 SAS E-Miner를 통하여 이를 구현하는 방법을 다루고자 한다.

7.1 단순선형회귀모형

아래 [그림 7-1]은 체형의 삼두근 두께와 체지방을 그래프로 표현한 것이다. 삼두근의 두께와 체지방이 어느 정도 상관관계를 갖고 있는지 알아보고자 한다. 그래프로부터 삼두근의 두께가 증가하면 체지방도 선형적으로 증가한다는 것을 알 수 있고, 따라서 다음과 같은 일차 선형방정식으로 두 변수의 관계를 표현하는 것이 가능할 것이다.

$$y = \alpha + \beta x$$

이와 같이 한 변수(종속변수)가 다른 변수(설명변수)들에 의해서 어떻게 설명(explanation)

또는 예측(prediction)되는지를 알아보기 위해 자료를 적절한 함수식으로 표현하여 분석하는 통계적 방법을 회귀분석(Regression Analysis)이라 한다.

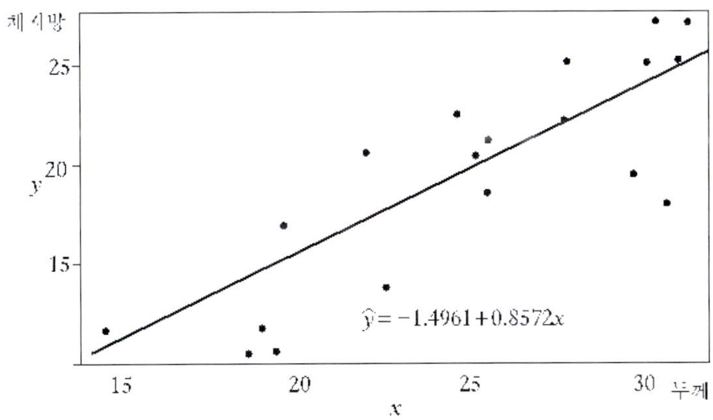

[그림 7-1] 삼두근의 두께와 체지방

회귀분석은 설명변수의 수에 따라 단순선형회귀(simple linear regression) 분석과 다중회귀(multiple linear regression)분석으로 분류한다.

단순선형회귀모형은 위 예제처럼 설명변수를 하나만 사용 한 가장 간단한 모형이다. 실제 사회현상에서 설명변수를 하나만 고려하는 경우는 많지 않지만, 이론적 전개과정은 다중회귀에서도 그대로 적용되기 때문에 회귀분석의 개념을 이해하는 데 매우 중요한 모형이라 할 수 있다. 반면에 설명변수가 2개 이상 사용한 모형을 다중선형회귀모형이라 부른다.

7.1.1 회귀모형의 구축

[그림 7-1]의 각각의 자료는 $y = \alpha + \beta x$ 라는 지선시에 정확하게 일치하는 것이 아니고 직선을 중심으로 어느 정도 오차를 갖고 흩어져 있다. 따라서 각각의 자료를 정확하게 표현하려면 이러한 오차를 반영하는 직선을 고려하는 것이 바람직할 것이다. 단순선형회귀모형은 종속변수 y와 설명변수 x의 관계를 다음과 같은 일차식으로 표현한 것을 말한다.

$$y = \alpha + \beta x + \epsilon$$

여기서 α와 β는 회귀모수(regression parameter)로서 자료로부터 추정되어야 할 회귀계수(regression coefficient)이다. ϵ은 오차항(error term)으로 보통 기댓값과 분산이 각각 0, σ^2인 정규분포를 따르는 것으로 가정한다.

위 모형에서 $\alpha + \beta x$는 종속변수의 변동량을 함수적으로 설명하는 부분(결정적 부분)을 나타내며, 오차항은 종속변수의 변동량 중에서 함수적으로 설명 안 되는 부분을 나타내는 것으로 잡음(noise) 부분이라 부르기도 한다.

따라서 좋은 모형(good model)은 종속변수의 총변동량 중에서 변동량을 설명하는 함수적 부분이 크고, 오차항의 값이 적은 모형을 말한다. 오차항이 커지는 이유는 여러 가지 원인이 있을 수 있으나 가장 중요한 원인으로는 설명변수 x와 종속변수 y의 관계를 적절하게 표현하지 못한 경우에 주로 발생한다. 이는 모형설정이 잘못된 경우로서 설명변수 하나만으로는 종속변수 y를 설명하기에 부족하거나 가정된 회귀모형이 자료에 적절하지 않은 경우에 큰 값으로 나타날 수 있다.

이러한 경우에는 1차적으로 설명변수를 추가하여 다중선형회귀모형 혹은 다항회귀모형(polynomial regression model)을 고려할 수 있다. 다른 방법으로는 설명변수 혹은 종속변수에 대하여 변수변환을 적극적으로 시도하여 보는 것이 모형의 적합도를 향상시킬 수 있다.

상기 방법 외에도 비선형회귀, 의사결정나무분석, 신경망과 같은 비선형모형을 시도 해 보는 것도 좋은 대안이 될 수 있다. 또한, 오차항은 측정오류(measurement error)나 입력오류와 같은 것들이 포함될 수 있으므로 연구자는 발생할 수 있는 오류들에 대해서 사전에 충분히 검토하여 분석해야 한다. E-Miner의 탐색(exploration)노드와 변환(modifying)노드를 이용하면 이러한 오류를 탐색하고 수정하는 일련의 작업들을 쉽게 수행할 수 있다.

7.1.2 회귀모수의 추정

단순선형회귀모형에서 모수 α와 β를 추정하기 위해서 일반적으로 최소제곱법 (least square method) 혹은 최우추정법(maximum likelihood method)을 사용한다. 최소제곱법은 오차들의 제곱합이 최소가 되도록 회귀계수를 추정하는 방법이다. 즉 회귀계수 α와 β의 최소제곱추정량은 다음과 같은 오차제곱합

$$\sum_{i=1}^{n} \epsilon_i^2 = \sum_{i=1}^{n} (y_i - \alpha - \beta x_i)^2$$

을 최소화하는 것이다. 여기에서 y_i와 x_i 그리고 ϵ_i는 i번째 자료의 종속변수, 입력변수 그리고 오차항의 값을 나타낸다. 회귀계수 α와 β의 최소제곱 추정치를 각각 a와 b라고 할 때, 이는 다음과 같은 수식에 의해서 계산될 수 있다.

$$b = \sum_{i=1}^{n} (x_i - \bar{x})(y_i - \bar{y}) / \sum_{i=1}^{n} (x_i - \bar{x})^2$$

$$a = \bar{y} - b\bar{x}$$

$$\text{단, } \bar{x} = \sum_{i=1}^{n} x_i / n \text{ , } \bar{y} = \sum_{i=1}^{n} y_i / n$$

이제 종속변수에 대한 예측값을 $\hat{y}$ 이라고 하면, 추정된 모형식은 다음과 같이 표현된다.

$$\hat{y} = a + bx$$

<표 7-1>은 앞의 체형 자료에 대해서 회귀분석을 수행한 결과를 보여준다.

〈표 7-1〉 체형의 체지방 예측

설명 변수 (x)	19.5	24.7	30.7	29.8	19.1	25.6	31.4	27.9	22.1	25.5
	31.1	30.4	18.7	19.7	14.6	29.5	27.7	30.2	22.7	25.2
반응 변수 (y)	11.9	22.8	18.7	20.1	12.9	21.7	27.1	25.4	21.3	19.3
	25.4	27.2	11.7	17.8	12.8	23.9	22.6	25.4	14.8	21.1
추정된 모형식	$\hat{y} = -1.4961 + 0.8572x$									
예 측 값 ($\hat{y}$)	15.22	19.68	24.82	24.05	14.88	20.45	25.42	22.42	17.45	20.36
	25.16	24.56	14.53	15.39	11.02	23.79	22.25	24.39	17.96	20.11

7.1.3 회귀계수에 대한 해석과 평가

선형회귀모형에서는 추정된 회귀계수 b는 설명변수 x에 대한 기울기를 나타내는 것으로 이는 설명변수 x가 1단위 증가할 때 종속변수 y가 변화하는 양을 나타낸다. 예를 들어, 앞의 예에서 추정된 회귀계수 b가 0.8572라는 것은 삼두근의 두께가 1(mm)단위 증가하면 체지방이 0.8572단위 증가한다는 것을 나타낸다. 회귀계수가 양의 값으로 추정되었다는 것은 x가 증가하면 y도 증가한다는 의미이고, 회귀계수가 음의 값으로 추정되었다는 것은 x가 증가하면 y는 오히려 감소한다는 의미를 가진다.

그런데 상기와 같은 회귀계수에 대한 해석은 가정된 회귀모형이 설명변수 x와 종속변수 y의 관계를 잘 설명하고 있다는 전제 조건하에 가능하다. 즉 추정된 회귀모형이 주어진 자료에 적절하지 못하다면 이로부터 얻어지는 결과는 의미를 상실하게 될 것이다. 따라서 주어진 자료에 회귀모형을 적합시키고 나면 반드시 추정된 회귀직선식이 주어진 자료에 잘 적합되었는지를 검토하여 보아야 할 것이다. 이를 검토하는 방법으로는 결정계수, 회귀계수에 대한 t-검정, 분산분석의 F-검정 등 몇 가지가 알려져 있는데, 이 절에서는 먼저 t-검정에 대하여 설명하고자 한다. 나머지는 중회귀분석에서 언급하고자 한다.

(1) 회귀계수에 대한 t-검정

회귀계수에 대한 t-검정은 $y = \alpha + \beta x + \epsilon$라는 모형에 대하여 설명변수의 기울기인 $H_0 : \beta = 0$이라는 가설을 검정하는 것을 말한다.

이에 대한 검정통계량은

$$t = \frac{b - \beta}{s(b)}$$

로 귀무가설이 사실이면 자유도가 n-2 인 t-분포를 따른다. 여기서 $s(b)$는 b의 표준오차(standard error)이다. 상기의 t-통계량을 SAS E-Miner에서는 일명 T-score라고 부르기도 한다. 대부분의 상용화된 통계패키지에서는 디폴트로 회귀계수의 검정을 위한 t-통계량과 유의확률을 출력하여 준다. 이러한 사실을 이용하여 회귀계수에 대한 검정을 쉽게 수행할 수 있다. [결과 7-1]은 SAS를 이용한 출력결과이다.

Parameter Estimates

Variable	DF	Parameter Estimate	Standard Error	t Value	Pr > |t|
Intercept	1	-1.4961	3.3192	-0.45	0.6576
X	1	0.8572	0.1288	6.66	<.0001

[결과 7-1] 체형자료에 대한 회귀계수의 검정

[결과 7-1]은 체형 자료에 대한 E-Miner의 회귀분석 출력결과 중 일부로서 기울기 β에 대한 추정치가 b=0.8572라는 것과 표준오차가 0.1288 그리고 t 통계량의 값이 6.66이라는

것을 보여주고 있다. 여기에서 t 통계량의 값 6.66에 대한 유의확률(p-값)은 0.0001보다 작다. 따라서 유의수준(significant level)을 어떤 기준(α=0.01, 0.05, 0.10)을 사용하더라도 유의수준보다 작기 때문에 회귀계수의 기울기는 통계적으로 유의함을 알 수 있다.

즉, 설명변수인 삼두근의 두께는 종속변수인 체지방을 설명하는데 도움을 주고 있다고 결론 내릴 수 있다.

마찬가지 방법으로 다중선형회귀모형에서도 각각의 설명변수에 대하여 t-통계량에 의한 유의성 검정을 실시할 수 있다. 또한 절편(intercept)항인 α에 관한 가설검정도 실시할 수 있으나, 이는 설명변수와 종속변수의 관계를 설명하는데 직접적인 관련이 없으므로 더 이상 설명을 생략한다.

(2) 결정계수

결정계수는 종속변수의 총 변동 중에서 설명변수에 의하여 설명되어지는 변동량을 나타내는 것으로 보통 R^2로 나타내며 0과 1 사이의 값을 갖는다. 자세한 설명은 7.2.1 절의 다중회귀분석의 결정계수를 참조하기 바란다.

(3) 분산분석의 F-검정

가정된 회귀모형에 대한 타당성을 검토하는 방법으로 분산분석의 F-검정이 있는데 단순선형회귀모형에서는 앞에서 설명한 회귀계수에 대한 t-검정 결과와 동일하다. 다중회귀모형에 대한 분산분석의 F-검정은 7.2.1절을 참조하기 바란다.

단순선형회귀에 대한 모형의 적합도를 평가하는 방법은 상기 언급한 방법 이외에도 많은 통계량이 소개되어 있지만 여기서는 생략한다. 보다 더 자세히 검토하고자 한다면 회귀분석에 관한 서적을 참고하기 바란다.

7.2 다중선형회귀모형

일반적으로 사회적 또는 자연적 현상을 설명하는 데 있어서 종속변수 y의 변화는 하나의 설명변수만으로 충분히 설명되는 경우는 거의 없다고 해도 과언이 아니다. 따라서 적절한 설명변수를 여러 개 잘 선택하여 이들의 함수로서 종속변수를 설명한다면 보다 정확한 예측을 할 수 있을 것이다. 종속변수 y에 대해서 p개의 설명변수 $x_1,\ x_2,\ \cdots,\ x_p$가 있다면, 다중선형회귀모형(Multiple Linear Regression Model)은 다음과 같이 표현된다.

$$y = \alpha + \beta_1 x_1 + \beta_2 x_2 + \cdots + \beta_p x_p + \epsilon$$

여기서 $\alpha,\ \beta_1,\ \beta_2,\ \cdots,\ \beta_p$는 추정되어야 할 $(p+1)$개의 회귀계수이며, ϵ은 오차항으로 단순회귀에서와 마찬가지로 기대값과 분산은 각각 0, σ^2인 정규분포를 따르는 것으로 가정한다. 다중선형회귀모형에서도 회귀계수들의 추정치 $a,\ b_1,\ b_2,\ \cdots,\ b_p$는 오차제곱합을 최소로 하는 최소제곱법(method of least squares)이나 혹은 최우추정법(method of maximum likelihood)에 의하여 구할 수 있다.

7.2.1 추정된 회귀식의 적합도 검토

모형을 적합시키고 나면 가정된 선형회귀모형이 자료에 얼마나 잘 적합 되었는지를 검토하는 것은 회귀분석에서 매우 중요한 절차이다. 이를 평가하는 몇 가지 기준을 이 절에서 소개하고자 한다.

(1) 회귀계수에 대한 t－검정

각 회귀계수들에 대한 유의성 검정은 단순선형회귀모형에서와 마찬가지로 각각의 회귀계수에 대하여 t-통계량을 이용하여 실시할 수 있다.

(2) 결정계수

추정된 회귀모형에 대한 적합도를 평가하는 측도로 단순선형회귀모형과 마찬가지로 결정계수라는 것이 있다. 이는 해석의 용이성 때문에 가장 많이 이용되는 통계량으로 다음과 같이 총제곱합을 회귀제곱합과 오차제곱합으로 분할하는 관계식을 이용하여 검토할 수 있다.

$$\sum_{i=1}^{n}(y_i - \bar{y})^2 = \sum_{i=1}^{n}(\hat{y_i} - \bar{y})^2 + \sum_{i=1}^{n}(y_i - \hat{y_i})^2$$

여기서 좌변을 총제곱합(SST, Total Sum of Squares due to Total)이라 부르며, 우변의 첫째 항을 회귀제곱합(SSR, Sum of Squares due to Regression), 우변의 둘째 항을 오차제곱합(SSE, Sum of Squares due to Error)이라 부른다. 총제곱합은 종속변수의 총편차제곱합을 나타내기 때문에 설명변수의 수나 가정된 모형에 상관없이 항상 일정하다. 이들을 이용하여 추정된 회귀식의 적합도(goodness of fit)를 판단하는 쉬우면서도 가장 많이 사용되는 한 가지 측도는 총제곱합 중에서 회귀제곱합이 차지하는 비율이다. 즉 총 변동을 설명하는데 있어서 회귀식에 의하여 설명되는 변동의 비율은 나타내는 결정계수(coefficient of determination) R^2이다. 즉, 결정계수는 다음과 같이 정의된다.

$$R^2 = \frac{SSR}{SST} = 1 - \frac{SSE}{SST}$$

R^2의 값이 1에 가까울수록 추정된 회귀식이 자료를 잘 설명하는 것으로 해석하며, 0에 가까울수록 설명력이 없다고 할 수 있다($0 \le R^2 \le 1$). 예를 들어, 결정계수 값이 0.8이면 종속변수의 총변동에 대하여 설명변수가 80% 정도 설명한다고 볼 수 있다.

(3) 분산분석의 F-검정

앞에서 언급한 결정계수로 적합된 회귀모형의 타당도를 평가하는 것은 주관적일 가능성이 크다. 따라서 설명변수 $x_1,\ x_2,\ \cdots,\ x_p$가 종속변수 y를 설명하는데 통계적으로 유의한지를 판단하기 위하여 분산분석의 F-검정법을 많이 이용한다.

이에 대한 검정통계량은

$$F = \frac{SSR/p}{SSE/(n-p-1)} = \frac{MSR}{MSE}$$

로 F-통계량은 자유도 $(p,\ n-p-1)$인 F-분포를 따른다.

분산분석의 F-검정 결과, 설명변수들이 종속변수를 설명하는데 통계적으로 유의하다고 결론이 나더라도 이는 모든 설명변수가 유의하다는 의미가 아니고 적어도 하나 이상의 설명변수가 종속변수를 설명하는데 유의하다는 의미이며 각각의 설명변수에 대한 유의성은 회귀계수에 대한 t-검정 결과를 이용하여야 한다.

이제 하나의 예를 통해서 다중회귀모형의 적합도를 검정하는 절차를 살펴보자.

[결과 7-2]는 6개의 설명변수에 의해서 다중회귀분석을 실행하여 얻은 결과이다. 먼저 전반적인 회귀모형에 대한 검정으로 분산분석의 F 검정 결과를 살펴보면, F-검정 통계량의 값이 484.52이며, 이에 대한 p-값이 <.0001로서 6개의 설명변수 중 적어도 하나 이상이 종속변수를 설명하는데 통계적으로 유의하게 기여하고 있음을 알 수 있다. 만약 p-값이 유의수준보다 커서 통계적으로 유의하지 않다면 각 회귀계수에 대한 더 이상의 해석은 의미가 없다.

모형평가에 대한 또 다른 측도로 결정계수를 살펴보면, 상기 회귀식의 결정계수(R-square)는 0.9955로서 종속변수의 총변동 중 99.55%가 설명변수에 의한 회귀식으로 설명되고 있음을 알 수 있다. 그러므로 가정된 회귀모형은 주어진 자료에 매우 잘 적합되고 있다는 결론을 내릴 수 있다. 다음으로 가정된 회귀 모형이 적절하다면 모든 설명변수가 종속변수를 설명하는데 의미 있는 기여를 하고 있는지 검토하여 보아야 할 것이다. 이를 확인하기 위하여 각각의 회귀계수에 대한 t-검정 결과를 살펴보면, 유의수준을 5%(α=0.05) 기준으로 볼 때 6개의 설명변수 중에서 처음 3개(x1, x2, x3)의 변수에 대해서만 유의확률(p-값)이 유의수준 0.05보다 작다. 따라서 3개의 설명변수는 종속변수를 설명하는데 의미 있는 기여를 하고 있지만, 나머지 3개(x4, x5, x6)는 의미 있는 설명력을 갖지 못하는 것으로 보인다. 이는 변수 선택 기준을 유의수준 0.05로 변수선택 방법을 적용한다면 3개(x4, x5, x6)의 설명변수는 제거되고 3개(x1, x2, x3)의 설명변수만 최종 모형에 포함될 가능성이 크다는 것을 시사한다고 볼 수 있다.

Analysis of Variance

Source	DF	Sum of Squares	Mean Square	F Value	Pr > F
Model	6	557.50696	92.91783	484.52	<.0001
Error	13	2.49304	0.19177		
Corrected Total	19	560.00000			

Root MSE	0.43792	R-Square	0.9955
Dependent Mean	114.00000	Adj R-Sq	0.9935
Coeff Var	0.38414		

Parameter Estimates

Variable	DF	Parameter Estimate	Standard Error	t Value	Pr > |t|
Intercept	1	-13.67611	3.10549	-4.40	0.0007
X1	1	0.70893	0.07075	10.02	<.0001
X2	1	0.91897	0.05607	16.39	<.0001
X3	1	4.54529	1.60128	2.84	0.0140
X4	1	0.05293	0.05196	1.02	0.3270
X5	1	-0.02755	0.03685	-0.75	0.4679
X6	1	0.00358	0.00341	1.05	0.3129

[결과 7-2] 다중회귀분석의 검정

7.2.2 표준화 회귀계수

앞에서 다루었던 체형 자료는 삼두근의 두께 단위가 1(mm)로 되어 있다. 그런데 삼두근의 단위를 1cm(10mm)로 바꾸어 코딩(coding)하면 어떻게 될까? 이 경우에는 다음과 같은 회귀식을 얻게 된다.

$$\hat{y} = -14.961 + 8.572x$$

이와 같이 설명변수의 단위를 바꾸면 해당 변수의 회귀계수의 크기도 변하게 되지만, 그 변수의 회귀계수 자체에 대한 해석에는 아무런 차이가 없다(즉, '삼두근이 1(10mm)단위 증가하면 체지방이 8.572단위 증가한다'는 해석은 앞에서의 '삼두근의 두께가 1mm 증가하면 체지방이 0.8572 증가한다'는 해석과 의미상 다를 바가 없다).

그러나 다중회귀모형에서 회귀계수의 크기가 각 설명변수의 단위에 의존하기 때문에 단순히 회귀계수의 크기만으로 각 설명변수의 중요도를 서로 비교하는 것에는 문제가 있다. 이러한 문제점을 어느 정도 극복하기 위하여 표준화 회귀계수(standardized coeffcient)를 사용하기도 한다. 표준화 회귀계수는 각 설명변수를 다음과 같이 표준화한 후

$$z_i = (x_i - \bar{x})/s(x),\ i = 1, 2, \cdots, p$$

표준화된 변수들 z_1, z_2, $\cdots$, z_p를 이용하여 얻은 회귀계수이다. 따라서 표준화 변수는 설명변수의 단위에 영향을 받지 않기 때문에 각 설명변수의 상대적 중요도를 비교하기 위한 측도로 흔히 사용된다.

7.2.3 설명변수의 선택

회귀분석이란 앞에서 언급한 것처럼 종속변수에 영향을 미칠 수 있는 몇 개의 설명변수로 종속변수를 설명 또는 예측하는 통계적 방법이다. 따라서 주어진 자료에 적절한 모형을 잘 구축하는 것도 중요하지만, 설명변수를 어떻게 선택하느냐가 매우 중요한 일이다. 여기에는 중요한 2가지 원칙이 있다.

① 종속변수에 영향을 미칠 수 있는 설명변수를 가능한 충분히 포함시킨다.

② 너무 많은 설명변수가 관련되어 있으면 데이터를 획득, 분석하고 변수들의 변화를 탐지, 관리하는데 많은 노력과 비용이 요구된다.

위의 두 가지 원칙은 서로 이율배반적이므로 적절한 타협점이 찾아져야 한다. 따라서

적절한 변수선택 방법을 사용하여 의미가 없는 설명변수는 제거하고 필요한 설명변수로 구성된 최적의 회귀모형을 구축하여야 한다. 이때에 변수 선택의 판정기준을 사용하게 되는데 SAS에서는 몇 가지 방법을 옵션으로 제공하고 있다. 설명변수의 수가 과다하게 많아지면 상기와 같은 문제 이외에도 소위 다중공선성(multicollinearity)과 같은 문제가 발생하게 되어 일부 회귀계수 추정치의 분산과 예측값의 분산이 매우 커지게 되어 이를 신뢰할 수 없게 된다.

SAS E-Miner에서는 탐색과 변형 단계에서 사전에 종속변수에 영향을 주는 변수를 탐색하는 다양한 방법들이 제공되고 있다. 선형회귀분석의 장점 중의 하나는 모형화 과정에서 필요한 설명변수를 선택하는 작업을 포함시킬 수 있다는 것이다. SAS E-Miner의 회귀분석 노드를 열어서 'Selection Method'를 클릭하여 아래와 같은 Forward, Backward, Stepwise, None 4가지의 변수선택 방법을 지정할 수 있다.

- **앞으로부터 선택법**(forward) : 종속변수에 대한 설명변수의 설명력이 높은 변수부터 하나씩 추가하면서 선택하는 방법이다. 물론 이 경우에 변수선택 기준을 만족하는 유의한 설명력을 갖는 변수만 선택되어 진다. 앞으로부터 선택법의 특징은 계산시간이 빠르다는 장점도 있지만, 한 번 선택된 변수는 다른 변수가 추가됨으로 중요성을 잃게 되더라도 절대로 제거되지 않는다는 단점이 있다.
- **뒤로부터 제거법**(backward) : 모든 변수를 포함하는 모형(saturated model)으로부터 시작하여 가장 설명력이 낮은 변수부터 하나씩 제거해 나가는 방법이다. 물론 이때도 변수선택 판정기준에 따라 유의한 설명력을 갖지 못하는 경우만 제거된다. 여기서도 한 번 제외된 변수는 다시 선택되지 못한다는 단점이 있다.
- **단계적 선택법**(stepwise) : 앞으로부터 선택법을 보완한 방법으로 진행과정은 앞으로부터 선택법과 거의 유사하다. 즉 앞으로부터 선택법에서 한 번 선택된 변수는 제거되지 않는다는 점을 보완한 방법으로 매 단계마다 선택과 제거를 반복하면서 중요한 변수를 찾아내는 방법이다. 이 방법은 중요한 변수를 하나씩 추가로 선택하면서 이미 선택된 변수들이 제거될 수 있는지를 매 단계마다 검토하는 방법이다. 따라서 단계적 선택법은 변수선택과 제거를 위한 판정기준에 대한 유의수준을 설정하여야 한다. 물론 SAS 프로그램은 디폴트로 특정한 값을 지정하고 있다.
- **모든 설명변수를 포함하는 회귀**(none) : 모든 설명변수들을 포함하는 모형을 말한다. 즉 변수선택을 하지 않는 경우를 말하는 것으로 SAS E-Miner의 'Selection Method'에

서 None을 선택하면 모든 Input 변수를 설명변수로 처리하여 회귀분석을 실시하여 준다.

상기의 변수선택 방법을 적용하기 위해서는 변수선택의 판정기준(model selection criterion)이 필요하다. 주로 사용되는 판정기준으로는 결정계수(coefficient of determination), 수정결정계수(adjusted coefficient of determination), 맬로우스(Mallows)의 C_p, 아카이케(Akaike)의 정보기준(Information Criteria, AIC) 등이 있다. 모형선택기준은 변수선택의 절대적인 판단 기준이라기보다는 하나의 참고 사항이라고 할 수 있다. 연구자는 상기의 기준에 따라 적절한 설명변수를 찾았다 하더라도 이것으로 모형 구축이 완료되는 것은 아니다. 다음으로 이러한 변수들로 구축된 모형에 대한 잔차(residual) 및 영향력 검토, 다중공선성, 이상치의 존재 여부, 자료 해석 상의 실제적인 의미 등을 종합적으로 고려하여 최종적인 모형을 선택하는 것이 바람직하다. 모형선택의 기준들에 대한 자세한 설명은 참고문헌을 참조하기 바란다.

7.3 로지스틱 회귀모형

종속변수가 이진형(binary type) 또는 순서형(ordinal type)으로 나타나는 경우를 흔히 접할 수 있다. 이진변수는 반응 값이 반드시 둘 중의 하나로 나타나는 경우를 말하는데 예를 들면, 특정한 질병에 걸린 환자를 치료하는 경우(결과가 치료=1, 치료안됨=0)라든가 어떤 소비자가 어떤 상품을 구입할 것인지 아닌지(구입=1, 구입하지 않음=0)를 나타내는 경우는 종속변수가 이진형이 된다. 종속변수가 순서형인 경우는 크기를 정확하게 나타낼 수는 없지만, 순서는 갖고 있는 경우를 말한다. 예를 들면, 어떤 식품에 대한 기호도 조사에서 3점 척도(좋아한다=3, 보통이다=2, 싫어한다=1)를 사용한 경우나 고객의 신용등급(A=매우 좋음, B=좋음, C=좋지 않음, D=매우 좋지 않음)을 나타내는 변수는 순서형에 속한다. 이진형에서는 보통 관심이 있는 경우를 1, 나머지를 0으로 표기한다. 이와 같이 종속변수가 이진형 또는 순서형인 경우에는 앞서 설명하였던 선형회귀모형을 사용할 수가 없으며, 이 절에서 소개하는 로지스틱 회귀모형 등을 이용하여 분석해야 한다.

로지스틱 회귀모형은 관심을 갖고 있는 쪽의 결과로 나타나는 반응확률과 설명변수 사이의 관계를 연구하기 위하여 사용되는 회귀모형으로 자세한 이론적 설명은 Collett(1991), Agresti(1990), Cox and Snell(1989), Hosmer & Lemeshow(2000), Dobson & Barnett(2008) 등을 참고할 수 있다.

이 절에서는 먼저 이항 종속변수를 하나의 설명변수로 설명하기 위한 로지스틱 단순회귀모형을 소개한 다음, 여러 개의 입력변수들을 고려한 다중로지스틱 회귀모형의 개념을 설명하고자 한다.

7.3.1 단순로지스틱 회귀모형

나이 x를 설명변수로 하고 어떤 질병에 걸릴 확률을 종속변수로 설정하는 모형을 생각해 보자. 이 경우 종속변수 y는 0 혹은 1의 값(1=질병에 걸림, 0=질병에 걸리지 않음)을 갖는 이진형으로 볼 수 있다. 이와 같은 경우에 앞에서와 같은 단순선형회귀모형

$$y = \alpha + \beta x + \epsilon$$

을 고려하는 것은 여러 가지 문제점을 가지고 있다.

그 중 하나는 종속변수 y의 관측값은 이진형이지만 예측값의 유형은 이진형이 아니라는 것이다. 예를 들어, α의 추정값이 0.1이고 β의 추정값이 0.02이라면 x=10일 때 y의 예측값은 0.3이지만 x=50일 때는 y의 예측값이 1.1이 된다. 즉, y의 범위를 벗어나는 예측값이 생기게 된다.

또 다른 문제점은 종속변수 y에 대한 확률분포가 선형회귀모형에서 가정되는 확률분포와 맞지 않다는 것이다. 즉, y가 이진형이기 때문에 베르누이(Bernoulli) 분포와 같이 이진변수(binary variable)를 갖는 분포를 가정한 모형을 구축하여야 하는데 선형회귀모형에서는 y를 연속형인 것으로 간주하고 보통 정규성을 가정하기 때문에 선형회귀 모형은 적절한 모형이 될 수 없다.

로지스틱 회귀모형은 종속변수가 이진형일 때 선형회귀모형의 이러한 단점을 극복하기 위해 확률에 대한 로짓변환(logit transformation)을 고려하여 분석하는 것이다. 즉, $E(y) = P(y=1 \mid x) = p$라고 하면

$$\log\left(\frac{p}{1-p}\right) = \alpha + \beta x \tag{7.1}$$

와 같은 모형을 구축하여 회귀식의 좌변과 우변이 모두 실수 값을 갖도록 하는 것이다.

위 모형식의 로짓함수와 같이 확률과 선형함수를 연결하는 함수를 연결함수(link function)

라고 하는데, 로짓함수 이외에도 cloglog(complementary log-log)와 프로빗(probit)함수 등이 있다. 연결함수로 cloglog을 사용하는 경우를 곰페르츠(Gompertz) 모형이라 하고, 프로빗을 사용하는 경우를 프로빗 모형이라고 하는데, 이들은 다음과 같은 형태를 가지고 있다.

반응변수 y의 기대값을 $E(y)=P(y=1 \mid x)=p$라고 하면,

- 로짓모형 : $\log\left(\frac{p}{1-p}\right)=\alpha+\beta x$
- 곰페르츠 모형 : $\log[-\log(1-p)]=\alpha+\beta x$
- 프로빗 모형 : $\Phi^{-1}(p)=\alpha+\beta x$

Φ함수는 표준정규분포의 누적확률 분포이다. SAS E-Miner에서는 이러한 연결함수를 사용자가 선택하여 분석할 수 있도록 옵션을 제공하고 있다.

7.3.2 다중 로지스틱 회귀모형

단순로짓모형은 설명변수의 개수가 p개인 경우에도 자연스럽게 확장되어 사용될 수 있다. 즉, 설명변수 $x_1, x_2, \cdots, x_p$에 대해서 다중 로지스틱 회귀모형은 $E(y)=p$라고 하면

$$\log\left(\frac{p}{1-p}\right)=\alpha+\beta_1 x_1+\beta_2 x_2+\cdots+\beta_p x_p$$

으로 정의된다. 로지스틱 회귀분석의 목적은 흔히 추정된 로짓모형을 이용하여 종속변수 y의 사후 확률을 구하는 것이지만 데이터마이닝에서는 이러한 확률을 이용하여 자료를 분류하는 데 많이 이용된다. 따라서 일반적인 판별분석과 비교하여 로지스틱 판별분석(logistic discrimination)이라 부르기도 한다.

위의 모형식으로부터 추정된 회귀계수 $a, b_1, b_2, \cdots, b_p$를 이용하여 다음과 같이 사후확률에 대한 추정식을 얻을 수 있다. 즉,

$$\hat{p}(y=1 \mid x_1, \cdots, x_p)=\frac{\exp(a+b_1 x_1+\cdots+b_p x_p)}{1+\exp(a+b_1 x_1+\cdots+b_p x_p)}$$

이렇게 얻어진 각 개체에 대한 사후확률(posterior probability)은 그 개체를 분류하기 위해 사용될 수 있다. 즉, 추정된 사후확률은 0과 1 사이의 값을 가지게 되므로, 적절한 절단값(cutoff value)을 정하여 이 값을 기준으로 각 개체를 분류하는 것이다.

7.3.3 회귀계수에 대한 해석

로지스틱 모형에서 추정된 회귀계수는 선형회귀모형에서의 회귀계수처럼 설명변수에 대한 단순한 기울기를 의미하는 것은 아니며 오히려 오즈비(Odds Ratio)의 계산에 유용하게 사용되어 진다. 즉, 로지스틱 모형에서 추정된 회귀계수는 설명변수와 종속변수의 관계를 표현하는 오즈비로 설명되어 진다.

(1) 오즈(Odds)

오즈를 정의하기 위하여 다음과 같은 단순로지스틱 모형을 고려하여 보자. 먼저 반응변수 y를 관심 있는 사건이 일어나면 A, 사건이 일어나지 않으면 B의 값을 갖는 경우를 생각해 보자.

$$y = \begin{cases} A & event \\ B & nonevent \end{cases} \text{ 일 때}$$

$E(y) = P(y = A \mid x) = p$라고 하면

$$\log\left(\frac{p}{1-p}\right) = \alpha + \beta x.$$

이 경우에 설명의 편의를 위하여 설명변수 x가 위험인자를 나타내는 이진변수로 가정하자. 즉, 설명변수의 값을 위험인자가 있으면 x=1이라고 하고, 위험인자가 없으면 x=0이라고 하면, 위험인자가 있는 경우의 event(y=A)에 대한 오즈는

$$Odds = p/(1-p) = \exp(\alpha + \beta)$$

이고, 위험인자가 없는 경우의 event에 대한 오즈는 $\exp(\alpha)$로 정의된다. 예를 들어 위험인자를 흡연과 비흡연으로 구분한다면 흡연자 그룹(x=1), 비흡연자 그룹(x=0)으로 나타낼 수 있다.

(2) 오즈비(Odds Ratio)

■ 설명변수가 분류변수인 경우

(7.1) 식에서 설명변수를 비흡연과 흡연으로 구분하여 비흡연자 그룹이면 x=0, 흡연자 그룹이면 x=1로 나타낸다면 각각의 오즈는 $Odds_0 = p_0/(1-p_0) = \exp(\alpha)$, $Odds_1 = p_1/(1-p_1) = \exp(\alpha+\beta)$로 계산되어 진다. 따라서 비흡연자에 대한 흡연자의 오즈비는 $\exp(\alpha+\beta)/\exp(\alpha) = \exp(\beta)$가 된다. SAS의 E-Miner에서는 모형에 포함된 각각의 분류변수에 대하여 어느 한 그룹을 기준으로 다른 그룹의 오즈비를 구하여 준다.

■ 설명변수가 연속변수인 경우

설명변수가 연속인 경우에도 이산형인 경우와 동일한 방법으로 해석할 수 있다. 만약 식 (7.1)과 같은 단순 로지스틱 회귀모형에서 설명변수 x가 연속변수인 경우, 주어진 x값에 대한 오즈는 $Odds_0 = p_0/(1-p_0) = \exp(\alpha+\beta x)$가 될 것이다.

그리고 x가 1단위 증가하는 데 따른 $Odds_1 = p_1/(1-p_1) = \exp[\alpha+\beta(x+1)]$이다. 따라서 x가 1단위 증가하는 데 따른 오즈비는 다음과 같이 계산된다.

$$\frac{\exp(\alpha+\beta(x+1))}{\exp(\alpha+\beta x)} = \exp(\beta)$$

■ 설명변수가 여러 개인 경우

설명변수가 여러 개인 다중로지스틱 모형에서도 특정한 설명변수에 대한 오즈비는 동일한 의미를 갖는다. 만약 p개의 설명변수 중에서 연구자가 i-번째 설명변수 x_i에 대하여 관심을 갖고 있다고 하면, 다른 모든 설명변수의 값을 고정시켰을 때, x_i가 1단위 증가하는 데 따른 오즈비는 다음과 같이 계산된다.

$$\frac{\exp(\alpha+\beta_1 x_1+\cdots+\beta_i(x_i+1)+\cdots+\beta_p x_p)}{\exp(\alpha+\beta_1 x_1+\cdots+\beta_i(x_i)+\cdots+\beta_p x_p)} = \exp(\beta_i)$$

여기서 오즈비가 1보다 작다(회귀계수가 음의 값을 갖는다)는 것은 설명변수 x_i가 한 단위 증가하면 종속변수에 대한 오즈는 감소한다는 것을 의미하며, 반대로 오즈비가 1보다 크다(계수가 양의 값을 갖는다)는 것은 증가 방향으로 영향을 미친다는 것을 의미한다. 예를 들어, 나이 x(단위:연)를 설명변수로 하고 어떤 질병에 걸리는 여부(1=질병에 걸림, 0=질병에 걸리지 않음)를 검토하는 경우, 회귀계수의 추정치 b가 3이라는 것은 나이가 1세 증가하면 질병에 걸릴 확률의 오즈비는 exp(3)=20.09배 증가한다는 것을 의미한다. SAS의 E-Miner에서는 디폴트로 모형에 포함된 각각의 연속변수에 대하여 1단위 증가하는 데 따른 오즈비를 구하여 준다. 분류변수에 대해서는 특정한 변수값을 기준으로 나머지에 대한 오즈비를 구하여 준다.

로지스틱 모형에서 $y=1$인 쪽 $[\hat{p}(y=1 \mid x_1,\cdots,x_p)]$에 관심을 두지 않고 $y=0$인 쪽 $[\hat{p}(y=0 \mid x_1,\cdots,x_p)]$에 관심을 갖고 있다면, 즉 분자 분모를 역으로 처리하면 결과는 어떻게 변할까? 이때에는 회귀계수는 부호가 바뀌고 오즈비는 역수가 되어 나타난다.

E-Miner에서는 디폴트로 알파벳 순서에서 큰 종속변수의 값을 분자로 두고 있다. 물론 사용자는 해석을 편리하게 하기 위해서 이에 대한 설정을 바꿀 수 있다. 즉 Input Data Source 노드의 Class Variables 탭에서 종속변수에 대한 Order를 변경하면 된다. 디폴트는 Descending 순서이다.

7.4 회귀모형의 장점과 단점

(1) 장점

회귀모형의 첫 번째 장점으로는 보편성이라고 볼 수 있다. 선형회귀모형은 아마도 가장 널리 사용되고 있는 통계적 방법 중의 하나일 것이다. 또한 다중 로지스틱 회귀모형은 의료 보건통계학 분야에서 많이 사용되어 왔으나 최근에 데이터마이닝이 활성화되면서 리스크 관리나 이탈 고객의 특성 분석 등에 많이 사용되고 있다. 현재 상용화되어 있는 많은 통계 소프트웨어를 이용하여 선형 또는 로지스틱 회귀분석을 쉽게 수행할 수 있다. SAS 소프트웨어의 경우, LOGISTIC Procedure 혹은 GENMOD Procedure를 이용하면 SAS E-Miner에서 얻을 수 있는 통계량 보다 훨씬 다양한 통계량을 산출할 수 있다.

두 번째 장점으로는 분석결과에 대한 해석이 용이하다는 점이다. 회귀분석 모형은 이미 앞에서 설명한 바와 같이 회귀계수나 오즈비와 같은 회귀분석의 결과는 많은 유용한 정보를 제공한다. 예를 들어, 좋은 예측모형을 만들기 위해서 어떤 정보를 수집하고 관리해야 할 것인지, 상품의 구매비율을 높이기 위해서 어떤 속성의 고객을 주 대상으로 홍보를 하여야 할 것인지와 같은 문제를 해결하기 위한 유용한 정보를 얻을 수 있다. 신경망과 같은 분석은 분석결과로부터 이러한 해석적 정보를 얻는다는 것이 매우 어렵다.

(2) 단점

회귀모형 구축에는 변수 선택이 중요한 문제라고 할 수 있다. 가능하면 충분한 입력변수를 분석에 포함시키는 것이 예측력을 높이는 전략이 될 수 있지만, 이는 많은 대가를 요구한다. 즉, 입력 정보가 많을수록 추정이 좋아진다는 것을 의미하지만 목표변수와 관련성이 없거나 설명력이 약한 변수를 지나치게 많이 포함시키는 것은 모형이 일반성을 잃게 되는 단점을 갖고 있다. 또한 회귀모형의 특성상 입력변수들 간에 높은 상관관계가 존재하면 다중공선성 문제가 발생되어 회귀계수 추정 값이 불안정(unstable)하게 되는 원인이 될 수 있다.

다음으로 결측 값이 있는 경우, 결측 값으로 인한 정보 손실이 단점으로 작용할 수 있다. 회귀모형의 특성상 입력변수들 중 어느 한 변수의 변수 값이라도 결측이 발생하면 그러한 케이스는 최종 분석에서 제외된다. 따라서 의사결정나무 모형에 비하여 결측 값으로 인한 정보 손실이 클 수 있다.

마지막으로 비선형성 문제를 처리할 수 없는 것도 단점으로 작용할 수 있다. 회귀모형의 단순성과 해석상의 편리함은 선형성을 가정하기 때문에 가능하다. 로지스틱 회귀모형에서도 목표변수와 설명변수의 관계가 원천적으로는 선형 관계가 아니지만 연결함수를 이용하여 선형으로 변환이 가능하였다. 이러한 선형성의 가정을 충족하지 않는 경우에는 모형의 적합성(예측의 효용성) 측면에서는 한계가 있게 된다.

7.5 사례분석

이 절에서는 예제를 통하여 SAS의 데이터마이닝 도구인 SAS Enterprise Miner를 이용하여 실습하고자 한다.

7.5.1 Home Price 자료 분석

다음은 다중회귀분석에 대한 사례로 주택가격 자료를 이용하여 회귀분석을 실시하여 결과를 설명하고자 한다. 사용한 변수로는 아래 <표 7-2>에 설명되어 있듯이 주택가격(PRICE)을 종속변수(Target)로 설정하고, 설명변수(Input)로는 전용면적(SQFT), 사용기간(AGE), 편의시설 개수(FEATS), 집의 방향(NE), 주택형태(CUST), 주택위치(COR), 연간세금(TAX)을 사용하였다. 주택가격을 예측하는 통계적 모형으로는 다중회귀분석을 사용하기로 한다.

〈표 7-2〉 주택가격 자료

일련번호	변수명	속성	설명	비고
1	PRICE	Interval	판매가격(단위: $100)	target
2	SQFT	Interval	전용면적(단위: Square feet)	Input
3	AGE	Interval	사용기간(단위: years)	Input
4	FEATS	ordinal	편의시설 개수(11개 편의시설: (냉장고, 식기세척기, 전자렌지, 세탁기, 건조기, 싱크대분쇄기, 인터폰, 천장 채광창, 장애인시설, 쓰레기압축기, 케이블 TV 시설)	Input
5	NE	Binary	남향=1, 기타=0	Input
6	CUST	Binary	맞춤형=1, 기타=0	Input
7	COR	Binary	집의 위치: 우수=1, 기타=0	Input
8	TAX	Interval	연간세금 (단위:$)	Input

■ 분석흐름도 작성과 각 노드의 설명

[그림 7-2]와 같이 새로운 프로젝트와 분석흐름도를 작성한다. 도구모음에서 각 노드에 해당하는 단축 아이콘을 끌어다 작업공간에 분석흐름도를 작성한다.

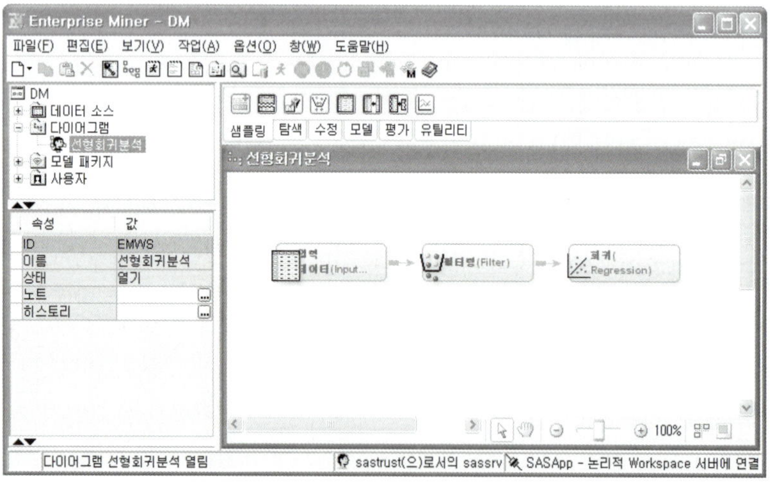

[그림 7-2] 회귀분석 분석흐름도

■ 입력 데이터 소스(Input Data Source)노드의 설정

① [그림 7-2]의 입력 데이터(Input Data Source)노드를 클릭, 왼쪽 속성 창의 데이터 선택을 새로운 테이블로 바꾸어 아래 새로운 테이블을 활성화시켜 Data Set을 지정한다. 이 때 테이블 이름 입력상자 오른쪽의 버튼을 이용하여 라이브러리(DMDATA)의 SAS 데이터 셋 (HomePrice)을 지정한다. 이러한 과정이 성공적으로 실행되면 다이어그램의 입력 데이터 소스(Input Data Source)가 HOMEPRICE로 바뀐다.

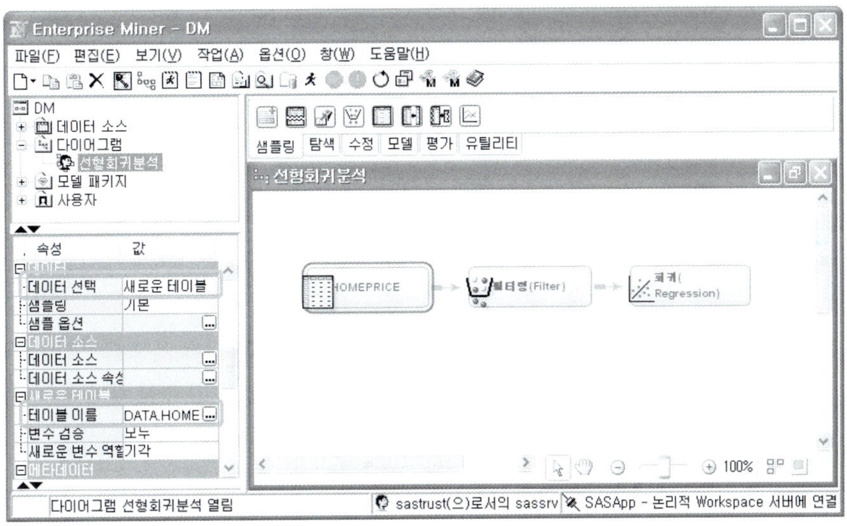

[그림 7-3] 입력 데이터 소스(Input Data Source) 속성

② 속성 패널에서 '변수' 대화상자 오른쪽 버튼 또는 HOMEPRICE 테이블로 지정된 입력 데이터 소스(Input data source)노드에서 마우스 오른쪽 클릭 후, '변수 편집'을 선택하면 [그림 7-4]와 같은 변수 대화상자가 나타난다. [그림 7-4]의 변수 대화상자에서 <표 7-2>의 변수 역할과 레벨을 지정하고 저장한다. SAS E-Miner에서는 종속변수와 설명변수를 각각 Target, Input으로 지정한다. 또한, 설명변수를 레벨에 nominal(명목)로 지정해 놓으면 자동으로 가변수로 처리한다.

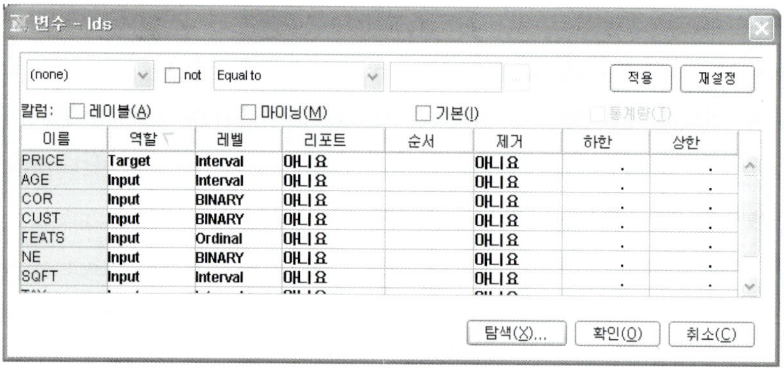

[그림 7-4] 각 변수 역할 지정

③ 필터링(Filter)은 반드시 사용하여야 할 노드는 아니지만, 이를 통하여 분석에 실질적으로 사용할 각 변수 값의 범위를 지정할 수 있다. 필터링(Filter)을 통하여 양적변수에 대한 변수값 범위를 지정할 수 있을 뿐만 아니라 이상치 등을 분석에서 제외시킬 수 있다. 또한, CLASS 변수의 각 범주 값에 대하여 사례수가 너무 적은 범주를 분석에서 제외시키고자 한다면 필터링(Filter)의 속성 패널을 이용하여 이를 지정할 수 있다. 물론 각 변수의 자료 값에 대하여 필터링할 값이 없으면 필터링(Filter)노드를 사용하지 않아도 된다. 본 분석의 [그림 7-5]는 10개 미만의 범주 값을 갖는 Class 변수에 대하여 자료의 개수가 5개 미만인 범주를 분석에서 제외하고, Interval 변수에 대해서는 필터링을 사용하지 않는다는 내용을 보여주고 있다.

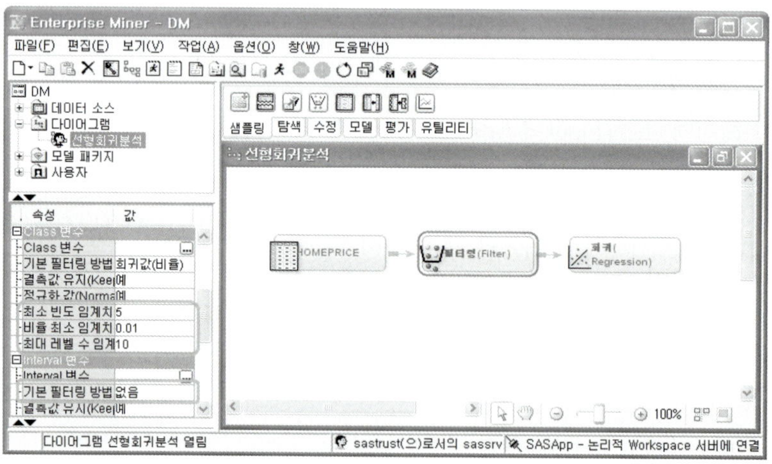

[그림 7-5] 필터링(Filter)노드의 설정

④ 회귀(Regression)노드의 속성 패널에서 회귀유형을 보면 회귀유형(Regression Type)은 선형(Linear), 연결함수(Link Function)는 IDENTITY로 설정되어 있을 것이다. 입력코딩(Input Coding)은 Deviation 혹은 GLM을 선택할 수 있다.

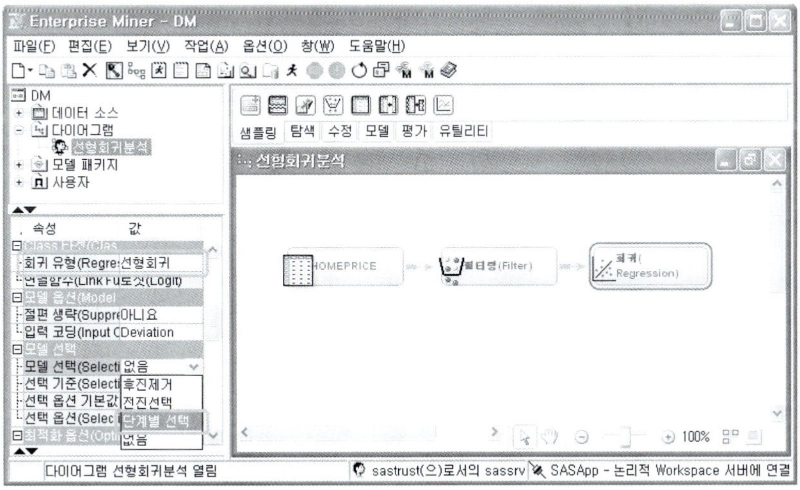

[그림 7-6] 회귀(Regression)노드 속성 패널

■ 회귀 유형 (Regression Type)

- Linear : 목표변수가 연속형일 경우에 주로 사용하며, 선형 회귀분석을 실행한다.
- Logistic : 목표변수가 이진형(Binary)이나 순서형(Ordinal)일 경우에 사용하며 로지스틱 회귀분석을 실행한다.

■ 연결함수(Link Function)

- IDENTITY : 고전적 회귀모형에 대한 연결함수로 회귀유형(Type)이 Linear로 지정되어 있으면 디폴트로 사용되는 연결함수이다.
- LOGIT, CLOGLOG, PROBIT : 회귀유형(Type)이 Logistic으로 지정되어 있을 때 사용할 수 있는 연결함수이다.

■ 입력 코딩(Input Coding)

- Deviation : 설명변수에 대한 가변수 설정시 마지막 범주를 -1로 정하고, 나머지 범주를 1로 설정한다. 따라서 이러한 가변수에 대한 모수 추정치는 각각의 범주와 전체

평균과의 차를 측정할 수 있다.

- GLM : 가변수 설정에 있어, 마지막 범주를 0으로 설정하고 나머지 범주를 1로 코딩한다. 따라서 이때의 회귀계수 추정치는 마지막 범주와 각 범주의 차에 대한 효과를 측정할 수 있게 한다.

⑤ Input 변수에 대하여 변수선택 방법으로 단계별 선택(stepwise)을 지정하고자 한다면 속성 패널의 모델선택에서 단계별 선택(Stepwise)를 선택한다. 계층효과(Hierarchy Effect)를 All로 설정하고 저장한다. 변수선택방법에 대해서는 앞의 이론부분을 참고하기 바란다.

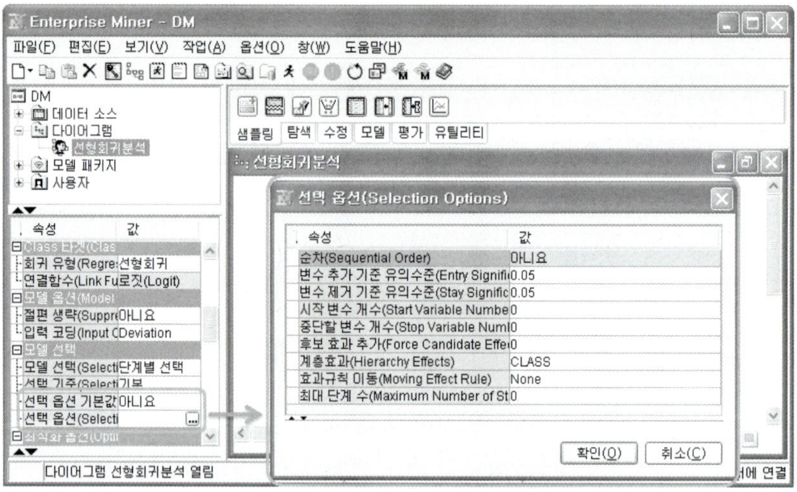

[그림 7-7] 회귀(Regression)노드 선택 옵션 창

■ 변수선택의 기준(Criteria)

변수선택 방법을 지정하는 경우에는 [그림 7-7] 화면 속성 패널 부분의 선택기준을 클릭하여 아래와 같은 기준을 사용할 수 있다.

- AIC : AIC(Akike's Information Criterion)는 $n \cdot \ln(SSE/n) + 2p$로 계산되며, n은 관측치의 개수, SSE는 잔차제곱합, p는 모수의 개수이다. AIC값이 작을수록 좋은 모형이라고 할 수 있다.

- SBC : SBC(Schwarz's Bayesian Criterion)는 $n \cdot \ln(SSE/n) + p \cdot \ln(n)$으로 계산되

며, 작을수록 좋은 모형이라고 할 수 있다.

- 평가용 데이터 오차(Validation Error) : Valid Data Set에서 가장 작은 오차율을 갖는 모형을 선택한다. 선형회귀분석의 오차율은 SSE를 사용하고, 로지스틱 회귀분석에서는 우도함수에 -1을 곱한 값으로 사용한다.
- 평가용 데이터 오분류 (Validation Misclassification) : 평가용 데이터 셋(Valid Data Set)에서 가장 작은 오분류율을 갖는 모형을 선택한다.
- 교차검증 오차(Cross-Validation Error) : 교차타당성 검사에 의한 오차율을 의미한다.
- 교차검증 오분류(Cross-Validation Misclassification) : 교차타당성 검사에 의한 오차율을 의미하며, 가장 작은 오분류율을 갖는 모형을 선택한다.
- 이익/손실(Profit/Loss) : 지정된 이윤 및 손실행렬에 의해 이윤을 최대로 하거나, 손실을 최소로 하는 방법에 의해 입력변수(설명변수)를 선택한다.
- 평가용 데이터 이익/손실(Validation Profit/Loss) : 평가용 데이터셀(Validation)에 Profit/Loss 방법으로 입력변수를 선택한다.
- 교차검증 이익/손실(Cross-Validation Profit/Loss) : Profit/Loss 방법을 교차검증 함으로써 입력변수를 선택한다.
- None : 초기값으로 모형선택의 과정을 수행하지 않는다.

■ Hierarchy Effect(변수의 순서지정)

- 순차(Sequential Order) : MODEL 문장에 지정된 순서로 변수를 추가 또는 제거할지를 결정한다.
- 변수추가 기준 유의수준 (Entry Significance Level) : 전진선택 또는 단계별 선택 회귀에서 변수를 추가하는 데 대한 유의수준이다.
- 변수 제거 기준 유의수준(Stay Significance Level) : 후진제거 또는 단계별 선택 회귀에서 변수를 제거하는 데 내한 유의수준이다.
- 계층효과(Hierarchy Effects) : Class 변수 또는 Class 및 Interval 변수 모두가 계층에 종속될지를 결정합니다. Class는 계층규칙이 class 변수에만 적용되는 데 반해, All은 계층규칙이 모든 독립변수에 적용된다.

⑥ 옵션지정이 끝나면, 회귀(Regression)노드를 마우스 오른쪽으로 클릭하여 '실행'을 선택한다. 회귀(Regression)노드를 실행시키고 나면, 회귀(Regression)노드의 '결과'(Results)를 선택하여 실행결과를 확인할 수 있다. 결과(Results)를 클릭하여 효과 도표의 [그림 7-8-1]과 같이 변수의 중요도를 나타내는 T-Score 그래프를 나타내기 위해서는 마우스 오른쪽을 클릭하여 '데이터 옵션'을 클릭한다. Abscoefficient가 반응변수로 지정되어 있는 것을 abstvalue를 반응변수로 지정하고 범주를 EffectNum이 아닌 EffectLabel로 지정한 후 정렬을 내림차순으로 지정하여 확인을 누른다. T-Score의 절대 값이 크면 클수록 목표변수에 대한 설명력이 큰 변수임을 의미한다. [그림 7-8-2]의 결과를 살펴보면 주택가격에 가장 영향력 있는 설명변수로는 TAX이며, 다음으로 SQFT, CUST 순임을 알 수 있다. 이러한 결과에 대한 보다 더 자세한 결과 값을 확인하고 싶으면 출력 창을 선택하여 구체적인 결과 값을 확인할 수 있다.

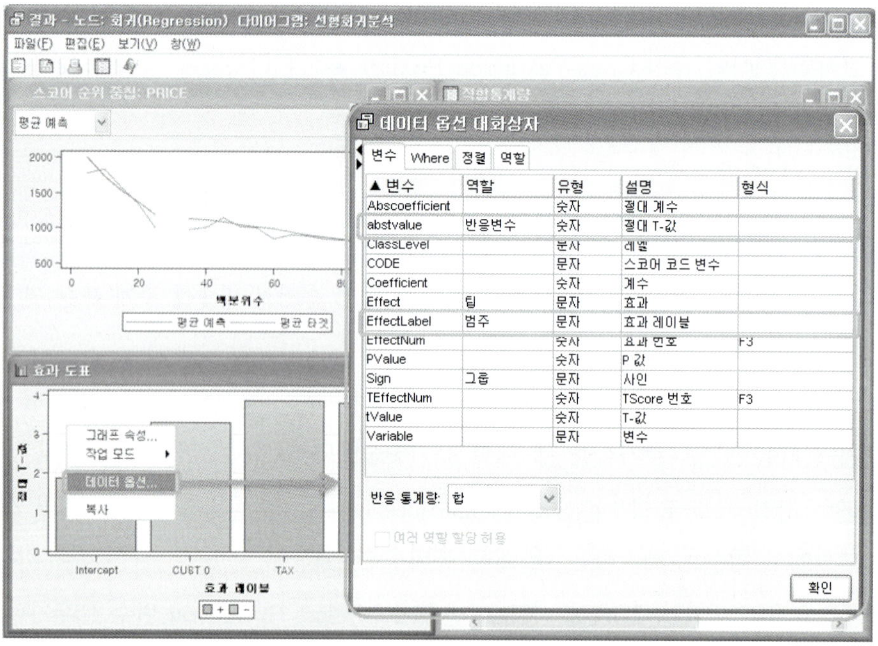

[그림 7-8-1] 회귀분석결과 : 효과 도표 데이터 옵션

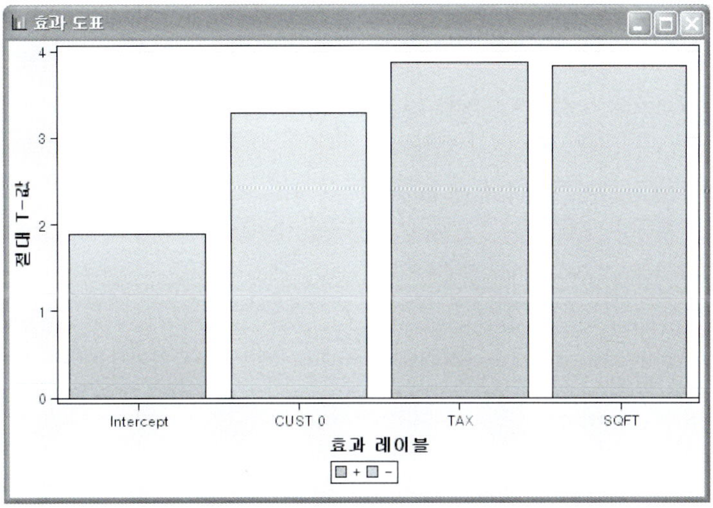

[그림 7-8-2] 회귀분석결과 : 효과 도표

⑦ 회귀(Regression) 결과 창의 출력 창을 선택하면 [그림 7-9]와 같은 회귀분석 결과를 출력하여 준다. [그림 7-9]의 화면에서는 지면 관계상 내용을 충분히 확인할 수 없기 때문에 변수선택(stepwise)에 대한 최종 단계의 결과를 아래 별도로 첨부하였다.

출력

Summary of Stepwise Selection

Step	Effect Entered	DF	Number In	F Value	Pr > F
1	SQFT	1	1	210.17	<.0001
2	TAX	1	2	14.29	0.0004
3	CUST	1	3	10.82	0.0017

The selected model is the model trained in the last step (Step 3). It consists of the following effects:

Intercept CUST SQFT TAX

Analysis of Variance

Source	DF	Sum of Squares	Mean Square	F Value	Pr > F
Model	3	8301093	2767031	107.90	<.0001
Error	60	1538636	25644		
Corrected Total	63	9839730			

[그림 7-9] 회귀분석결과

Analysis of Variance

Source	DF	Sum of Squares	Mean Square	F Value	Pr > F
Model	3	8301093	2767031	107.90	<.0001
Error	60	1538636	25644		
Corrected Total	63	9839730			

Model Fit Statistics

R-Square	0.8436	Adj R-Sq	0.8358
AIC	653.6015	BIC	656.6389
SBC	662.2371	C(p)	0.4288

Type 3 Analysis of Effects

Effect	DF	Sum of Squares	F Value	Pr > F
CUST	1	277456.903	10.82	0.0017
SQFT	1	374471.989	14.60	0.0003
TAX	1	384182.584	14.98	0.0003

Analysis of Maximum Likelihood Estimates

Parameter	DF	Estimate	Standard Error	t Value	Pr > |t|
Intercept	1	76.9768	76.1329	1.01	0.3160
CUST	1	180.6	54.8939	3.29	0.0017
SQFT	1	0.3278	0.0858	3.82	0.0003
TAX	1	0.5433	0.1404	3.87	0.0003

[결과 7-3] 회귀분석결과

■ 회귀분석 결과보기

회귀(Regression)노드의 실행결과(Results)에서 출력 결과를 살펴보면, 단계별 선택(Stepwise)의 최종 단계에서 3개의 설명변수가 채택되었으며, R-square가 0.85로 3개의 설명변수가 주택가격의 총 변동 중에서 85%를 설명하고 있다는 것을 알 수 있다. 또한, 3개의 설명변수를 사용한 회귀모형은 분산분석의 F-검정 결과에서 유의확률이 0.0001보다 작으므로 주택가격의 변동을 설명하는데 매우 유의하다고 볼 수 있다. 이를 세부적으로 살펴보기 위해서, 회귀계수의 유의성에 대한 t-검정 결과를 살펴보면 유의수준 α=0.05 기준으로 SQFT, CUST 그리고 TAX 모두가 주택 가격에 매우 유의한 설명력을 갖고 있음을 알 수 있다. 다음으로 회귀계수의 의미를 해석하는데 있어서 최종모형에 포함된 변수 중에서 SQFT와 TAX는 연속변수(양적변수)이기 때문에 회귀계수의 추정값을 해석하는 데 어려움이 없다. 즉 SQFT가 1단위 증가하면 모수추정치(0.3278)만큼 주택가격이 증가하는 것으로 해석할 수 있다. 그런데 CUST는 분류변수이기 때문에 모수추정치의 의미가 다르다. 즉 CUST의 값이 0(기타)인 경우의 모수추정치가 -90.28, 1인 경우(맞춤형)의 모수추정치는 90.28을 의미한다. 즉 기타가 맞춤형에 비하여 주택 가격이 모수추정치의 차(180.56)만큼 평균적으로 낮다는 의미를 갖는다.

7.5.2 지방간 자료 분석

아래 자료를 이용하여 로지스틱 회귀분석 과정을 살펴보도록 한다. 목표변수로 사용할 지방간의 상태를 4단계로 구분(0=정상, 1=약, 2=심각, 3=매우 심각)하여 조사하였기 때문에 로지스틱 회귀모형에 적용하기 위하여 정상과 지방간을 갖고 있는 경우로 재분류하여 분석하고자 한다. 이 경우 종속변수(목표변수)는 이진변수가 되기 때문에 로지스틱 모형을 사용하는 것이 바람직할 것으로 생각된다. 우선 로지스틱 모형을 적합시켜 회귀 모수를 추정하고 적합 모형에 대한 타당도를 검토하며 이를 바탕으로 사후 확률에 대한 정오 분류표를 작성하여 예측값과 관측값을 비교 검토한다.

〈표 7-3〉 지방간 유무에 관한 자료

변수명	속성	값 설명	비고
Rawfatliver	Ordinal	0=정상, 1=약, 2=심각, 3=매우 심각	Rejected
FATLIVER	Binary	0=정상, 1=지방간	Target
AGE	Interval	연령	Input
GENDER	Binary	1=남, 2=여	Input
DRINK	Ordinal	1=금주, 2=가끔, 3=자주	Input
SMOKING	Ordinal	1=금연, 2=과거흡연, 3=흡연	Input
SYSBP	Interval	수축기 혈압	Input
DIABP	Interval	이완기 혈압	Input
BMI	Interval	비만도 측정 지수	Input
HB	Interval	혈색소	Input
GOT	Interval	간기능검사 수치	Input
GPT	Interval	간기능검사 수치	Input
TCHOL	Interval	콜레스트롤 수치	Input
GLUCO	Interval	당뇨검사	Input
TG	Interval	중성지방	Input
HDLC	Interval	HDL 콜레스트롤	Input
LDLC	Interval	LDL 콜레스트롤	Input
ALB	Interval	알부민 수치	Input

■ 분석흐름도 작성과 각 노드의 설명

[그림 7-10]과 같이 분석흐름도를 작성한 다음, 입력 데이터 소스(Input Data Source) 노드에 분석에 사용할 자료를 지정한다.

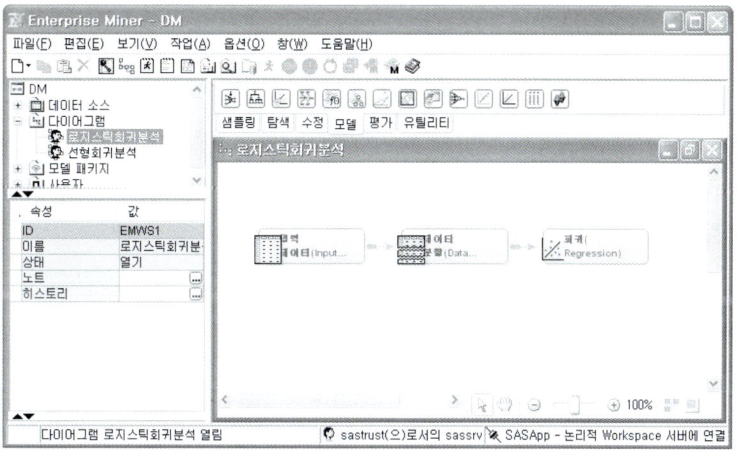

[그림 7-10] 로지스틱 회귀모형 분석흐름도

■ 입력 데이터 소스와 데이터 분할노드의 설정

① 입력 데이터(Input Data Source)노드를 클릭, 왼쪽 속성 창의 데이터 선택(Data Selections)을 새로운 테이블(New Table)로 바꾸어 아래 새로운 테이블(New Table)을 활성화하여 분석에 사용할 데이터를 선택한다. 만약 분석에 사용할 데이터셀이 DMDATA 라이브러리에 데이터명 FATLIV로 저장되어 있다면 [그림 7-11]과 같이 라이브러리 DMDATA에서 데이터셀 FATLIV를 선택한다.

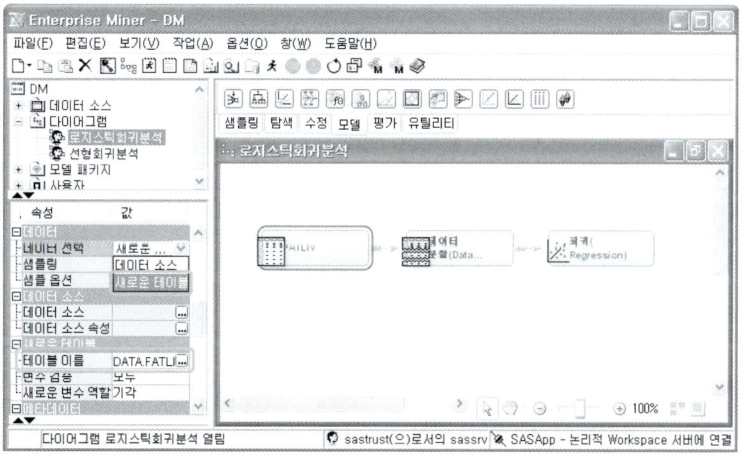

[그림 7-11] 입력 데이터(Input Data Source)노드의 속성

② 입력 데이터(Input Data Source) 노드에서 마우스 오른쪽 버튼을 클릭 후, 변수편집을 선택하여 [그림 7-12]와 같이 변수 역할을 지정한다.

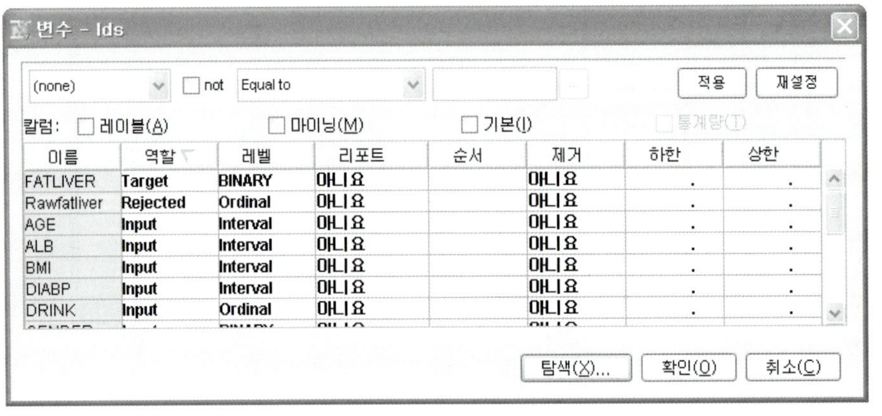

[그림 7-12] 변수선택

③ 변수선택 창을 닫는다.

④ 데이터 분할(Data Partition)노드의 데이터셋 할당(Data Set Allocations)에서 [그림 7-13]과 같이 자료를 분석용 50%, 평가용 50%로 지정한다. 추출에 대한 초기값을 동일하게 유지하면 매번 같은 데이터셀들로 분할된다.

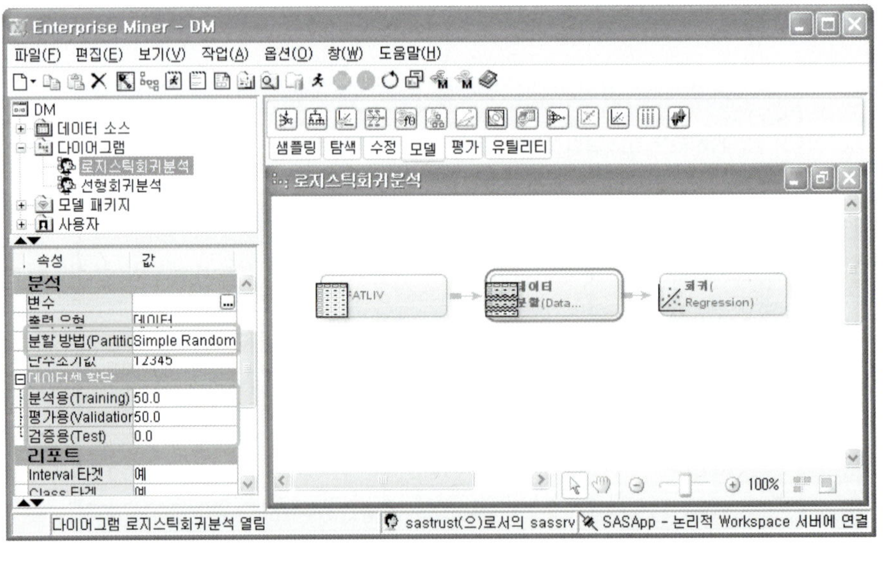

[그림 7-13] 데이터 할당(Data Partition) 노드의 속성 패널

■ 교호작용과 이차항의 추가

① 회귀(Regression) 노드에서 사용자 항(User Terms)를 '예'로 지정한다.

② 항 편집기(Term Editor) 활성화 ▸ 대화상자 오른쪽 버튼을 클릭한다.

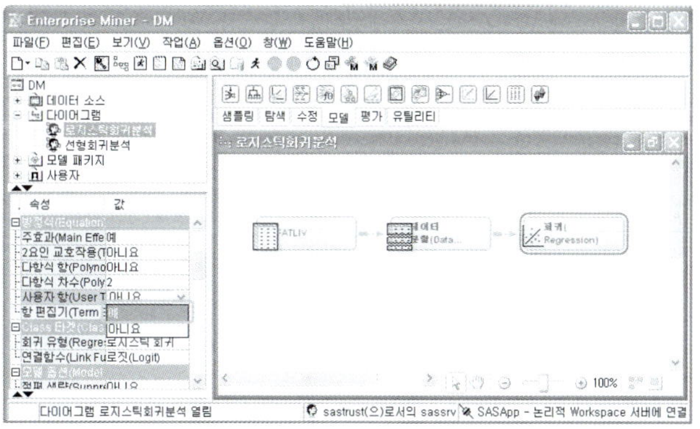

[그림 7-14] 사용자 항(User Terms)과 항 편집기(Term Editor) 선택

③ 대화식 빌더 대화상자의 변수필드에서 [그림 7-15]와 같이 각 변수를 선택하여 ▸버튼을 누르면 항 필드로 이동하며 Save를 선택하면 상위 대화상자에 선택된 변수가 포함된다. 이차 교호작용항과 교차 교호작용항을 포함하려면, 변수 필드에서 ctrl을 누른 상태에서 위 방법과 동일하게 실행한다.

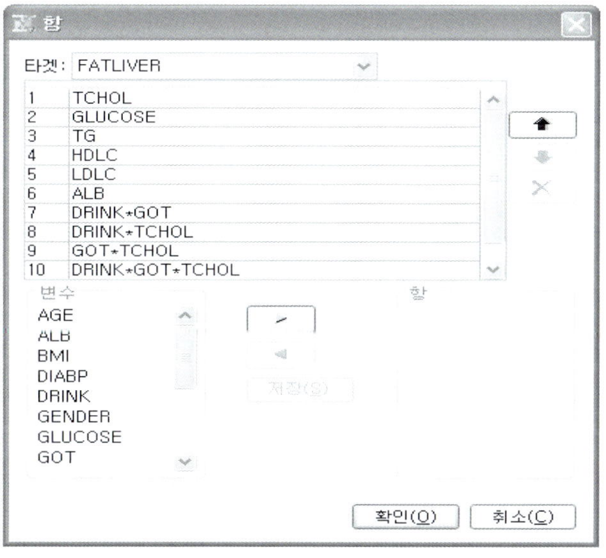

[그림 7-15] 대화식 빌더 원도우

④ 확인을 선택하여 항 윈도우를 닫는다.

■ **변수선택 방법의 지정**

① 회귀(Regression) 속성 패널에서 모델 선택(Selection Method)으로 이동한다.

② 변수선택 방법(Selection Method)필드에서 단계적 선택법(Stepwise)을 선택한다.

③ 선택의 기준(Selection Criteria)필드에서 평가용 데이터 오차(Validation Error)를 선택한다.

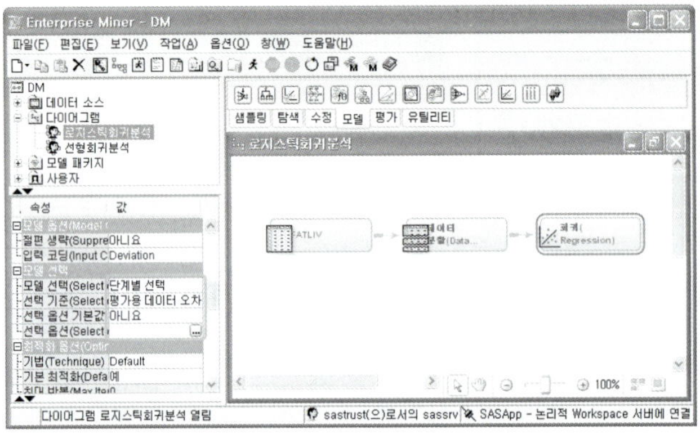

[그림 7-16] 변수선택방법의 지정

④ 선택 옵션 기본값 사용(Use Selection Default)을 '아니오'로 선택하여 [그림 7-17]과 같이 지정한다. 예제처럼 Entry 값을 0.05로 지정하면, 유의수준 0.05에서 통계적으로 유의한 변수는 모형에 포함되고, Stay 값을 0.05로 지정하면 포함된 변수들 중에서 유의수준 0.05에서 유의한 변수만 남게 된다.

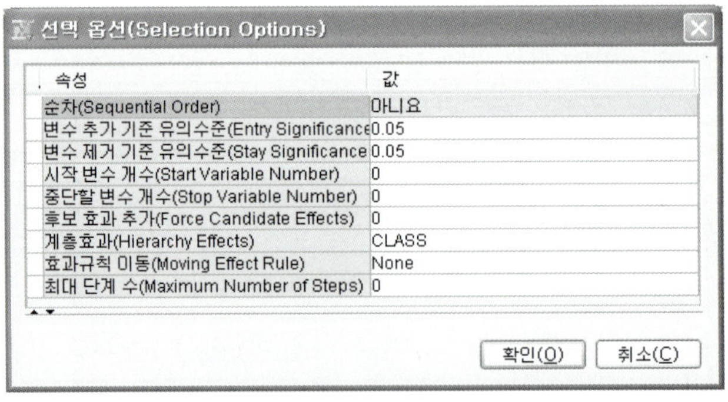

[그림 7-17] 모형 선택의 옵션 지정

⑤ 분석 흐름도에서 오른쪽 마우스로 회귀(Regression)노드를 클릭하여 실행시킨다.

■ 타당성 평가

이제 회귀(Regression) 노드를 실행(Run)하고 모형을 평가해보자.

① 회귀(Regression)노드를 실행 후 Run Succeeded 창이 나타나면 결과를 선택한다.

② 결과 윈도우 창에서 스코어 순위 중첩(Scoring Rank Overlay) → 누적반응률 (Cumulative % Response)을 선택하면 Lift Chart가 화면에 표시된다.

[그림 7-18]의 리프트 도표에서 마우스를 Logistic 라인 가운데에 위치시킨 다음, 왼쪽 버튼을 누르면 info window에서 질병이 있을 사후확률의 상위 20%에서 80.4%가 지방간이 있음을 알 수 있고, Percentile이 100일 때는 Logistic 라인의 마지막 지점을 왼쪽 마우스 버튼으로 클릭하면 알 수 있는데 이때의 지방간 유병률은 28.24%임을 알 수 있다.

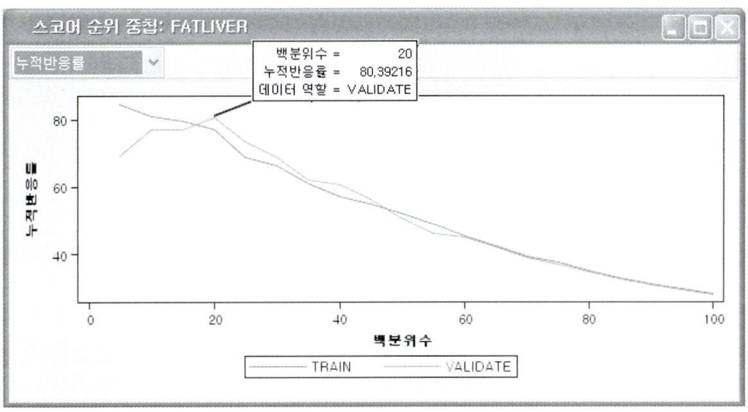

[그림 7-18] 로지스틱 회귀모형의 평가

■ 회귀분석 결과 보기

① 분석흐름도의 회귀(Regression)노드에 오른쪽 마우스 버튼을 클릭하여 결과…를 선택한다.

② 회귀결과창의 출력 창을 선택한다.

③ 스크롤 바를 이용하여 출력 대화상자의 맨 마지막으로 가면 [그림 7-19]와 같은 변수 선택 과정에 대한 요약 결과를 볼 수 있다. 최종적으로 회귀모형에 포함된 설명변수는 AGE, BMI, GOT, GPT, HB임을 알 수 있다.

출력

Likelihood Ratio Test for Global Null Hypothesis: BETA=0

-2 Log Likelihood Intercept Only	Intercept & Covariates	Likelihood Ratio Chi-Square	DF	Pr > ChiSq
299.495	202.189	97.3054	5	<.0001

Type 3 Analysis of Effects

Effect	DF	Wald Chi-Square	Pr > ChiSq
AGE	1	7.1018	0.0077
BMI	1	25.0526	<.0001
GOT	1	5.9273	0.0149
GPT	1	14.4607	0.0001
HB	1	8.0901	0.0045

Analysis of Maximum Likelihood Estimates

Parameter	DF	Estimate	Standard Error	Wald Chi-Square	Pr > ChiSq	Standardized Estimate	Exp(Est)
Intercept	1	-16.7060	2.7775	36.18	<.0001		0.000
AGE	1	0.0454	0.0170	7.10	0.0077	0.3346	1.046
BMI	1	0.0721	0.0144	25.05	<.0001	0.4437	1.075
GOT	1	-0.0632	0.0259	5.93	0.0149	-0.4924	0.939
GPT	1	0.0872	0.0229	14.46	0.0001	0.7208	1.091
HB	1	0.3736	0.1314	8.09	0.0045	0.3530	1.453

[그림 7-19] 로지스틱 회귀모형의 결과

④ 추정된 회귀계수를 이용하여 반응확률에 대한 예측 모형식을 다음과 같이 만들 수 있다.

$$\log(\hat{p}) = -16.7060 + 0.0454 \times AGE + 0.0721 \times BMI$$

$$-0.0632 \times GOT + 0.0872 \times GPT + 0.3736 \times HP$$

⑤ 효과도표 창을 선택하면 추정된 회귀모수에 대한 T-검정통계량을 막대 도표의 형식으로 출력되지만, t-통계량의 절대값이 아닌 절대계수로 나타난다. 데이터 옵션을 이용해서 절대값과 EffectLabel을 각각 반응변수와 카테고리로 지정한다.Option을 지정 후 [그림 7-20]을 보면 BMI, GPT, HB가 중요도가 높음을 알 수 있다.

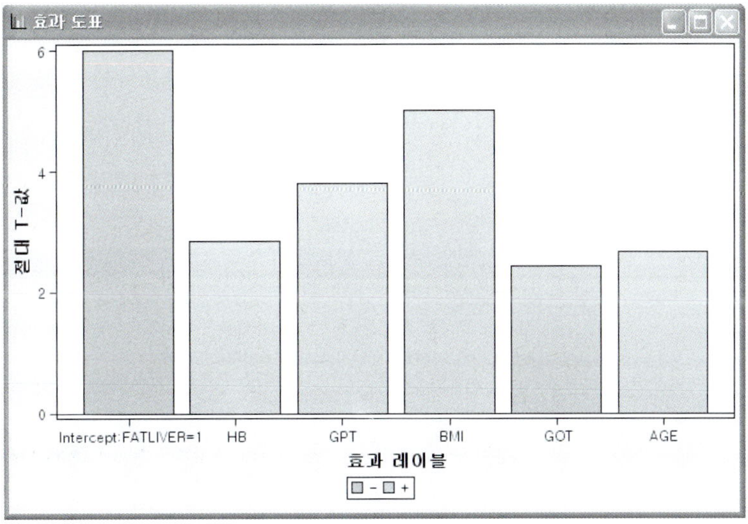

[그림 7-20] Estimates 대화상자

⑥ [그림 7-21]에서 출력 창의 아래 부분에서 분석용(Train)과 평가용(Validation)의 분류 테이블을 볼 수 있다.

출력

분류 테이블

데이터 역할=TRAIN 타겟 변수=FATLIVER

타겟	결과	타겟 백분율	결과 백분율	빈도 개수	총 백분율
0	0	83.7438	92.8962	170	66.4063
1	0	16.2562	45.2055	33	12.8906
0	1	24.5283	7.1038	13	5.0781
1	1	75.4717	54.7945	40	15.6250

데이터 역할=VALIDATE 타겟 변수=FATLIVER

타겟	결과	디겟 백분율	결과 백분율	빈도 개수	총 백분율
0	0	84.8039	94.5355	173	67.8431
1	0	15.1961	43.0556	31	12.1569
0	1	19.6078	5.4645	10	3.9216
1	1	80.3922	56.9444	41	16.0784

[그림 7-21] 분석용(Train)과 평가용(Validation) 분류 테이블

7.5.3 German Credit Data 분석

본 예제 자료는 독일 은행 자료인 German Credit Data를 이용하여 신용 상태에 관련 있는 변수를 탐색하고자 한다. 보다 자세한 변수설명은 부록의 설명을 참고하기 바란다.

〈표 7-4〉 German Credit Data 변수설명

변수이름	척도	설명		비고
CREDIT	Binary	1=신용 불량	0=신용 양호	target
CHECK_A	Nominal	· CA0: 구좌 無	· CA1: <0	input
		· CA2: ≥0, <200	· CA3: ≥200	input
DURATION	Interval			input
C_HIST	Nominal	· CH0: 대출(연체) 無	· CH1: 당행 연체 無	input
		· CH2: 현재 대출연체 無	· CH3: 과거 연체기록 有	input
		· CH4: 타행 대출 or 당행 불량		input
PURPOSE	Nominal	· PU1: 새 차 구입	· PU2: 중고차 구입	input
		· PU3: 가구/설비 구입	· PU4: 라디오/TV 구입	input
		· PU5: 가내용품 구입	· PU6: 보수/수리	input
		· PU7: 교육비	· PU8: 재교육비	input
AMOUNT	Interval			input
SAVE_A	Nominal	· SA0: 결측 / 예금無	· SA1: <100	input
		· SA2: ≥100, <500	· SA3: ≥500, <1,000	input
		· SA4: ≥1,000		input
EMPLOY	Nominal	· EP0: 무직	· EP1: <1	input
		· EP2: ≥1, <4	· EP3: ≥4, <7	input
		· EP4: ≥7		input
INSTALL_R	Ordinal			input
PERSONAL	Nominal	· PS1: 男 이혼/별거	· PS2: 女 이혼/별거/기혼	input
		· PS3: 男 미혼	· PS4: 男 기혼/별세	input
		· PS5: 女 미혼		input
GUARANTEE	Nominal	· GT0: 無보증	· GT1: 연대 보증	input
		· GT2: 보증인 有		input
RESIDENCE	Ordinal			input
PROPERTY	Nominal	· PR1: 부동산	· PR2: 연금 / 생명보험	input
		· PR3: 자동차 or 기타	· PR4: 결측 / 담보無	input
AGE	Interval			input
INSTALL_P	Nominal	· IS0:할부 無	· IS1:MS행 (분할 상환)	input
		· IS2:가계 (신용카드 할부)		input
HOUSING	Nominal	· HS0:타가 / 주거지 無	· HS1: 임대	input
		· HS2: 자가 주택		input
N_EXIST	Ordinal			input
JOB	Nominal	· JB0: 무직 / 비기술직	· JB1: 비기술직 / 실습생	input
		· JB2: 기술직 / 사무직	· JB3: 경영자 / 자영업 등	input
N_PEOPLE	Binary			input
TEL	Binary	· 1: 전화 有	· 0: 전화 無	input
FOREIGN	Binary	· 1: 외국인	· 0: 내국인	input

■ 분석흐름도와 작성과 각 노드의 설명

먼저 [그림 7-22]와 같이 분석흐름도를 작성하여 독일 은행 자료에 대하여 로지스틱 회귀분석을 실시하여 보자.

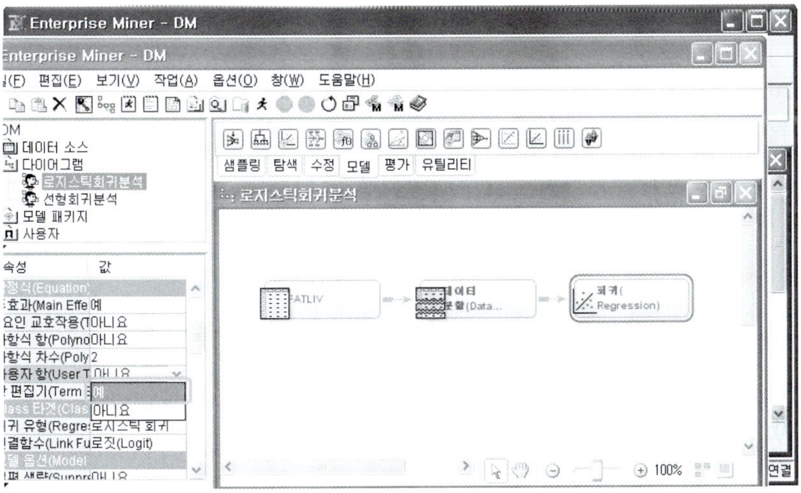

[그림 7-22] 분석흐름도 작성

■ 입력 데이터 소스(Input Data Source)노드의 설정

① 입력 데이터 소스(Input Data Source)노드를 열고 분석에 사용할 데이터를 DMDATA 라이브러리의 GERMAN_CREDIT Data set을 지정한다.

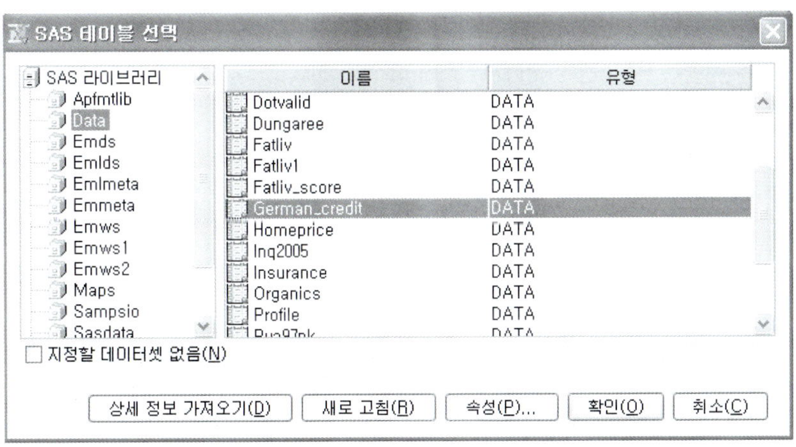

[그림 7-23] 입력 데이터 소스(Input Data Source)노드 대화상자

② 다음 단계로 변수 대화상자 오른쪽 버튼을 클릭하여 신용상태를 나타내는 이진변수인 CREDIT를 Target 변수로 설정하고, 나머지 변수는 모두 Input 변수로 지정. 레벨 칸에 커서를 옮긴 후, 오른쪽 마우스를 클릭하여 변수 속성에 따라 변수 유형을 지정한다. 각 변수를 클릭하고 탐색을 눌러 분석에 사용할 변수 값의 범위를 확인한다.

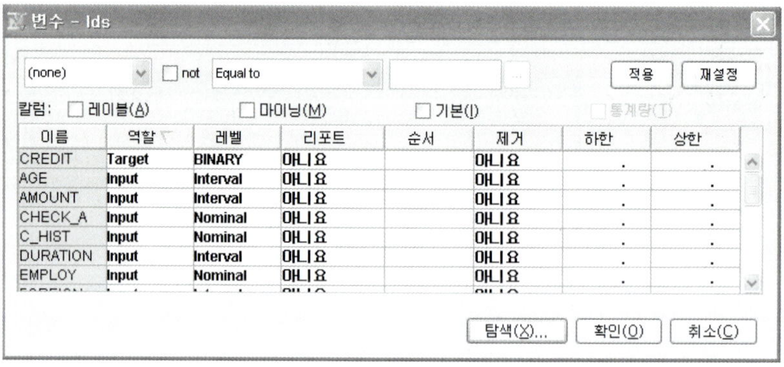

[그림 7-24] 입력 데이터 소스(Input Data Source)노드의 변수 대화상자

③ 데이터 분할(Data Partition)노드를 열어서 분석용(Training), 평가용(Validation), 검증용(Test)에 데이터의 할당 비율을 지정한다.

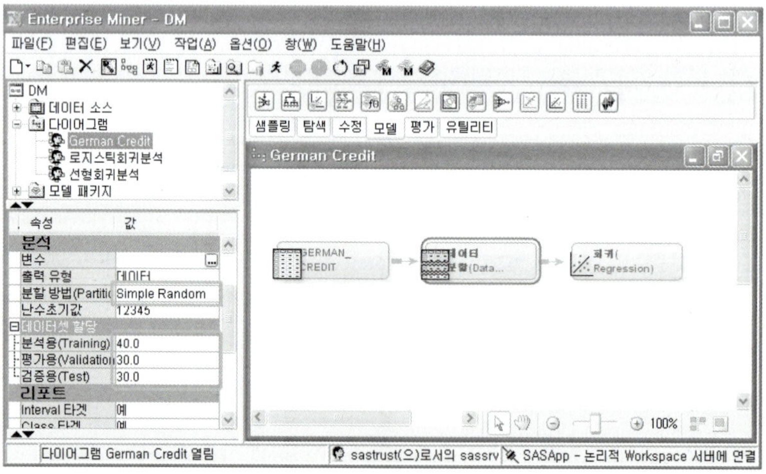

[그림 7-25] 데이터 분할(Data Partition)노드의 데이터셋 할당

④ 회귀(Regression) 노드를 열어서 모델옵션의 입력코딩(Input Coding)을 GLM으로 지정한다.

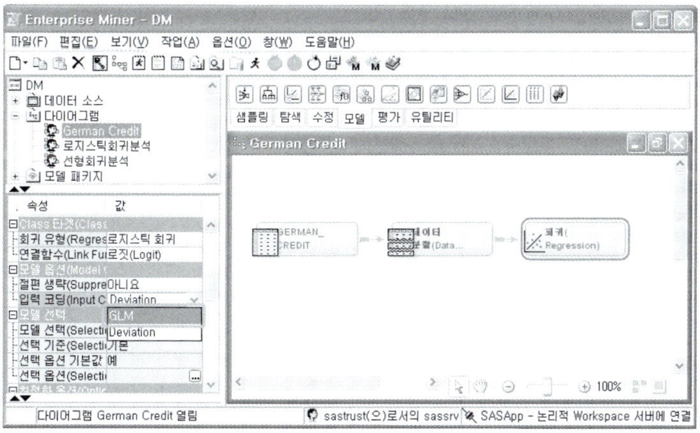

[그림 7-26] 회귀(Regression)노드의 모델 옵션

⑤ 모델선택(Selection Method)을 클릭하여 변수선택 방법을 지정한다. 변수선택 방법에서 None를 지정하면 모든 Input 변수가 설명변수로 처리되어 회귀분석을 실시한다. 본 예제에서는 설명변수의 수가 많기 때문에 변수선택 방법을 지정하여 중요하지 않은 변수를 어느 정도 제거하여 주는 것이 모형의 구축과 해석에 바람직하다. 물론 변수선택 방법을 지정한 다음, 아래쪽의 선택기준 클릭하여 변수선택의 기준을 지정할 수 있다.

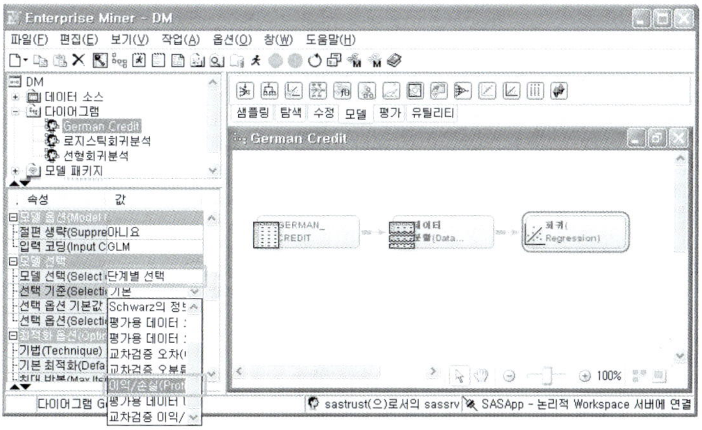

[그림 7-27] 회귀(Regression)노드의 모델 선택

⑥ 회귀분석 노드의 실행을 클릭하여 회귀분석을 실행시킨다.

■ Regression 노드의 결과 보기

상기의 과정이 성공적으로 실행되었을 경우, 회귀분석 노드의 결과를 클릭하면 디폴트로 [그림 7-28]과 같은 대화상자가 나타난다. 효과 도표창에서 앞 절에서 보였던 절대 T-값으로 변경하여 보도록 한다.

① 효과도표 창에서 오른쪽 클릭 → 데이터 옵션 클릭
② abstvalue를 반응변수로, EffectLabel을 범주로 지정후 확인을 누른다.

위 순서를 따라서 나타난 효과도표는 T-검정 통계량의 절대값을 표시하여 준다[그림 7-29]. 효과도표를 클릭한 후 회귀(Regression)노드 결과 창의 메인메뉴에서 보기→ 테이블을 클릭하면 Effect T-scores, Estimates등 구체적인 값들을 확인할 수 있다[그림 7-30].

아래의 [그림 7-30]에 나타난 결과에 의하면 입력변수 중 신용도에 가장 영향력이 큰 변수는 DURATION이며, 다음으로 INSTALL_P IS0, HOUSING HS1, CHECK_A CA0, SAVE_A SA1의 순으로 신용도에 설명력을 갖는 것을 알 수 있다.

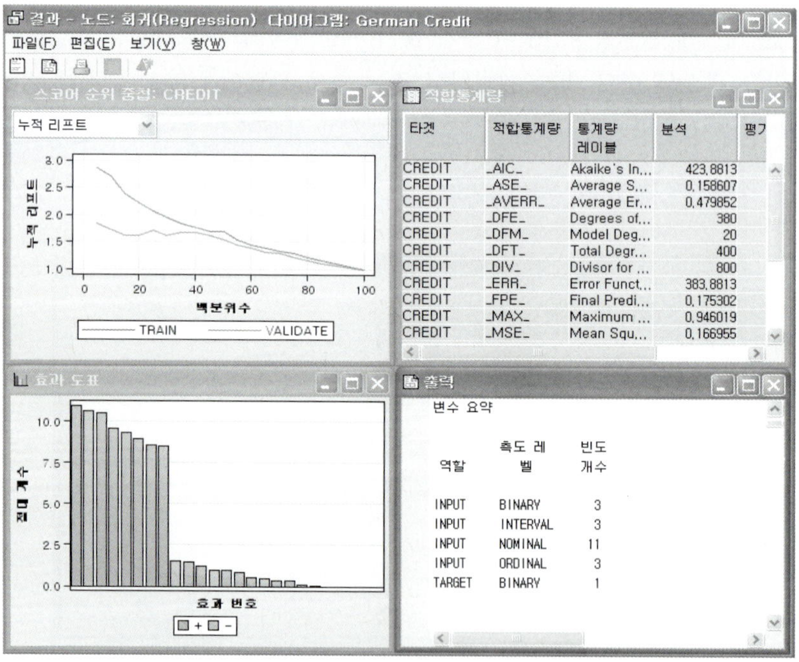

[그림 7-28] 회귀(Regression)노드 결과 창1

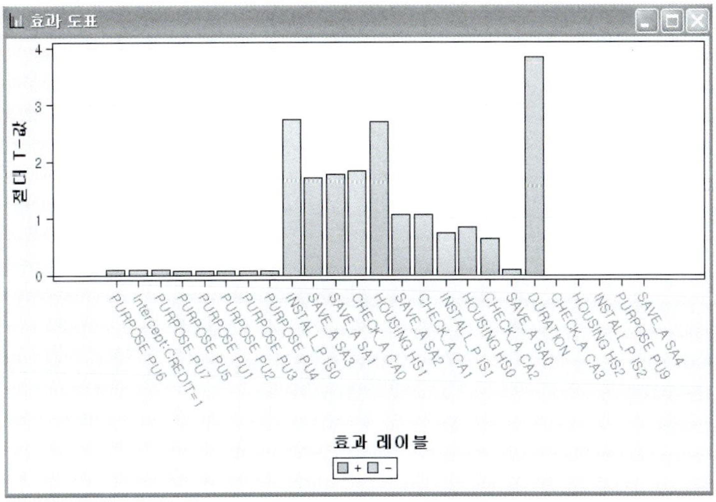

[그림 7-29] 회귀(Regression)노드 결과 창2

테이블: 효과 도표

변수 ▲	레벨	효과	효과 레이블	계수	T-값	P 값	스코어 코드 변수	사인	절대 계수	절대 T-값	TScore 번호	효과 번호
CHECK_A	CA0	CHECK_A...	CHECK_A ...	-0.98658	-1.82406	0.068142	_1_0	-	0.986579	1.824065	4	12
CHECK_A	CA1	CHECK_A...	CHECK_A ...	0.545264	1.056364	0.290802	_1_1	+	0.545264	1.056364	7	15
CHECK_A	CA2	CHECK_A...	CHECK_A ...	0.334953	0.642448	0.520583	_1_2	+	0.334953	0.642448	11	18
CHECK_A	CA3	CHECK_A...	CHECK_A ...	0	.	.	_1_3	+	0	.	21	21
DURATION		DURATION	DURATION	0.041155	3.820638	.0001331	DURATION	+	0.041155	3.820638	1	20
HOUSING	HS1	HOUSINGH...	HOUSING ...	0.937497	2.707042	0.006789	_6_1	+	0.937497	2.707042	3	13
HOUSING	HS0	HOUSINGH...	HOUSING ...	0.339982	0.829455	0.406847	_6_0	+	0.339982	0.829455	9	17
HOUSING	HS2	HOUSINGH...	HOUSING ...	0	.	.	_6_2	+	0	.	22	22
INSTALL_P	IS0	INSTALL_...	INSTALL_...	-1.52961	-2.74306	0.006087	_7_0	-	1.529606	2.743056	2	9
INSTALL_P	IS1	INSTALL_...	INSTALL_...	-0.45134	-0.72976	0.465537	_7_1	-	0.451337	0.72976	10	16
INSTALL_P	IS2	INSTALL_...	INSTALL_...	0	.	.	_7_2	+	0	.	23	23
Intercept	1	Intercept	Intercept:C...	-10.6203	-0.08684	0.930798		-	10.62034	0.086841	14	2
PURPOSE	PU6	PURPOSE...	PURPOSE ...	10.98924	0.089858	0.9284	_14_5	+	10.98924	0.089858	12	1
PURPOSE	PU7	PURPOSE...	PURPOSE ...	10.52154	0.086035	0.931439	_14_6	+	10.52154	0.086035	15	3

[그림 7-30] 회귀(Regression)노드 결과 창3

⑧ 다음으로 출력창을 보면 [그림 7-31]과 같이 분석에 사용된 자료의 개수, 변수선택과정, 모형의 적합도, 각 변수에 대한 추정치, 오즈비(Odds ratio) 등을 보여 준다. 출력창의 결과 중에서 자주 사용되는 몇 가지 중요한 통계량만 별도로 요약하여 살펴보자.

출력

```
The DMREG Procedure

Newton-Raphson Ridge Optimization

Without Parameter Scaling

Parameter Estimates                                   20

                          Optimization Start

Active Constraints                 0    Objective Function     249.21719742
Max Abs Gradient Element       55.02
```

[그림 7-31] 회귀(Regression)노드 결과 창의 출력창

[결과 7-4]는 변수선택 방법으로 단계별 선택(stepwise)을 사용하고, 변수선택 기준은 디폴트를 사용하였을 경우 변수가 단계적으로 선택되어진 과정을 요약하여 보여준다. 1단계로 CHECK_A가 선택되었으며 마지막 단계에서 HOUSING이 선택되었음을 알 수 있다.

Summary of Stepwise Selection

Step	Effect Entered	DF	Number In	Score Chi-Square	Wald Chi-Square	Pr > ChiSq
1	CHECK_A	3	1	41.8295		<.0001
2	DURATION	1	2	18.0269		<.0001
3	PURPOSE	7	3	21.3041		0.0033
4	INSTALL_P	2	4	10.4365		0.0054
5	SAVE_A	4	5	12.6607		0.0131
6	HOUSING	2	6	7.5890		0.0225

[결과 7-4] 변수선택 과정 요약

[결과 7-5]를 살펴보면 모형 적합도에 대한 판정 기준으로는 - 2 LOG Likelihood가 출력되어 있다. 이 경우 절편만 사용한 모형(설명변수를 사용하지 않은 모형)과 6개의 설명변

Likelihood Ratio Test for Global Null Hypothesis: BETA=0

-2 Log Likelihood Intercept Only	-2 Log Likelihood Intercept & Covariates	Likelihood Ratio Chi-Square	DF	Pr > ChiSq
498.434	383.881	114.5531	19	<.0001

Type 3 Analysis of Effects

Effect	DF	Wald Chi-Square	Pr > ChiSq
CHECK_A	3	22.1797	<.0001
DURATION	1	14.5973	0.0001
HOUSING	2	7.3954	0.0248
INSTALL_P	2	14.9159	0.0006
PURPOSE	7	19.7513	0.0061
SAVE_A	4	13.4537	0.0093

[결과 7-5] 모형도 적합도 검정 결과

수를 사용한 모형의 카이제곱 통계량의 차이가 114.5531(자유도 19)로 매우 유의함을 알 수 있다. 한편, Type3 Analysis of Effects에서는 특정한 변수를 삭제하였을 때 Wald 카이제곱 통계량에 대한 유의성 검정 결과를 보여주고 있다. CHECK_A가 가장 유의함을 알 수 있다.

Analysis of Maximum Likelihood Estimates

Parameter	DF	Estimate	Standard Error	Wald Chi-Square	Pr > ChiSq	Standardized Estimate	Exp(Est)
Intercept	1	-1.8744	15.2920	0.02	0.9024		0.153
CHECK_A CA0	1	-0.9600	0.2439	15.49	<.0001		0.383
CHECK_A CA1	1	0.5719	0.2216	6.66	0.0099		1.772
CHECK_A CA2	1	0.3615	0.2236	2.61	0.1059		1.436
DURATION	1	0.0412	0.0108	14.60	0.0001	0.2875	1.042
HOUSING HS0	1	-0.0858	0.2731	0.10	0.7533		0.918
				.			
				.			
				.			
SAVE_A SA2	1	0.1272	0.3636	0.12	0.7265		1.136
SAVE_A SA3	1	0.7866	0.4600	2.92	0.0873		2.196

[결과 7-6 A] 회귀모수 추정치 (Deviation)

Analysis of Maximum Likelihood Estimates

Parameter	DF	Estimate	Standard Error	Wald Chi-Square	Pr > ChiSq	Standardized Estimate	Exp(Est)
Intercept	1	-10.6203	122.3	0.01	0.9308		0.000
CHECK_A CA0	1	-0.9866	0.5409	3.33	0.0681		0.373
CHECK_A CA1	1	0.5453	0.5162	1.12	0.2908		1.725
CHECK_A CA2	1	0.3350	0.5214	0.41	0.5206		1.398
CHECK_A CA3	0	0	.	.	.	.	.
DURATION	1	0.0412	0.0108	14.60	0.0001	0.2875	1.042
HOUSING HS0	1	0.3400	0.4099	0.69	0.4068		1.405
				.			
				.			
				.			
SAVE_A SA3	1	1.4796	0.8633	2.94	0.0866		4.391
SAVE_A SA4	0	0	.	.	.	.	.

[결과 7-6 B] 회귀모수 추정치 (GLM)

연속변수(Interval)에 대한 회귀모수 추정치는 고전적 회귀분석과 동일한 의미를 갖으며, 분류변수에 대한 회귀 모수 추정치는 모형 설정 단계의 Input Coding에서 Deviation, GLM 어느 옵션을 선택하였느냐에 따라 약간 달라질 수 있다. GLM을 옵션으로 선택하면 마지막 범주의 추정값을 0으로 가정하고 이를 기준으로 각 범주 간 차에 대한 효과를 추정값으로 출력하여 준다.

[결과 7-6 A]와 [결과 7-6 B]의 Exp(Est) 추정은 추정 방법이 달라 값은 다르지만 두 결과에 대한 오즈비는 같다.

다음으로 오즈비 추정치를 살펴보자. SAS E-Miner에서는 분류변수에 대한 오즈비는 마지막 범주를 기준으로 나머지 각각의 범주에 대한 오즈비 추정값을 계산하여 주며, 연속변수(Interval)에 대한 오즈비 추정값은 설명변수의 값이 1단위 증가하는 데 따른 오즈의 변화량을 계산하여 준다.

[결과 7-7]의 오즈비의 결과를 살펴보면, 분류변수 CHECK_A는 CA3에 비하여 CA0의 오즈비가 0.373이다. 이는 직불카드 계좌가 없는 그룹은 200마르크 이상의 직불카드 계좌

Odds Ratio Estimates

Effect		Point Estimate
CHECK_A	CA0 vs CA3	0.373
CHECK_A	CA1 vs CA3	1.725
CHECK_A	CA2 vs CA3	1.398
DURATION		1.042
HOUSING	HS0 vs HS2	1.405
HOUSING	HS1 vs HS2	2.554
INSTALL_P	IS0 vs IS2	0.217
INSTALL_P	IS1 vs IS2	0.637
PURPOSE	PU1 vs PU9	999.000
PURPOSE	PU2 vs PU9	999.000
PURPOSE	PU3 vs PU9	999.000
PURPOSE	PU4 vs PU9	999.000
PURPOSE	PU5 vs PU9	999.000
PURPOSE	PU6 vs PU9	999.000
PURPOSE	PU7 vs PU9	999.000
SAVE_A	SA0 vs SA4	0.935
SAVE_A	SA1 vs SA4	3.429
SAVE_A	SA2 vs SA4	2.271
SAVE_A	SA3 vs SA4	4.391

[결과 7-7] 오즈비 추정치

를 갖고 있는 그룹에 비하여 신용 불량률에 대한 오즈비가 0.373배라는 의미이다. CA1은 CA3에 비하여 1.725배이며, CA2는 CA3에 비하여 1.398배로 해석할 수 있다. 즉 직불카드 계좌가 없는 그룹은 신용 불량률이 높지 않다는 의미를 갖는다. 나머지 분류변수에 대한 오즈비의 해석도 이와 같은 방법으로 하면 될 것이다. 연속변수인 DURATION은 Duration이 1단위 증가하면 오즈비가 1.042배 증가한다는 의미로 해석할 수 있다. 연속변수인 경우에 변수값의 척도에 비하여 1단위가 지나치게 큰 값이면 오즈비가 지나치게 클 수 있고, 너무 작은 값이면 오즈비가 1에 가까워 특별한 의미를 갖지 못하는 경우가 있다.

다음 [결과 7-8]은 회귀분석 결과의 정오 분류표를 제공하고 있다.

분류 테이블

데이터 역할=TRAIN 타겟 변수=CREDIT

타겟	결과	타겟 백분율	결과 백분율	빈도 개수	총 백분율
0	0	79.4212	90.1460	247	61.75
1	0	20.5788	50.7937	64	16.00
0	1	30.3371	9.8540	27	6.75
1	1	69.6629	49.2063	62	15.50

데이터 역할=VALIDATE 타겟 변수=CREDIT

타겟	결과	타겟 백분율	결과 백분율	빈도 개수	총 백분율
0	0	77.4336	82.1596	175	58.3333
1	0	22.5664	58.6207	51	17.0000
0	1	51.3514	17.8404	38	12.6667
1	1	48.6486	41.3793	36	12.0000

[결과 7-8] 분류 테이블

제 8 장

신경망

이 장에서는 신경망의 개념과 기본구조를 알아본다. 그리고 신경망을 이용하여 프로젝트를 진행하는 과정과 결과를 해석하는 방법을 살펴보도록 하자.

8.1 신경망의 개요 및 배경

인간 두뇌에 관한 연구는 오래전부터 계속되어 왔다. 컴퓨터의 발달과 더불어 인간과 같이 계산하고 판단하며, 인식할 수 있는 (인공)신경망의 구현을 위하여 많은 노력이 경주되고 있다. 최근에는 패턴인식, 의사결정 등에서 인간의 두뇌를 모방한 신경망에 대한 연구가 지속되고 있다. 패턴인식 면에서는 만 한살의 어린아이가 지니는 얼굴인식 능력이나 연상 능력이 현재의 슈퍼컴퓨터보다 더 빠르고 정확하다는 것이 이러한 연구의 당위성을 뒷받침한다. 신경망 모델은 패턴인식, 문자인식, 음성분석 그리고 로봇공학 등에서도 널리 이용되고 있다.

신경망에 대한 첫 연구는 디지털 컴퓨터가 나오기 전인 1940년대에 이루어졌다. 1943년에 신경생리학자인 Warren McCulloch과 논리학자인 Waiter Pits는 신경노드가 어떻게 일하는지를 설명하는 모형을 만들었다. 그들의 관심은 뇌의 해부학에 대한 이해였지만, 그 모형은 신경생물학 영역 밖의 문제를 해결할 수 있는 새로운 접근법을 제시했다. 디지털컴퓨터가 처음으로 나온 1950년대에 Rosenblatt은 McCulloch와 Pits의 연구를 기초로 퍼셉트론(perceptron)이라는 신경망모델을 1957년에 개발하였다. 초기 퍼셉트론은 인지가 가능하다는 관점에서 상당한 관심을 모았으나 AND, OR 연산 등 선형분리 가능한 문제의 해결에만 사용될 수 있었고 XOR과 같은 비선형문제를 해결하지 못하는 단점을 가지고 있다.

그 이후에는 당시의 가장 강력한 컴퓨터가 현재의 PC보다 능력이 뛰어나지 못했기 때문에 많은 계산을 요구하는 신경망의 학습에 적합하지 않았고, 비선형문제를 해결하지 못하는 한계점 때문에 신경망이 널리 이용되지 못했다. 그러나 1969년에 Minsky과 Papert는 입력층과 출력층 사이에 또 다른 층(은닉층)을 삽입하는 다층신경망이 비선형문제를 해결할 수 있음을 밝혀서 많은 관심을 끌었다. 그러나 신경망에 있어서 중요한 문제인 신경망을 학습시킬 수 있는 알고리즘이 개발되지 않아 많은 사람들의 실망감 속에 신경망은 점차 사람들의 기억에서 사라져 갔다.

1980년대에 이르러 다시 신경망에 대한 관심이 고조되었다. 신경망에 관한 연구를 다시 활성화시킨 중요한 사람은 Hopfield라 할 수 있다. 1982년에 순환 신경망 구조의 연상메모리를 제안하여 부분 입력 데이터로도 완벽한 데이터의 복원이 가능함을 입증하였다. 그뿐 아니라 더 중요한 업적은 다층신경망을 학습시키는 역전파 알고리즘(backpropagation)을 개발한 것이다. 또한 Tank와 함께 순환신경망 구조를 이용하여 TSP(Traveling Salesman Problem)문제를 해결하는 등 다양한 분야에의 응용 가능성을 제시하였다. Kohonen도 1982년에 자율 학습 방법의 일종인 SOM(Self Organizing Map)을 개발하여 음성인식 등 여러 분야의 응용이 가능하게 되었다. 그 이후 신경망은 경영, 패턴인식, 공학 등의 분야에서 폭 넓게 응용되고 있다.

신경망이 가지는 특징 중 중요한 세 가지는 - ① 수학적인 모형이 필요 없다. ② 자료의 해석보다 예측에 더 유용하다. 그리고 ③ 자료의 크기가 커야 한다 - 이다. 다음 절에서는 하나의 예를 통해 신경망에 관해 설명하도록 한다.

8.2 신경망의 예

사람들이 경험과 각종 정보를 통하여 학습하는 것과 같이 신경망은 예제를 바탕으로 반복적으로 학습하여 자료에 내재된 패턴을 찾아내는 능력이 있다. 이러한 신경망의 학습을 부동산감정에 응용하는 예를 들어보기로 한다.

어떤 지역의 집은 다른 많은 지역의 집보다 가치가 더 있을 수 있다. 그리고 집의 크기, 범죄율, 집의 위치, 인구밀도 그리고 교통 등이 집값을 계산하는데 중요한 요인이 된다. 대개의 감정사는 어떤 공식으로 집값을 계산하는 것이 아니라, 유사한 집에 대한 가격정보와 경험으로 가격의 균형을 맞추어 나간다. 그리고 집값에 대한 지식은 정적이지 않고 각 지역에 대한 최근의 가격 정보를 이용하여 가격을 계속 최신화(update) 시켜나간다. 아래의 [그림 8-1]과 같이 신경망은 집에 대한 여러 가지 입력정보를 받아 평가된 가격을 감정사 대신 출력한다.

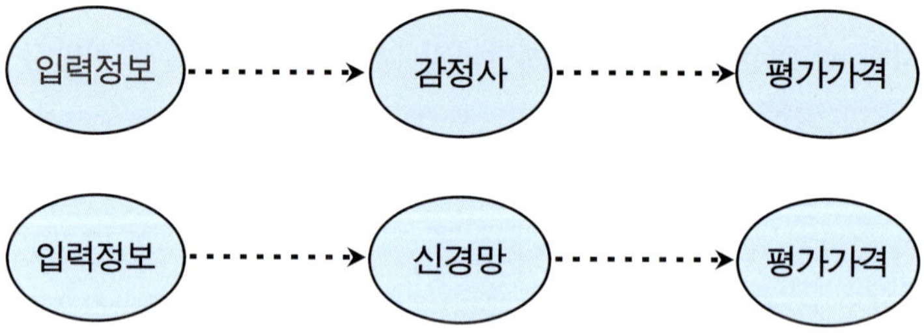

[그림 8-1] 신경망의 개념

신경망이 집값을 평가하도록 도와주는 것은 경험 즉 사전에 거래된 자료(data)이다. 집값을 평가하기 위해서는 집값에 영향을 미치는 변수 즉 입력정보에는 어떠한 것이 있는지를 파악해야 한다. 이를 위해 부록에 있는 Boston Housing 자료를 예로 들어본다.

이 자료는 506개의 예제로 구성된 데이터이며, 목표 값은 집값이다. 그리고 집값에 영향을 주는 13개의 변수를 고려했다. <표 8-1>에 변수에 대한 목록과 그리고 하나의 예에 대한 자료가 나타나 있다.

〈표 8-1〉 Boston Housing Data의 설명

변수	값의 범위			데이터 예	변환된 값
범죄 발생률	0.0063	~	88.976	0.0063	0
주기지역의 비율	0	~	100	18	0.18
상업지역의 비율	0.46	~	27.74	2.31	0.068
강변유무	0	~	1	0	0
질소산화물 농도	0.385	~	0.817	0.538	0.36
방의 평균 개수	3.561	~	8.78	6.575	0.58
노후된 집의 비율	2.9	~	100	65.2	0.64
도심까지의 평균거리	1.1296	~	12.127	4.09	0.27
고속도로 접근성 지표	1		24	1	0
재산세 비율	187	~	711	296	0.21
학생과 교사비율	12.6	~	22	15.3	0.29
흑인 비율	0.32	~	396.9	396.9	1
저소득층의 비율	1.73	~	37.97	4.98	0.09
집값의 중앙값	5	~	50	24	0.42

신경망을 예측에 이용하기 위해서는 먼저 사전에 거래된 자료를 통해 신경망을 학습시켜야 한다. 이렇게 학습을 시킬 때 입력과 목표 값이 0과 1 사이의 값일 때 신경망의 수행능력이 좋다는 연구 결과가 있다. 그러므로 모든 변수의 값을 0과 1 사이의 값으로 변환하는 것이 좋겠다. 각 변수의 값을 0과 1 사이의 값으로 변환하는 방법은 6절에서 알아본다.

신경망을 학습한다는 것은 출력값(예측값, 추정값)과 목표값(실제값)을 비교해가면서 출력값을 좀 더 정확히 하기 위해 연결강도(가중치, weights)를 계속 조정해 나가는 것이다. 모든 학습용 자료(training data set)를 이용한 학습을 거치면서 신경망은 좋은 연결강도를 가지게 된다. 이렇게 계산하면서 연결강도들의 변화가 아주 적어지거나 출력값이 목표값에 아주 가깝거나 혹은 미리 지정된 횟수만큼의 학습을 거치면 학습은 끝난다. 그리고 학습용자료에 포함되지 않는 자료, 검증용 자료(validation data set)를 이용하여 얻어진 신경망의 연결강도가 만족할 만한 것인가를 검증한다. 만족할 만한 결과가 나왔다면 최종 신경망 모형으로 결정한다. 이 신경망 모형은 입력자료가 주어지면 집값을 계산하는

법을 학습용 자료를 통해 배운 것이다. 그러나 하나 주의해야 할 사항은 출력 값이 0과 1 사이의 값이기 때문에 역변환을 통해 실제 집값을 계산해야 한다는 것이다.

8.3 신경망의 구조

신경망에는 다양한 모형이 있으나 그중에서도 가장 단순한 단층퍼셉트론(single layer perceptron) 구조를 예를 들어 설명하도록 하겠다. [그림 8-2]에는 1개의 노드를 가지는 입력층(input layer)과 1개의 노드를 가지는 출력층(output layer)으로 구성된 단층퍼셉트론의 구조가 나타나 있다.

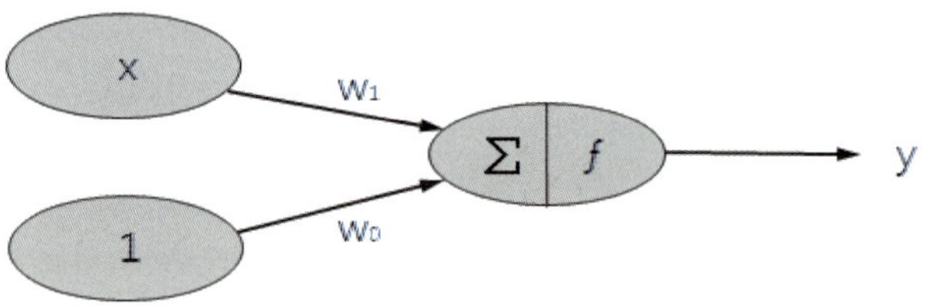

[그림 8-2] 단층 퍼셉트론 구조

여기에서 1의 값을 가지는 추가적인 하나의 입력노드가 있다. 이것은 뉴런의 활성화에 있어서 외부 입력뿐만 아니라 바이어스(bias)도 작용하므로 이를 고려하기 위하여 추가하였다. 이것은 신경망이 패턴을 더 잘 이해하도록 하는 전역적인 절편역할을 한다. 또한 다른 입력노드처럼 연결강도가 있고 결합함수에 포함된다.

출력층의 노드에 있는 Σ는 여기를 향하는 두 개의 노드(x, 1)와 연결강도(w_0, w_1)를 하나의 값으로 묶어주는 역할을 하는데, 가장 널리 사용되는 것은 노드와 연결강도의 가중합, $w_1x + w_0 1$이다. 이러한 이유로 이 함수를 결합함수(combination function)라고 부르는데 가중합 이외에도 중앙값, 최고값 그리고 최소값 등도 결합함수로 이용되고 있다. 대부분의 신경망 에서는 결합함수로 선형함수를 사용하지만, 다른 형태의 결합함수를 사용하는 신경망도 있다. 예를 들면 원형기준함수 신경망(Radial Basis Function Network)은 원형기준함수를 사용한다.

그리고 f는 선형뿐 만 아니라 비선형의 문제를 해결할 수 있도록 이용되는 활성화함수(activation function)이다. 특별한 경우를 제외하고는 출력층에서는 가중합 결합함수와 선형(linear) 활성화함수 ($f(x)=x$)를 사용한다. 그러므로 [그림 8-2]를 수식으로 표현하면 $y=w_1x+w_0$가 된다. 그러니까 x와 y의 선형관계를 표현하는 식이 된다. 이는 입력변수가 하나인 단순선형회귀모형이지만, 연결강도(통계학에서는 모수) w_0, w_1을 구하는 방법이 통계학과는 다르다.

단층퍼셉트론보다 더 복잡한 문제를 해결할 수 있는 은닉층(hidden layer)이 추가된 다층퍼셉트론(multilayer perceptron)에 대해서 알아보자. 먼저 가장 간단한 구조인 1개의 노드를 가지는 입력층, 2개의 노드를 가지는 은닉층 그리고 1개의 노드를 가지는 출력층으로 구성된 다층퍼셉트론의 구조가 [그림 8-3]에 나타나 있다.

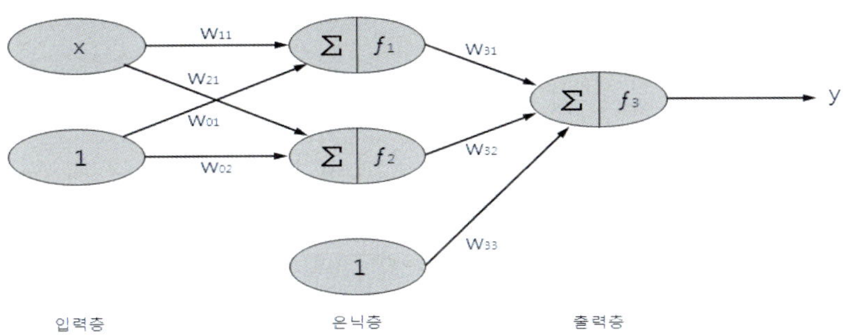

[그림 8-3] 다층 퍼셉트론 구조

활성화 함수와 결합함수가 모든 노드에서 같을 필요는 없다. 그러나 일반적으로 가중합 결합함수를 많이 사용하고 있음을 고려하고, 은닉층의 선형 결합함수를 고려하면 [그림 8-3]은 $y=f_3(w_{31}f_1(w_{11}x+w_{01})+w_{32}f_2(w_{21}x+w_{02})+w_{33})$로 표현된다. 많이 사용되고 있는 활성화함수가 <표 8-2>에 나타나 있다.

〈표 8-2〉 활성화함수의 종류

함수 이름	함수	범위
Hard Limit	$f(x)=\begin{cases}0 & ,if\ x<\theta \\ 1 & ,elsewhere\end{cases}$	0,1
Symmetric Hard Limit	$f(x)=\begin{cases}-1 & ,if\ x<\theta \\ 1 & ,elsewhere\end{cases}$	−1,1
Linear	$f(x)=x$	$(-\infty,\infty)$
Positive Linear	$f(x)=\begin{cases}x & ,if\ x\geq\theta \\ 0 & ,elsewhere\end{cases}$	$(0,\infty)$
Logistic	$f(x)=\frac{1}{1+e^{-x}}$	(0,1)
Tanh(hyperbolic tangent)	$f(x)=\frac{e^{x}-e^{-x}}{e^{x}+e^{-x}}$	(−1,1)

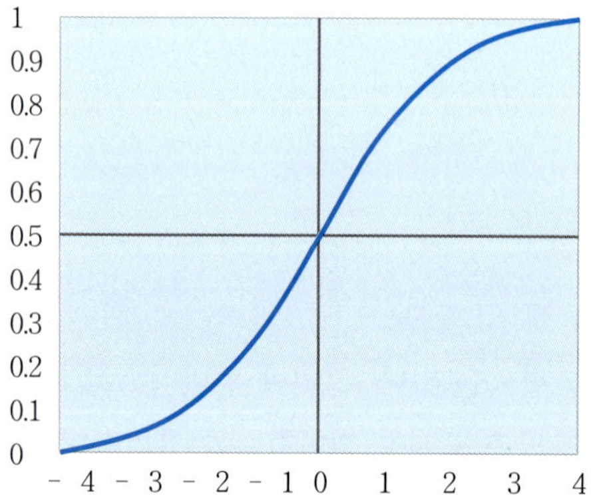

[그림 8-4] 단극성 시그모이드 함수

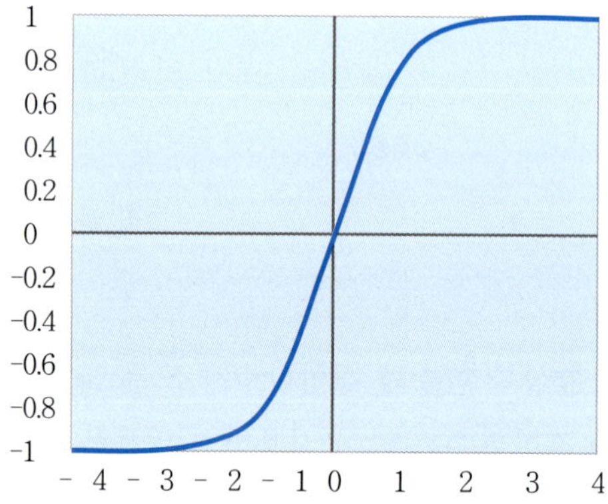

[그림 8-5] 양극성 시그모이드 함수

실제로 활성화함수로는 시그모이드(sigmoid) 함수가 많이 쓰인다. 특히 퍼셉트론에서는 은닉층에 시그모이드 활성화함수를 기본으로 하고 있다. 시그모이드 함수로는 logistic

함수 형태인 단극성 시그모이드 함수와 tanh 함수형태인 양극성 시그모이드 함수가 많이 사용된다. 이들 함수가 가지는 특징은 x의 값이 아주 크거나 작을 때 입력층의 작은 변화는 출력층에 거의 영향을 주지 않는다는 것이다. 이들 함수에 대한 그림이 위 [그림 8-4]와 [그림 8-5]에 나타나 있다.

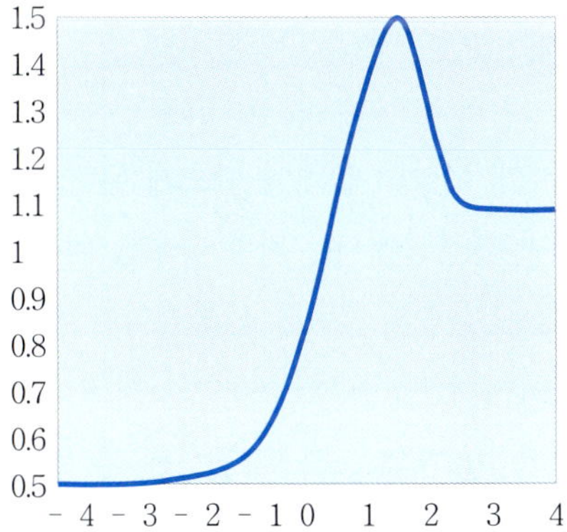

[그림 8-6] 예제 함수

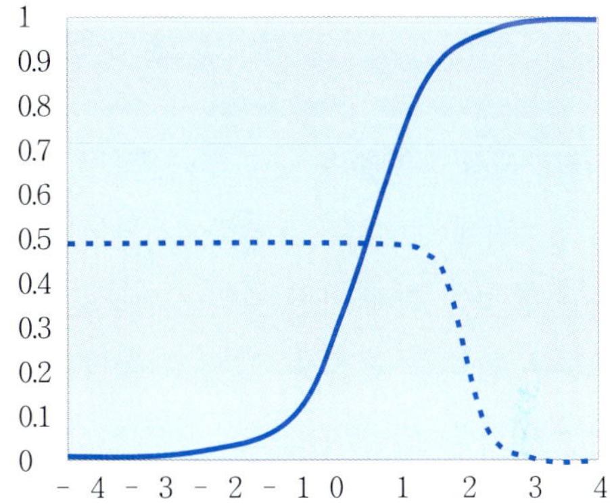

[그림 8-7] 2개의 시그모이드 함수

이제 간단한 예제를 통하여 다층신경망의 활용성에 대해서 알아보자. 만약 x와 y의 관계가 [그림 8-6]과 같을 때 이를 신경망으로 해결할 수 있을까? 단층퍼셉트론이나 하나의 노드를 가진 은닉층으로는 이 문제를 해결할 수 없지만 노드 수가 많은 은닉층이 추가된다면 이 문제를 해결할 수 있다. 이 예제는 2개의 노드(H_1, H_2)를 가진 은닉층으로 해결할 수 있다. 즉 [그림 8-7]에 나타난 2개의 시그모이드 함수의 가중합으로 [그림 8-6]을 나타낼 수 있다. 이를 신경망 그림으로 나타내면 [그림 8-8]의 형태가 되는데 이는

$$H_1 = \frac{1}{1 + exp(5x - 10)}$$

$$H_2 = \frac{1}{1 + exp(-2x + 1)}$$

$$y = 0.5H_1 + H_2$$

의 식으로 표현된다. [그림 8-8]에서도 출력층은 단순히 가중합을 취하는 역할을 한다.

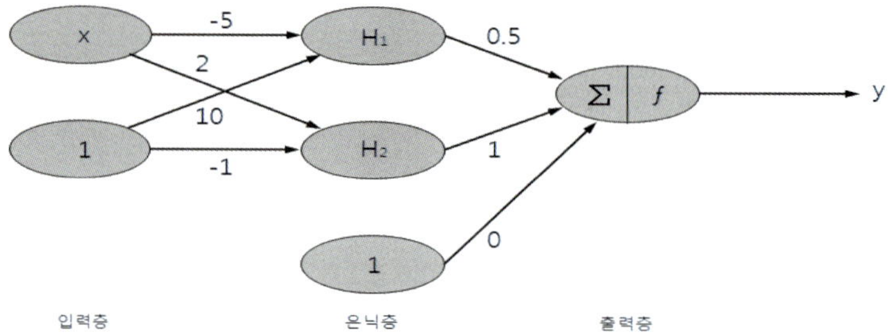

[그림 8-8] 예제의 신경망 구조

신경망에서 출력층의 노드 수가 두 개 이상이면 두 개 이상의 출력이 나오게 된다. 두 개 이상의 출력에 대해서는 통계학에서는 생소한 것이지만 신경망에서는 자주 다루는 내용이다.

자료 분석을 위해 가장 널리 사용되는 신경망모형은 다층퍼셉트론 신경망이다. 다층퍼셉트론은 입력층, 은닉층, 그리고 출력층으로 구성되어 있다. [그림 8-9]는 p개의 노드로 구성된 입력층, q_1개의 노드로 구성된 첫 번째 은닉층, q_2개의 노드로 구성된 두 번째 은닉층 그리고 r개의 노드로 구성된 출력층으로 이루어진 4계층 다층퍼셉트론 신경망의 구조이다. 여기에서 1을 가지는 노드, 즉 바이어스(bias) 노드는 생략하였다. 각 층의 구조와 역할은 다음과 같다.

- **입력층** : 각 입력변수에 대응되는 노드들로 구성되어 있다.
- **은닉층** : 여러 개의 은닉노드로 구성되어 있다. 각 은닉노드는 입력층 혹은 앞의 은닉층으로부터 전달되는 변수값들의 선형결합을 비선형함수로 처리하여 출력층 혹은 뒤의 은닉층에 전달한다.
- **출력층** : 목표변수에 대응하는 노드들을 갖는다. 여러 개의 목표변수 또는 3개 이상의 수준을 가지는 명목형 목표변수가 있을 경우에는 여러 개의 출력노드들이 존재한다.

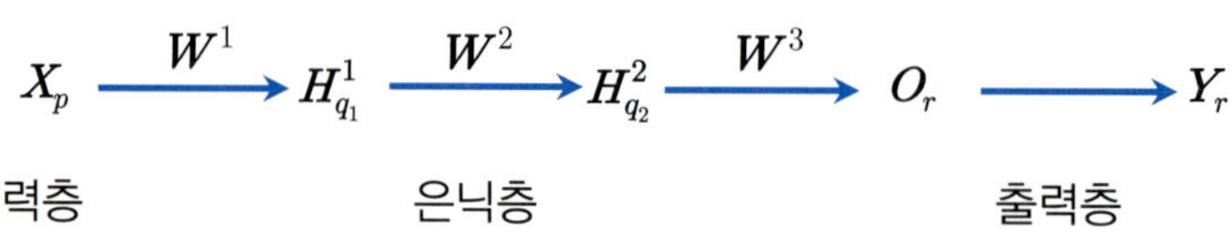

[그림 8-9] 일반적인 다층 퍼셉트론

[그림 8-9]에서 $\boldsymbol{W}^1$, $\boldsymbol{W}^2$ 그리고 $\boldsymbol{W}^3$는 연결강도를 나타내는 것으로

$$\boldsymbol{W}^1 = \begin{pmatrix} w_{11}^1 & w_{12}^1 & \cdots & w_{1p}^1 \\ w_{21}^1 & w_{22}^1 & \cdots & w_{2p}^1 \\ \vdots & \vdots & & \vdots \\ w_{q_1 1}^1 & w_{q_1 2}^1 & \cdots & w_{q_1 p}^1 \end{pmatrix}, \quad \boldsymbol{W}^2 = \begin{pmatrix} w_{11}^2 & w_{12}^2 & \cdots & w_{1q_1}^2 \\ w_{21}^2 & w_{22}^2 & \cdots & w_{2q_1}^2 \\ \vdots & \vdots & & \vdots \\ w_{q_2 1}^2 & w_{q_2 2}^2 & \cdots & w_{q_2 q_1}^2 \end{pmatrix}$$

$$\boldsymbol{W}^3 = \begin{pmatrix} w_{11}^3 & w_{12}^3 & \cdots & w_{1q_2}^3 \\ w_{21}^3 & w_{22}^3 & \cdots & w_{2q_2}^3 \\ \vdots & \vdots & & \vdots \\ w_{r1}^3 & w_{r2}^3 & \cdots & w_{rq_2}^3 \end{pmatrix}$$

이다. 그러므로

$$\boldsymbol{H}_{q_1} = \begin{pmatrix} H_{11} \\ H_{12} \\ \vdots \\ H_{1q_1} \end{pmatrix} = f_1(\boldsymbol{W}^1 X), \quad \boldsymbol{H}_{q_2} = \begin{pmatrix} H_{21} \\ H_{22} \\ \vdots \\ H_{2q_2} \end{pmatrix} = f_2(\boldsymbol{W}^2 \boldsymbol{H}_{q_1}^1),$$

$$\boldsymbol{O}_r = Y = \begin{pmatrix} y_1 \\ y_2 \\ \vdots \\ y_r \end{pmatrix} = f_3(\boldsymbol{W}^3 \boldsymbol{H}_{q_2}^2)$$

이다. 여기에서 f_i, $i = 1,2,3$은 첫 번째 은닉층, 두 번째 은닉층 그리고 출력층 각각에 있는 적당한 활성화함수로 이루어진 벡터이다. 일반적으로 은닉층이 1개인 3계층 신경망이 널리 사용되지만, 특수한 응용 목적에 따라서는 2개 또는 3개의 은닉층을 사용하는 4계층 또는 5계층의 다층신경망도 이용되고 있다.

퍼셉트론과 더불어 많이 이용되고 있는 신경망으로는 원형기준함수 신경망이 있다. 이 신경망은 퍼셉트론과 달리 항상 하나의 은닉층을 가진다. 그리고 은닉층의 결합함수는 연결강도와 입력값의 거리제곱합으로 주어진다. 활성화 함수는 문제의 유형에 따라 지수 혹은 softmax(generalized logistic) 함수를 사용한다. 즉, 지수 활성화함수를 사용할 때 j번째 은닉노드의 출력 값은

$$H_j = exp\{-b_j^2 \sum_i (w_{ij} - x_i)^2\}$$

이다. 여기에서 w_{ij}는 입력층의 i번째 노드에서 은닉층의 j번째 노드의 연결강도이고, b_j는 은닉층의 j번째 노드의 bias이다. 가끔 이보다 더 복잡한 구조를 가진 원형기준함수

신경망을 사용하기도 하는데, altitude라는 분포의 높이를 결정하는 모수를 요구하는 구조도 있다.

통계학에서 널리 이용되는 GLM(Generalized Linear Model)을 신경망모형으로 표시하면 은닉층이 없고 출력층에서는 가중합 결합함수를 사용하는 모형이 된다. 그리고 GLM 신경망 모형을 사용할 때 입력층의 값은 일반적으로 표준화하지 않는다.

8.4 목적함수와 최적화

목적함수와 최적화를 알아보기 전에 은닉층의 수와 각 은닉층의 노드수 그리고 활성화함수를 결정하는 방법은 여러 가지가 있는데 그중에서 다음의 4가지 방법이 가장 많이 사용된다.

① Trial and error : 은닉층의 수, 은닉층의 노드수, 활성화함수를 변화시켜 가면서 가장 좋은 모형을 찾는 방법이다.

② Constructive algorithms : 선형모형에서 단계적 변수 선택방법처럼 작은 모형에서 시작하여 모형을 키워나가는 방법이다.

③ Pruning : 선형모형에서 backward 변수 선택방법처럼 큰 모형에서 시작하여 모형을 축소시키는 방법이다.

④ Regularization : 복잡도의 크기에 비례하는 벌칙항을 넣은 적합도 함수를 최소화 하는 방법이다.

적절한 수의 은닉층과 은닉노드의 수가 결정되면, 그다음에 해야 할 일은 예제데이터 $\{(x_1, t_1), (x_2, t_2), \cdots, (x_n, t_n)\}$로부터 연결강도를 결정(통계학에서는 모수추정)하는 것이다. 이를 훈련(training) 또는 학습(learning)이라고 부른다. 주어진 데이터를 가장 잘 반영하는 연결강도를 찾아내는 것인데, 이는 오차함수라고도 불리는 목적함수를 최소로 하는 문제가 된다. 일반적으로 주로 사용되는 목적함수는 흔히 오차제곱합이라고 불리는 다음과 같은 함수이다.

$$E = \sum_{i=1}^{n} (t_i - y_i)^2$$

여기서 t_i는 i번째 자료의 실제값이고, y_i는 i번째의 자료의 출력값이다. 신경망에서는 목표변수의 분포를 가정하여, 보다 다양한 형태의 목적함수를 고려하고 있다.

신경망 모형이 비선형적이고 주어진 자료의 분포에 대한 어떠한 가정도 없기 때문에 이 목적함수를 최소화하는 연결강도를 찾는 것은 쉬운 일이 아니다. 그래서 수치해석적인 방법으로 최적의 해를 찾는다. 수치해석 분야에는 비선형 목적함수를 최적화하기 위한 많은 알고리즘들이 개발되어 있다. 대표적인 알고리즘으로는 델타학습규칙, 역전파알고리즘(backpropagation method), Quickprop method, Conjugate gradient method, Modified Newton method, Double dogleg method, 그리고 Lebenburg-Marquardt method 등이 있다. 그중에서 가장 간단하고 이해가 쉬운 델타학습규칙(delta rule)에 대해 알아보자. 이 알고리즘은

$$w^{new} = w^{old} + \alpha x e$$

으로 표현할 수 있는데, 여기에서 $e = t - y$이고 α은 학습률이라는 것인데 뒤에 설명할 것이다. 예를 들어 다음과 같은 자료가 주어졌다고 하자.

x	1	2	3
t	2.1	4.1	5.9

여기에서 $t = 2x$의 관계가 있다는 것을 알 수 있다. 그러면 델타학습규칙을 통하여 그 관계를 찾아보자. 여기에서 $\alpha = 0.3$으로 가정하자.

[0단계] w의 초기치 $w^{초기치} = 0.3$으로 주어졌다고 하자. (임의의 값)

[1단계] 첫 번째 입력값 $(x = 1)$을 입력,

e 계산: $y = w \times x = 0.3 \times 1 = 0.3$,

$e = t - y = 2.1 - 0.3 = 1.8$

[2단계] $w^{new} = 0.3 + 0.3 \times 1 \times 1.8 = 0.84$

[3단계] 두 번째 입력값 $(x = 2)$을 입력,

e 계산: $y = 0.84 \times 2 = 1.68$,

$e = t - y = 4.1 - 1.68 = 2.42$

[4단계] $w^{new} = 0.84 + 0.3 \times 2 \times 2.42 = 2.29$

[5단계] 세 번째 입력값 $(x=3)$을 입력,

e 계산 : $y = 2.29 \times 3 = 6.87$,

$e = t - y = 5.9 - 6.87 = -0.97$

[6단계] $w^{new} = 2.29 + 0.3 \times 3 \times (-0.97) = 1.42$

[7단계] 다시 첫 번째 입력값 $(x=1)$을 입력,

e 계산 : $y = 1.42 \times 1 = 1.42$,

$e = t - y = 2.1 - 1.42 = 0.68$

[8단계] $w^{new} = 1.42 + 0.3 \times 1 \times 0.68 = 1.624$

이런 방법으로 계산을 계속하면 w의 값이 2 근방으로 수렴하는 것을 알 수 있다.

신경망에서 가장 많이 쓰고 있는 델타학습규칙을 일반화시킨 역전파 알고리즘에 대해서 간단히 알아보자. 역전파 알고리즘의 중요한 3단계는

[1단계] 학습용자료가 주어지면, 임의로 주어진 연결강도를 이용하여 출력값을 계산한다.

[2단계] 그리고 계산된 출력값과 목표 값의 차이와 오차를 계산한다.

[3단계] 오차값을 은닉층과 입력층으로 역전파 시켜 가중치를 조정한다.

[3단계]의 오차를 역전파시켜 연결강도 조정하는 방법은 다음과 같다. 먼저 출력값이 각 입력에 대해서 얼마나 민감한가를 측정한다. 다시 말하면 각 입력의 연결강도를 어느 방향으로 변화시키는 것이 오차를 줄일 수 있는 것인지를 판단한 후에, 오차를 줄일 수 있도록 연결강도를 조정한다.

학습용 자료의 예제를 차례대로 거치면서 연결강도는 서서히 최적의 값으로 움직인다. 그러나 학습용 자료를 학습하여 새로운 입력자료에 대해 정확한 출력을 구하는 것이 목적이지 학습용 자료와 완전히 일치하는 연결강도를 구하고자 하는 것이 아니라는 것을 유의해야 한다. 즉 과적합(overfitting)에 유의해야 한다는 것이다. 그리고 연결강도를 조정하는 것은 아주 서서히 많은 학습을 거친 후에 이루어진다는 것을 명심해야 한다. 그리고 충분한 학습을 거치면, 연결강도는 크게 변하지 않을 것이고, 오차도 더 이상 크게 줄

어들지 않을 것이다. 이때 신경망은 학습용 자료를 충분히 학습한 것이다.

일반적으로 역전파 알고리즘을 사용하는 데에는 고려해야 할 두 가지의 중요한 모수가 있다. 그 첫 번째가 모멘텀(momentum)이라는 것인데, 각 노드의 연결강도의 값을 변화시킬 때 연결강도가 변화하는 경향을 참고하기 위해 만들어진 값이다. 이 모멘텀을 적절히 조정함으로써 학습시간을 줄일 수 있다. 즉, 각 연결강도가 계속 커지거나 작아지면 모멘텀은 연결강도가 계속 같은 방향으로 진행하도록 도와준다. 모멘텀 값이 크면 연결강도의 부호가 바뀌는 것이 쉽지 않다. 그러므로 학습용 자료의 예제들이 유사한 것끼리 순서화되어 있으면 좋을 것이다. 모멘텀 값이 작으면 연결강도의 부호는 좀 더 쉽게 바뀔 수 있을 것이다.

두 번째 연결강도를 얼마나 크게 변화시키느냐를 결정하는 학습률(learning rate)이 역전파 알고리즘에서 중요한 역할을 하는 것이다. 학습률은 처음에는 크게 하고 신경망이 학습되면서 점점 작게 하는 것이 좋다. 처음의 연결강도는 임의로 주어지므로 큰 학습률이 주어짐으로써 최적의 연결강도 근처의 값을 빨리 갖도록 해야 한다. 그러나 신경망이 최적의 해에 가까워질수록 연결강도가 미세한 조정을 통해 최적의 값을 갖도록 학습률을 작게 해야 한다.

다음절에서는 실제로 신경망을 통해 작업하고자 할 때 주의해야 할 여러 가지 사항에 대해 알아본다.

8.5 학습용 자료의 선택

학습용 자료라는 것은 목표값을 알고 있는 자료이다. 나쁜 학습용 자료는 다른 과정이 아무리 잘 진행되더라도 좋은 결과를 보장하지 못한다. 그러므로 좋은 학습용 자료를 선택하는 것은 무엇보다도 중요하다. “Garbage in garbage out”이라는 말은 이러한 맥락에서 나온 말이다. 다행히, 좋은 학습용 자료를 선택하는 것은 그리 어렵지 않다.

학습용 자료에는 모든 변수들이 취할 수 있는 범위의 모든 값을 가진 예제가 포함되어야 한다. 부동산평가의 예에서는 비싼 집과 아주 싼 집, 질소산화물의 농도가 낮은 자료, 높은 자료 등 모든 변수의 범위에 속하는 모든 값을 포함하는 예제가 있어야 한다. 그리고 일반적으로 범주형 변수나 이산형 변수의 각 값에 대응되는 예제가 25개 이상은 있어야 한다.

신경망을 학습시키는 데 필요한 시간은 입력변수의 수에 많은 영향을 받는다. 입력변수의 수가 많아지면 학습시간이 많이 걸릴 뿐 아니라 나쁜 결과를 가질 가능성이 많아진다. 결과에 큰 영향을 주지 않을 것이라고 생각되는 변수를 제외함으로써 아주 좋은 결과를 가져오는 예가 종종 있다. 상관분석이나 의사결정나무분석 혹은 변수선택 과정을 통하여 중요한 변수를 먼저 선택한 다음 신경망을 학습시키면 좋겠다.

대개의 경우 학습용 자료의 예에는 입력값이 목표값보다 더 다양하다. 자료의 구성이 다양한 입력값을 잘 포함하면 목표값도 포함이 잘 될 수 있다. 그러나 각 목표값의 빈도가 비슷하도록 학습용 자료를 구성하는 것도 중요하다. 예를 들어 디젤엔진의 고장율, 부정도난 카드사용, 신용대출의 반응율 등처럼 희귀하고 비용이 많이 드는 경우를 찾아내기 위해 신경망이 사용될 때 학습용 자료에 희귀경우의 자료가 충분히 있지 않으면 좋은 결과를 얻어 내지 못한다. 이것을 해결하는 방법 중 하나가 희귀자료의 과표본법(oversampling)이라는 것이다. 목표값이 '0'인 10,000개의 자료와 목표값이 '1'인 10,000개의 자료로 구성된 학습용 자료는 목표값이 '0'인 100,000개 자료와 목표값이 '1'인 1,000개의 자료로 구성된 학습용 자료보다 더 좋은 결과를 가져온다. 후자 학습용 자료의 경우 목표값을 모두 '0'으로 판명하여도 99%의 정확도를 가지게 된다. 여기에서 정확도가 99%라는 것이 의미가 없다는 것은 잘 아는 사실이다.

그리고 마지막으로 중요한 것은 모든 입력값들은 0과 1 사이에 있을 때 신경망의 수행능력이 좋은 것으로 알려져 있다.

8.6 자료의 변환

신경망을 이용하는데 입력 자료를 준비하는 것이 종종 가장 복잡한 문제가 되는 경우도 있다. 옳은 자료를 고르고 옳은 예제를 고르는 것은 데이터마이닝에서 아주 중요하다. 또한, 입력 변수를 변환시켜 0과 1사이의 값을 가지도록 하는 것도 중요하다.

어떤 구간 사이의 값을 모두 가질 수 있는 연속형 변수 -예를 들어, 판매가격, 잔고, 월판매액, 소득, 월 판매액의 평균, 소득과 부채의 비율, 거실의 크기, 온도 -는 0과 1사이로 변환을 시키기가 쉽다. 즉,

$$변환값 = \frac{실제값 - 최소값}{최대값 - 최소값}$$

으로 변환을 시키면 되지만 몇 가지를 고려하면 더 좋은 결과를 얻을 수 있다.

- 범위를 좀 더 넓게 고려한다. 학습용 자료의 질소 산화물의 농도는 0.385에서 0.817이지만 범위를 좀 더 넓혀 0.3을 0으로 0.9를 1로 생각하여 여유 있게 계산하여 향후를 대비한다.
- 일단 신경망의 훈련이 시작되면 학습용 자료의 범위를 벗어난 입력에 대한 결과는 믿을 수 없는 이상치로 간주하고 적절한 조치를 취한다.

연속형 자료에서 발생할 수 있는 또 다른 경우는 아래 [그림 8-10]에서 볼 수 있는 바와 같이 분포가 어느 한 쪽으로 치우치는(왜도가 큰) 경우이다.

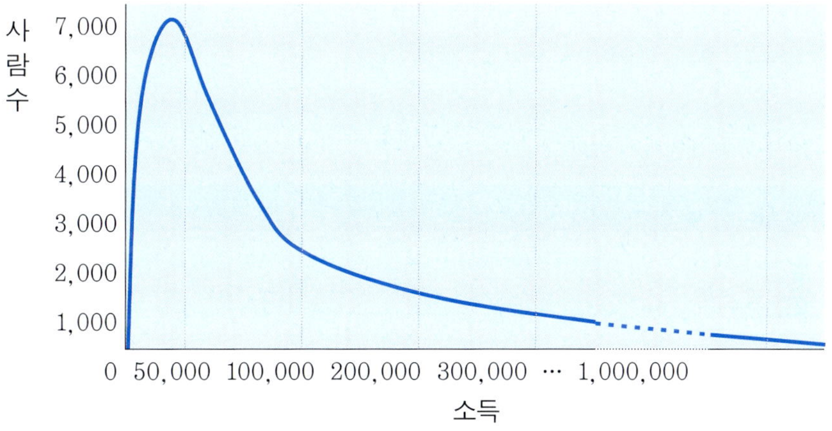

[그림 8-10] 소득 분포

이 자료의 경우에는 거의 모든 사람의 소득이 $100,000 이하이지만, 범위는 $0에서부터 $1,000,000까지다. 위에서 언급한 대로 변수변환을 하면 $30,000은 0.03이고 $65,000은 0.065로써 그 차이는 0.035로 큰 차이가 없지만, 마케팅에서는 상당히 큰 의미를 가지는 차이이다. 한편 $250,000는 0.25, $800,000은 0.80로 그 차이가 0.55로 아주 큰 차이를 보인다. 그러나 마케팅에서는 미세한 차이로 간주될 수도 있다. 소득이 작은 쪽으로 많이 치우쳐져 있으면 신경망이 이 변수를 올바르게 이용하기가 쉽지 않다. 일반적으로 치우친 자료를 신경망이 잘 활용할 수 있도록 하는 방법은 집단화시키는 방법이 있다. 예를 들면,

$ 10,000 ~ $ 17,999 : 매우 낮음
$ 18,000 ~ $ 31,999 : 낮음
$ 32,000 ~ $ 63,999 : 중간
$ 64,000 ~ $ 99,999 : 높음
$100,000 ~ : 대단히 높음

으로 변환을 시키는 것이다. 그러나 이러한 변환은 $65,000과 $98,000 같은 값을 가지므로 어느 정도의 정보는 상실할 수 있다는 것은 알고 있어야 한다. 또 다른 방법은 자료가 왼쪽으로 치우쳐 있으므로 변수변환을 통하여 분포를 어느 정도 대칭이 되도록 하는 방법이 있다. 여기에서는 log 변환이 적당하다. <표 8-3>에서 나온 것처럼 이런 변환을 통하여 소득의 분포를 우리가 원하는 분포로 변환시켰다.

〈표 8-3〉 소득에 대한 log 변환

소 득	변환된 값	log(소득)	변환된 log(소득)
$ 10,000	0.0101	4.0000	0.0000
$ 18,000	0.0182	4.2553	0.1276
$ 32,000	0.0323	4.5051	0.2526
$ 63,000	0.0636	4.7993	0.3997
$100,000	0.1010	5.0000	0.5000
$250,000	0.2525	5.3979	0.6990
$800,000	0.8084	5.9031	0.9515
$1,000,000	1.0000	6.0000	1.0000

새로운 변수를 만들어 신경망에 적용시키는 것도 신경망을 잘 이용할 수 있는 하나의 좋은 방법이 된다. 예를 들어 어떤 주식의 가격을 예측할 때, 실제 가격으로만 예측하는 모형보다는 신경망을 사용하여 가격이 오를 것인가 내릴 것인가를 먼저 예측하고 그 결

과를 가격의 차와 함께 입력함으로써 좋은 결과를 얻을 수 있다.

앞에서 연속형 변수를 집단화하여 순서형 변수로 변환하여 사용하는 방법에 대해서 알아보았다. 순서형 자료의 예로는, 개수, 나이, 학년 그리고 순서화된 범주형 자료(낮음, 중간, 높음) 등이 있다. 이들은 연속형 변수처럼 최대값과 최소값이 있다. 예를 들어, 자녀의 수는 0, 1, 2, 3, 4로 쓸 수 있다. 4 이상은 4로 간주한다. 이를 변환하는 것은 간단하다. 이 값들을 0과 1 사이에 등 간격으로, 0 → 0, 1 → 0.25, 2 → 0.5, 3 → 0.75 그리고 4 → 1로 변환하면 된다. 이러한 변환은 순서를 보유하고 있다.

또 다른 변환으로는 온도계코드 변환이 있는데, 이는 한쪽 끝에서의 차이가 다른 끝쪽에서의 차이보다 더 큰 의미를 가지는 경우 -성적의 경우 A와 B 차이보다 D와 F의 차이가 더 큰 의미가 있음, 혹은 회사채 수익률을 표시할 때- 많이 사용한다. 이름이 의미하는 것처럼 이진코드의 한쪽 끝에서 1이 계속 증가하며 값을 대응시킨다. 예를 들어 성적의 경우

$$F \rightarrow 0000 \qquad D \rightarrow 1000 \qquad C \rightarrow 1100 \qquad B \rightarrow 1110 \qquad A \rightarrow 1111$$

로 대응시킨다. 그리고 이들 값을 십진수로 만든 다음 0과 1사이로 변환을 하면

$$A \rightarrow 0.9300 \qquad B \rightarrow 0.8750 \qquad C \rightarrow 0.7500 \qquad D \rightarrow 0.5000 \qquad F \rightarrow 0.0000$$

이 된다. 그러나 8개 이상의 값을 가지는 변수를 온도계코드로 변환시키면 큰 값의 차이가 미미해 보이기 때문에 효율이 떨어질 수 있다.

이러한 온도계코드는 사전의 정보를 이용하는 것이 되므로, 신경망의 수행능력을 향상시켜준다. 그러나 자신이 가진 정보만큼 각각의 값을 가깝게 하는데 너무 신경을 쓸 필요는 없다. 성별, 결혼여부, 상품코드, 우편번호 등 분류를 위한 값일 뿐, 크기에는 의미가 없는 변수, 즉 순서에는 의미가 없는 이산형 변수를 범주형 변수라 한다. 범주형 변수를 다루는 데는 두 가지 방법이 있다.

첫째로는 순서형 변수로 취급하는 것이다. 불행히도 신경망은 순서화되지 않았다는 것을 이해하지 못한다. 결혼상태의 예에서 독신, 이혼, 결혼, 미망인, 모름을 0.00, 0.25, 0.50, 0.75, 1.00으로 코드화시켰다면 신경망에서는 독신과 모름을 아주 다른 값으로 이혼과 결혼을 아주 가까운 값으로 인식할 수도 있다. 그러나 입력자료에서 이러한 암시적인 순서화는 아래와 같은 가상변수(dummy variable)를 만듦으로써 큰 영향을 주지 않게 할 수 있다. 두 번째로는 변수가 가질 수 있는 값을 0 혹은 1에 대응 시키는 새로운 가상변수를

만드는 것이다. E-Miner에서는 이러한 가상변수를 자동으로 만들어 준다. 가상변수를 만드는 방법에는 deviation coding 방법과 GLM coding 방법이 있다. 아래의 표에 간단한 예제를 나타내었다. 원래의 변수 sex는 m(male), f(female), u(unknown)의 3가지 값을 가진다. 이를 deviation coding으로 하면 두 개의 가상변수 var1, var2가 만들어진다. 이 변수가 가지는 값은 sex=m일 때 var1=1, var2=0이고, sex=u이면 var1=-1, var2=-1이다. 이에 반해 GLM coding 방법으로 하면 세 개의 가상변수 var1, var2, var3가 생긴다. 이를 정리하여 아래의 <표 8-4>를 만들 수 있다.

〈표 8-4〉 가상변수의 예1

원래 변수	deviation coding		GLM coding		
sex	var1	var2	var1	var2	var3
m	1	0	1	0	0
f	0	1	0	1	0
u	−1	−1	0	0	1

〈표 8-5〉 가상변수의 예2

원래 자료			deviation coding				GLM coding				
ID	sex	age	ID	var1	var2	age	ID	var1	var2	var3	age
1	m	25	1	1	0	25	1	1	0	0	25
2	f	33	2	0	1	33	2	0	1	0	33
3	u	31	3	−1	−1	31	3	0	0	1	31
4	f	19	4	0	1	19	4	0	1	0	19

좀 더 나은 이해를 돕기 위하여 앞의 <표 8-5>를 만들었다. 크기가 4인 원래의 데이터에는 두 개의 변수 sex, age가 있다. 이 자료가 deviation coding과 GLM coding을 통해 어떻게 변환되었는지 알 수 있다.

날짜변수는 특별하게 다루어야 하는 대표적인 변수이다. 보통 어떤 기준 시점으로부터 얼마만큼의 시간이 흘렀나를 표시하기 위해서는 단순히 며칠, 몇 분, 몇 초로 표시를 하면 된다. 그러나 어떤 거래가 이루어진 날을 표시하기 위해서는 단순히 날짜를 표시하는 것보다 무슨 요일, 몇 월을 기록하는 것이 어떤 요일 경향과 계절 경향을 찾아내는데 더 유리하다. 이처럼 자료에서 정보를 얻기 위해서 어떻게 표현하는 것이 좋은가를 항상 생각해야 한다.

8.7 결과 해석

통계학 측면에서 보면 신경망은 복잡한 구조를 가진 자료의 분류 및 예측에 사용되는 비선형모형이다. 그러므로 출력값에 대한 해석은 로지스틱회귀분석의 결과와 비슷할 수 있다.

입력값을 0과 1 사이의 값으로 변환하였으므로 출력 값은 역 변환을 해야 하는 것은 당연하다. 예를 들어 앞의 부동산 감정의 예에서 5와 50값이 각각 0과 1로 입력이 되었을 때 출력값이 0.5이면 27.5로 해석이 된다. 연속형 출력 값은 역 변환을 통한 해석이 쉽다.

이항값이나 범주형의 값을 해석해야 하는 경우는 조금 더 신중해야 한다. 이항값이 목표치일 때 신경망의 출력 결과가 0 혹은 1로만 나오면 해석이 쉬울 것인데 0과 1사이의 값을 다 가질 수 있으니 해석이 어렵다. 가장 쉽게 생각할 수 있는 접근법은 0.5를 기준으로 해석하는 것이다. 이 방법이 가장 단순하고 이해가 쉬운 방법일 뿐이지 가장 좋은 방법이 아니라는 것은 당연하다. 다른 방법은 0.33, 0.67을 경계로 3등분하여 양쪽 끝은 하나의 범주씩을 배정하고 중간은 “모름”으로 선언하는 방법이다. 또 다른 하나의 방법은 신뢰수준을 같이 쓰는 것이다. 즉 출력이 0.1일 때 신뢰도는 0.9, 0.8일 때는 0.2라는 식으로 표현하는 것이다.

또 다른 좋은 방법은 학습된 신경망에 학습용 자료를 이용하여 출력의 해석을 돕는 방법이 있다. 예를 들어, 학습용 자료를 통하여 A에 속하는 출력은 적은 값을 가지고 B에 속하는 출력은 큰 값은 가진다는 결과를 이용하여 적당한 분계점(threshold)를 찾아내어 그것을 기준으로 하여 분류를 하면 된다.

또 다른 접근법은 출력층의 노드를 두 개로 구성한다. 하나는 A탐지기, 나머지 하나는 B탐지기로 하여 실제의 값이 A일 때 A탐지기 값은 1, B탐지기 값은 0이 되도록 학습을 한다. 이렇게 학습된 신경망에서 출력 값이 A탐지기에 0.8, B탐지기에 0.2로 나왔다면 A에 속할 확률은 0.8 B에 속할 확률은 0.2로 해석할 수 있다. 그래서 A로 분류할 수 있다.

만약 출력 값이 0.1, 0.3으로 나왔다면 신뢰수준 0.3으로 B로 분류를 하나? 혹은 B로 분류될 확률이 A로 분류될 확률보다 3배 크므로 신뢰수준 0.75로 B로 분류를 하나? 이런 경우에는 시험용 자료를 다시 이용하여 탐지기의 값이 어떤 범위에 있을 때 가장 좋은 결과를 얻을 수 있는지 결정 할 수 있다. 그리고 그 결과의 정확도를 이해 할 수 있을 것이다.

8.8 신경망분석 맛보기

다음의 AND 문제를 해결할 수 있는 신경망을 E-Miner로 해결하는 방법을 알아보자.

x_1	x_2	y
0	0	0
0	1	0
1	0	0
1	1	1

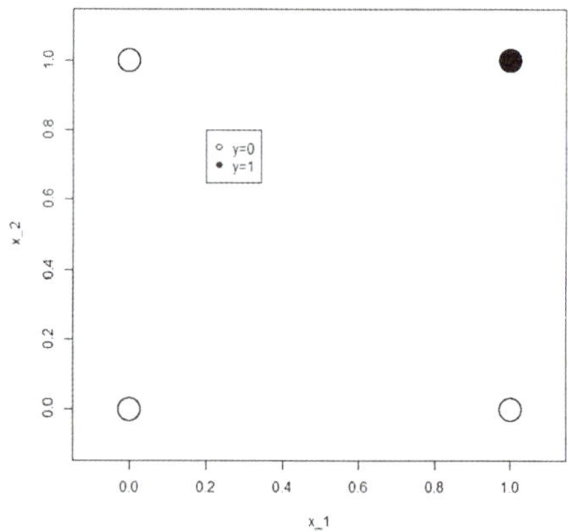

자료를 입력하기 전에 새로운 DataSet이 저장될 라이브러리를 생성한다.

① 풀다운 메뉴에서 파일 → 새로 만들기 → 라이브러리를 선택한다.

[그림 8-11] 풀다운 메뉴의 라이브러리 열기

② 아래와 같이 라이브러리 이름과 해당 경로를 지정해준다.

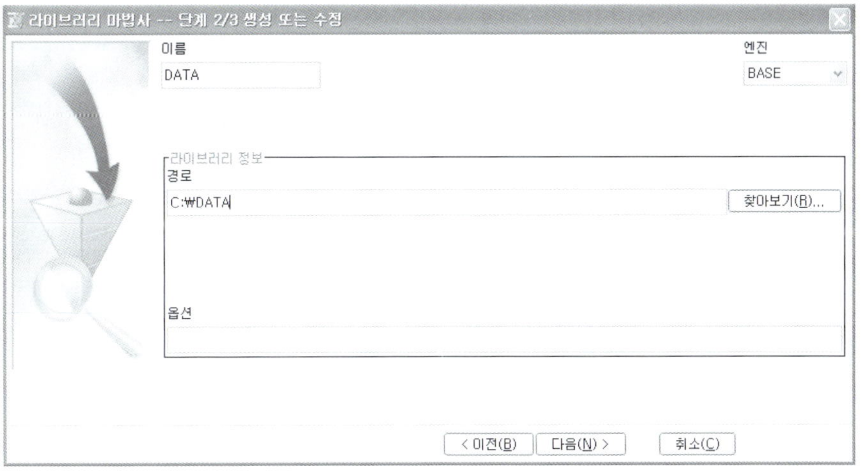

[그림 8-12] 라이브러리 이름 및 경로 지정

③ 풀다운 메뉴에서 작업 → 노드 추가 → 유틸리티 → SAS 코드를 선택한다.

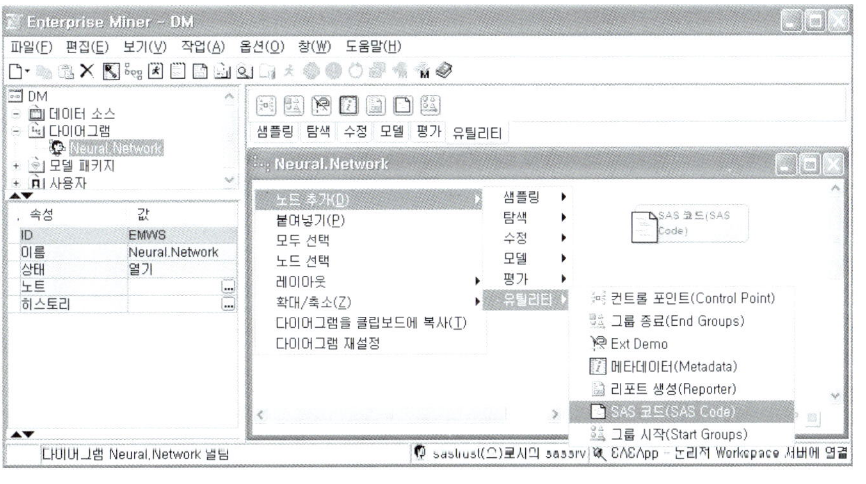

[그림 8-13] 풀다운 메뉴의 SAS 코드노드 추가

④ SAS 코드노드를 클릭 후 오른쪽의 속성 메뉴에서 코드 편집기 부분을 활성화 시키면 분석용 코드 창이 나오는데, 전 단계에서 지정한 라이브러리(NEURAL)에 새로운 DataSet을 만들기 위해 아래와 같이 프로그램을 입력한 후 실행시킨다.

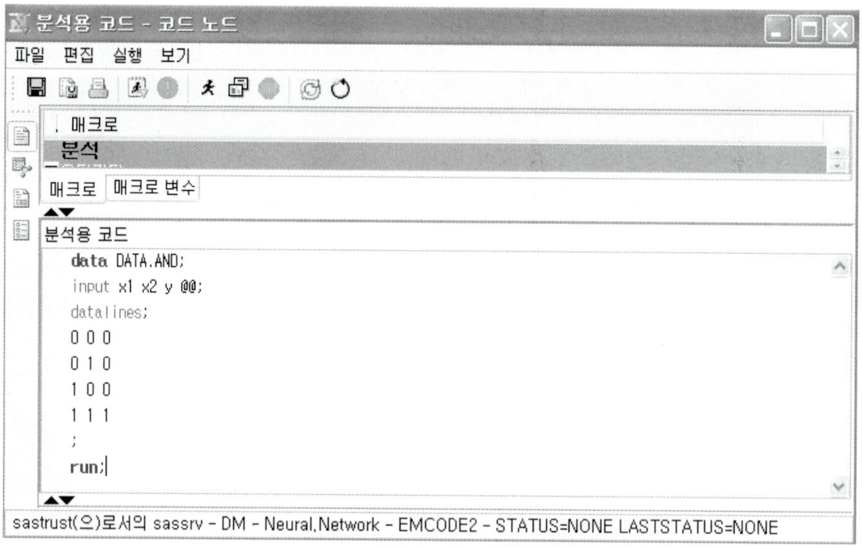

[그림 8-14] SAS 코드노드 창

⑤ 먼저 아래와 같이 신경망 분석흐름도를 작성한다.

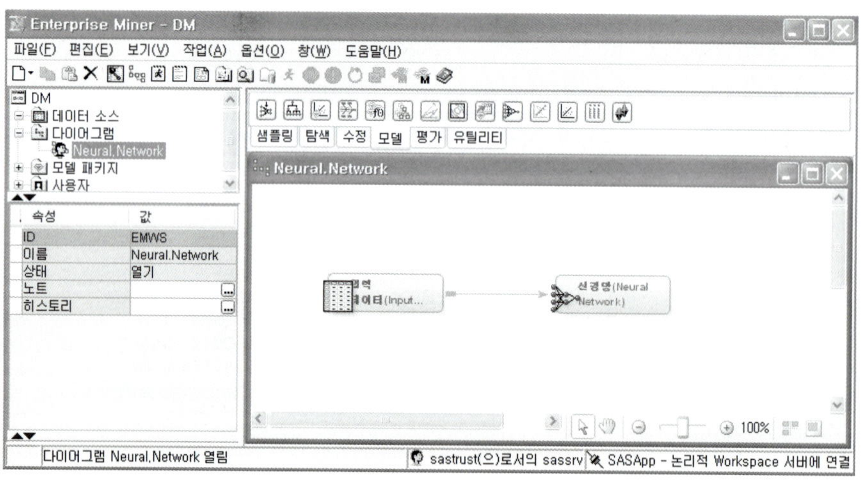

[그림 8-15] 신경망 분석흐름도

⑥ 입력 데이터노드를 클릭하여, 오른쪽 속성창의 데이터 선택에서 새로운 테이블을 클릭한 후 사용할 DataSet을 선택한다.

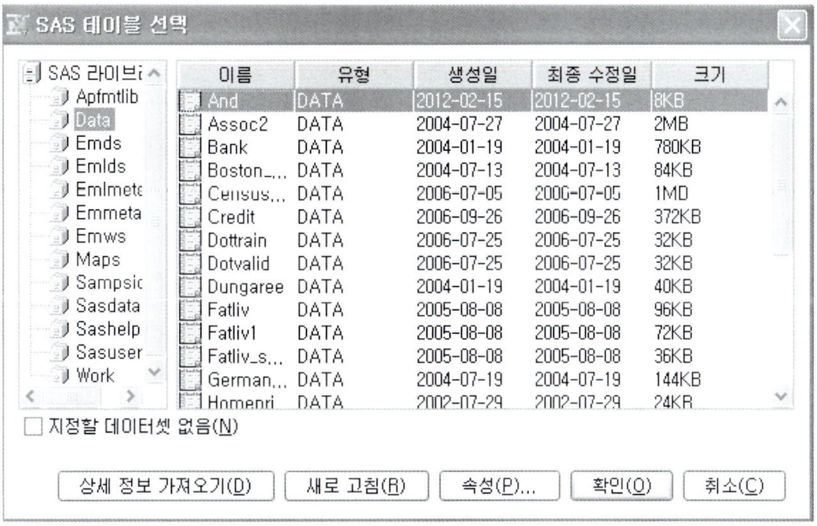

[그림 8-16] 입력 데이터노드의 선택 창

⑦ 다음의 변수 편집탭에서 X1과 X2를 Nominal, Y를 Target으로 지정하고 각 변수의 역할을 확인한다.

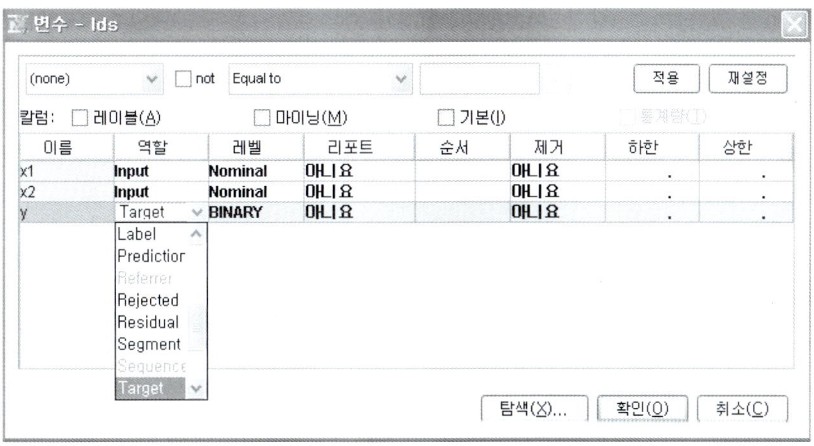

[그림 8-17] 입력 변수노드의 변수 편집탭

⑧ 신경망 노드를 클릭하여, 속성창의 모델 선택 기준에서 오분류를 선택한다.

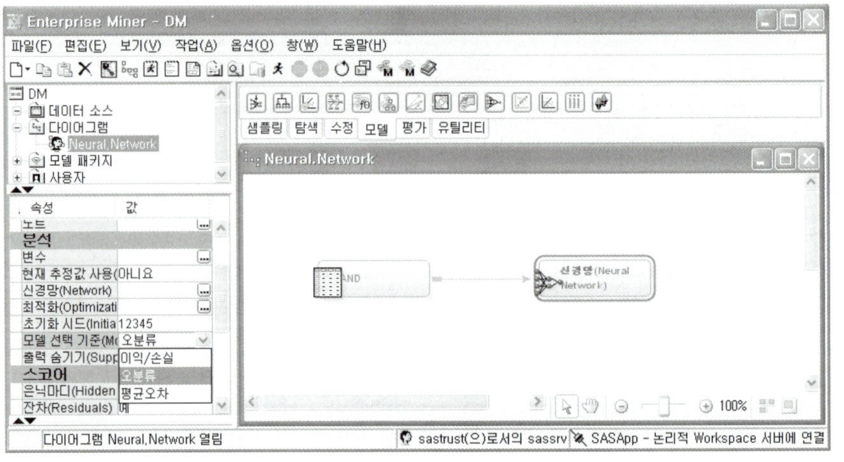

[그림 8-18] 신경망 노드의 모델 선택 기준

■ 모형선택기준(Model Selection Criteria)

- **평균오차**(Average Error) : 검증용 자료의 평균 오차를 최소화하는 것
- **오분류**(Misclassfication) : 검증용 자료의 오분류율을 최소화하는 것
- **이익/손실**(Profit/Loss) : 이익행렬(profit matrix)이 먼저 정의되어 있을 때 이를 기준으로 검증용 자료의 이익을 최대화(손실을 최소화)하는 것

⑨ 신경망 노드의 속성창의 분석 부분에서 신경망을 클릭하면 아래의 화면처럼 구조를 결정하고, 여러 가지 성질을 결정할 수 있다.

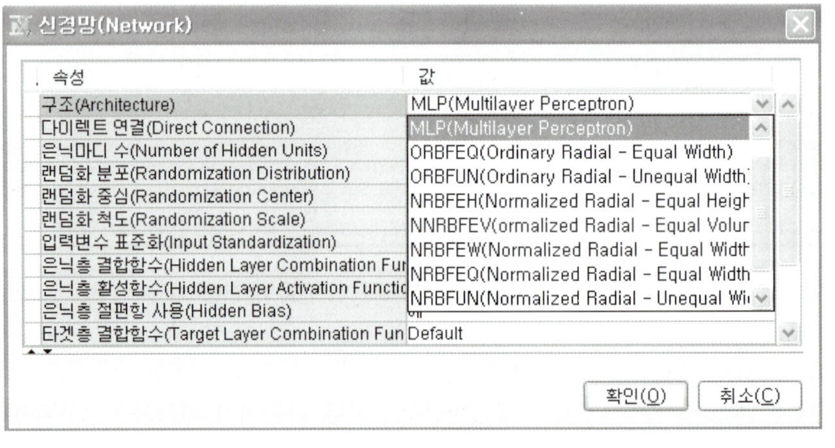

[그림 8-19] 신경망 노드 속성창의 구조(Architecture)탭

은닉층의 노드수를 결정하는 방법에는 직접 노드수를 입력하는 방법이 있고, 자료의 오차의 크기에 따라 노드수가 E-Miner에서 자동으로 결정되는 방법이 있다. 여기에서 noise의 크기라는 것은 여러 가지로 표현이 가능한데 다음과 같은 표로 설명이 가능하다.

〈표 8-6〉 Noise의 크기

오차의 크기	오분류율	SNR	R^2
High Noise	> 40%	< 1	< 0.5
Moderate Noise	> 20%	< 4	< 0.8
Low Noise	> 10%	< 10	< 0.9
Noiseless	0%	infinity	1.0

여기에서 SNR이라는 것은 Signal to Noise Ratio이다.

$$y_i = f(x_i) + e_i,\ i = 1,\ \cdots,\ n \text{이면}$$

$$SNR = \frac{std(y_i)}{std(e_i)} \text{이다.}$$

Network architecture에서 신경망의 구조를 결정할 수 있다. E-Miner에는 크게 세 가지 종류의 신경망 -퍼셉트론, 원형기준함수 신경망, GLM-을 제공한다.

⑩ 연결강도는 초기치에 많이 의존한다. 그러나 이를 정하는 특별한 방법은 없고 임의의 작은 값을 사용하는데 E-Miner에서는 원하는 분포(Normal, Uniform 등)에서 난수를 생성할 수 있다.

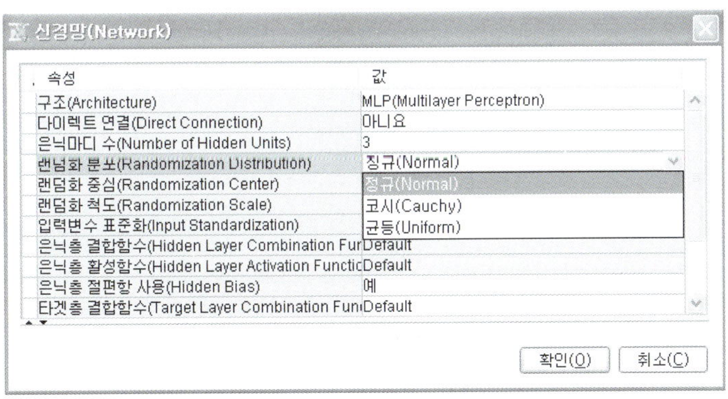

[그림 8-20] 신경망 노드 속성창의 랜덤화 분포탭

⑫ 훈련방법(Training Method) : 신경망 노드의 속성창의 분석 부분에서 최적화를 클릭하면 다양한 최적화 기법을 선택할 수 있다. 신경망을 훈련시키는 방법에는 전통적인 최적화 기법이 있고 신경망을 훈련시키기 위해 개발된 방법이 있다.

- Levenberg-Marquardt : 오차의 분포가 정규분포를 따를 때 매우 빠르고 정확한 방법이다. 그러나 모수의 수의 제곱에 비례하는 메모리가 필요하다. 그러므로 작은 신경망에 유용하다.
- Quasi-Newton : 중간 크기의 신경망에 적합한 방법으로, 위 방법보다 적은 메모리를 요구한다.
- Conjugate-Gradient : 추천하는 방법으로 큰 신경망에 적합하다. 가장 적은 메모리를 요구한다.
- Standard Batch Backpropagation : 가장 보편적인 방법이지만 느리고, 부정확하고, 학습률과 모멘텀을 정해야 하는 등 별로 추천하고 싶지 않은 방법이다.
- Standard Incremental Backpropagation : 훈련용 자료가 충분히 클 때 사용된다. 학습률을 결정할 때 시행착오를 거쳐야 한다.
- QuickProp Newton : 방법을 역전파 알고리즘에 응용한 방법으로 빠르고 안정적이라는 평가를 받고 있다.
- RProp : 역전파 알고리즘을 응용한 알고리즘 중에서 가장 빠르고 안정적 이어서 추천하는 방법이다. 각 연결강도에 다른 학습률을 이용한다.

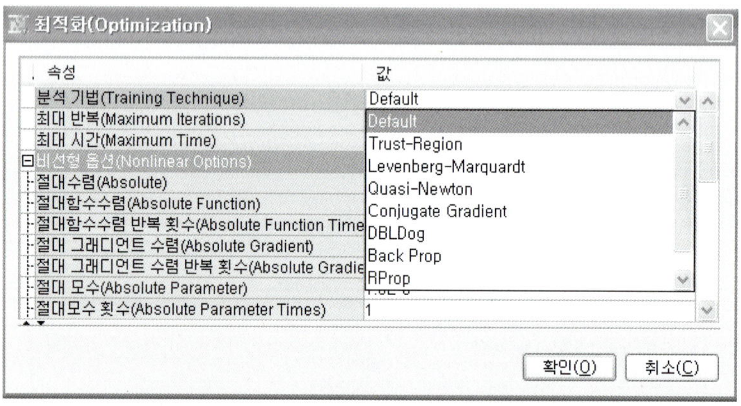

[그림 8-21] 최적화(Optimization)창의 분석 기법(Training Technique)텝

⑬ 예비 분석(Preliminary Training) : 국소 최소점에 빠질 수 있다는 것이 신경망이 가

지는 제일 큰 단점이다. 예비 분석을 통해서 이를 보완하기 위한 장치가 있다. 즉 여러 번의 예비 분석을 통해 가장 좋은 초기치를 선택한다. 신경망 노드의 속성창에서 최적화창을 활성화한 후, 예비 분석을 수행할 수 있다. 본 예제에서는 사용설정을 "아니요" 로 지정해준다.

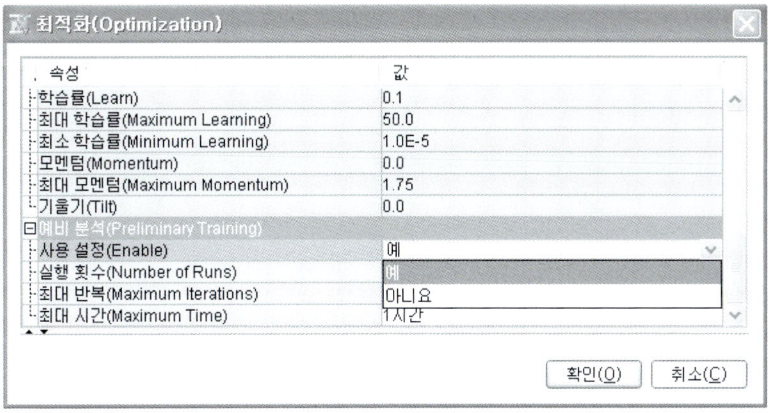

[그림 8-22] 최적화(Optimization)창의 예비 분석(Preliminary Training)텝

⑭ 입력 변수의 표준화 : 표준화(standardization)는 신경망의 훈련시간을 절감하고 국소 최소에 빠지는 것을 방지하기 위한 것이므로 입력층의 변수와 은닉층의 변수는 표준화를 시켜주는 것이 좋다. 이 방법으로는

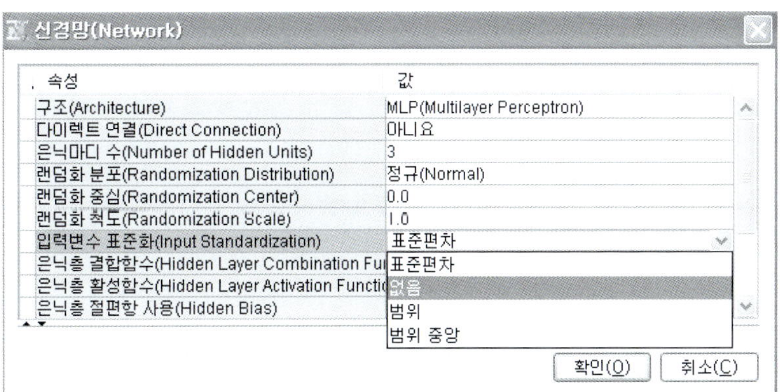

[그림 8-23] Input Data Source노드의 Advanced탭

Midrange	Range	Standard Deviation
$\dfrac{x-median}{\frac{1}{2}(max-min)}$	$\dfrac{x-min}{max-min}$	$\dfrac{x-mean}{std}$

등의 방법이 있다. 그러나 순서형과 범주형 변수에는 표준화가 적용되지 않는다.

⑮ 신경망 노드 속성의 신경망 창에서 타겟층 결합함수와 오차함수 등을 확인하고 아래와 같이 각 속성을 지정해준다.

신경망(Network)

속성	값
구조(Architecture)	MLP(Multilayer Perceptron)
다이렉트 연결(Direct Connection)	아니요
은닉마디 수(Number of Hidden Units)	0
랜덤화 분포(Randomization Distribution)	정규(Normal)
랜덤화 중심(Randomization Center)	0.0
랜덤화 척도(Randomization Scale)	1.0
입력변수 표준화(Input Standardization)	없음
은닉층 결합함수(Hidden Layer Combination Fu	Default
은닉층 활성함수(Hidden Layer Activation Functi	Default
은닉층 절편항 사용(Hidden Bias)	예
타겟층 결합함수(Target Layer Combination Fun	Linear
타겟층 활성함수(Target Layer Activation Functio	Default
타겟층 오차함수(Target Layer Error Function)	MBernoulli

확인(O) 취소(C)

[그림 8-24] 신경망 창의 타겟층 결합함수(Target Layer Combination Function)탭

- **결합함수** : 은닉층과 출력층에서 사용되는 결합함수에는 여러 가지가 있으나 신경망의 종류에 따라 달라진다. 퍼셉트론에서 많이 사용되는 것은
  - Additive : 이전의 노드에서 들어오는 값의 합
  - Linear : 이전의 노드에서 들어오는 값과 연결강도의 가중합이다.

  그리고 원형기준함수 신경망에서는 원형기준함수 결합함수를 사용한다.

- **활성화함수** : 문제의 성격이나 신경망의 종류에 따라 다르게 사용된다. 기본적으로 사용되는 은닉층 활성화함수는 결합함수가 additive일 때는 linear, 결합함수가 linear일 때는 tanh이다. 그리고 출력층 활성화함수는 목표변수의 유형에 따라 연속형이면 linear, 순서형이면 logistic 그리고 명목형이면 softmax가 기본이다. 그리고 원형기준

함수 신경망에서는 exp, softmax를 활성화함수로 사용한다.

- **오차함수**(error function) : 목표변수의 종류와 오차의 분포에 따라 선택할 수 있다.기본적으로 쓰이는 것은
  - Normal distribution : 연속형자료의 추정에 널리 쓰이는 방법으로 최소제곱오차 혹은 MSE criteria로 불리는 목표함수이다.
  - Huber M-estimator : 강건한 결과를 원할 때 혹은 목표값에 이상치가 있거나 꼬리부분의 분포가 두꺼울 때 사용된다.
  - Cauchy distribution : 평균보다 최빈값의 추정에 관심이 더 있을 때.
  - Bernoulli distribution : 목표값이 0, 1의 값을 가질 때 사용된다.
  - Multiple Bernoulli : 범주형 목표값에 적합한 오차함수를 제공한다.

⑯ 신경망 노드를 실행한 후, 아래와 같은 결과창을 확인할 수 있다. 적합통계량 테이블을 보면 오분류율이 0임을 알 수 있으며, 내보낸 데이터 창을 활성화 시키면 출력된 학습용 자료의 결과를 볼 수 있다.

적합통계량

타겟	적합통계량	통계량 레이블	분석	평가	검증
y	_MAX_	Maximum Absolute Error	0,155807	.	.
y	_DIV_	Divisor for ASE	8	.	.
y	_NOBS_	Sum of Frequencies	4	.	.
y	_RASE_	Root Average Squared Error	0,133934	.	.
y	_SSE_	Sum of Squared Errors	0,143507	.	.
y	_SUMW_	Sum of Case Weights Times Freq	8	.	.
y	_FPE_	Final Prediction Error	0,125569	.	.
y	_MSE_	Mean Squared Error	0,071754	.	.
y	_RFPE_	Root Final Prediction Error	0,354357	.	.
y	_RMSE_	Root Mean Squared Error	0,267868	.	.
y	_AVERR_	Average Error Function	0,127494	.	.
y	_ERR_	Error Function	1,019956	.	.
y	_MISC_	Misclassification Rate	0	.	.
y	_WRONG_	Number of Wrong Classifications	0	.	.

[그림 8-25] 신경망 노드의 결과 창

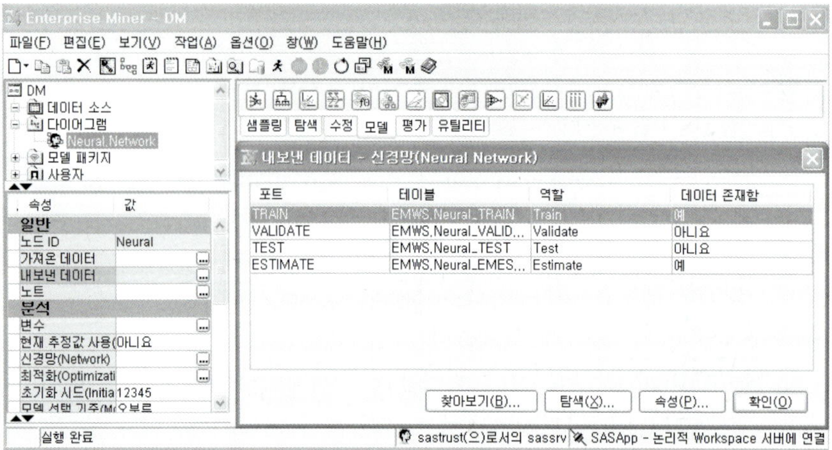

[그림 8-26] 신경망 노드의 내보낸 데이터 창

⑰ 내보낸 데이터 결과를 보면, From(실제 자료값)과 Into(모형의 결과)가 같은 것을 확인할 수 있다. 그리고 Predicted: Y=1은 사후 확률로 해석해도 된다. 즉 모형에 의한 결과 Y=1로 될 확률이 얼마라는 것이다.

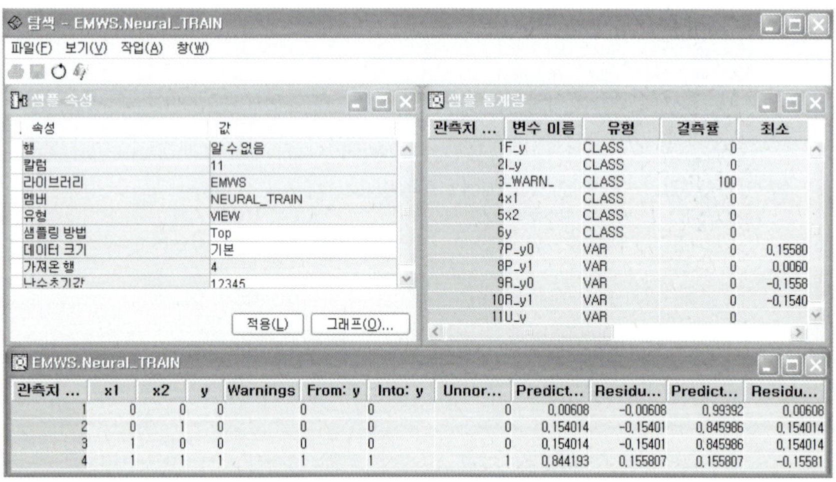

[그림 8-27] 내보낸 데이터의 탐색 창

⑱ 풀다운 메뉴에서 보기 → 모델 → 가중치 - 히스토리를 클릭하여 결과를 보면 각 분석 반복수 별로 연결강도가 계산되어 있다.

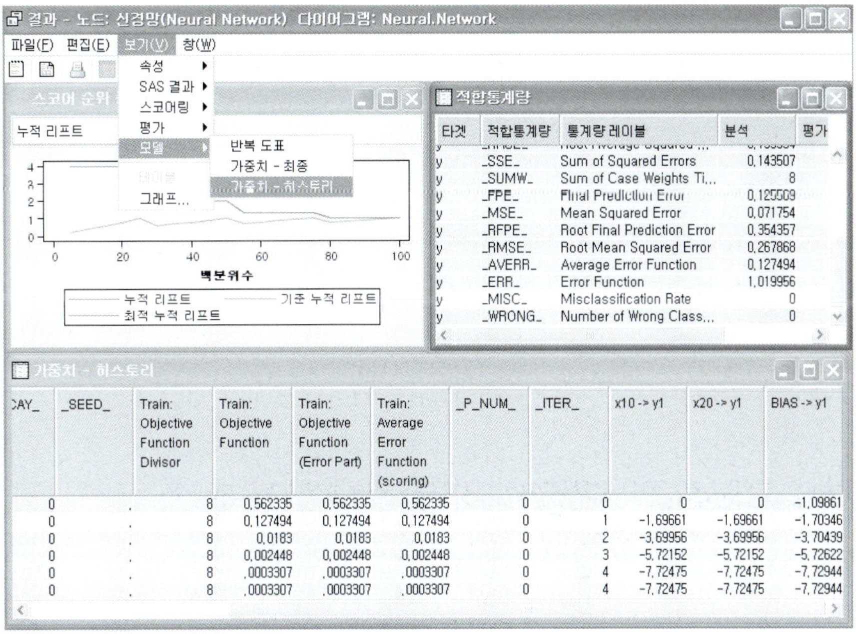

DECAY	_SEED_	Train: Objective Function Divisor	Train: Objective Function	Train: Objective Function (Error Part)	Train: Average Error Function (scoring)	_P_NUM_	_ITER_	x10 -> y1	x20 -> y1	BIAS -> y1
0	.	8	0.562335	0.562335	0.562335	0	0	0	0	-1.09861
0	.	8	0.127494	0.127494	0.127494	0	1	-1.69661	-1.69661	-1.70346
0	.	8	0.0183	0.0183	0.0183	0	2	-3.69956	-3.69956	-3.70439
0	.	8	0.002448	0.002448	0.002448	0	3	-5.72152	-5.72152	-5.72622
0	.	8	.0003307	.0003307	.0003307	0	4	-7.72475	-7.72475	-7.72944
0	.	8	.0003307	.0003307	.0003307	0	4	-7.72475	-7.72475	-7.72944

[그림 8-28] 결과창의 가중치 - 히스토리

위 결과의 신경망 모형을 그리면, 다음과 같다.

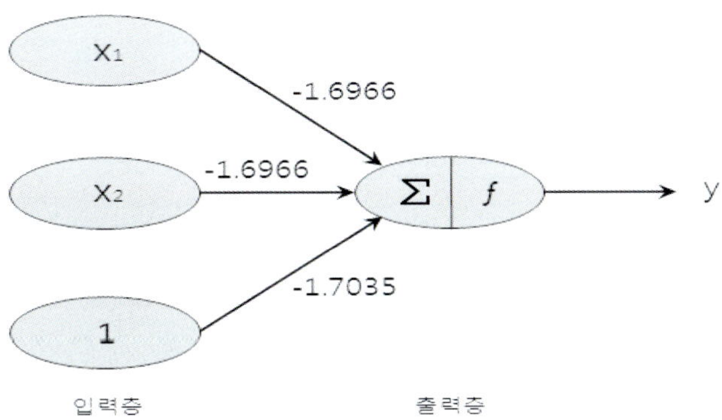

[그림 8-29] AND 신경망의 구조

여기에서 결합함수는 가중합이고, f는 linear다.

⑲ 반복 도표를 보면 분석 반복 1에 수직선이 하나 있다. 이는 훈련이 1번 만에 끝났다

는 것이다.

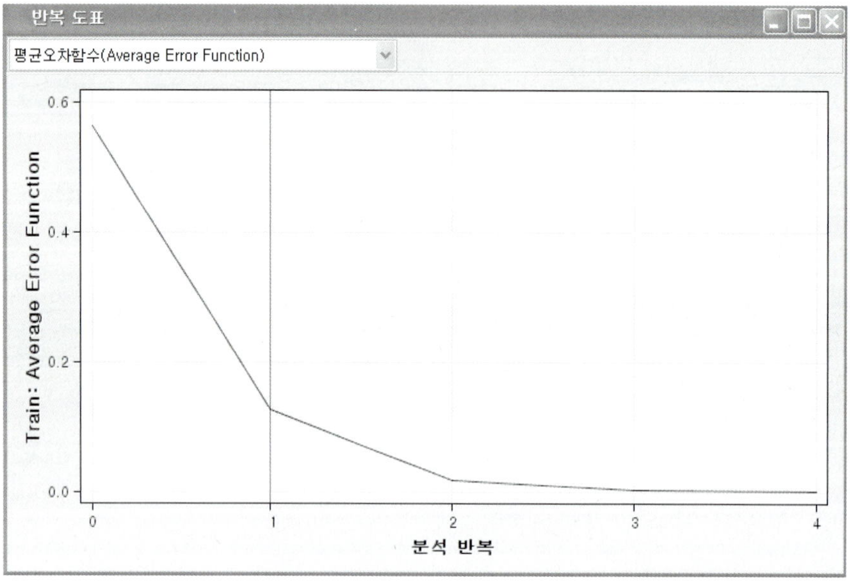

[그림 8-30] 결과창의 반복 도표

⑳ 연결강도가 초기치일 때, 즉 분석 반복수가 0일 때 오분류율 등을 보고 싶다면, 반복 도표를 한번 클릭한 후, 메뉴에서 보기 → 테이블을 클릭한다.

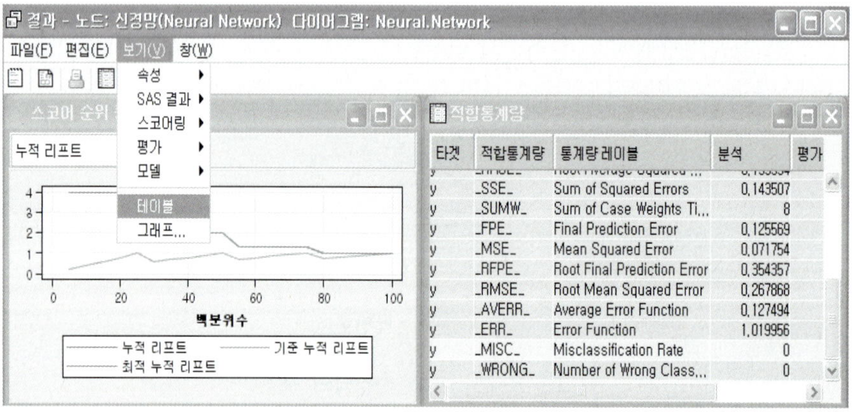

[그림 8-31] 결과창의 반복 도표 테이블

㉑ 아래와 같은 반복 도표 테이블이 활성화되는데, 각 분석 반복수 별로 오분류율과 오분류된 관측치 수 등을 확인할 수 있다.

테이블: 반복 도표

분석 반복	이름	Train: Total Degrees of Freedom	Train: Misclassification Rate	Train: Number of Wrong Classifications	Train: Degrees of Freedom for Error	Train: Model Degrees of Freedom	Train: Number of Estimated Weights	Train: Akaike's Information Criterion ▼
0	OVERALL	4	0.25	1	1	3	3	10.49868
1	OVERALL	4	0	0	1	3	3	7.019956
2	OVERALL	4	0	0	1	3	3	6.1464
3	OVERALL	4	0	0	1	3	3	6.019586
4	OVERALL	4	0	0	1	3	3	6.002646
4	OVERALL	4	0	0	1	3	3	6.002646

[그림 8-32] 결과창의 반복 도표 테이블

㉒ 스코어 노드를 통하여 새로운 자료에 적용시켰을 때, 분류를 잘 하는지 알아보기 위해 정분류율과 정오분류표를 구하여 보자. 먼저, 코드 편집기에서 [그림 8-33]과 같이 스코어 노드에 사용될 자료를 입력하고, NEURAL 라이브러리에 Score 라는 데이터로 저장한다.

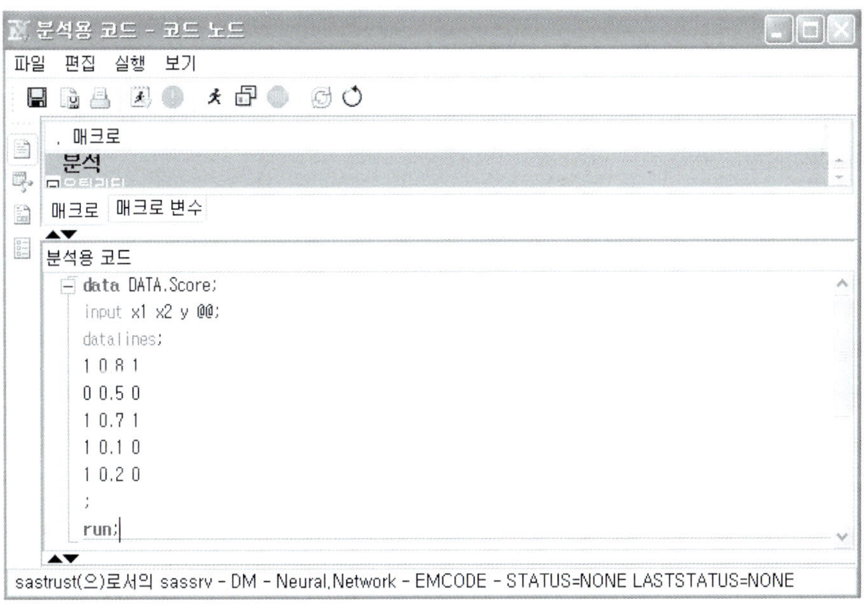

[그림 8-33] SAS 코드 노드의 코드 편집기 창

㉓ 새로운 입력 데이터 노드와 스코어(Score) 노드를 추가하여 각 노드들을 [그림 8-34]와 같이 연결해주고, 추가된 입력 데이터의 역할을 Score로 지정해준다.

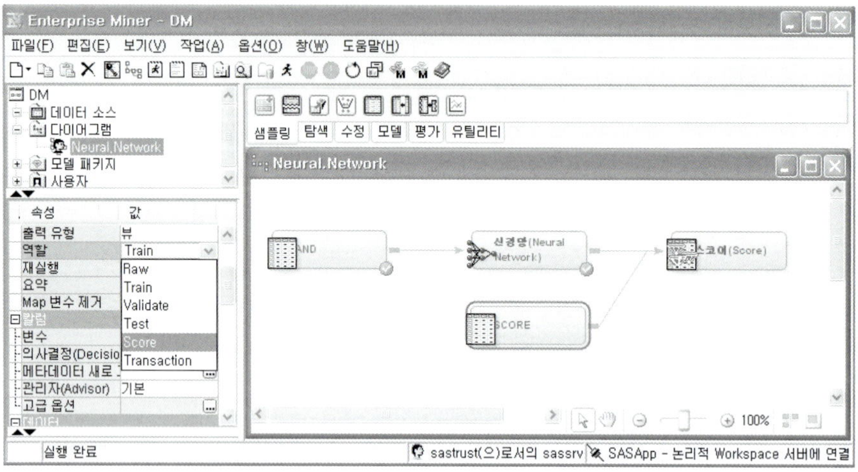

[그림 8-34] 입력 데이터 노드 속성 창의 역할 지정

㉔ 노드를 실행하기에 앞서, Score 데이터 노드의 변수 편집창에서 [그림 8-35]와 같이 Target 변수 y의 역할에 Rejected로 지정해준다.

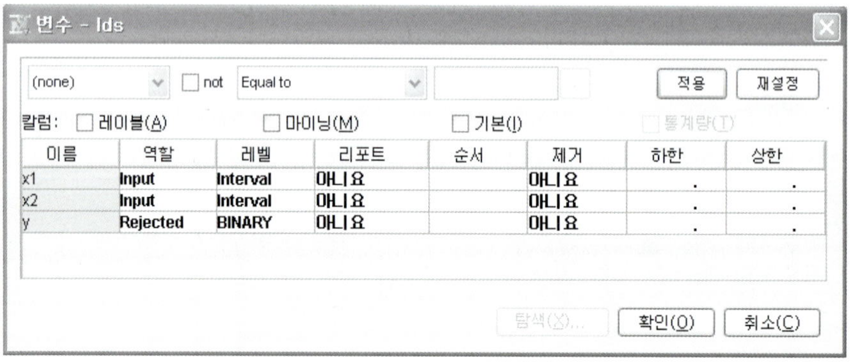

[그림 8-35] Score 데이터 노드의 변수 편집 창

㉕ 스코어(Score) 노드를 실행시킨 후, 속성 창의 내보낸 데이터에서 Score 테이블을 선택하여 찾아보기 버튼을 클릭하면 [그림 8-37]과 같이 결과를 확인할 수 있다.

내보낸 데이터 - 스코어(Score)

포트	테이블	역할	데이터 존재함
TRAIN	EMWS.Score_TRAIN	Train	예
VALIDATE	EMWS.Score_VALIDATE	Validate	아니요
TEST	EMWS.Score_TEST	Test	아니요
SCORE	EMWS.Score_SCORE	Score	예

찾아보기(B)... 탐색(X)... 속성(P)... 확인(O)

[그림 8-36] 스코어 노드의 내보낸 데이터 창

㉖ Target변수의 0 또는 1에 대한 예측확률과 실제값과 예측값을 비교해 볼 수 있다.

EMWS.Score_SCORE

	x1	x2	y	Warnings	Into: y	Unnormalized Into: y	Predicted: y=1	Predicted: y=0	Probability for level 1 of y
1	1	0.8	1		1	1	0.7332388591	0.2667611409	0.7332388591
2	0	0.5	0		0	0	0.0322933125	0.9677066875	0.0322933125
3	1	0.7	1		1	1	0.6619051529	0.3380948471	0.6619051529
4	1	0.1	0		0	0	0.2035688298	0.7964311702	0.2035688298
5	1	0.2	0		0	0	0.2640906604	0.7359093396	0.2640906604

[그림 8-37] EMWS.Score_SCORE 테이블의 데이터

㉗ SAS 코드 노드의 코드 편집기 창에서 [그림 8-38]의 왼쪽 부분에 있는 명령어를 입력하고 실행시키면 결과창에서 오른쪽의 정오분류표를 출력할 수 있다.

```
proc freq data=emws.score_score;
tables y*i_y;
run;
```

```
y           I_y(Into: y)

빈도        |
백분율      |
행 백분율   |
칼럼 백분율 |0       |1       |  총합
------------+--------+--------+
          0 |      3 |      0 |      3
            |  60.00 |   0.00 |  60.00
            | 100.00 |   0.00 |
            | 100.00 |   0.00 |
------------+--------+--------+
          1 |      0 |      2 |      2
            |   0.00 |  40.00 |  40.00
            |   0.00 | 100.00 |
            |   0.00 | 100.00 |
------------+--------+--------+
총합               3        2        5
               60.00    40.00   100.00
```

[그림 8-38] 코드 편집기에서 코딩문 작성

다음으로는 아래의 XOR 문제를 해결하는 신경망을 설계해보자.

x_1	x_2	y
0	0	0
1	0	1
0	1	1
1	1	0

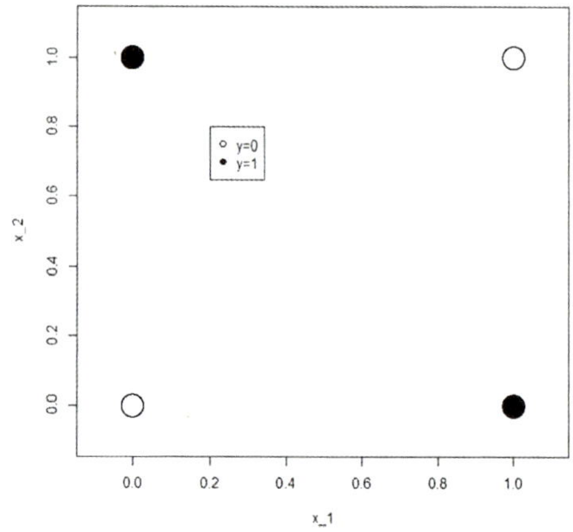

① 위의 예제처럼 자료를 입력하고 E-Miner에서 Diagram을 하나 생성하여 Input Data Source에 자료를 입력한다.

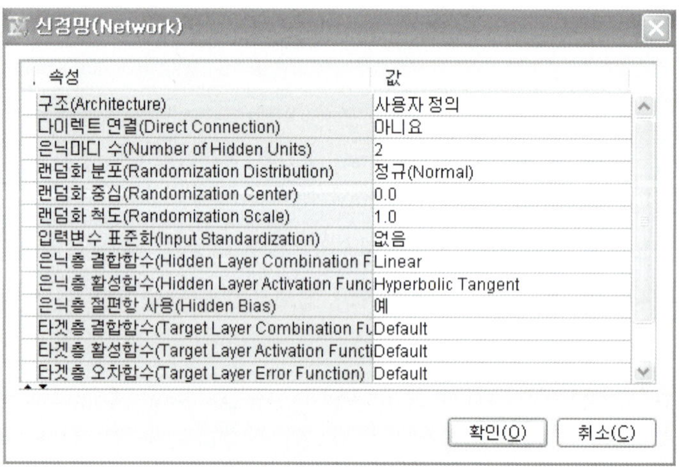

[그림 8-39] 신경망창의 은닉마디 수 지정

은닉마디 수(Number of Hidden Units)를 2개로 지정하고, 활성함수를 Hyperbolic Tangent, 결합함수를 Linear-General으로 지정한다. (여기에서 은닉층의 2개의 노드는 같이 묶여 있으므로 같은 성질(활성화함수, 결합함수 등)을 가져야 한다. 만약 다른 성질을 가지는 은닉층을 더 만들고 싶으면 팝업메뉴를 사용하여 만든다.)

② 신경망을 실행하면 다음과 같이 반복수별로 연결강도가 나온다.

가중치 - 히스토리

ITER	x10 -> HL1	x20 -> HL1	x10 -> HL2	x20 -> HL2	BIAS -> HL1	BIAS -> HL2	HL1 -> y1	HL2 -> y1	BIAS -> y1
0	-0.03039	-0.0707	-0.17218	-0.15716	0.073533	0.499365	U	U	U
1	-0.03039	-0.0707	-0.17218	-0.15716	0.073533	0.499365	-8.30199	3.929083	-1.11307
2	-0.48651	-0.55778	-1.38432	-1.58135	0.04563	0.763239	-8.30997	3.970115	-1.12636
3	-0.33432	-0.09265	-1.91392	-1.38118	0.146363	2.274676	-8.3386	4.370466	-2.26952
4	-0.52175	-0.44209	-2.73716	-2.71388	-0.07669	1.538185	-8.3937	5.266804	-2.40579
5	-0.815	-0.76104	-2.66523	-2.82384	-0.19241	3.21407	-8.09598	7.415001	-4.74322
6	-1.35954	-1.29652	-3.08596	-3.23226	-0.60509	2.820951	-7.75768	8.19272	-6.62853
7	-1.87847	-1.77046	-3.12427	-3.2595	-1.28103	2.815729	-7.86279	8.410881	-8.59021
7	-1.87847	-1.77046	-3.12427	-3.2595	-1.28103	2.815729	-7.86279	8.410881	-8.59021

[그림 8-40] 가중치 - 히스토리창의 연결강도

즉,

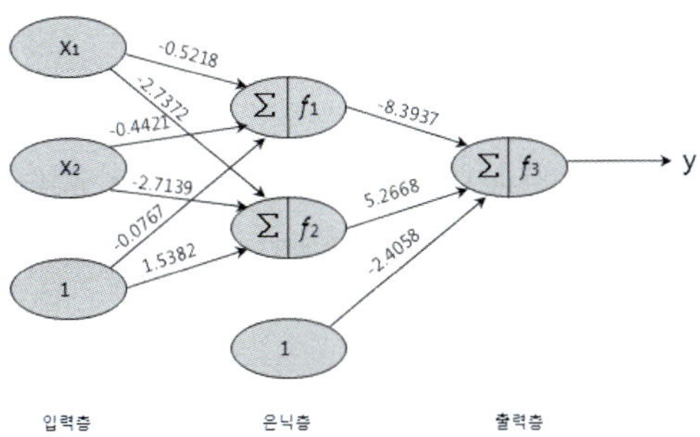

[그림 8-41] XOR 신경망의 구조

여기에서 결합함수는 가중합이고 활성화함수 f_1, f_2는 tanh이고, f_3는 linear이다.

③ 오분류율이 0이 된다는 것을 알 수 있다.

적합통계량

타겟	적합통계량	통계량 레이블	분석	평가	검증
y	_AIC_	Akaike's Information Criterion	.	.	.
y	_SBC_	Schwarz's Bayesian Criterion	.	.	.
y	_ASE_	Average Squared Error	0.017114	.	.
y	_MAX_	Maximum Absolute Error	0.242821	.	.
y	_DIV_	Divisor for ASE	0	.	.
y	_NOBS_	Sum of Frequencies	4	.	.
y	_RASE_	Root Average Squared Error	0.13082	.	.
y	_SSE_	Sum of Squared Errors	0.13691	.	.
y	_SUMW_	Sum of Case Weights Times Freq	8	.	.
y	_FPE_	Final Prediction Error	.	.	.
y	_MSE_	Mean Squared Error	.	.	.
y	_RFPE_	Root Final Prediction Error	.	.	.
y	_RMSE_	Root Mean Squared Error	.	.	.
y	_AVERR_	Average Error Function	0.108695	.	.
y	_ERR_	Error Function	0.869558	.	.
y	_MISC_	Misclassification Rate	0	.	.
y	_WRONG_	Number of Wrong Classifications	0	.	.

[그림 8-42] 결과창의 적합통계량 테이블

④ 내보낸 Training Data 탐색창으로 정확히 분류되었음을 확인할 수 있다.

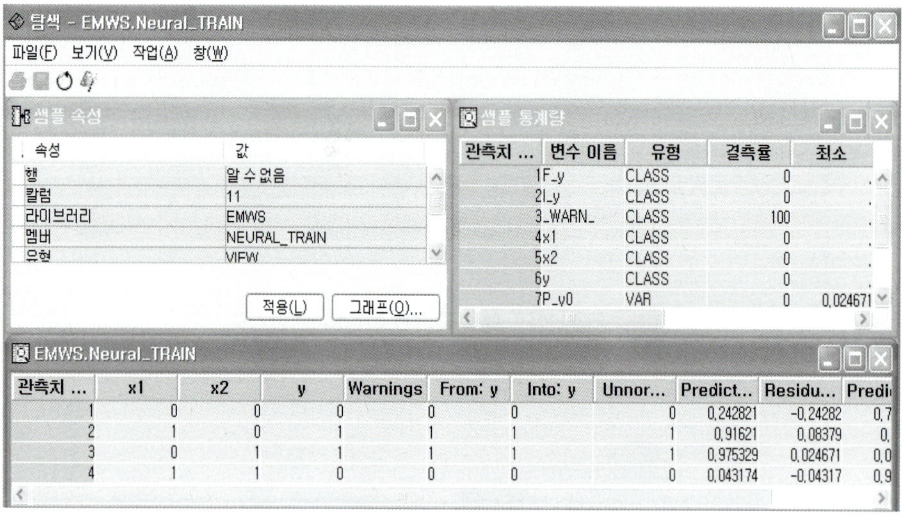

[그림 8-43] 내보낸 데이터의 Train data 탐색창

8.9 사례분석

8.9.1 Boston Housing Data 분석

앞에서 소개했던 Boston Housing Data에서 집값을 추정하는 신경망모형을 만들어 보자. 신경망의 수행능력에 영향을 끼치는 요소가 많이 있는데 그중에서 노드의 수가 가장 중요하다. 그러므로 노드의 수를 결정하기 위해서 노드의 수가 2, 3, 4인 신경망과 자동신경망 중에 수행능력이 좋은 것을 선택하도록 한다. 자동신경망 기법은 네트워크 구조(Architecture)와 은닉노드의 적절한 수를 자동으로 탐지한다.

① 네 개의 신경망 노드를 만든다.

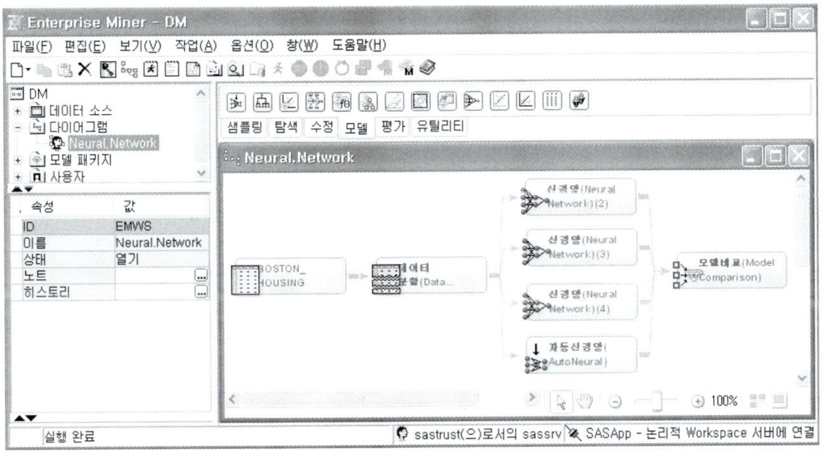

[그림 8-44] Boston Housing Data 신경망 분석흐름도

② 그리고 입력자료를 지정하고 LGMEDV를 target변수로 지정한다. LGRAD의 변수 속성을 ordinal에서 interval로 바꾸어준다.

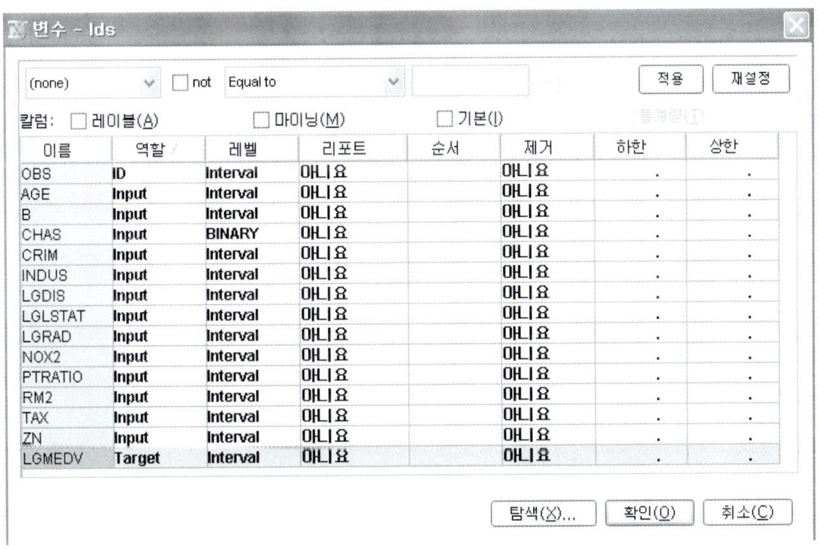

이름	역할	레벨	리포트	순서	제거	하한	상한
OBS	ID	Interval	아니요		아니요	.	.
AGE	Input	Interval	아니요		아니요	.	.
B	Input	Interval	아니요		아니요	.	.
CHAS	Input	BINARY	아니요		아니요	.	.
CRIM	Input	Interval	아니요		아니요	.	.
INDUS	Input	Interval	아니요		아니요	.	.
LGDIS	Input	Interval	아니요		아니요	.	.
LGLSTAT	Input	Interval	아니요		아니요	.	.
LGRAD	Input	Interval	아니요		아니요	.	.
NOX2	Input	Interval	아니요		아니요	.	.
PTRATIO	Input	Interval	아니요		아니요	.	.
RM2	Input	Interval	아니요		아니요	.	.
TAX	Input	Interval	아니요		아니요	.	.
ZN	Input	Interval	아니요		아니요	.	.
LGMEDV	Target	Interval	아니요		아니요	.	.

[그림 8-45] 입력 데이터노드의 변수 편집창

③ 목표값이 연속형이므로 모델 선택 기준(Model selection criteria)을 평균 오차로 한다.

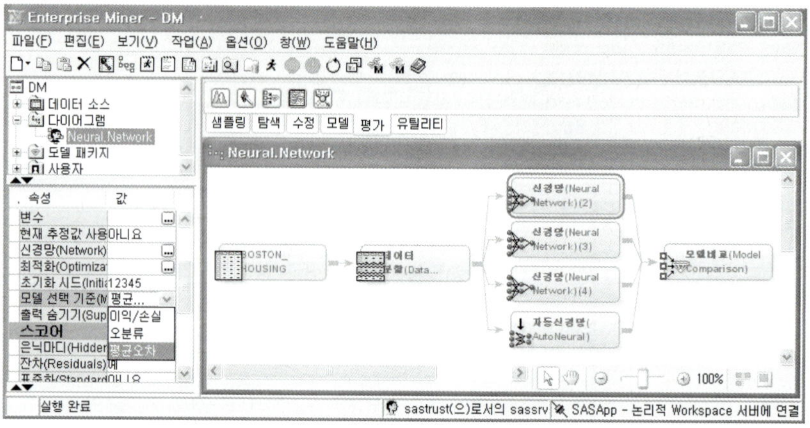

[그림 8-46] 신경망 속성창의 모델 선택 기준(Model selection criteria)탭

④ 은닉층 노드수를 2, 활성화함수를 Hyperbolic Tangent 그리고 결합함수를 Liner-General 로 지정한다.

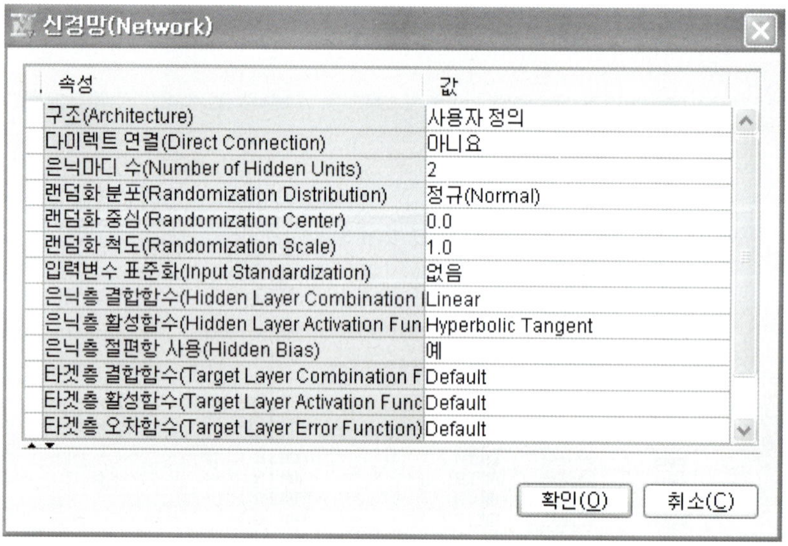

[그림 8-47] 신경망 노드의 속성창

타겟층의 선택사항은 [그림 8-47]과 같이 기본지정사항으로 한다.

⑤ 자동신경망 노드에서는 분석 작업(Train Action)과 활성함수 사용여부 탭에 [그림 8-48]와 같이 지정해준다.

분석	
변수	...
⊟ 모델 옵션(Model Options)	
구조(Architecture)	Single Layer
종료(Termination)	과적합(Overfitting)
분석 작업(Train Action)	Search
타겟층 오차함수(Target Layer Error Function)	Default
최대 반복(Maximum Iterations)	8
은닉마디 수(Number of Hidden Units)	1
공차(Tolerance)	중간
총 시간(Total Time)	1시간
⊟ Increment 및 Search 옵션	
반복 보정(Adjust Iterations)	예
연결 고정(Freeze Connection)	아니요
은닉마디 총 개수(Total Number of Hidden Units)	30
최종 분석(Final Training)	예
최종 반복(Final Iterations)	5
⊟ 활성함수(Activation Functions)	
다이렉트(Direct)	아니요
지수(Exponential)	아니요
항등(Identity)	아니요
로지스틱(Logistic)	아니요
정규(Normal)	아니요
역(Reciprocal)	아니요
사인(Sine)	아니요
소프트맥스(Softmax)	아니요
제곱(Square)	아니요
쌍곡탄젠트(Tanh)	예

[그림 8-48] 자동신경망 노드의 속성창

⑥ 나머지 신경망에 대해서도 은닉층의 노드수를 3, 4로 지정하고, 나머지 옵션은 [그림 8-47]과 동일하게 한다. 실행 후, 결과를 보면 학습용 자료에서는 노드 수가 4인 신경망4의 ASE값이 다른 값에 비해 약간 더 높게 나왔다. 하지만 평가용 자료를 기준으로 보면 노드수가 4인 신경망4 모형이 좋은 것으로 나온다. 즉, 최종모형으로는 신경망4로 결정한다.

적합통계량

선택된 모델	모델 설명 ▲	Train: Average Squared Error	Valid: Average Squared Error	Test: Average Squared Error
	신경망(Neural Network) (2)	0.03084	0.031679	0.044984
	신경망(Neural Network) (3)	0.03004	0.031678	0.044983
Y	신경망(Neural Network) (4)	0.030873	0.03154	0.044892
	자동신경망(AutoNeural)	0.03084	0.031679	0.044984

[그림 8-49] 모델비교노드 결과창의 적합통계량 테이블

⑦ 신경망 노드(은닉층2) 결과창의 메뉴에서 보기 → 평가 → 스코어 분포 : LGMEDV를 클릭한다.

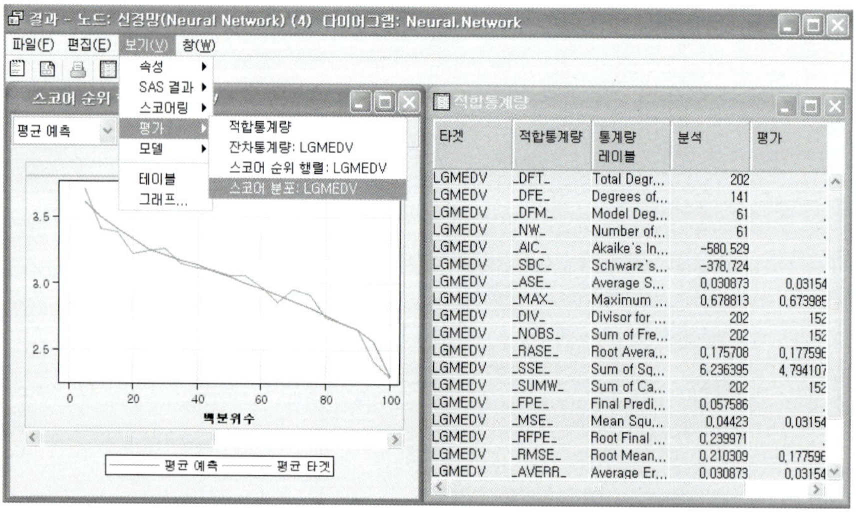

[그림 8-50] 신경망 노드 결과창의 스코어 분포 : LGMEDV

⑧ 아래 그림은 목표값을 x축에 예측값을 y축에 표시한다. 즉 기울기가 1인 직선 위에 점이 몰려 있으면 예측이 잘 되는 모형으로 판단할 수 있는데 아래 그림으로 모형이 예측에도 좋은 것으로 판단된다.

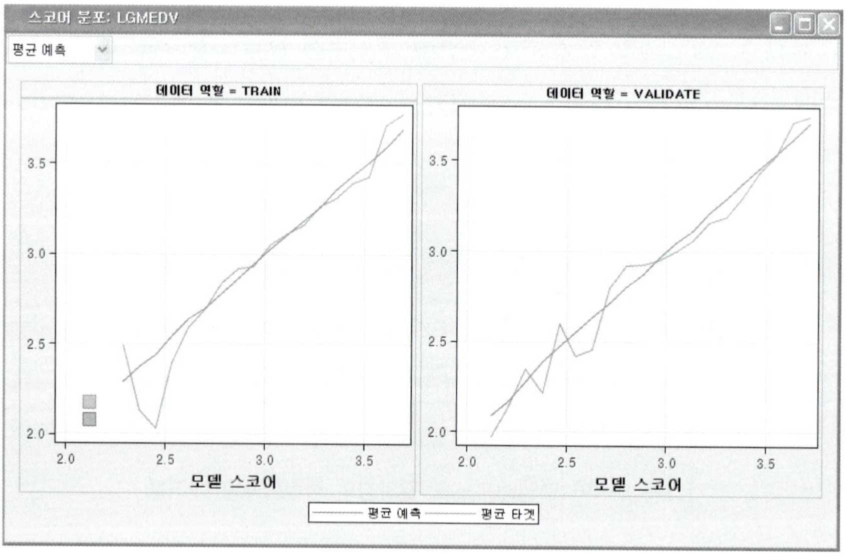

[그림 8-51] 평균 예측 도표

8.9.2 German Credit Data 분석

① German Credit 자료를 신경망을 통해서 분석한다. 노드의 수가 3, 4, 5인 신경망과 자동신경망 중에서 가장 좋은 모형을 찾는다.

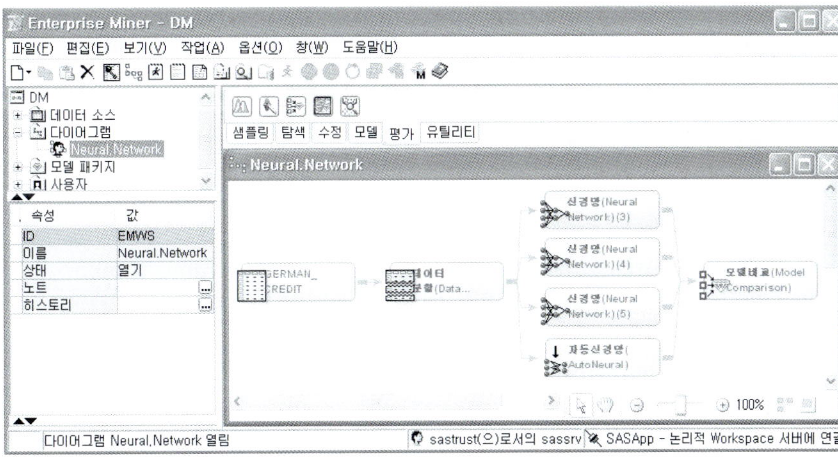

[그림 8-52] German Credit Data 신경망 분석흐름도

② CREDIT을 target으로 둔다.

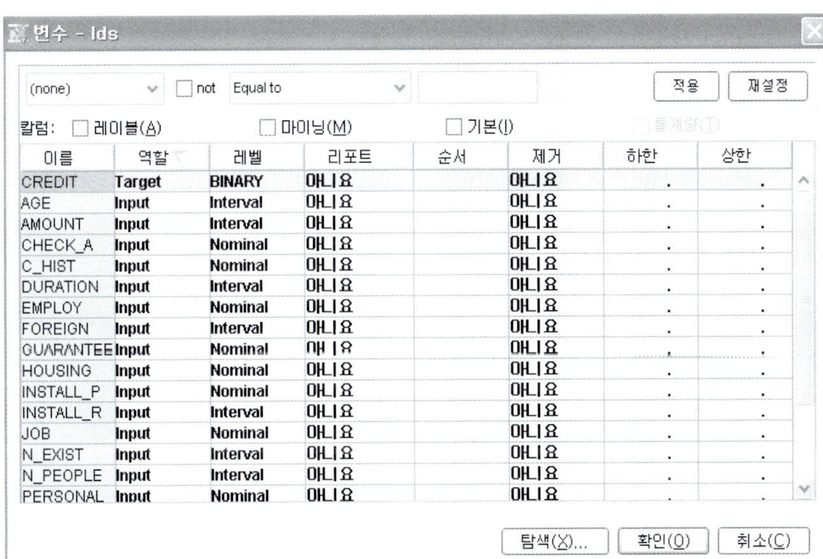

이름	역할	레벨	리포트	순서	제거	하한	상한
CREDIT	Target	BINARY	아니요		아니요	.	.
AGE	Input	Interval	아니요		아니요	.	.
AMOUNT	Input	Interval	아니요		아니요	.	.
CHECK_A	Input	Nominal	아니요		아니요	.	.
C_HIST	Input	Nominal	아니요		아니요	.	.
DURATION	Input	Interval	아니요		아니요	.	.
EMPLOY	Input	Nominal	아니요		아니요	.	.
FOREIGN	Input	Interval	아니요		아니요	.	.
GUARANTEE	Input	Nominal	아니요		아니요	.	.
HOUSING	Input	Nominal	아니요		아니요	.	.
INSTALL_P	Input	Nominal	아니요		아니요	.	.
INSTALL_R	Input	Interval	아니요		아니요	.	.
JOB	Input	Nominal	아니요		아니요	.	.
N_EXIST	Input	Interval	아니요		아니요	.	.
N_PEOPLE	Input	Interval	아니요		아니요	.	.
PERSONAL	Input	Nominal	아니요		아니요	.	.

[그림 8-53] 입력 데이터노드의 변수 편집창

③ 목표값이 이진형이므로 모델 선택 기준(Model Selection Criterion)을 오분류로 한다.

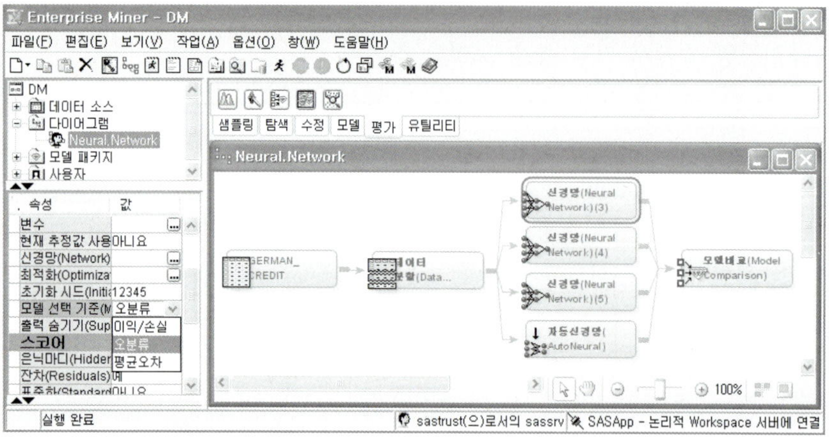

[그림 8-54] 신경망 노드 속성창의 모델 선택 기준(Model Selection Criterion)탭

④ 위에서 설명한 방법으로 신경망의 구조를 지정하고, 최적화(Optimization) 창에서 예비 분석(Preliminary Training) 사용설정에 “예” 라고 지정한다. 그 외의 옵션은 Default로 지정해준다.

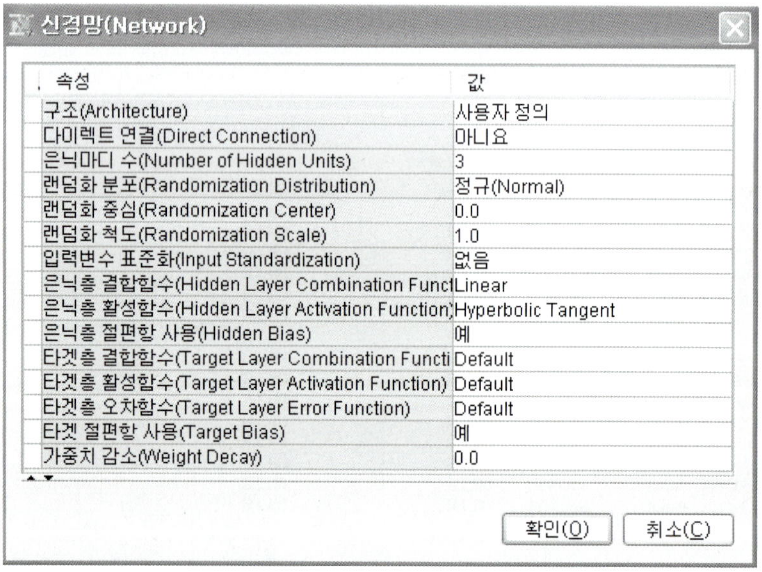
신경망(Network)

속성	값
구조(Architecture)	사용자 정의
다이렉트 연결(Direct Connection)	아니요
은닉마디 수(Number of Hidden Units)	3
랜덤화 분포(Randomization Distribution)	정규(Normal)
랜덤화 중심(Randomization Center)	0.0
랜덤화 척도(Randomization Scale)	1.0
입력변수 표준화(Input Standardization)	없음
은닉층 결합함수(Hidden Layer Combination Funct	Linear
은닉층 활성함수(Hidden Layer Activation Function)	Hyperbolic Tangent
은닉층 절편항 사용(Hidden Bias)	예
타겟층 결합함수(Target Layer Combination Functi	Default
타겟층 활성함수(Target Layer Activation Function)	Default
타겟층 오차함수(Target Layer Error Function)	Default
타겟 절편항 사용(Target Bias)	예
가중치 감소(Weight Decay)	0.0

확인(O) 취소(C)

[그림 8-55] 신경망 노드의 옵션 창

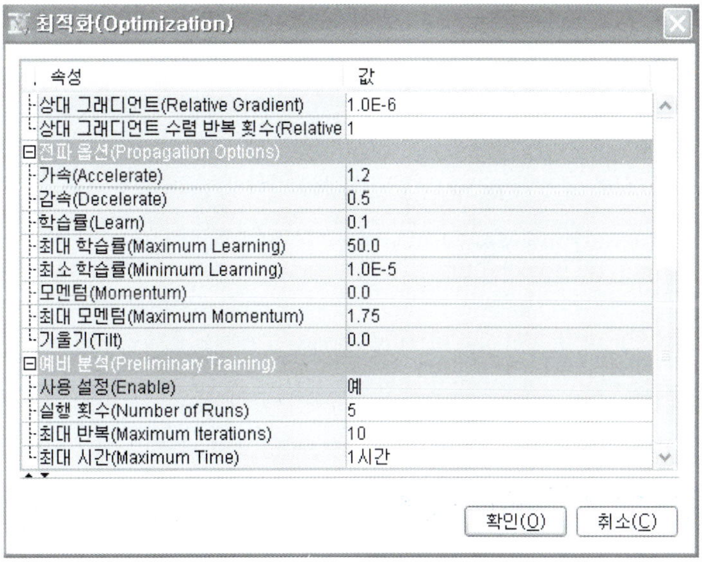

[그림 8-56] 신경망 노드의 최적화(Optimization) 창

⑤ 모델비교(Model Comparison) 노드의 속성창에서 아래의 그림과 같이 통계량 선택(Selection Statistic)과 선택 테이블(Selection Table) 부분을 지정해준다.

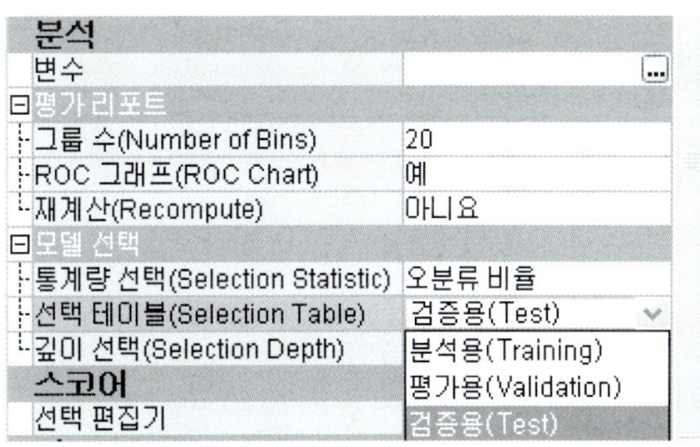

[그림 8-57] 신경망 노드 속성창의 Advanced탭

⑥ 이 결과를 보면, 훈련용 자료에서는 자동신경망 모형에서 좋은 결과가 나타났지만 검증용 자료에서는 신경망4 모형이 가장 좋은 결과를 보인다.

적합통계량

선택된 모델	모델 설명 ▲	타겟 변수	Train: Misclassification Rate	Valid: Misclassification Rate	Test: Misclassification Rate
	신경망(Neural Network) (3)	CREDIT	0.24	0.274247	0.272425
Y	신경망(Neural Network) (4)	CREDIT	0.2575	0.220736	0.265781
	신경망(Neural Network) (5)	CREDIT	0.2425	0.26087	0.269103
	자동신경망(AutoNeural)	CREDIT	0.1	0.301003	0.328904

[그림 8-58] 모델비교노드 결과창의 적합통계량 테이블

〈표 8-6〉 Misclassification Rate 테이블

모형	훈련용	평가용	검증용	비고
신경망3	0.24	0.2743	0.2724	은닉층3
신경망4	0.2575	0.2207	0.2659	은닉층4
신경망5	0.2425	0.2609	0.2691	은닉층5
자동신경망	0.1	0.3010	0.3289	

⑦ 네 모형의 결과에 대한 누적반응률 그래프를 그려 각 모형을 비교해 본다.

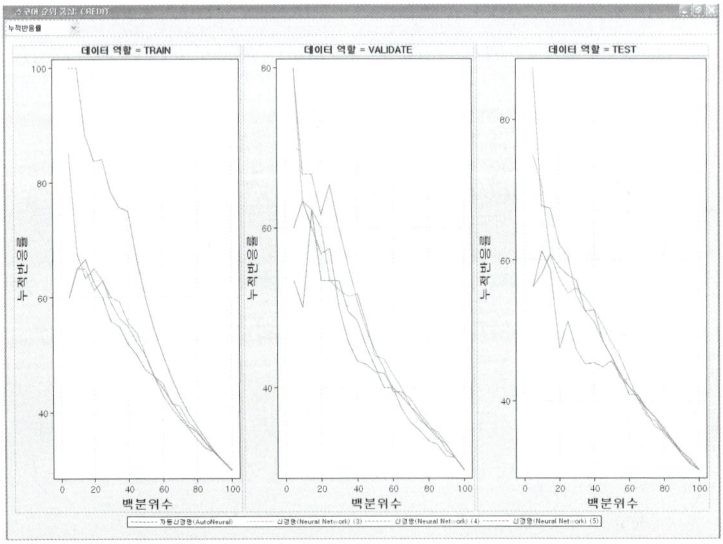

[그림 8-59] 스코어 순위 중첩 창의 누적반응률 그래프

8.9.3 German Credit Data 모형비교

세 개의 모형, 의사결정나무, 로지스틱, 그리고 신경망 모형을 비교한다. 여기서는 어느 모형의 좋고 나쁨을 비교하는 것이 아니고 비교하는 방법을 실습하는 것이 목적이다.

① 모형비교 분석흐름도는 다음과 같다.

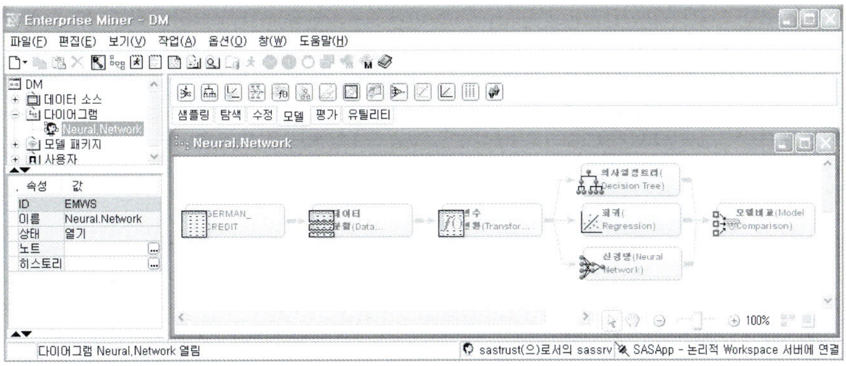

[그림 8-60] German Credit Data 모형비교 분석흐름도

앞에서 German Credit 자료를 가지고 의사결정나무(6장), 로지스틱 판별분석(7장), 그리고 신경망 분석(8장)을 실습해 보았다. 노드의 옵션은 그와 동일하게 설정하기로 한다.

② 연속형 변수의 분포를 살펴보기 위해 변수탐색에서 해당 변수를 클릭 후, 탐색버튼을 클릭한다.

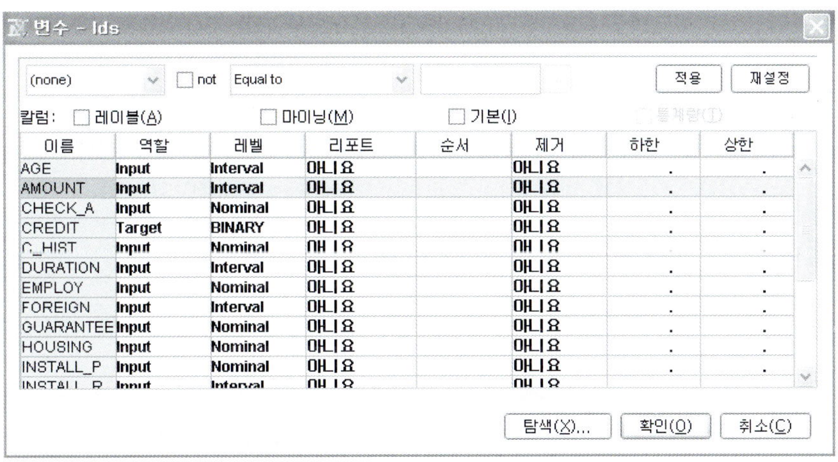

[그림 8-61] 입력 노드의 변수 편집 창

③ AMOUNT(대출액)의 분포가 왼쪽으로 치우친 형태를 하고 있다. 그러므로 log 변환을 하는 것이 좋겠다. 연속형 3개의 변수 모두 왼쪽으로 치우친 분포를 하고 있으므로 log 변환을 한다.

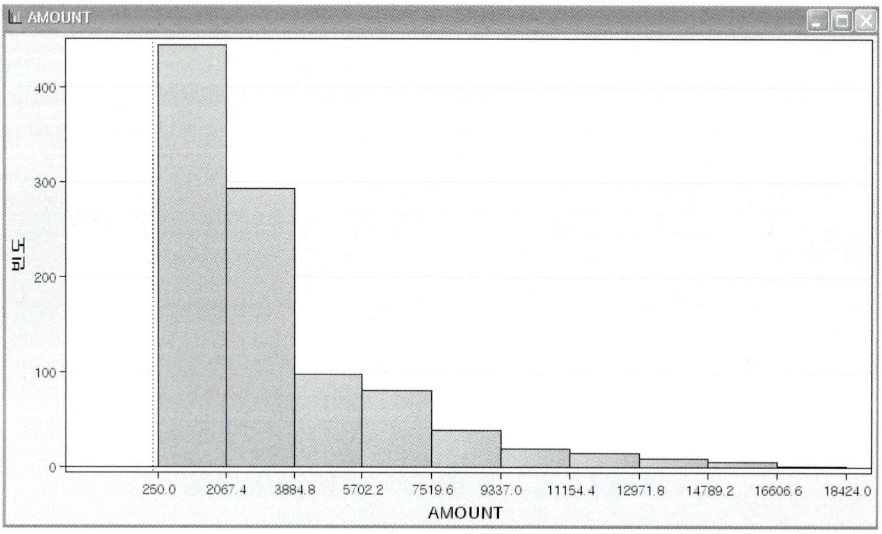

[그림 8-62] Variable Histogram

④ 변수변환 노드에서 DURATION(존속기간), AMOUNT(대출액), AGE(나이) 등의 연속변수를 다음과 같이 log 변환을 해준다.

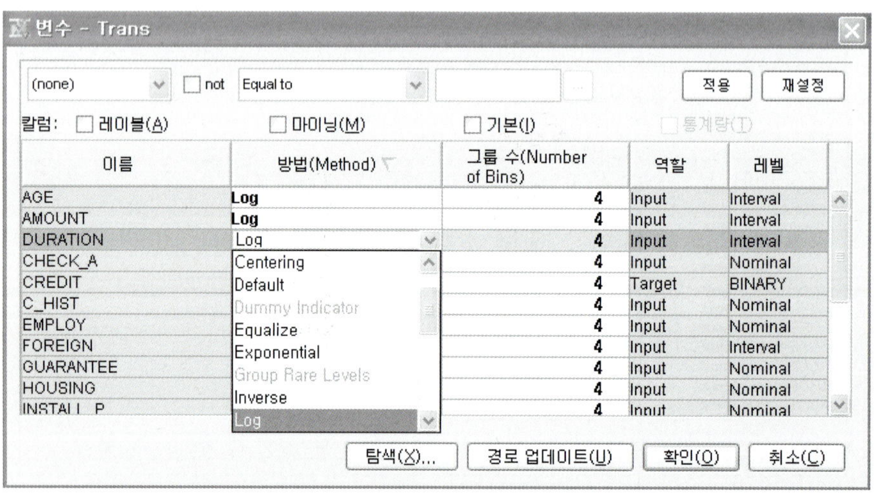

[그림 8-63] 변수 변환(Transform Variables)노드의 변수 편집 창

⑤ LOG_AGE, LOG_AMOUNT, LOG_DURATION으로 변환된 변수들의 새로운 변수명이 주어졌음을 알 수 있다.

변환 통계량

소스	방법	변수 이름	공식	레벨 수	비결측	결측	최소	최대
Input	Original	AGE		.	400	0	19	75
Input	Original	AMOUNT		.	400	0	250	18424
Input	Original	CHECK_A		4	.	0	.	.
Input	Original	C_HIST		5	.	0	.	.
Input	Original	DURATION		.	400	0	4	60
Input	Original	EMPLOY		5	.	0	.	.
Input	Original	GUARANTEE		3	.	0	.	.
Input	Original	HOUSING		3	.	0	.	.
Input	Original	INSTALL_P		3	.	0	.	.
Input	Original	JOB		4	.	0	.	.
Input	Original	PERSONAL		4	.	0	.	.
Input	Original	PROPERTY		4	.	0	.	.
Input	Original	PURPOSE		8	.	0	.	.
Input	Original	SAVE_A		5	.	0	.	.
Output	Computed	LOG_AGE	log(AGE + 1)	.	400	0	2.995732	4.330733
Output	Computed	LOG_AMOUNT	log(AMOUNT + 1)	.	400	0	5.525453	9.821464
Output	Computed	LOG_DURATION	log(DURATION + 1)	.	400	0	1.609438	4.110874

[그림 8-64] 변수 변환(Transform Variables)노드의 변환 통계량 창

⑥ 실행 후 결과를 보면, 신경망 분석 결과가 가장 좋음을 알 수 있다.

적합통계량

선택된 모델	모델 설명	Train: Misclassification Rate	Valid: Misclassification Rate	Test: Misclassification Rate
Y	신경망(Neural Network)	0.1925	0.270903	0.252492
	의사결정트리(Decision Tree)	0.2375	0.26087	0.272425
	회귀(Regression)	0.2375	0.294314	0.272425

[그림 8-65] 모델비교 노드의 적합통계량 테이블

〈표 8-7〉 Misclassification Rate 테이블

모형	훈련용	검증용	평가용	비고
의사결정나무	0.2375	0.2609	0.2724	default
로지스틱	0.2375	0.2943	0.2724	Stepwise
신경망	0.1925	0.2709	0.2525	Hidden: 4

⑦ 누적반응률 그래프를 통해 신경망 결과가 더 좋음을 다시 한번 확인한다.

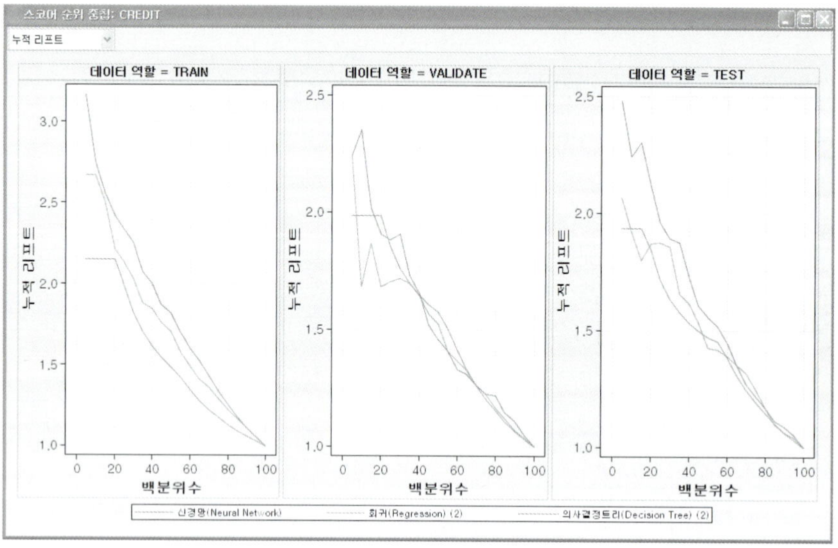

[그림 8-66] 누적반응률 그래프

8.9.4 신경망 분석을 위한 변수선택

신경망 분석에 앞서 로지스틱 회귀를 통하여 분석에 사용될 입력변수를 미리 선택함으로써, 계산과정에서의 실행속도를 향상시킬 수 있다. German Credit 자료를 가지고 회귀분석 노드가 추가된 신경망모형을 만들어 보자.

① 모형의 분석흐름도는 다음과 같다.

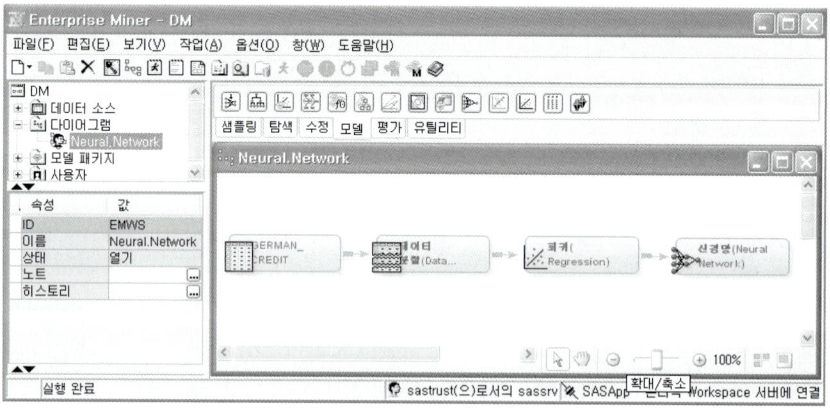

[그림 8-67] German Credit Data 신경망 모형 분석 흐름도

② 회귀 분석 노드의 속성창에서 모델 선택(Suppress Intercept)탭에서 단계별 선택으로 지정하고, 입력 코딩(Input Coding) 부분에 GLM으로 지정한다.

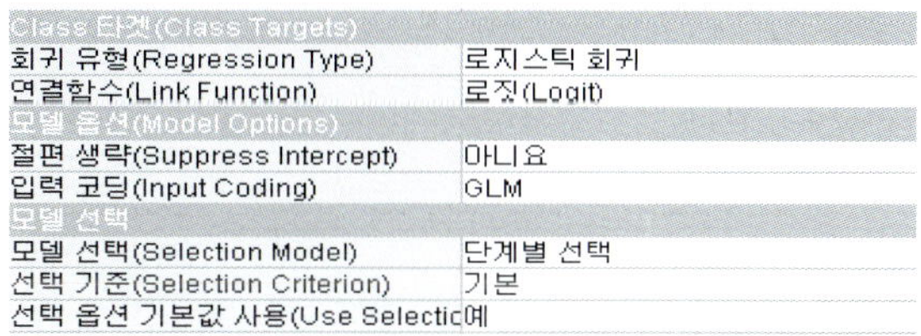

Class 타겟(Class Targets)	
회귀 유형(Regression Type)	로지스틱 회귀
연결함수(Link Function)	로짓(Logit)
모델 옵션(Model Options)	
절편 생략(Suppress Intercept)	아니요
입력 코딩(Input Coding)	GLM
모델 선택	
모델 선택(Selection Model)	단계별 선택
선택 기준(Selection Criterion)	기본
선택 옵션 기본값 사용(Use Selectic	예

[그림 8-68] 회귀 분석 노드의 속성창

③ 신경망 노드의 옵션 창에서 [그림 8-70]과 같이 속성을 지정해준다.

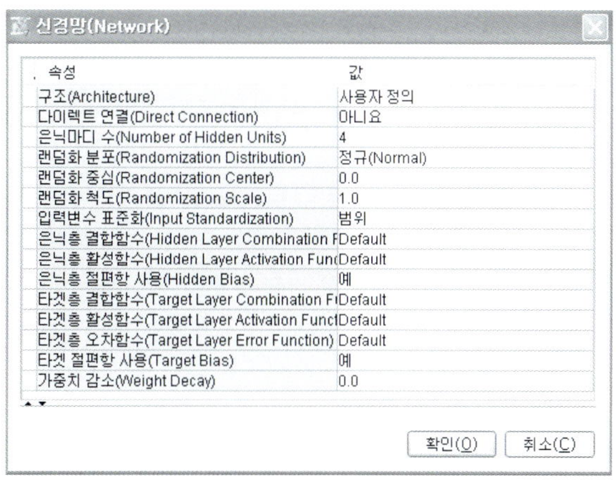

속성	값
구조(Architecture)	사용자 정의
다이렉트 연결(Direct Connection)	아니요
은닉마디 수(Number of Hidden Units)	4
랜덤화 분포(Randomization Distribution)	정규(Normal)
랜덤화 중심(Randomization Center)	0.0
랜덤화 척도(Randomization Scale)	1.0
입력변수 표준화(Input Standardization)	범위
은닉층 결합함수(Hidden Layer Combination F	Default
은닉층 활성함수(Hidden Layer Activation Fun	Default
은닉층 절편항 사용(Hidden Bias)	예
타겟층 결합함수(Target Layer Combination F	Default
타겟층 활성함수(Target Layer Activation Funct	Default
타겟층 오차함수(Target Layer Error Function)	Default
타겟 절편항 사용(Target Bias)	예
가중치 감소(Weight Decay)	0.0

[그림 8-69] 신경망 노드의 옵션 창

④ 신경망 노드의 속성 창에서 모델 선택 기준(Model Selection Criterion)을 오분류로 지정해준다.

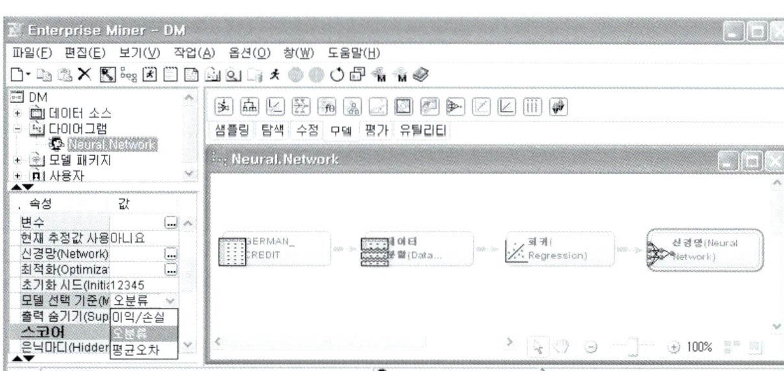

[그림 8-70] 신경망 노드의 모델 선택 기준(Model Selection Criterion)탭

⑤ 실행을 시킨 후, 신경망 노드에서 변수 편집 창을 보면 [그림 8-72]와 같이 변수들이 선택되어져 있음을 확인할 수 있다.

변수 - Neural

(none) ☐ not Equal to 적용 재설정

칼럼: ☐ 레이블(A) ☐ 마이닝(M) ☐ 기본(I) ☐ 통계량(T)

이름	사용	리포트	역할	레벨
CHECK_A	기본	아니요	Input	Nominal
DURATION	기본	아니요	Input	Interval
FOREIGN	기본	아니요	Input	Interval
HOUSING	기본	아니요	Input	Nominal
INSTALL_P	기본	아니요	Input	Nominal
PURPOSE	기본	아니요	Input	Nominal
SAVE_A	기본	아니요	Input	Nominal
AGE	기본	아니요	Rejected	Interval
AMOUNT	기본	아니요	Rejected	Interval
C_HIST	기본	아니요	Rejected	Nominal
EMPLOY	기본	아니요	Rejected	Nominal
GUARANTEE	기본	아니요	Rejected	Nominal
INSTALL_R	기본	아니요	Rejected	Interval
JOB	기본	아니요	Rejected	Nominal
N_EXIST	기본	아니요	Rejected	Interval
N_PEOPLE	기본	아니요	Rejected	Interval
PERSONAL	기본	아니요	Rejected	Nominal

탐색(X)... 경로 업데이트(U) 확인(O) 취소(C)

[그림 8-71] 신경망 노드의 변수 편집 창

⑥ 결과창의 적합통계량 테이블에서 오분류율을 확인할 수 있다.

적합통계량

타겟	적합통계량	통계량 레이블	분석	평가 ▼	검증
CREDIT	_DIV_	Divisor for ASE	800	598	602
CREDIT	_SUMW_	Sum of Case Weights Times Freq	800	598	602
CREDIT	_ERR_	Error Function	314.0592	372.0172	371.9265
CREDIT	_NOBS_	Sum of Frequencies	400	299	301
CREDIT	_SSE_	Sum of Squared Errors	103.0523	123.4466	124.3977
CREDIT	_WRONG_	Number of Wrong Classifications	83	86	92
CREDIT	_MAX_	Maximum Absolute Error	0.945873	0.989451	0.987281
CREDIT	_AVERR_	Average Error Function	0.392574	0.622102	0.617818
CREDIT	_RASE_	Root Average Squared Error	0.358909	0.454348	0.454577
CREDIT	_RMSE_	Root Mean Squared Error	0.407037	0.454348	0.454577
CREDIT	_MISC_	Misclassification Rate	0.2075	0.287625	0.305648
CREDIT	_ASE_	Average Squared Error	0.128815	0.206433	0.206641
CREDIT	_MSE_	Mean Squared Error	0.165679	0.206433	0.206641

[그림 8-72] 신경망 노드 결과 창의 적합통계량 테이블

참고문헌

[1] Adrians, P. and Zantige, D. (1996) Data mining, Addison-Wesley, Harlow, England.

[2] Agresti, A. (1990) Categorical Data Analysis, Wiley, New York.

[3] Berry, Michael J. A. and Linoff, G. (1997) Data Mining Technique, Wiley, New York.

[4] Bigg, D., B. de Ville and E. Suen (1991) A method of choosing multiway partitions for classification and decision trees, Journal of applied Statistics, 18, 49-62.

[5] Breiman, L.,J. H. Friedman, R. A. Olsen and C. J. Stone.(1984) Classification and Regression Trees. Wadsworth, Belmont.

[6] Breiman, L., Friedmam J.H., Olsen, R.A. and Stone, C.J. (1998) Classification and Regression Trees, Chapman and Hall, Boca Raton.

[7] Chen, M-S. and Yu, P.S. (1996) Data mining: An overviewfrom a database perspective. IEEE Trans. Knowledge and Data Engineering 8(6), 866-883.

[8] Collett, D. (1991) Modelling Binary Data, Chapman and Hall, London.

[9] Cox, D. R. and Snell, E. J. (1989) Analysis of Binary Data, Chapman and Hall, London.

[10] Hagan, M. T., Demuth, T. B. and Beale, M. (1996) Neural Network Design, Thomson Learning, Boston.

[11] Haykin, S. (1999) Neural Network, Prentice Hall, New Jersey.

[12] Hosmer, D. W. and Lemeshow, S. (2000) Applied Logistic Regression, Second Edition, Wiley, New York.

[13] Michael J. A. Berry and Gordon Linoff (1997). Data Mining Techniques:For Marketing, Sales, and Customer Support, New York: John Wiley & Sons, Inc.

[14] Quinlan, J.R. (1986) Induction of decision trees. Machine Learning1(1) :81-106

[15] Saitta, L. and Neri, F. (1998) Learning in the real world. Machine Learning 6(3): 133-163.

[16] SAS Manual (2002) SAS Enterprise Miner Release 4.3.

[17] Vapnik, V. (1995) The Nature of Statistical Learning Theory, Springer, Berlin.

[18] Vapnik, V. (1998) Statistical Learning Theory, John Wiley and Sons, New York.

[19] Weiss, S. M. and Indurkhya, N. (1998) Predictive data mining : A practical guide, Morgan Kaufmann, San Francisco.

[20] Witten, I. H. and Frank, E. (2000) Data Mining : Practical machine learning tools and techniques with JAVA implementation, Morgan Kaufmann, San Francisco.

[21] 박성현 (1998) 회귀분석, 민영사

[22] 최국렬 외8 (2001) 데이터마이닝 이론과 실습, 청구문화사

부록

실습데이터

본 부록에서는 각 장에서 사용한 실습데이터에 대한 자료출처, 변수속성, 변수값 의미 등을 소개하고 이들 자료의 사용하는 방법을 소개하고자 한다.

실습에 사용된 모든 자료는 Excel(Micosoft Excel 4.0 워크시트)과 Sas-data-set 양식으로 저장되어 있다. 따라서 사용자는 Excel 혹은 Sas-data-set 중 편리한 것을 사용할 수 있다. 만약 Excel 자료를 이용하고자 한다면, SAS 확장편집기 창을 활성화하여 라이브러리(DMDATA)를 생성한 다음, File 메뉴에서 "데이터 가져오기"를 이용하여 Sas-data-set을 생성하여야 한다. 변수에 대한 자세한 정보는 변수설명 폴더를 열어서 확인하기 바란다.

1. Boston Housing 데이터

(1) 목적

1978년 미국의 보스턴 근교의 집의 가격과 이들 가격에 영향을 주는 변수를 찾아내어 변수의 특성을 분석하고 이러한 변수들에 따른 집의 가치에 대한 규칙을 발견하는 것을 목적으로 한다.

(2) 출처

D. Harrison & D.L. Rubinfield : Hedonic prices & the demand for clean air

J. Environ : Economics & Management vol.5, 81-102, 1978

(3) 관측값의 개수

① 자료개수 : N=506

② 변수개수 : 14

(4) 변수설명

① lgMEDV : 지역 집값의 중앙값의 log변환

② CRIM : 범죄 발생률 (%)

③ ZN : 주거지역의 비율 (%)

④ INDUS : 상업지역의 비율 (%)

⑤ CHAS : 강변 유무

1 : 강변 有, 0 : 강변 無

⑥ NOX2 : 질소산화물 농도의 자승 (1/10,000,000)

⑦ RM2 : 방의 평균개수의 제곱

⑧ AGE : 노후된 집의 비율 (%)

⑨ lgDIS : 도심까지의 평균거리의 log변환

⑩ lgRAD : 고속도로 접근성의 지표의 log변환

⑪ TAX : 재산세 비율 ($10,000당) (%)

⑫ PTRATIO : 학생과 교사 비율 (학생/교사) (%)

⑬ B : $1000(Bk-0.63)^2$ (Bk는 흑인비율)

⑭ lgLSTAT : 저소득층 비율의 log변환 (%)

2. German Credit 데이터

(1) 목적

독일 은행에서 신용상태에 영향을 주는 요소를 예측하고, 각 변수들에 따른 신용불량에 대한 특성을 파악함은 물론 신용불량자를 조기에 선별하는데 도움을 줄 수 있는 신용불량자에 대한 규칙을 발견하는 것을 목적으로 한다.

(2) 출처

Professor Dr. Hans Hofmann : Institute f'ur Statistik und "Okonometrie Universit" at Hamburg

(3) 관측값의 개수

① 자료개수 : N=1,000

② 변수개수 : 21

(4) 변수설명

① CREDIT : 신용상태

0 : 신용 양호　　1 : 신용 불량

② CHECK_A : 직불카드 구좌상태 (단위: DM)

CA0 : 구좌 없음　　CA1 : <0

CA2 : ≥0, <200　　CA3 : ≥200

③ DURATION : 존속기간

④ C_HIST : 신용경력

CH0 : 대출(연체) 無　　CH1 : 당행 연체 無　　CH2 : 현재 대출연체 無

CH3: 과거 연체기록 有　　CH4 : 타행 대출 또는 당행 불량

⑤ PURPOSE : 대출목적

PU1 : 새 차 구입　　PU2 : 중고차 구입　　PU3 : 가구/설비 구입

PU4 : 라디오/TV 구입　　PU5 : 가내용품 구입　　PU6 : 보수/수리

PU7 : 교육비　　PU8 : 재교육비

⑥ AMOUNT : 대출액

⑦ SAVE_A : 저축액(단위 : DM)

SA0 : 결측 / 예금 無　　SA1 : <100　　SA2 : ≥100, <500

SA3 : ≥500, <1,000　　SA4 : ≥1,000

⑧ EMPLOY : 재직기간(단위 : 년)

EP0 : 무직　　EP1 : <1　　EP2 : ≥1, <4

EP3 : ≥4, <7　　EP4 : ≥7

⑨ INSTALL_R : 수익 중 할부금비율

⑩ PERSONAL : 성별 및 결혼상태

PS1 : 男 이혼/별거 PS2 : 女 이혼/별거/기혼 PS3 : 男 미혼

PS4 : 男 기혼/별세 PS5 : 女 미혼

⑪ GUARANTEE : 보증상태

GT0 : 無 보증 GT1 : 연대 보증 GT2 : 보증인 有

⑫ RESIDENCE : 주거기간

⑬ PROPERTY : 자산 (담보)

PR1 : 부동산 PR2 : 연금 / 생명보험

PR3 : 자동차 or 기타 PR4 : 결측 / 담보 無

⑭ AGE : 나이

⑮ INSTALL_P : 할부내용

IS0 : 할부 無 IS2 : 가계(신용카드 할부) IS1 : 은행(분할 상환)

⑯ HOUSING : 주거상태

HS0 : 타가 / 주거지無 HS1 : 임대 HS2 : 자가 주택

⑰ N_EXIST : 현 대출건수

⑱ JOB : 직업

JB0 : 무직 / 비기술직 JB1 : 비기술직 / 실습생

JB2 : 기술직 / 사무직 JB3 : 경영자 / 자영업 등

⑲ N_PEOPLE : 보증인의 수

⑳ TEL : 전화보유상태

1 : 전화 有 0 : 전화 無

㉑ FOREIGN : 외국인 여부

1 : 외국인 0 : 내국인

3. 지방간 데이터

(1) 목적

지방간에 영향을 주는 주요 요소를 예측하고, 각 변수에 따른 지방간 유병자에 대한 특성을 파악함으로써 지방간 유병자가 될 가능성이 높은 사람을 조기에 발견하여 질병을 예방하고자 하는 것을 목적으로 한다.

(2) 출처

부산의 S병원 건강검진센터를 2003년 03월 ~ 2003년 11월 사이 내원하여 검진을 받은 수검자들을 대상으로 지방간과 관계를 갖는 변인을 찾기 위하여 조사한 자료이다.

(3) 관측값의 개수

① 자료개수 : N=511

② 변수개수 : 18

(4) 변수설명

① Rawfatliver

0 = 정상 1 = 약

2 = 심각 3 = 매우 심각

② FATLIVER (Rawfatliver를 재분류)

0 = 정상 1 = 지방간

③ AGE : 연령

④ GENDER

1 = 남 2 = 여

⑤ DRINK

1 = 금주 2 = 가끔 3 = 자주

⑥ SMOKING

1 = 금연 2 = 과거흡연 3 = 흡연

⑦ SYSBP : 수축기 혈압

⑧ DIABP : 이완기 혈압

⑨ BMI : 비만도 측정지수

⑩ HB : 혈색소

⑪ GOT : 간기능검사 수치

⑫ GPT : 간기능검사 수치

⑬ TCHOL : 콜레스테롤 수치

⑭ GLUCO : 당뇨검사

⑮ TG : 중성지방

⑯ HDLC : HDL 콜레스테롤

⑰ LDLC : LDL 콜레스테롤
⑱ ALB : 알부민 수치

4. Home Price 데이터

(1) 목적

주택가격과 관계가 있는 변인을 찾아내고 이를 이용하여 주택가격을 결정하는 모형 구축을 목적으로 한다.

(2) 출처

The data are a random sample of records of resales of homes from Feb 15 to Apr 30, 1993 from the files maintained by the Albuquerque Board of Realtors. This type of data is collected by multiple listing agencies in many cities and is used by realtors as an information base.

(3) 관측값의 개수

① 자료개수 : N=117
② 변수개수 : 9

(4) 변수설명

① PRICE : 판매가격(단위 : $100)
② SQFT : 전용면적(단위 : Square feet)
③ AGE : 사용기간(단위 : year)
④ FEATS : 편의시설개수(11개 편의시설 : 냉장고, 식기세척기, 전자렌지, 세탁기, 전조기, 싱크대분쇄기, 인터폰, 천장채광창, 장애인시설, 쓰레기압축기, 케이블 TV 시설)
⑤ NE
1 = 남향 0 = 기타
⑥ CUST
1 = 맞춤형 0 = 기타
⑦ COR : 집의 위치
1 = 우수 0 = 기타
⑧ TAX : 연간세금 (단위 : $)

5. Microsoft 홈페이지 방문 데이터

(1) 목적

컴퓨터업계에서 유명한 Microsoft사의 홈페이지 방문자의 웹로그를 이용하여 방문자들이 이용하는 웹페이지 사이의 시차연관성을 분석하는 것이 목적이다.

(2) 출처

This dataset records which areas(Vroots) of www.microsoft.com each user visited in a one week timeframe in Feburary 1998.

(3) 관측값의 개수

① 자료개수 : N=98,654

② 변수개수 : 3

(4) 변수설명

① ID : 방문자 순번

② Seq : 웹페이지 방문 순서

③ Website : 웹페이지 ID

6. Organics 데이터

(1) 목적

어느 슈퍼마켓은 새로운 유기농 제품을 제공하고자한다. 슈퍼마켓의 경영진은 어느 고객들이 이러한 제품들을 구매할 가능성이 있는지를 알아보고자 한다.

(2) 관측값의 개수

① 자료개수 : N=22,223

② 변수개수 : 13

(3) 변수설명

① ID : 고객 식별 번호

② DemAffl : 부유한 정도(1~30)

③ Demage : 나이(연수)

④ DemCluster : 거주지역 형태

⑤ DemClusterGroup : 근린 집단

⑥ DemGender

M = 남 F = 여 U = 모름

⑦ DemReg : 지역

⑧ DemTVReg : TV 지역

⑨ PromClass : 충성도 정도

tin =동 silver = 은 gold = 금 platinum = 백금

⑩ PromSpend : 사용 총 금액

⑪ PromTime : 충성카드기간

⑫ TargetBuy : 구매여부

1 =예 0 =아니오

⑬ TargetAmt : 구매 유기농제품 수

7. Transactions 데이터

(1) 목적

건강미용 보조 매장과 학용품 매장에서 구입한 품목사이의 연관성을 측정하고자 한다.

(2) 관측값의 개수

① 자료개수 : N=489,258

② 변수개수 : 4

(3) 변수설명

① STORE : 매장 식별 번호

② TRANSACTION : 거래 번호

③ PRODUCT : 구입 제품

④ QUANTITY : 구입 제품 수량

8. PVA97NK 데이터

(1) 목적

재향 군인회에서 기부를 할 것 같은 사람들을 판별하는 것을 목적으로 하며 데이터 탐

색을 위한 각 변수의 역할 및 데이터 셋의 역할 등을 지정하고 각 변수에 대한 변수탐색을 통하여 전체적인 데이터 탐색을 목적으로 한다.

(2) 관측값의 개수

① 자료개수 : N=9,686

② 변수개수 : 28

(3) 변수설명

① ID : Control Number

② TARGETB : Target Gift Flag (0 or 1)

③ TARGETD : Target Gift Amount

④ GIFTCNT36 : Gift Count 36 Months

⑤ GIFTCNTALL : Gift Count All Months

⑥ GIFTCNTCARD36 : Gift Count Card 36 Months

⑦ GIFTCNTCARDALL : Gift Count Card All Months

⑧ GIFTAVGLAST : Gift Amount Last

⑨ GIFTAVG36 : Gift Amount Average 36 Months

⑩ GIFTAVGALL : Gift Amount Average All Months

⑪ GIFTAVGCARD36 : Gift Amount Average Card 36 Months

⑫ GIFTTIMELAST : Time Since Last Gift

⑬ GIFTTIMEFIRST : Time Since First Gift

⑭ PROMCNT12 : Promotion Count 12 Months

⑮ PROMCNT36 : Promotion Count 36 Months

⑯ PROMCNTALL : Promotion Count Card All Months

⑰ PROMCNTCARD12 : Promotion Count Card 12 Months

⑱ PROMCNTCARD36 : Promotion Count Card 36 Months

⑲ PROMCNTCARDALL : Promotion Count Card All Months

⑳ STATUSCAT96NK : Status Category 96NK (A, S, E, F, N, L)

㉑ STATUSCATSTARALL : Status Category Star All Months (0 or 1)

㉒ DEMCLUSTER : Demographic Cluster

㉓ DEMAGE : Age

㉔ DEMGENDER : Gender

F : 여성 M : 남성 U : 알 수 없음

㉕ DEMHOMEOWNER : Home Owner (U or H)

㉖ DEMMEDHOMEVALUE : Median Home Value Region

㉗ DEMPCTVETERANS : Percent Veterans Region

㉘ DEMMEDINCOME : Median Income Region

찾아보기

저자 소개

김 병 수 서울대학교 계산통계학과 (이학박사)
현 : 인제대학교 데이터정보학과 교수
e-mail :stat kbs@inje.ac.kr

배 화 수 University of Wisconsin–Madison (이학박사)
현 : 인제대학교 데이터정보학과 교수
e-mail : statwbae@inje.ac.kr

석 경 하 서울대학교 계산통계학과 (이학박사)
현 : 인제대학교 데이터정보학과 교수
e-mail : statskh@inje.ac.kr

조 대 현 서울대학교 계산통계학과 (이학박사)
현 : 인제대학교 데이터정보학과 교수
e-mail : statcho@inje.ac.kr

최 국 렬 서울대학교 계산통계학과 (이학박사)
현 : 인제대학교 데이터정보학과 교수
e-mail : statchoi@inje.ac.kr

SAS Enterprise Miner 6.2를 이용한
데이터마이닝 입문

2013년 7월 25일 초판 인쇄
2013년 8월 5일 초판 발행

저 자 / 김병수 · 배화수 · 석경하 · 조대현 · 최국렬
발행자 / 오판근
발행처 / 교우사

주 소 / 서울특별시 동대문구 약령시로 8 교우빌딩 2층
전 화 / 925-2861~2, 편집부 / 925-2825
팩 스 / 925-2860

E-mail / kyowoo@kyowoo.co.kr
http://www.kyowoo.co.kr

등록 / 1994. 3. 24 제6-0256호

ISBN 978-89-8172-963-9 (93310)

값 20,000 원